DIOS Y SU IGLESIA

DESDE EL COMIENZO HASTA HOY

JAMES L GARLOW

EDITORIAL PATMOS

DIOS Y SU IGLESIA
desde el comienzo hasta hoy

Publicado por Editorial Patmos,
Weston, FL EUA 33331

Publicado originalmente en inglés por Victor, con el título *God and His People*.

A menos que se indique lo contrario, las citas bíblicas se toman de la versión Reina-Valera 1995, © 1995, Sociedades Bíblicas Unidas.

A menos que se indique lo contrario, las citas bíblicas se toman de la Nueva Versión Internacional, © 1999 por la Sociedad Bíblica Internacional.

ISBN 10: 1-58802-448-2
ISBN 13: 978-1-58802-448-0

Categoría: Historia de la iglesia

Impreso en Brasil
Printed in Brazil

Agradezco a Dios que de generación en generación ha sido fiel, y oro por su continua fidelidad para tu futuro, con cariño dedico este libro a los seis maravillosos hijos que han bendecido a Carol y a mí de tantas maneras:

nuestra hija Josie,
nuestro hijo Jacob,
nuestro hijo Josué,
nuestra nuera Lacy
nuestra hija Janie
y nuestro yerno Jeremy.

Un padre bendecido,
Jim Garlow

CONTENIDO

RECONOCIMIENTOS

Quiero expresar mi gran aprecio a:

* Winfred Garlow (1921-), mi madre, confidente y alentadora constante, por pasar varias horas pasando a máquina este manuscrito de varias ediciones de grabaciones en casetes y miles de páginas de manuscritos ilegibles (siempre con mucha paciencia y entusiasmo) y por seguir animándome con tanto cariño a seguir adelante con este proyecto. Sin ti, este libro nunca se habría editado.

* Burtis Garlow (1915-1998), mi padre y mejor amigo, por darme un amor profundo por la historia y gran respeto por aquellos que han sido antes de nosotros, y por instilar en mí respeto por las personas de otras corrientes teológicas y al mismo tiempo poder tener un fuerte amor y lealtad por nuestra propia herencia.

Quiero también agradecer a muchos maestros maravillosos en mi vida:

* Ethel Henthorne, cuarto y quinto grado (Escuela primaria Hillcrest)

* Wilbur Rawson, instructor vocacional de agricultura; Lee Tubach, español; Jim Douglas, inglés (Escuela Secundaria Concordia, Kansas)

* Laverne Atkins, sicología (Miltonvale Wesleyan, Escuela Secundaria, Kansas)
* Merril MacHenry, zoología; Robert Mattke, griego (Bartlesville Wesleyan College, Kansas)

* Richard Howard, Nuevo Testamento; Rob Staples, teología; Forrest Ladd, Investigación; Doren Greshem, ciencias políticas; Don Owens, antropología cultural (Universidad Nazarena del Sur, Betania, Oklahoma)

* Ken Kinghorn, Historia de la iglesia (me dio mi primer amor por la historia de la iglesia); Robert Coleman, evangelismo; Robert Traina, Biblia; Don Dayton, mentor y teólogo (Seminario Teológico Asbury, Wilmore, Kentucky)

* Lefferts Loetscher, Historia de la iglesia Americana; Noman V. Hope, Historia de la iglesia Británica; Karl Froehlich, Reforma: Bruce Metzger, Grupo de mentores del Nuevo Testamento (Seminario Teológico de Princeton, Princeton, New Jersey)

* Russ Richey, Historia de la iglesia Americana; Ken Rowe, Historia de la iglesia metodista (Universidad Drew, Madison, New Jersey)

Y muchos otros maestros y profesores que no se mencionan aquí, les agradezco, muchas gracias. Mi oración: "¡Gracias Dios por los maestros!"

Finalmente, gracias a los editores Craig Bubeck, Karen Athen, y Phyllis Williams, además a Ministerios Comunicaciones Cook por captar la visión de este libro y hacerlo una realidad.

INTRODUCCIÓN

VIENDO AL DIOS DE LAS EDADES

La civilización no tiene esperanza. Absolutamente ninguna esperanza tiene, excepto a través de Dios. Solamente Dios puede preservar una persona, una familia, un pueblo, una nación, o cualquier parte de la civilización que valga preservar. Sin Dios, nadie, ninguna nación, ni cultura puede sobrevivir. Es más, por sí misma, la civilización se destruye sola.

Esa es la mala noticia. Pero la buena noticia es que Dios ama al mundo y lo preserva para que no experimente su propia completa auto-destrucción. Dios extiende su amor, mediante el don inexplicable de su Hijo, Jesús. Y antes que Jesús dejara la tierra, dio una de las mejores ideas de Dios: la iglesia. Por alguna razón misteriosa, Dios escogió desarrollar su Reino a través de la iglesia. Por medio de la iglesia verdadera, Dios nos preserva de la inevitable auto-destrucción. Desde sus principios dos mil años atrás, la iglesia ha preservado y transmitido el Evangelio, e intercede para que la gente abra su corazón y acepte, de modo que al final de la civilización según la conocemos, el pueblo de Dios esté reunido, listo para recibirlo.

La iglesia no es perfecta. Es más, ella es lo opuesto de perfecta. Es débil, manchada, y tachada. Se podría describir la iglesia según Le Corbusier describe a la ciudad de Nueva York: "Nueva York es una catástrofe, pero una magnifica catástrofe."[1]

La iglesia, como descubrirá en las páginas siguientes, a veces es una catástrofe. Pero vista en su totalidad, ¡es una magnifica catástrofe!

Esta magnifica catástrofe tiene también una admirable historia, pero pocos la conocen.

Como afirma Bruce Shelley: "Realmente uno de los aspectos notables del cristianismo hoy es cuán poco de estos que profesan ser creyentes han estudiado seriamente la historia de su religión."[2]

La historia de la iglesia es un drama, y tengo dos metas al escribir este drama en forma de libro: (1) para informar acerca del pasado, para alentar el presente, ser de inspiración para el futuro, y (2) para que un libro de historia sea leído como una novela. Si logro o no mi meta depende del lector, pero se mantiene que la historia de la iglesia es un drama, un drama espectacular.

RAZONES PARA ESTUDIAR LA HISTORIA DE LA IGLESIA

¿Por qué estudiar este drama? Hay por lo menos 10 buenas razones:

1. *La historia nos da entendimiento.*
   ¿Cómo llegamos a ser como somos? Un estudio de este drama responde esta interrogante. El estudio de la historia puede convertirlo en sabio sin que tenga canas ni arrugas (¡aunque seguramente no se puede afirmar lo contrario acerca de escribir de la historia!).

2. *El estudio de la historia le presenta nuevos amigos.*
   ¿Cómo podría entonces conocer a Agustín, Juan de la Cruz, Martín Lutero, Juan Wesley, o Carlos Finney? Solamente a medida que investiga el drama los podrá conocer.

3. *¡Conocerá el precio que se pagó por usted!*

4. *Podrá evitar las trampas y argucias de la historia.*
   Se ha dicho que el que no estudia la historia está condenado a repetirla. El estudio de la historia no es a fin de exaltar la tradición. Es más, la tradición puede resultar esclavizante. Richard Halverson afirmó: "La tradición puede ser peligrosa. Puede no solamente modificar la verdad; sino que la puede reemplazar por completo."[3] Un estudio de la historia enseña cuáles tradiciones son opresivas y que deben evitarse y cuáles son críticas que se deben preservar completamente.

5. *Estudiar la historia aumenta su efectividad.*
   Notará qué funciona, y qué fue efectivo. Mark Shaw lo dice todo en el título de su libro, *Diez grandes ideas tomadas de la historia de la iglesia.*[4] Usted puede y debe aprender de la historia de la iglesia.

6. *La historia eleva su resistencia.*
   Cuando vea lo que aquellos que le precedieron han resistido, recibirá el aliento para perseverar.

7. *La historia lo inspirará.*
   La información puede guiarlo, pero la inspiración le ayudará a continuar. Un estudio de la historia puede inspirar. Esperemos que ésta lo haga.

8. *La historia resucita al muerto.*
   Mi amigo Harold Ivan Smith dice: "Ninguna persona está muerta mientras alguien siga repitiendo su nombre o contando sus historias." Al relatar este drama, las figuras históricas vivirán de nuevo.

9. *El estudio de la historia nos ayuda a entender con humildad que hubo vida antes que uno nazca.*
   Juan Wesley una vez dijo a Adam Clarke: "Si tuviera que escribir mi propia vida, comenzaría antes de nacer."[5] Cuando pregunté a un amigo por qué dejó una iglesia independiente recién formada para unirse a una iglesia con una extensa herencia, respondió: "¡Porque quería pertenecer a algo que tenía existencia antes de los 1900!"

10. *Un estudio de la historia permite que uno viaje sin dejar la comodidad de su mecedora favorita.*
    Mientras lea estas páginas, visitará docenas de naciones, muchos hogares, iglesias, escuelas y palacios, todo sin haber dejado su casa. ¡Que tenga un viaje maravilloso!

OBJECIONES Y EXPLICACIONES

No podemos comenzar el viaje sin dar algunas objeciones y explicaciones. Para comenzar, este libro no es un tratado erudito. Tengo el corazón de un pastor, no la cabeza de un estudioso. Además, hay muchos libros diseñados para el nivel universitario y grados superiores. Este libro se ha escrito especialmente para la persona laica que nunca estudiará historia en la universidad o nivel superior. Quiero que conozca este drama poderoso.

Este libro no está completamente balanceado. Doy más atención a la muerte de Policarpo, a los momentos finales de Juan Hus, y los sentimientos de Dwight L. Moody después de sufrir el fuego de Chicago, que haría un libro normal de historia. Pero este no es un libro de historia; es un libro de relatos. Por eso algunas personas y los eventos reciben espacio y atención adicional a fin de que el lector siga cada paso conmigo los momentos apasionados y conmovedores en la vida de nuestros ancestros cristianos.

Este libro no es de gran alcance. Por ejemplo, una gran proporción de cristianos en la actualidad son de la Ortodoxia Oriental. Apenas se les menciona. No es porque los considere sin importancia, ¡sino todo lo contrario! Pero ellos no son parte de esta historia. Muchas personas importantes, movimientos, eventos y denominaciones han quedado fuera o apenas se los menciona. Sus historias son de igual importancia. Pero no puedo relatarlas todas en un solo libro.

Algunos quizás se pregunten porqué no mencioné su líder cristiano favorito, o su denominación, iglesia, o movimiento. Quizás pregunten porqué pasé tanto tiempo con algunos individuos (que ellos no lo consideran importante) y descuido otros (que creen merezca más atención). Para estas inquietudes, tengo tres respuestas:

1. Cuando se hace un ancho recorrido de dos mil años de historia en un número limitado de páginas, se debe escoger. Estas elecciones a veces son obviamente arbitrarias, pero no obstante, se deben hacer.
2. Rob Staples, antiguo profesor del Seminario Teológico Nazareno, lo dijo acertadamente respecto de su propio escrito: “Es mi historia. Cuando escriba el suyo, puede escribir todo

lo que usted quiera." Cada uno de nosotros tiene una historia; y, sea buena o mala, contamos nuestra historia según la percibimos. Esta es la manera como veo mi historia.

3. Espero que usted quiera tratar más con las personalidades y los grandes temas de la historia de la iglesia. Para ayudarlo, he provisto mi página de Internet (www.jimgarlow.com) ubicado al final de cada capítulo. Este sitio ofrece interrogantes de estudio, gráficos, diagramas, línea del tiempo y conexiones con otros sitios destacados.

Este libro fue escrito principalmente para norteamericanos, aunque no será obvio hasta que lleguemos a los capítulos posteriores, debido a que los cristianos norteamericanos compartimos sobre todo nuestro pasado con cristianos de todo el mundo. El avance del Evangelio en otras partes del mundo es emocionante, incluso vigorizante. Pero en este libro seguiré la hebra particular de la historia cristiana que teje su camino dentro de los Estados Unidos.

Este libro es el producto de un hombre con perspectiva limitada y prejuicios propios. Soy un protestante, un evangélico y, en particular, un Wesleyano/Arminiano. Y estoy fuertemente influenciado por el tercer avivamiento. Todas estas perspectivas conllevan prejuicios arraigados, para bien o para mal.

Este libro trata de afirmar toda herencia teológica dentro del marco del cristianismo histórico. Por ejemplo, como protestante afirmo la iglesia Católica Romana a pesar de las diferencias obvias. Es importante recordar que cuando hablo acerca del libertinaje de los líderes católicos antes de la Reforma, hablo de mi propia historia. Antes de la Reforma, todos fuimos parte de la iglesia Católica Romana (a menos que seamos ortodoxos). En otras palabras, los cristianos tienen una historia colectiva. Como niño criado en la tradición teológica de Wesley, el nombre Calvino era un término negativo. Como adulto, todavía sigo en desacuerdo con algunas de las conjeturas fundamentales de Calvino. Sin embargo, procuro afirmar su gran contribución al cristianismo. Tampoco estoy de acuerdo con los seguidores de Alejandro Campbell (que creen que los instrumentos musicales no se deben usar en la adoración), pero aun trato de dar el mejor fundamento posible a sus motivos y los resultados de sus decisiones (ellos aprendieron a cantar *a capella* y ¡cantaban bien!

Este libro incluye más líderes masculinos que femeninos. Cuando incluyo mujeres, no es que trate de ser un caballero a las féminas o incluir un espacio a la mujer. Incluí ciertas mujeres porque fueron actrices significativas en este drama. Independientemente de que escoja explicarlo, la Iglesia ha sido dirigida principalmente por varones líderes varones. Sin embargo, la historia está llena de héroes que no se mencionan, tanto hombres como mujeres, que no aparecen en los libros de historia. Algún día, oiremos inspiradoras historias de mujeres de Dios y su lugar prominente en los giros de la historia cristiana. Espero que mis lectoras no se disgusten tanto como Catherine Morland, un personaje en la novela de Jane Austen: "Pero la historia, la verdadera y solemne historia, no estoy interesada… la leo un poco como una obligación, pero nada me dice, que no me disguste o canse. La disputa de papas y reyes, con guerras o pestilencias, en cada página; los hombres todos buenos para nada, y casi ninguna mujer, es muy fastidioso."[6] Cualquiera se cansa de las guerras entre papas y reyes (aunque ¡son inevitables!), pero, más que eso hay mucho más de nuestro drama. Invito a los lectores hombres y mujeres a observar el panorama completo. La fidelidad eterna de Dios hacia el pueblo llamado la Iglesia.

Periodos de tiempo

Para guiarlo, quiero presentarle la línea de tiempo que trazaremos a través de la historia. En las páginas siguientes nos adjuntaremos a los siguientes periodos históricos de tiempo :

100-313	La supervivencia de la Iglesia Primitiva
313-590	La supremacía de la Iglesia Primitiva
590-1517	La Edad Media
1517 y continuación	La Reforma
1530 y continuación	La Reforma Inglesa
1600 y continuación	El Cristianismo de Norteamérica[7]

Ficción

Finalmente, algo más antes de comenzar: Encontrará al principio de cada capítulo una historia ficticia. Mi intención es ayudarlo a imaginar lo que un niño, un hombre, o una mujer común pudo haber sentido durante el periodo que trata el capítulo en particular. Pero estoy simplemente imaginando. Estas historias de al inicio no están registradas en la historia.

Ahora estamos listos. Vuelva la página. Deje que comience el drama.

Jim Garlow

CAPÍTULO 1

LOS MÁRTIRES

Fechas de extensión: d.C. 100-313

Personas clave: Ignacio, Policarpo, Perpetua, Felicitas

Rostus, sentado y reposando el mentón sobre sus rodillas dobladas, miraba fijamente por encima de los tejados de Roma, observando como la luna se deslizaba detrás de una nube. Apretó la espada de madera que su padre le había tallado como regalo de su séptimo cumpleaños. Rostus podía sentir entre sus dientes pedacitos de la galleta de miel y almendras que su madre le había preparado. Sonrió recordando la fiesta con sus primos y sus amigos cristianos. Pero su sonrisa se volvió una mueca al oír en el piso de abajo las voces de su padre y su tío en una apremiante discusión.

"Hemos pasado por esto antes, Lehue," se oía la voz de Nascious, padre de Rostus. "De todos maneras, es muy tarde. Esta mañana me rehusé ir al estadio. No puedo decir, 'César es el Señor', cuando sé que Jesús es Señor."

"¡Vete mañana temprano! Todavía hay tiempo. El sacrificio es solo un ritual. Un poco de polvo al fuego. No significa nada", argumentó Lehue. "Pagas tus tributos, ¿verdad? Entonces, ¿por qué no declarar tu lealtad a Roma en una ceremonia pública? Yo planeo hacerlo, si es que debo hacerlo. No dejaré mi esposa y mis hijos sin alguien que les provea. Piensa en Rostus allí con sus presentes de cumpleaños."

"Moriría por mi hijo, Lehue, y tú lo sabes. Pero si tengo que morir por Jesús antes que Rostus crezca, a menos sabrá que Jesús es mi Señor. ¿Qué ejemplo le daría si comprometo me fe en Cristo por adorar al emperador Valerio?"

"Serás hecho pedazos. Por favor, Nascious, prométeme que irás mañana a las autoridades y ¡les dirás que lo harás!"

Las voces se apagaban mientras Nascious y su hermano Lehue se encaminaban al patio. Bajo la brillante luna, Rostus miraba fijamente a la distancia el gran estadio. Cada día la multitud gritaba con entusiasmo mientras voraces leones devoraban los prisioneros. Se enjugó una lágrima de su mejilla. ¿Qué le pasaría a él, a mamá, a Julia si el papá era arrastrado ante los oficiales de la ciudad? ¿Qué pasaría si eran echados a la cárcel? Apretó con fuerza su espada contra sus rodillas. Pero, ¿qué podía él hacer con la espada de madera contra los soldados romanos que marchaban por las calles?

Esa noche, Rostus se volteó inquietamente mientras dormía. Seguro que no tomarán a papá, pensó. Papá es tan amable, un platero diligente. ¿Por qué alguno querría matarlo solamente porque amaba a Jesús? Cayó en un sueño intermitente. Un fuerte golpe lo despertó. Gritos provenían de la calle abajo. Rostus saltó de su cama y se esforzó por ver a través de la cortina. Por detrás escuchó un ruido. Dándose vuelta, vio a su padre, en el pasillo, tirando de su túnica de lino.

"¡Papi!" gritó Rostus, mientras corría hacia los brazos de su padre.

"Hijo," dijo Nascious suavemente mientras se arrodillaba. "Te amo. Probablemente ya no me vuelvas a ver sino en los cielos. Quiero que recuerdes una cosa. Por Jesús vale toda la pena." Atrajo a Rostus hacia su pecho y lo estrechó fuertemente. Un soldado subió las gradas, pero avergonzado se detuvo. Nascious lentamente se levantó, y con amor dijo adiós a su esposa y a Julia, y, con firmeza siguió al soldado bajando las gradas hasta meterse en la noche.

Fue la última vez que Rostus lo vio.

EL PRECIO

Según Blas Pascal: "Lo último que descubrimos al escribir un libro, es saber qué poner al principio."[8] Permítame ir al punto. Servir a Cristo cuesta. A veces cuesta la vida de uno. Comenzando con el siglo tercero hasta principios del siglo cuarto, los cristianos a veces enfrentaban una fiera persecución. Alrededor de los años 100, la iglesia primitiva caminaba por sí misma, sin la dirección y supervisión de los seguidores inmediatos de Jesús. Ninguno de los primeros discípulos vivía. Todos habían sido martirizados, con excepción de Juan, que vivió hasta muy entrado en años, probablemente los 90 o más. Antes de su muerte, Juan escribió el último libro de la Biblia, Apocalipsis, aproximadamente entre el 90 o 95 d.C. Nuestra historia comienza justo donde la Biblia termina. Ahora una nueva historia comienza, una antigua historia de más de 1900 años, una historia gloriosa, aunque nada fácil. Inmediatamente, la iglesia primitiva fue atacada en cuatro frentes: dos externos y dos internos.

LA RENUNCIA

La iglesia no tuvo dificultad en tratar con los mártires o confesores. Estos eran los héroes. Pero la renuncia presentaba un problema. Un observador, Dionisio de Alejandría, escribió en su carta a Fabio, obispo de Alejandría, acerca de los cristianos que habían retrocedido, renunciando a Cristo cuando la amenaza de la persecución se volvió evidente:

> Inmediatamente la noticia se esparció. El gobernador que había sido tan amable con nosotros estaba cambiando; ahora el temor de la amenaza del castigo pendía sobre nosotros. Es más, el edicto llegó; era como el Señor había predicho. Era muy terrible para causar, si fuera posible, que aun los elegidos cayeran. Todos estaban amilanados por el temor. Un número de personas inminentes se presentaron inmediatamente por temor. Otros, debido a sus negocios y posición pública, fueron impelidos a presentarse. Otros fueron arrastrados por los que le rodeaban a presentarse. Cada uno fue llamado a presentarse por nombre. Se acercaban a los sacrificios paganos e impuros, algunos muy pálidos y temblorosos, como si fueran ellos mismos los sacrificios y víctimas a los ídolos. La gran multitud que les rodeada les hacia muchas burlas. Era evidente que ellos por naturaleza eran cobardes en todo, cobardes a morir y a sacrificar. Otros, sin embargo, corrían prontamente hacia los altares, afirmando al presentarse que ellos nunca habían sido cristianos. De estos, el Señor ciertamente predijo que difícilmente serían salvos.[9]

Pero muchos no renunciaron, y fueron matados o torturados.

PROPAGACIÓN DE LA PERSECUCIÓN

Anterior al emperador Decius, quien llegó al poder en 251, la persecución de los cristianos había sido esporádica y localizada. Sin embargo, Decius intensificó la persecución, que pronto se convirtió en una eliminación sistemática de cristianos de todo el imperio. El periodo de 11 años desde el 250 al 261 es conocido como la Década del Horror.

Pero el peor de todos fue Dioclesiano (284-305). Particularmente irritante a Dioclesiano era que muchos de sus esclavos y siervos, al igual que su esposa e hijas, eran cristianas. Tan penetrante era la invasión del cristianismo que había entrado a la morada privada del emperador. En un intento de detener el crecimiento explosivo del cristianismo, Dioclesiano promulgó cuatro edictos. Esta serie de decretos publicada en aproximadamente 303 requería la destrucción de todos los templos (la construcción de templos era un fenómeno reciente; el primero fue construido acerca del 250). El edicto requirió también la destrucción de libros cristianos y la remoción de cristianos de su posición en el gobierno y del ejército. Todo el clero fue encarcelado. El año siguiente, Dioclesiano publicó otra orden insistiendo que los cristianos ofrecieran sacrificios a las deidades paganas.

RAZONES DE LA PERSECUCIÓN

¿Por qué los emperadores se enfocaban tanto en matar a los cristianos? Además del rechazo de los cristianos de proclamar al César como Dios, no querían seguir a los dioses de la tradición romana y eran considerados intolerantes de otras religiones. El compromiso que mostraban solamente por Cristo fue la causa que les hacia parecer anti-romanos y desleales. Los emperadores temían que esta gente se convertiría en subversiva porque solo rendirían lealtad al Único llamado Jesús. Otra razón extravagante para justificar la persecución era que el cristianismo dividía las familias. La familia era la unidad básica de la cultura romana. Cuando los individuos se convertían a Cristo, a veces dejaban sus familias; y por esto la iglesia cristiana fue acusada de corromper la sociedad por dividir la familia.

Pero el cristianismo floreció a pesar de la persecución. Tertulio (ca. 160-225), un líder de la iglesia cristiana, escribió: "Adelante… torture, muélanos hasta el polvo; nuestro número aumentará en proporción a nuestra eliminación. La sangre de los cristianos es la semilla de su cosecha."[10] De modo que la persecución fracasó en parar el crecimiento del cristianismo. Por el contrario, el cristianismo floreció.

RÁPIDO CRECIMIENTO

¿Por qué la iglesia creció tan rápidamente durante este tiempo? Por una razón: la fe cristiana era muy simple. Era monoteísta, sirviendo a un solo Dios. Esto parecía atractivo a los que estaban confundidos por una constelación compleja de dioses griegos y romanos. Pensar que había solo un Señor, una fe, y un bautismo era atractivo. Segundo, los creyentes vivían lo que enseñaban. Ellos no solamente habían desarrollado un valioso entendimiento de la vida, sino que la vivían de modo radical, para que otros pudieran ver el poder y el amor que tenían. La fe cristiana era particularmente atractiva a los esclavos y siervos. La comunión íntima de la iglesia atraía a los insignificantes de la sociedad romana.

La actitud de los mártires hacia la muerte era también un aspecto muy poderoso en la expansión de la fe. Quizá nos inclinemos a pensar de los mártires como seres especiales, casi no humanos, pero eran individuos semejantes a nosotros con temor de la muerte. Ellos no querían ser mártires. Ellos querían vivir.

Se ha dicho que la muerte de una persona es una tragedia, pero la muerte de miles es una mera estadística. Hemos hablado acerca de la persecución en términos de "miles." Pero salgamos de lo impersonal a lo personal y consideremos aquellos que murieron para que hoy usted tenga fe.

IGNACIO

Uno de los primeros en morir por su fe fue Ignacio, el obispo de Antioquía (d.C. 35-d.C. 107) donde los discípulos fueron llamados por primera vez Cristianos (véase Hechos 11:26). Un amigo cercano del apóstol Juan, Ignacio fue el primero en describir la iglesia como "católica", que significa universal. Era una manera de decir que la iglesia no es solamente una colección de iglesias individuales sino una iglesia universal, extendida por todo el mundo. Ignacio fue condenado a morir durante el reinado del emperador romano Trajano. Después de ser tomado prisionero, fue escoltado por diez soldados de una ciudad a otra de camino a Roma.

Durante este tiempo difícil, Ignacio escribió siete cartas. Seis de estas fueron dirigidas a las iglesias en Éfeso, Magnesia, Tralles, Roma, Filadelfia, y Esmirna. La séptima fue a su buen amigo Policarpo, obispo de Esmirna. En estas extraordinarias cartas, Ignacio expresa su profundo aprecio a los creyentes que le despidieron mientras era llevado forzadamente en el viaje a Roma. Les anima a ellos a ser fieles a pesar de la persecución en potencia, y urge a su amigo Policarpo a "permanecer firme como el yunque bajo el martillo."[11] No es poco sorprendente que los cristianos que compartieron esta increíble fortaleza expresada por Ignacio tuvieran un impacto: "Prefiero morir por Cristo que gobernar toda la tierra. Llévenme a las bestias para que entonces pueda ser un participante de Dios… bienvenido sean los clavos y la cruz, bienvenidos los huesos quebrados, el cuerpo herido, bienvenida toda tortura diabólica, si puedo obtener al Señor Jesucristo."[12]

Aparentemente, Ignacio esperaba con impaciencia el martirio por lo cual imploró a los cristianos en Roma hacer nada que pudiera demorar su inminente ejecución.[13] Ignacio no fue desilusionado por mucho tiempo. Soportó una tortura que va más allá de lo creíble. Después de ser arrojado en prisión, fue torturado ferozmente, porque "después de ser azotado cruelmente, fue obligado a tomar fuego en sus manos, y, al mismo tiempo, se puso a sus costados papeles encendidos y untados con aceite. Su carne fue hecha jirones con pinzas calientes, y por último fue arrojado a la furia de la bestias salvajes."[14]

POLICARPO

Policarpo (d.C. 69-d.C. 155), el obispo a quien Ignacio había escrito, no sufrió mejor suerte. Fue torturado hasta la muerte en 155, cuando tenía 86 años de edad. Los últimos momentos de Policarpo lo describe Eusebio (d.C. 260-d.C. 339), el historiador de la corte del emperador romano cristiano Constantino, quien es también conocido como el padre de la historia de la iglesia:

Dio un paso al frente, y el procónsul le preguntó si él era Policarpo. Cuando dijo sí, el procónsul le urgió a negar la acusación. "¡Respeta tus años!" exclamó, agregando semejantes apelaciones que regularmente se hacen en tales ocasiones: "Jura por la suerte de César..." Pero Policarpo, con el rostro firme miró a la multitud en el estadio... y exclamó: "Por ochenta y seis años... he sido su siervo, y Él nunca me ha hecho mal; ¿cómo blasfemar contra mi Rey que me ha salvado? "Tengo bestias salvajes", dijo el procónsul. "Te arrojaré a las bestias, si no cambias de actitud." "Llámelos', replicó el anciano.... "si te parece ligero las bestias", respondió el gobernador, "te mandaré destruir por fuego..." Policarpo respondió, "el fuego con el que amenazas arde por un tiempo y pronto se extingue; hay un fuego del cual nada sabes, -el fuego del juicio por venir tiene un castigo eterno, el fuego reservado para los paganos...."

El procónsul estaba maravillado, y envió que el pregonero se parara en medio de la arena y anunciara tres veces; "Policarpo ha confesado que es un cristiano...." Entonces un grito salía de cada garganta que Policarpo debía ser quemado vivo.... La multitud corría a recoger leña.... Cuando la pila (el montón de madera para quemar a Policarpo) estaba lista... Policarpo oró: "Oh Padre de mi amado y bendito Hijo, Jesucristo... Te bendigo por tenerme como digno de este día y esta hora...." Los hombres a cargo encendieron la pila y una gran llama ardió.[15]

Aunque es tentador evitar detalles grotescos, necesitamos entender el precio pagado por la causa de Cristo. Juan Foxe, en 1563, dio el más insólito relato de los últimos momentos de Policarpo:

> Una vez provista la madera, el santo hombre fervientemente elevó al cielo una oración, después de ser atado a las estacas; y mientras las llamas crecían ardientemente, los ejecutores se apartaron a cada lado por el calor intolerable. Mientras tanto, el obispo cantaba alabanzas a Dios en medio de las llamas, y permanecía sin ser consumido. Los guardias, determinados en poner fin a su vida, clavaron lanzas en su cuerpo, pero la cantidad de sangre que brotó de las heridas extinguió las llamas.

Después de considerables intentos, le dieron muerte, y quemaron su cuerpo.[16]

Policarpo es solamente uno de muchos que fueron enviados a la muerte por negarse a renunciar. La determinación de los mártires ayudó a prevenir la extinción del Evangelio y lo preservó para la próxima generación.

PERPETUA Y FELICITAS

Sin embargo, no todos los que fueron perseguidos eran obispos bien conocido. Uno de los mártires más celebrados fue una mujer de 26 años de edad llamada Perpetua, que juntamente con Felicitas, fue matada en marzo del 205. Perpetua estaba casada y tenía un niño. Su padre la amaba mucho pero se irritó bastante cuando ella rehusó renunciar a su fe cristiana. Él la pegó severamente pero no pudo convencerla a renunciar, lo cual la llevó a su encarcelamiento. Su padre se negó a visitarla por un tiempo. Ella fue llevada ante el procónsul Minutius y se le ordenó que sacrificara a los ídolos. Ella se negó y fue arrojada a un pozo oscuro sin su niño. Finalmente su padre la visitó y rogó, esta vez cariñosamente, a que renunciara a su fe cristiana. La respuesta de Perpetua a su padre fue sencillamente, "la voluntad de Dios será hecha." El juez en el juicio de Perpetua le rogó que recordara las lágrimas de su padre y a su niño impotente. Cuando ella se negó a renunciar, fue llevada de vuelta a prisión con Felicitas. Cuando el día de la ejecución llegó, Perpetua y Felicitas fueron llevadas a la arena, donde se liberaron a las bestias salvajes. Una bestia atacó primero a Perpetua y la dejó sin sentido. Luego atacó a Felicitas y la hirió terriblemente. Un verdugo se adelantó y terminó con ambas vidas con una espada.[17]

PIENSE

No es mi intención llenar su mente de historias mórbidas. Pero quiero que usted reflexione. Si escribo que "miles fueron asesinados a causa de su fe en Cristo", podría fácilmente ignorar el martirio. Pero cuando le muestro los rostros de estos mártires y usted puede conocer sus familias, sus hogares, sus gozos y temores, entenderá que estas personas no son personajes obscuros en la historia. Ellos son miembros de nuestra propia familia espiritual. Su coraje en negarse a renunciar preservó la fe para nosotros. Usted tiene la fe cristiana hoy porque hubo personas dispuestas a permanecer firmes ante la tortura y la muerte.

La historia de la iglesia pudo haber terminado después de sus primeros 200 años, otro sueño utópico fracasado. Un movimiento social que ardió brillantemente por unos años, solo para apagarse y enfriarse. Pero los cristianos no renuncian, porque el cristianismo no es un movimiento social, una utopía sin esperanza o una fabricación inspirada de las imaginaciones de unos apóstoles aturdidos. Los cristianos estaban llenos de confianza que Dios había resucitado a Jesús de la muerte. En base a esta realidad, hombres ordinarios, mujeres y niños enfrentaron torturas, bestias salvajes y las llamas.

La persecución y la amenaza de muerte nunca puede impedir las promesas de Dios a su pueblo, su gracia a los justos e injustos, y el cumplimiento de su voluntad final. El testimonio fiel de estos cristianos perpetuó la fe a través de muchos siglos, hasta llegar a usted y a mí. Debido a la fidelidad de ellos, usted y yo tenemos hoy el Evangelio. Solamente eso es evidencia de la mano de Dios a través de las edades para bendecir la iglesia y a todo el mundo.

CAPÍTULO 2

LOS APOLOGISTAS

Fecha de extensión: d. C. 100-250

Personas clave: Justino Mártir, Arístides, Tertuliano, Orígenes

Rtenas se esforzó por mirar a través del atestado baño público. ¿Era Polario al que veía? Dejó su asiento en el húmedo cuarto y se acercó. Seguro, allí estaba su amigo de infancia. ¡Qué tiempos aquellos cuando juntos se burlaban de las niñas y se metían en problemas con sus maestros del liceo! Atenas casi empujó a un hombre al agua fría mientras se abría paso entre la gente. Acercándose por detrás de Polario, extendió sus brazos alrededor de los hombros de su amigo.

"¡Polario! Pensé que estabas en Gaul!" Polario dio la vuelta y de inmediato reconoció a su viejo amigo. Después de un amigable abrazo y sentarse juntos en una esquina del baño, comenzaron a charlar. Ahora, cada uno estaba casado y Polario incluso tenía un hijo. Pero Atenas notó un cambio en su amigo. Parecía más maduro y más calmo, quizá algo aun sombrío. Recordando las fiestas que habían disfrutado, Atenas preguntó a su amigo: "¿Por qué no vienes esta noche a la casa de Justo? ¡Deberías ver a las muchachas que él halla! Y el vino…fabuloso… que proviene de Gaul."

Polario amablemente rehusó la invitación. "¿Estoy casado ahora?"

"¡Bueno… como muchos de nosotros!", rió Atenas.

"Atenas, soy cristiano. No complacería a mi Señor que yo estuviera en esa fiesta. Además, desde que me volví cristiano nunca soy más feliz con Roda y con mi pequeño Marcos."

El corazón de Atenas dio un salto. "Pero Pol", comenzó con cautela. La reunión parecía aburrida ahora. "Los cristianos no creen en los dioses. Ellos son ateos."

"No es cierto", dijo Polario. "Los cristianos creen en el verdadero Dios".

"Bueno, si son tan religiosos, ¿por qué no obedecen los decretos y las ordenanzas del gobierno? Oí que Jesús dijo a sus discípulos que pagaran los impuestos. Entonces, ¿por qué no obedecen los decretos y las ordenanzas del Emperador y firman el tratado de lealtad?"

"Ellos no pueden…no podemos, porque…"

Atenas interrumpió. "Los cristianos son cobardes. Una vez fui al coliseo pensando ver en ellos algo de coraje en acción. Pero al primer movimiento de las bestias, todos retrocedieron. Juraron lealtad al Emperador, cada uno de ellos." Escupió asqueado.

"Algunos lo hacen", dijo Polario, mientras imaginaba cómo obraría ante los leones. "Pero cientos no".

"¿Y qué de las familias?, continúo. "Me dices que no irías a la fiesta a causa de tu esposa, pero el cristianismo ha *dividido* a las familias. ¡Y esos libros judíos dicen que se supone que eso debe pasar! ¿Cómo puedes aceptar esa locura judía? Tú eres un romano, ¡por Júpiter! ¿Eso es en lo que quieres que Roma se convierta? ¿Una legión de testarudos fanáticos dispuestos a separarse de sus padres, esposas e hijos sólo por seguir las ideas de un difunto judío?"

Atenas ni siquiera pretendía escuchar más. Pero Polario insistió. "Atenas, es más frecuente a que no, que las familias rechazan a Cristo. Mis padres me repudiaron por seguir a Cristo". Polario miró al techo y aspiró profundo. Nunca olvidaría la última vez que vio el rostro de su padre, tan lleno de enojo y odio.

Con vehemente ira, Atenas continuó; "Ellos afirman que Jesús es ambos, Dios y hombre. Si Él no es el verdadero Dios, al menos tendría que ser una especie de superhombre. Y estos cristianos te engañaron. No son honrados. Dicen que tienen un solo Dios; y después cuando te metes con ellos, revelan el secreto: Dios en realidad está integrado por ¡tres dioses! Aun más, oí decir que son caníbales. Toman sangre y comen carne humana. Polario, siempre fuiste un estudioso, un erudito. ¿Acaso no reconoces que todo esto es una locura?

Polario se levantó. "Hay mucho que puedo decir, Atenas, y me encantaría decirlo. Pero, no lo haré, a no ser que escuches." Tomó su manto de lino que colgaba del gancho en la pared y se lo puso sobre los hombros. "Estoy contento que te encontré aquí hoy. Oraré para que el verdadero Dios se revele a tu vida y puedas conocer su amor. Si alguna vez quisieras saber más acerca de Jesucristo, una noche ven a visitarnos a Roda y a mí. Vivo en la Colina de Marte o del Mercado junto al camino Hera. Tira por el primer camino a la derecha detrás del liceo. Espero que vengas. Trae a tu esposa, si ella desea venir. Además, tengo el mejor queso de cabra de toda Roma. Buenas noches."

Mientras se iba, Atenas meneó la cabeza. "Engañado..." murmuró. Pero recordó la dirección de Polario.

ATAQUES INTELECTUALES

En el capítulo previo mencioné dos presiones *externas* a la iglesia primitiva y dos presiones *internas*. Tratamos una de las presiones externas, la persecución. Ahora cambiamos nuestra atención a otra presión externa, ataques intelectuales.

Tan pronto como la iglesia primitiva había perdido sus líderes originales tuvo que enfrentar fuertes ataques intelectuales. Pero Dios levantó defensores de la fe, un prolífero grupo de conocidos escritores como los apologistas. La voz "apología" proviene del griego que significa "hacer una defensa". Aunque todos los cristianos deberían poder hacer una defensa, o responder, aquellos que preguntan o desafían la Fe, a veces usamos el término "apologistas" para referirnos con ello a un grupo de escritores cristianos (principalmente griegos) que escribieron defensas importantes de la Fe en los primeros siglos de la Iglesia. A veces ellos escribieron a los emperadores. Por lo general su meta era influir en la opinión pública respecto de Jesús y abrir la mente para que la gente considerara la posibilidad de convertirse en cristiana.

Lamentablemente, en la actualidad la mayoría de sus escritos se leen poco porque las interrogantes que trataron eran específicas de su época. Pero sus nombres son importantes para nosotros, repito, porque estas personas hicieron posible que hoy podamos disfrutar de la Fe. Entre los apologistas se incluye hombres con nombres en su mayoría desconocidos para nosotros: Justino Mártir y su discípulo Tatiano, Arístides, Atenágoras, Tertuliano, Teófilo de Antioquía, Origen, y Milito, que era el obispo de Sardis. Tomemos un momento en nuestro viaje a través de la historia de la Iglesia para conocer a algunos de ellos.

JUSTINO MÁRTIR

El más notable de todos los apologistas fue Justino Mártir (100-165). En ese tiempo la gente no tenía apellidos, así que usted puede imaginar como Justino recibió el suyo. Justino fue enviado a la muerte por el funcionario romano Rústico. Justino fue uno de los más competentes defensores de la fe cristiana que la iglesia haya conocido. Nacido en Sicar, donde Jesús había hablado a la mujer junto al pozo de Jacobo, Justino fue criado como un pagano y saturado de pagana filosofía. Su atracción a la Fe comenzó mediante su interés en la filosofía y la teología. Mientras vivía en Éfeso, Justino se convirtió al leer a los profetas del Antiguo Testamento y reflexionar acerca del cumplimiento de las profecías de Cristo. Según el mismo lo expresa:

> Inmediatamente una llama fue encendida en mi alma, y un amor a los profetas y aquellos hombres que fueron amigos de Cristo. La explicación de ellos es la más antigua y verdadera acerca del principio y el fin de las cosas y de aquellos asuntos que los filósofos debieran saber, porque ellos estaban llenos del Espíritu Santo. Ellos glorificaron al Creador, el Dios y Padre de todas las cosas, y proclamaron a su Hijo, el Cristo. He hallado que esta filosofía es sana y provechosa.[18]

Conforme Justino creció en la fe, puso sus habilidades de filosofía a trabajar en defensa del evangelio. Su obra más famosa, *Apología*, fue dirigida al emperador Antonio Pío, mientras que su *Segunda Apología* fue dirigida al senado romano poco después de la ascensión de otro emperador, Marcos Aurelio en 161. Justino procuró persuadir al emperador de la validez del pensamiento cristiano. Además, luchó contra un movimiento llamado Gnosticismo. Daremos un vistazo a este sistema de creencia poco usual en un capítulo posterior.

Justino y otros apologistas, aunque en verdad educados, no eran meros intelectuales, secos, polvorientos o profesores sin pasión. Eran enérgicos y profundos con una pasión ardiente por la verdad. Fueron tan impactados por el poder y el asombro por la fe cristiana que fueron compelidos a defenderla para que las generaciones futuras pudiera tener una fe.

Como joven, Justino buscó enérgicamente la verdad en variadas escuelas filosóficas. Un día, mientras meditaba a solas en la playa, quizás en Éfeso, conoció a un anciano que expuso las debilidades de su pensamiento confidente. El extraño entonces destacó a los profetas judíos que fueron testigos de Cristo. Justino ya estaba muy impresionado por la notable consistencia moral de los cristianos frente a la muerte. Posteriormente, trata estos temas en sus escritos. Justino respondió plenamente convirtiéndose al cristianismo. Llevó su nueva fe a las escuelas de filosofía. El creía que ahora poseía en Cristo una filosofía perfecta, revelada plenamente por el Dios que había sido conocido solo en parte a través de la sabiduría del mundo antiguo.[19]

A lo largo de su vida, escribió para que otros puedan abrazar a Cristo como la verdad. La obra más larga de Justino que permanece se titula *Diálogo con Trifo*. Probablemente, Trifo era un judío educado que objetó el cristianismo. Justino pacientemente explica porqué el mensaje de Cristo en el Nuevo Testamento suplanta al Antiguo Testamento.

Juan Fox registró la muerte de Justino con brevedad inusual: "Justino y seis de sus compañeros fueron aprendidos. Cuando se les mandó que negaran su fe y sacrificaran a los ídolos paganos, rehusaron hacer ambas cosas; por tanto, fueron condenados a ser azotados y decapitados."[20]

DIFÍCIL TAREA

Es imposible re-enfatizar la importancia de la contribución de Justino Mártir a la defensa del cristianismo, que en esa época era una religión joven, poco conocida. Aunque los cristianos entendieron que su fe no era nueva (ya que era obra verdadera de la fe judía), la mayoría de las personas no tenía la certeza de qué significaba ser un cristiano. Para el ciudadano romano promedio, un cristiano era un miembro de un pequeño grupo poco corriente que creía que un hombre de Nazaret había resucitado de entre los muertos. Casi nada podía desafiar ese entendimiento, debido a que había pocos medios para exponer la fe cristiana a la gente. El Nuevo Testamento no había sido publicado en un volumen según lo tenemos en la actualidad. En esa época, era una serie de cartas publicadas. No había libros cristianos, radio o estaciones de televisión, o universidades cristianas.

La tarea de los apologistas era formidable. Ellos tenían que argüir la defensa del Evangelio filosóficamente aunque respetando su contenido sobrenatural, como los milagros de Jesús y su resurrección. Con frecuencia, ellos no podían predicar abiertamente acerca del tema a causa de la persecución. Se dedicaron a dar instrucciones a nivel privado. Justino Mártir, por ejemplo, dictó clases en un cuarto que alquiló ubicado encima de los baños públicos. En tiempos más seguros, algunos apologistas como Clemente de Alejandría y Orígenes, fundaron escuelas para explicar los fundamentos de la fe cristiana.

Los apologistas nadaban contra la corriente de la cultura popular. Cuando los emperadores paganos acusaban a los cristianos de ser ateos porque no creían en los dioses griegos, los apologistas debían explicar porqué el Dios que los cristianos creían era, en efecto, el Dios verdadero. Cuando un rumor común denunció que los cristianos practicaban el incesto, los apologistas tenían que probar que el título de "hermano" y "hermana" no significaba que los cristianos eran hermanos y hermanas biológicos sino que tales términos indicaban la plena comunión en la familia de creyentes. Cuando se propagaron denuncias que los cristianos eran caníbales, los apologistas demostraron que las referencias a "comer el cuerpo de Cristo", y "beber su sangre" durante la Santa Cena, era simbólico de la muerte de Cristo en la cruz y que no indicaba que los cristianos comían carne humana o bebían sangre.

Por el segundo y tercer siglo, las relaciones entre los cristianos y judíos se habían vuelto marcadamente hostiles. Si Jesús era el Mesías, ¿por qué los judíos no lo aceptaban? Los apologistas presentaron una defensa de este aparente fracaso del cristianismo. Arguyeron que el fracaso no estaba en el Mesías sino en la nación de Israel, la cual estaba llena de apóstatas que rehusaban creer.

A veces se encontraban en la difícil posición de defender la fe cristiana contra aquellos que se llamaban a sí mismos cristianos. Una plaga de herejías contaminó la iglesia primitiva, propagándose desde adentro.

Muchos se autodenominaban cristianos pero proponían otro evangelio. Uno de estos herejes era Marcio, que afirmaba que el Dios del Antiguo Testamento no era el Creador del universo sino un inconstante y diabólico dios inferior. Marcio rechazó todo del Antiguo Testamento y gran parte de lo que luego vino a ser el Nuevo Testamento porque ambos no estaban de acuerdo con su teología.

Justino Mártir, haciendo de nuevo una defensa vigorosa de la Fe, aseguró que Marcio fue influido por el mismo diablo. Esta era la única explicación por la que Marcio podía blasfemar a Dios hasta negar que Él fuera el Creador del Universo.

Aunque en la actualidad se lea poco a los apologistas, ellos ayudaron a preservar la fe para nosotros. Su defensa fue educada, casi siempre cortés y sumamente poderosa. Su defensa animó a los creyentes a mantenerse firmes, y pudo haber cesado la persecución al influir en la opinión de líderes políticos paganos.

ARÍSTIDES

Arístides vivió en Atenas, Grecia en el año 140. Con gran convicción escribió al emperador romano Antonio Pío para argüir que las religiones del culto antiguo eran totalmente incapaces de satisfacer el clamor del corazón humano. Sistemáticamente planteó el contenido del Evangelio para mostrar que solamente Jesús podía satisfacer las aspiraciones humanas. Eusebio, el primer historiador de la iglesia, afirmó que Arístides era "un hombre de fe y devoto de nuestra religión".[21] En una de sus obras, Arístides provee una descripción de Dios y luego examina varias religiones para probar cuál de ellas realmente llega a la estatura del adecuado entendimiento de Dios. El cristianismo sólo, arguye él, provee un sistema de creencia que hace justicia al apropiado entendimiento de la naturaleza de Dios.

Imagine tratar de explicar lo básico del cristianismo sin que se tenga absolutamente una clara noción de sus elementos. Usted no puede ofrecerles un libro o una cinta grabada, cuando el pensamiento de ellos es enteramente pagano. ¿Cómo explicaría usted los fundamentos de la Fe? A continuación leemos, aunque breve, la profunda afirmación de Arístides:

> Respecto a los cristianos, ellos trazan sus orígenes hasta el Señor Jesucristo. Él ha confesado ser el Hijo del Dios altísimo, que descendió del cielo por el Espíritu Santo y que nació de una virgen encarnada a su vez en la hija del hombre y que allí vivió el Hijo de Dios…. Este Jesús… fue traspasado por los judíos, y murió y fue sepultado; y ellos dicen que después de tres días resucitó y ascendió al cielo… Ellos creen que Dios es el creador y hacedor de todas las cosas.[22]

Aunque esta explicación le parezca elemental, recuerde el público. Arístides es directo en su descripción de la fe cristiana. Estas declaraciones hechas con claridad y cuidado preservaron los fundamentos de la fe cristiana a través de los tumultuosos primeros siglos. Simples declaraciones como éstas, son las que Dios usó para mantener pura la verdadera doctrina a fin de que la Iglesia pudiera permanecer viva y sana.

TERTULIANO

El más fecundo de los apologistas fue Tertuliano (160-220), que escribió ampliamente sobre una gran variedad de temas. Ha sido llamado un "fiero fanático" que "escribió penetrantes tratados teológicos".[23] También se refirieron a él como uno de los "últimos de lo apologistas griegos", y fue conocido también como el padre de la teología latina porque fue el primer escritor cristiano que produjo literatura en latín.[24] Se le menciona también como el "hacedor de frases de la iglesia occidental" porque fue el primero en usar la palabra "Trinidad" y para describirla desarrolló una fórmula ("una sustancia, tres personas").[25]

Quinto Séptimo Tertuliano vivió la mayor parte de su vida en Cartago, la capital de la provincia romana en África, donde su padre era un funcionario del gobierno. Tertuliano viajó extensamente (Roma, Grecia, y el Medio Oriente) y recibió una excelente educación. Estudió leyes y los clásicos, escribió fácilmente en latín y griego y estaba plenamente familiarizado con la filosofía, la literatura, la historia, la fisiología, la lógica, y la psicología.[26] Pudo haber llevado una vida cómoda pero en el 197 se convirtió al cristianismo, después de escuchar de aquellos que murieron por la Fe. A partir de entonces Tertuliano, dedicó a la defensa del evangelio toda su vigorosa y sobresaliente personalidad.

Los escritos de Tertuliano (197-212) trata tres asuntos principales: (1) la actitud del cristianismo hacia el estado romano en la sociedad, (2) la defensa de creencias cristianas contra herejías, y (3) la conducta moral de los cristianos.

UN HOMBRE VIGOROSO Y DISCIPLINADO

De hablar seguro, Tertuliano optó por usar su estilo agudo y vigoroso para despertar a los cristianos de su letargo y negligencia moral a una fe rigurosa y ascética. Tertuliano aplicó su cristianismo con gran firmeza. Estaba profundamente molesto por la apatía de muchos creyentes en Cartago, una ciudad con una población de tres cuartos de un millón de personas. Una porción de sus escritos desafía a los cristianos no solo a llevar una vida rigurosa y disciplinada sino también a nunca huir de la persecución. La atracción de Tertuliano por la fe cristiana se debe en parte al coraje de los mártires, y fue él quien dijo que "la sangre de los mártires es la semilla de la iglesia", dando a entender que aquellos al morir por su Fe atrajeron a otros a la Fe (que fue cierto para Tertuliano).

A Tertuliano le preocupaba también que las filosofías paganas pudieran corromper las bases del cristianismo. Otra de sus fases muy conocidas fue: "¿Qué tiene que ver Atenas con Jerusalén?" Tertuliano nada encontraba en los filósofos griegos que pudiera mezclarse con el evangelio de Jesucristo. Según Tertuliano, ningún filósofo griego en Atenas tenía nada que ofrecer.

SUS ESCRITOS

Mientras que el nombre Tertuliano era muy desconocido por los creyentes contemporáneos, sus escritos ayudaron a preservar el evangelio para nosotros. Tan prolífico fueron sus escritos que uno podía pasar años para familiarizarse completamente con ellos. Su obra maestra es la *Apología*, en la que Tertuliano argüía fuertemente que el cristianismo debía ser tolerado y no perseguido. En su obra, *A los paganos*, escrito el mismo año de su conversión y la publicación de *Apología*, expresó que los cristianos no debían ser castigados por sus convicciones sino ser juzgados en base a sus acciones moralmente justas. Su obra más larga consistía de cinco libros bajo el título *Contra Marcio*, en la que defiende el uso del Antiguo Testamento por los cristianos de la iglesia. Quizá para nosotros esto suene extraño, pero como hemos notado, el asunto era controversial en esa época. Los judíos no cristianos pensaban que el Antiguo Testamento era una doctrina puramente judía, sin significado para los cristianos. Tertuliano, con su usual estilo agresivo, arguyó que el Antiguo Testamento tuvo gran validez para los cristianos. Si usted todavía no ha descubierto las maravillas del lado izquierdo de su Biblia, puede que disfrute leyendo algunos de los argumentos de Tertuliano donde defiende la importancia del Antiguo Testamento.

En *Contra Marcio*, Tertuliano arguye en apoyo de la unidad de Dios el Creador y Jesús el Salvador. Quizás nos preguntemos por qué enfatiza tanto acerca de la obvia verdad. Pero la verdad obvia para nosotros es parcial porque Tertuliano muy valientemente la defendió y la explicó con vehemencia. En su obra titulada *Contra Praxeas,* Tertuliano desarrolló la doctrina de la Trinidad y usó por primera vez el término "Trinidad" que en la actualidad es muy común en nuestro vernáculo. Su obra ayudó a mantener la verdad a través de las edades. Como nuestra inteligencia de muchas grandes doctrinas, por el entendimiento de la Trinidad se pagó un gran precio. La energía, el estudio, y el sufrimiento de los apologistas formaron nuestra historia y ahora usamos sus fórmulas de modo completamente casual. Decimos "Tres en Uno y Uno en Tres" sin comprender la lucha que esto implicó para llegar a dicha fórmula.

Una de las obras de Tertuliano, *Testimonio del alma*, es el primer escrito cristiano sobre el tema de la psicología. En *A Escápula*, Tertuliano razona con los líderes políticos del África. Los cristianos no temen a la muerte, arguye él, así que sus sufrimientos no es razón para evitar que se los mate. No, los líderes romanos deben abstenerse porque atraerán sobre si la culpa del asesinato. En *La Receta de los Herejes*, Tertuliano acusa a los herejes de violar los "derechos de propiedad de la iglesia" al citar la Biblia. Escribió extensos comentarios del Evangelio de Lucas, de los escritos de Pablo, y aun sobre el "Padrenuestro". *De spectaculis* [El espectáculo] no se aceptaría con mucho entusiasmo hoy, debido a que en ella Tertuliano arguye que los cristianos no deberían asistir a las competencias deportivas públicas. Otra obra de igual manera no popular para nuestra cultura sería *De cultu Feminarum* [el culto a la féminas] en la que Tertuliano fuertemente condena la actual moda femenina por su falta de modestia. En *De exhortatione castitatis* [exhortación a la castidad] afirma que para ser enteramente monógamo, uno no puede volver a casarse de nuevo luego de la muerte del cónyuge. Tertuliano pidió específicamente a su propia esposa no volver a casarse ¡si él moría primero! Si ella insistiera en volver a casarse, él pidió que al menos ella contrajera nupcias con un cristiano.

En la mayoría de las obras de Tertuliano no trata asuntos muy mundanos. Más que típico sería *Ad mártires*, [a los mártires] escrito a los cristianos prisioneros para animarlos a que se mantuvieran firmes y para ayudarlos a comprender que su muerte sería sólo un medio por el cual escaparían la prisión de este mundo.[27]

Aunque Tertuliano escribió acerca de una gran variedad de asuntos, no trató los problemas disparando a cualquiera o por toda dirección. Se puede decir que "disparó" sus escritos apuntado a blancos específicos. Tertuliano atacó cuando la fe era amenazada. En su defensa de la fe cristiana, siempre atrajo las personas a la verdad de Jesucristo. Se puede notar este asunto principal en el ejemplo siguiente, en el que trata de transmitir quién realmente es Jesucristo:

> Cuando se proyecta un rayo del sol, es una porción de todo el sol; pero el sol estará en el rayo porque es un rayo del sol; la sustancia no está separada sino extendida. Entonces del Espíritu proviene el Espíritu, y Dios proviene de Dios, como la luz se enciende de la luz porque… por este rayo Dios… descendió en una virgen, y en su matriz se formó como carne, nacido como hombre mezclado con Dios. La carne se formó por el Espíritu, se nutrió, creció, habló, enseñó, trabajó, y fue Cristo.[28]

Usando el sol como analogía, Tertuliano provee un vislumbre pintoresco de Dios tomando en sí carne humana en la persona de Jesús. Aunque esto nos parezca profano, era este tipo de vigorosa defensa que Dios usó para preservar la verdad que disfrutamos en la actualidad de manera tan informal. Aunque Tertuliano brevemente se desvió hacia una herejía llamada montanismo, fue rápido en corregir sus caminos, porque la mano sobrenatural de Dios estaba sobre él como un preservador de la verdad.

ORÍGENES

"Pío, popular y persuasivo"[29] así William Barrer comienza su descripción de Orígenes (ca. 185-ca.254), uno de los más profundos maestros del cristianismo del tercer siglo. El mayor de siete, Orígenes nació en Alejandría, Egipto. A los 18 años de edad, se convirtió en un maestro. La profundidad de su conocimiento de temas a nivel espiritual como secular, y su modo agradable de ser, inmediatamente le convirtió en un maestro popular. La perspicacia de su intelectualidad sólo le pasaba su extrema piedad y amor por Dios. Como resultado de haber malinterpretado la aplicación de Mateo 19:12 ("hay eunucos que a sí mismos se hicieron eunucos por causa del reino de los cielos"), se castró a sí mismo, un acto que luego lamentó. Mostró un celo extremo sobre el martirio, lo cual naturalmente preocupaba a su madre.

Cuando el celoso obispo de Orígenes le prohibió hacer nada en su ciudad, permaneció en Cesárea, enseñando y escribiendo. Su gran obra fue *De principiis*, que se convirtió en el tratado teológico de mayor consideración de su tiempo. Otra obra comprensiva y exhaustiva fue su *Hexapla*, que consistía en el orden de la Biblia en seis columnas, según el cual comparaba las Escrituras en diversos lenguajes y versiones.

Este brillante pensador, popular predicador y prolífico autor fue arrestado juntamente con otros cientos de cristianos durante la Década del Horror del Emperador Decíos (250-261). Aunque no se le ejecutó, eventualmente fue salvajemente torturado y murió poco después. Jerónimo se refirió a Orígenes como "el segundo maestro de la iglesia", segundo sólo al apóstol Pablo.[30]

NUESTRA DEUDA

Con la prisa de la vida contemporánea, pocos tenemos el tiempo o el interés de pensar acerca de las personas que vivieron en el segundo y el tercer siglo. Suficientes problemas tenemos en recordar los detalles básicos acerca de George Washington o Abraham Lincoln. ¿Cómo podemos dar una atención más que pasajera a las personas de otras culturas, que vivieron tan lejos y hace tanto tiempo? Sin embargo, estos son los ancestros de nuestra Fe, en cuyos hombros nos paramos, y debemos a nosotros mismos y a ellos hacer una larga pausa para entender quiénes fueron ellos y qué hicieron. El asunto recurrente de este libro es que si ellos no hubieran sido fieles, usted y yo no habríamos tenido el evangelio. Ellos admirablemente defendieron lo que con frecuencia damos por hecho. Y conforme nuestra cultura estadounidense se vuelva cada vez más pagana, se necesitarán nuevos apologistas que estudien las habilidades y comprendan a los primeros defensores de nuestra Fe. De igual manera que la iglesia pueda defender su Fe, se volverá más fuerte. Y eso es importante porque una iglesia debilitada nunca podrá describir y enseñar de un Cristo que salva a la civilización.

CAPÍTULO 3

HEREJÍAS, DIVISIONES, Y ACONTECIMIENTOS

Fecha de expansión: d.C. 150-590

Personas clave: Ireneo, Marcio, Montano, Constantino, Agustín, Ambrosio, Jerónimo, Gregorio I

Marcela despertó con nubes grises en la primaveral mañana de su tercer aniversario. Lotius seguía dormido cubierto con las frazadas. Hoy no era su aniversario de bodas. Habían estado casados por cinco años. No, tres años atrás habían descendido al río Arco para ser bautizados en el nombre del Padre, el Hijo y del Espíritu Santo.

Lotious dio media vuelta y habló entre dientes.

"Buen día, Lotius", dijo Marcela besándole suavemente en la frente. Ella le amaba mucho más desde que ambos comenzaron a obedecer y amar a Cristo.

Pero Lotius se volteó y volvió a dormirse. Marcela sintió un puñal de soledad. ¿Estaba Lotius cambiando? Su gozo original ya no estaba. El pasaba menos tiempo con ella y más tiempo con un puñado de amigos extraños. Estaba sumido en conocer cosas especiales… palabras secretas y frases en códigos. Cuando ella expresaba sus temores, él reía y jugaba con el cabello de ella como si fuera una niñita.

"¡Confía en mí!" decía él. "Estoy aprendiendo lo suficiente para los dos."

"¿Por qué aprender secretos?" preguntaba ella. "¿Acaso no es suficiente conocer a Cristo?"

"Pero yo estoy aprendiendo más acerca de Cristo, querida Marcela", respondía él. "Hay un camino más profundo, un camino mejor que el que conocimos primero."

Marcela se levantó quietamente y atizó el fuego. Trajo agua fresca del pozo de piedras junto al jardín y comenzó a hervir agua. A Lotius le encantaba beber una infusión de hierbas en el desayuno. Ella preparó un plato con queso de cabra, higos, y las uvas recién cosechadas, y calladamente los trajo a él.

"¡Despierta dormilón!" bromeó ella, y lo besó suavemente en la mejilla. ¿Por qué había él estado tan distante últimamente? Estaba como si había olvidado que ella era su esposa. Había cambiado tanto durante los últimos meses, y a Marcela no le gustaba lo que veía.

Finalmente Lotius se sentó en la cama y comió el desayuno sin decir una palabra de agradecimiento.

"Hoy es nuestro aniversario. ¿Recuerdas nuestro bautismo tres años atrás?" dijo Marcela quietamente. "Me siento muy contenta que Jesús murió por nosotros."

"Marcela", dijo Lotius, todavía masticando el pan, "he cambiado de opinión al respecto. Mira, el verdadero Cristo no murió en realidad. Fue una ilusión. Las cosas físicas son malignas. La verdadera espiritualidad nada tiene que ver con la resurrección física. He podido entender quien soy realmente. Como el apóstol Tomás dijo, 'hay luz dentro de un hombre de luz'". Con estas palabras, Marcela ya no pudo aguantar más.

"Lotius, ¿qué te ha pasado? ¿Acaso eres siquiera un cristiano?"

Lotius puso a un lado el resto del desayuno y se levantó. "¡Veo que ellos tienen razón!" Me advirtieron acerca de las mujeres. Hasta que no entiendas la verdadera sabiduría, solo eres una carga alrededor de mi cuello. ¿Qué puedo hacer contigo?" Sin decir otra palabra, se vistió rápidamente y dejó la casa.

"Querido Jesús", lloraba Marcela, mientras se inclinaba de rodillas al lado de la cama. "Por favor envía alguien que me ayude. Sé que él está equivocado, ¡pero no tengo el poder de mostrarle!"

Durante los meses siguientes, Lotius pasó muchas horas haciendo ejercicios espirituales mientras que Marcela se dedicaba cada vez más a las tareas de la granja. Pacientemente ella escuchaba cuando él trataba de explicarle. El mundo físico era maligno, sin importancia. Si quieres ser verdaderamente espiritual, debes ser como una mujer y un hombre todo a la vez. La mejor manera de conocer a Dios con mayor profundidad era conocerse a sí mismo. Las explicaciones continuaban sin parar.

Marcela solo podía orar. Ella trató de mostrar a Lotius que la Biblia no enseñaba tales cosas, pero él ponía su propia interpretación a las palabras de la Biblia.

Un día, dos años después, Monin, el hermano mayor de Lotius, estaba de visita desde Lyon. Vino con un libro en su bolsa. "¡Mira!", exclamó, "pude prestar una copia de la obra de Ireneo, *Contra las herejías*. Fue difícil conseguirlo. Lo leí todo, Lotius, y creo que lo que hemos estado aprendiendo de los gnósticos es erróneo. El libro es muy convincente."

"Solamente porque eres mi hermano", dijo Lotius, "te oiré".

Por una semana, Marcela podía oír que Lotius y Monin argumentaban en el jardín. Ahora a ella no le importaba hacer *todo* el trabajo. Oró mucho mientras preparaba la sopa y amasaba el pan para la cena. Al fin Dios había enviado alguien al que Lotius escucharía. Quizás este hombre Ireneo podía convencer a su testarudo marido a creer el verdadero evangelio de Cristo. Cuando Monin regresó a su casa, dio a Lotius su libro precioso.

Marcela estaba feliz. Pero Lotius nunca volvió a tener el entusiasmo que una vez fue característico de su fe cristiana. Nunca volvió a estudiar el camino de los gnósticos, y continúo siguiendo a Cristo; pero parecía llevar una cicatriz espiritual. Marcela anhelaba que volvieran los días antes del desvío llamado gnosticismo.

ATAQUES INTERNOS

Habiendo sobrevivido la persecución, la iglesia primitiva peleó con éxito contra los ataques intelectuales, gracias a Dios por el don de los apologistas. La persecución y la oposición doctrinal fueron ataques *externos*. La joven iglesia no estaba preparada para lo que vino después: el ataque repentinamente se convirtió en *interno*, un cáncer que amenazaba desde adentro. El primer ataque interno fue la herejía, una divergencia de la perspectiva bíblica ortodoxa. Debido a que la iglesia era muy joven, todavía no había formulado muchas de sus creencias. Algunos herejes parecían no estar concientes que se estaban apartando de la ortodoxia. Sus creencias forzaron a que la iglesia se reuniera en concilios y conferencias para determinar lo que era verdaderamente bíblico. A menudo se denunciaban a los herejes años después de haber fomentado un sistema de creencia particular.

ARRIANISMO, PELAGIANISMO, NESTORIANISMO, Y OTRAS PALABRAS DIFÍCILES

Una herejía que amenazó con desviar seriamente la iglesia fue propagada por Arrio (ca. 250-336). El arrianismo enseñó que hubo un tiempo cuando Jesús no existía y aunque Cristo tenía algo de divinidad, Él no era igual con Dios el Padre. El primer concilio mundial, el Concilio de Nicea en el 325, rechazó enfáticamente el arrianismo. Como resultado, usted y yo entendemos la humanidad y la divinidad de Cristo.

Otra herejía peligrosa fue la enseñanza de Pelagio (a finales del cuarto siglo y principios del quinto). Pelagio tenía una opinión exageradamente optimista de la naturaleza humana. El enseñaba que sin el auxilio de la gracia de Dios, la gente puede tomar los primeros pasos hacia Dios; solamente es necesaria la razón y la determinación para poder escoger entre las buenas acciones de las malas acciones, y entre el bien y el mal. Pelagio negaba el pecado original, la doctrina de que había algo terriblemente malo en la humanidad, que nacemos espiritualmente muertos y que somos incapaces de lograr ningún grado de vida espiritual. Pelagio subestimó la seriedad del pecado y la esclavitud humana al pecado. Finalmente, conforme al pelagianismo, afirmaba que en realidad no necesitamos la gracia de Dios mediante la muerte de Cristo en la cruz porque prácticamente podemos salvarnos nosotros mismos por nuestras buenas obras y ascetismo. El gran hombre de la iglesia San Agustín (354-430), obispo de Hipona en África del Norte, atacó fuertemente y eventualmente ganó contra la doctrina humanista de Pelagio. Pelagio fue condenado en varios concilios de la iglesia del 412 al 418.

Nestorio (muerto en 451), obispo de Constantinopla, una de las iglesias más importantes en el Imperio Romano, provocó una controversia que guió a su destitución como obispo. Nestorio objetó el creciente movimiento de devoción que elevó el título de la virgen María a *theotokos*, o 'madre de Dios". Según la enseñanza de Nestorio, María es la madre de Jesús el hombre pero no la madre de Dios el Hijo. Además, decía que Jesús tuvo dos naturalezas distintas, la humana y la divina, pero no unidas entre sí y que cambiaba de una a otra según su obra humana normal o la realización de milagros.

Sea que Nestorio tratara de preservar la creencia cristiana ortodoxa o de iniciar un nuevo camino herético, su enseñanza contradecía lo que la Biblia, las iglesias ortodoxas y los concilios de las iglesias afirmaban acerca de Cristo. El término, "madre de Dios" significa que Jesús de Nazaret era plenamente Dios y que su humanidad y divinidad estaba unida en una persona.

La doctrina nestoriana fue formalmente condenada en el Concilio de Éfeso en 431 y en el Concilio de Calcedonia en 451. Las iglesias nestorianas, centradas en Persia, se separaron de las iglesias católicas. A pesar de los muchos esfuerzos para encontrar un acuerdo, la brecha nunca se enmendó.

Otro grupo que negaba la enseñanza bíblicamente ortodoxa que Cristo era ciento por ciento Dios y ciento por ciento hombre fue el Monofisismo (del griego *mono* que significa "uno" y *fusis* "naturaleza"). El monofisismo decía que Cristo tenía solo una naturaleza, y que esa naturaleza era divina. Al afirmar esto, rechazaban la creencia que Cristo tenía una naturaleza humana genuina. El Concilio de Calcedonia condenó el monofisismo en el 451.

Y había más, los Ebionitas, los Docetitas, los Modalistas, los Maniqueístas, los Donatistas, los neumatólogos, la mayoría de los cuales distorsionaron la enseñanza bíblica y el consenso creciente en la iglesia acerca de la naturaleza de Cristo y la Trinidad (la "Trinidad" es un resumen de la enseñanza bíblica que Dios existe como un solo Dios en tres personas: Dios Padre, Dios Hijo y Dios Espíritu Santo).

Sin embargo, una enseñanza herética golpeó la iglesia más que ningún otro. Es tan sutil como poderosa y existe todavía en la actualidad, el gnosticismo.[31]

EL GNOSTICISMO

No es solo un patrón de pensamiento o movimiento distinto, el gnosticismo era un grupo de movimientos, en gran manera desconectados. Su misma falta de forma hace de él un enemigo difícil. Su influencia en la iglesia primitiva casi corrompió el evangelio que conocemos y amamos. La palabra "gnosticismo" proviene del griego *gnosis* que significa "conocimiento". Los gnósticos creen que para avanzar espiritualmente, uno debía obtener un conocimiento secreto especial; y a medida que uno aprendía, entonces progresaba de un nivel (aeon o emanación) al próximo. Si uno escalaba esta "escalera del conocimiento secreto", entonces podía escapar del mal, del mundo material y avanzar hacia lo bueno y espiritual. Este pensamiento a menudo se conoce como dualismo radical, porque el espíritu se establece contra la materia física. Lo que se pueda tocar y ver es malo; lo que no se puede ver o tocar es intrínsicamente bueno.

CREENCIA ACERCA DE CRISTO

Las implicaciones del gnosticismo fueron muchas para el cristianismo. Los gnósticos creían que el verdadero Jesús no era humano, porque si Él tenía un cuerpo, ¿entonces cómo podía ser el espiritualmente bueno? El gnosticismo atacó la misma base del Evangelio. Si Jesús no tenía un cuerpo real, entonces no pudo haber sufrido y muerto en la cruz y, por tanto, no podía haber físicamente resucitado de entre los muertos. Ni su cuerpo físico podía haber ascendido a los cielos. El apóstol Pablo dijo, "y si Cristo no resucitó vuestra fe es vana; aun estáis en vuestros pecados" (1 Cor. 15:17). La doctrina de los gnósticos niega la misma base de la fe cristiana. El gnosticismo fue la mayor amenaza al cristianismo a través del segundo siglo. Los evangelistas del gnosticismo fueron Simón Mago, Saturnino que enseñó en Antioquia a principios del 100, Marcio que murió acerca del 160, y Valentino. Entre los que combatieron esta doctrina se cita al apóstol Juan. El libro de 1 de Juan se escribió en parte para combatir las primeras tendencias gnósticas. Muchas de las frases de Juan refutan la falsa enseñanza del gnosticismo ("En esto conoced el Espíritu de Dios. Todo espíritu que confiesa que Jesucristo ha venido en carne, es de Dios" [1 Juan 4:2; véase también 1 Juan 1:1-4]). Muchos años después, otro cristiano llevaría adelante la lucha contra un gnosticismo mucho más fuerte.

IRENEO

Ireneo (125-200) estudió bajo Policarpo, quien fue un discípulo del apóstol Juan. Poco sabemos de él, excepto que fue fiel al evangelio cuando sirvió como obispo de Lyon en Gaul (Francia en la actualidad). El nombre Ireneo significa "pacífico", y esa palabra le describe bien. Sin embargo, Ireneo estaba listo para defender la fe valientemente contra la falsedad y especialmente contra el gnosticismo, el cual estudió completamente y cuyos errores seductivos rápidamente identificó. Su obra *Contra las Herejías* demostró cuán antibíblica era la enseñanza de los gnósticos. Ireneo mostró que un Dios de amor creó un mundo bueno y a una pareja perfectamente inocente, Adán y Eva. El pecado de la pareja mostró la necesidad de Cristo, el nuevo Adán. Cristo nació de una mujer y recibió un cuerpo glorificado pero físico en la resurrección.

Ireneo, además atacó el gnosticismo por su arrogancia elitista. La exagerada opinión de estima propia que provenía del "conocimiento secreto" del gnosticismo provocó que sus seguidores se volvieran "engreídos con presunción y auto importancia".[32] La influencia de Ireneo fue tan expansiva y sus escritos tan admirables que fue llamado "el fundador de la teología Cristiana".[33]

SEPARACIÓN

La herejía no fue el único ataque interno contra la iglesia primitiva. La segunda fue la separación. La separación es una manera amable para decir división de la iglesia. La división de la iglesia no es una ocurrencia moderna única. Incluso bajo el ministerio del apóstol Pablo, los cristianos se identificaron con un grupo u otro en lugar de mantener su unidad en la verdad del evangelio. En la iglesia primitiva, la primera división importante ocurrió bajo la influencia de un hombre llamado Marcio.

MARCIO

Según la tradición, Marcio (murió en el 160) dueño de un barco, comenzó a desarrollar su propia opinión teológica. En Sinope, Ponto (una provincia dentro de Asia Menor), tuvo una polémica con el obispo, que (según algunos) era su propio padre. Como resultado de su altercado teológico, fue excomunicado. Llegó a Roma alrededor del 130, donde eventualmente exageró de la bienvenida y otra vez fue excomunicado acerca del 144.

¿Qué fue tan controversial acerca de las creencias de Marcio por la que fue excomunicado dos veces? Su concepto de las Escrituras. Creía que el Dios del Antiguo Testamento era imperfecto, por eso quitó los libros del Antiguo Testamento de la Biblia. En su opinión, incluso el Nuevo Testamento necesitaba edición. El no aceptó el evangelio de Mateo, Marcos, Hechos, o Hebreos; solo admitió en su canon privado una porción de los relatos del evangelio de Lucas y diez de las cartas de Pablo. Creía que Pablo era el único apóstol no culpable de corromper el mensaje original del Evangelio de Cristo. Además creía que Jesús no había nacido de una mujer sino que simplemente se apareció como adulto en una sinagoga de Capernaun en el 29 d.C. En ocasiones fue acusado de ser un gnóstico porque creía que Jesús no tuvo un cuerpo humano. La crucifixión y resurrección fueron "apariciones".

En el aspecto práctico, era un asceta, creía en un tratamiento altamente disciplinado de su cuerpo. Rechazó el matrimonio, diciendo que no era aceptable para los cristianos. Los marcionistas, como se llamaban, establecieron sus propias congregaciones con sus propias tradiciones y sus pastores. Sus ideas se propagaron por toda Italia, Arabia, Armenia y Egipto, y su influencia continuó hasta el siglo cuarto.

Sin embargo, algo bueno salió del marcionismo. El trato que Marcio dio a la Biblia compelió a los líderes de la iglesia a resolver la interrogante fundamental de cuáles libros realmente eran canónicos (inspirados por Dios). Marcio provocó una reacción que resultó en el reconocimiento de nuestra Biblia. Entonces, en medio de la división, Dios estaba obrando su voluntad buena y perfecta en la compilación de la fuente más maravillosa de alimento espiritual, maná celestial, suficiente para todas las necesidades, la verdadera Palabra escrita de Dios.

MONTANO

En el 156 surgió otro movimiento controversial que dividió la iglesia católica. Montano comenzó a profetizar que la Edad del Paracleto (de la palabra griega que refiere al Espíritu Santo) había venido sobre la iglesia y que el advenimiento del reino Milenial de Cristo y la Jerusalén celestial pronto descendería. Por tanto era necesario llevar una vida ética muy rigurosa. Montano condenó lo que consideró el relajamiento de la disciplina espiritual en la iglesia, llamando a los miembros de la iglesia "síquicos" (personas del alma) en oposición a los montanistas que creían en "neumatos" (llenos del espíritu). El ascetismo montanista prohibió las segundas nupcias, requería que se volviera a las prácticas iniciales del ayuno dos veces por semana (miércoles y viernes) e insistió que los cristianos verdaderos nunca deberían huir de la persecución.

Para muchos, el montanismo parecía como un regreso al fervor espiritual y un aumento en la expectación del eminente retorno de Cristo como era en la iglesia primitiva. Además, el montanismo era un movimiento profético siendo Montano el profeta líder y otras dos profetizas, Maximita y Priscila (luego una tercer profetiza, Quintilla, se unió a ellos). El movimiento rápidamente se propagó de Frigia a Europa, África y otras partes de Asia Menor (Turquía en la actualidad). El montanismo ganó amplia credibilidad cuando Tertuliano, el brillante defensor del cristianismo, se unió al movimiento cerca del final de sus días alrededor del 207.

Los escritos de Montano no permanecieron, por eso los historiadores pueden saber acerca del montanismo solamente de escritores contrarios al montanismo. De todas maneras, el gran número de escritores ortodoxos contra el montanismo indica una significativa desconfianza acerca del movimiento. Un problema era la demanda no realista del ascetismo montanista y su riguroso sistema de penitencias por las violaciones. Otro problema, en el centro de la disputa, era el rechazo del montanismo de la legitimidad y autoridad de obispos establecidos a favor de los propios profetas del montanismo.

Un tercer problema fue respecto a los límites de revelación: la idea de un juego fijo de Escrituras canónicas estaba ganando fuerza en la iglesia. ¿Podía encajar las nuevas revelaciones de los profetas del montanismo en el entendimiento de la revelación? La iglesia ortodoxa decidió que no, y el montanismo fue condenado formalmente en varios sínodos a nivel local poco antes del 200 y luego por el Papa Ceferino.

RESULTADOS DEL MONTANISMO

El montanismo llegó con la misma impetuosa promesa del movimiento carismático de los 70s en América. Desafiaba el relajamiento moral de cristianos ortodoxos, e insistía que una vida rigurosa, santa y disciplinada era buena y justa. Pero el montanismo estaba plagado de debilidades. En su rigor, se volvió reprochador y su celo no tenía enfoque. Al igual que otros movimientos divergentes, hizo mayor bien a la iglesia mediante la oposición que estimuló de lo que logró al propagar sus doctrinas y reglas peculiares. Así como la controversia de Marcio impulsó a la iglesia primitiva a considerar lo que debía estar *en* el Nuevo Testamento, el movimiento montanista la forzó a decidir lo que no debía estar incluido en el Nuevo Testamento. La iglesia reconoció la importancia del canon cerrado; eso quiere decir, una dependencia en la autoridad de la Palabra escrita, por la cual se juzgaría todas las declaraciones hechas por los contemporáneos.

LA BIBLIA

Es muy impresionante, por cierto, considerar el pasado y el transcurrir de la historia para ver cómo la mano de Dios compiló el canon que hoy tenemos, la Biblia. Para considerar:

*d.C. 30, si se pidiera a un niño que tome la Biblia, respondería, ¿qué es una Biblia? Si se le pidiera que tome los Escritos Sagrados, iría prontamente a traer una copia de los treinta nueve libros del Antiguo Testamento (¡si supiera donde encontrarlos!).

*d.C. 200, un niño reconocería el canon Muratoriano (los cuatro evangelios, las trece cartas de Pablo, el libro de los Hechos, dos cartas de Juan, Judas, y el Apocalipsis juntamente con los proverbios de Salomón y el la revelaciones de Pedro).

*d.C. 250, un niño no tendría en su Biblia los evangelios de Santiago, primera de Pedro, segunda y tercera de Juan, Judas, o el Apocalipsis, pero estaría familiarizado con *El Pastor de Hermas*, *Las cartas de Bernabé*, *Las Enseñanzas de los Doce, Los Apóstoles, El Evangelio a los Hebreos, Los Hechos de Pedro, y el Didaché.*

¿Cómo la iglesia eliminó a todos estos candidatos? ¿Estamos seguros que ellos tuvieron la colección correcta? ¿Por qué los Padres de la iglesia incluyeron algunos libros y otros no? La Iglesia del Este, centrada en Constantinopla (Bizantina), había llegado a un consenso en el 367. Ese año, Atanasio escribió una carta donde citaba veinte siete libros que tenemos en nuestro Nuevo Testamento. Excluidos fueron *Yo Clemente* y las *Cartas a Bernabé*. Atanasio animó a los nuevos cristianos a leer el *Didaché* ("enseñanza") y *El Pastor de Hermas*, pero estos no debían leerse como libros canónicos inspirados. La iglesia occidental, centrada alrededor de Roma, aprobó los mismos veinte y siete libros en el Nuevo Testamento en el Concilio de Hipona en el 339 y en el de Cartago en el 397.

CONFIRMACIÓN CONTRA AFIRMACIÓN

Estos concilios no *confirmaron* lo que se incluiría en el Nuevo Testamento. Solamente *afirmaban* lo que el Espíritu Santo ya había confirmado. Los asistentes a estas conferencias de la Iglesia simplemente reconocieron lo que ya era conocido como la verdad: los veinte y siete libros del Nuevo Testamento fueron originalmente inspirados por Dios, con un tono particular de autenticidad. David F. Wright declara de esta manera:

> Aunque los hombres de la iglesia crearon el canon (la Biblia), ellos solamente estaban reconociendo los libros que marcaron su propia autoridad en las iglesias. El criterio para aceptar un libro como canónico (auténtico) era a veces complejo. Sobre todo, debía ser escrito o apoyado por un apóstol, y además ser reconocido por su contenido ortodoxo, y ser usado públicamente por una iglesia prominente o por la mayoría de las iglesias… pero la eventual forma del Nuevo Testamento muestra que la iglesia primitiva quería someterse plenamente a las enseñanzas de los apóstoles. Ha sido creada por sus predicas y ahora se estableció por sí misma bajo sus escritos.[34]

Ciertos libros como los Hechos de Pablo, fueron considerados una falsificación y no se incluyeron en el canon. Otros libros fueron disputados por un tiempo: Por ejemplo, Los Hebreos (debido a que no se conoce al autor) y Santiago. Hubo discusión respecto de las diferencias y puntos en común entre Juan y los otros Evangelios, pero los cuatro finalmente fueron incluidos. El que más se disputó fue Apocalipsis, debido a que era muy difícil de interpretar y porque los herejes montanistas lo amaban mucho.

SORPRENDENTE PROCESO

Para algunos, decidir sobre el canon puede que parezca arbitrario. Sin embargo, es realmente sorprendente que, dado el registro de desacuerdos de la iglesia respecto de casi todo, la opinión acerca del canon fuera tan unida. Los veinte y siete libros del Nuevo Testamento fueron aceptados por las iglesias cristianas, ¡aunque el proceso tomó más de 250 años y envolvió cientos de iglesias, y miles de creyentes y muchos líderes testarudos de la iglesia! Algunos pueden estar desilusionados de que la Biblia no haya caído milagrosamente del cielo, completa con sus sesenta y seis libros, con tapa de cuero y en la versión Reina Valera. Pero es obvio que la mano de Dios estuvo siempre obrando a través de todo este espectacular proceso, y la historia es una muy vivificante y emocionante.

Otro desarrollo sorprendente que ayudó a asegurar el mensaje del Nuevo Testamento en término conciso y memorable fue la Regla de Fe (latín: *Regula fidei*). La Regla de Fe, que luego se convirtió en el Credo de los Apóstoles,[35] era explícitamente trinitaria e incluía afirmaciones acerca de Dios Padre, Dios Hijo, y Dios Espíritu Santo. Apareció casi espontáneamente a principios del segundo siglo en muchas iglesias del Imperio Romano. Esta Regla de Fe fue un instrumento efectivo a la iglesia para declarar la verdad de la Biblia y para erradicar las herejías.

ESTRUCTURA DE LA IGLESIA

La Biblia provee el fundamento seguro sobre el cual los concilios de la iglesia pueden afirmar las creencias doctrinales y el gobierno de la iglesia. Durante este periodo (150-450), las iglesias comenzaron a usar edificios (que era relativamente raro antes del 250). El Nuevo Testamento ofrece algunos principios para el desarrollo de la estructura de la iglesia; y posteriores pasajes del Nuevo Testamento trata los oficios como el de obispo, presbítero, y diáconos. Varios concilios de iglesias se realizaron con la asistencia de Pedro, Pablo, Apolos, y otros líderes de la iglesia, para establecer las prácticas de la iglesia según éstas se relacionen con las prácticas previas de las costumbres judías (véase Hechos 15). Pero la iglesia del Nuevo Testamento parecía estar estructurada superficialmente y todavía no había tratado con las interrogantes que surgirían a medida que el Evangelio se expandiera en el mundo gentil donde había diferentes interrogantes de la cultura.

LIDERAZGO

Parece que el liderazgo en la iglesia primitiva era por asignación, con frecuencia con oraciones proféticas y la imposición de manos por un grupo de ancianos. Sin embargo, una idea muy significativa que cambio drásticamente la firme distinción en el Antiguo Testamento entre los sacerdotes levitas y el pueblo (y por extensión en nuestro tiempo, entre cleros y laicos) fue el principio del Nuevo Testamento de que el sacerdocio levítico fue completado y eclipsado por Cristo y que todo el cuerpo de Cristo es un sacerdocio: todo cristiano ha sido llamado al ser un real sacerdocio y se le ha concedido el ministerio de la reconciliación.[36]

La más temprana distinción en el ministerio cristiano fue hecha entre ministerios itinerantes y locales. Los predicadores itinerantes eran misioneros viajeros, profetas que recorrían como el apóstol Pablo; otros se quedaban en un lugar para establecer iglesias a nivel local. Aunque Pablo viajó extensamente, puso hombres como Timoteo a cargo de las iglesias que él fundó. Con frecuencia se refería a los ministros a nivel local como presbíteros, o ancianos, del cual proviene el término judío que significa "anciano respetado". Sin embargo, se valoraba la madurez espiritual por encima de la edad. Eventualmente el término *episcopos,* que significa "supervisor o obispo", vino a usarse intercambiable con presbítero. En la época de Ignacio (solamente una década después del último libro en el Nuevo Testamento, fue escrito el Apocalipsis de Juan), los términos "obispo", "presbítero" y "diácono" fueron usados específicamente de modo definido.

GOBIERNO DE SOLO UN HOMBRE

El segundo adelanto que se observa en la estructura de la iglesia fue el desarrollo del mono episcopado: Una (*mono*) persona era la que supervisaba (*episcopos*) el área geográfico designado. La iglesia pronto desarrolló la costumbre de poner una persona a cargo de una congregación o incluso un grupo de congregaciones. Desde el primer día de la existencia de la iglesia en el Día el Pentecostés, cuando Pedro se levanta como visible líder, el gobierno de un hombre ha sido lógico y efectivo. Se implantó en Alejandría un episcopado de un solo hombre; incluso en Jerusalén, Santiago, hermano de Jesús, se convirtió en líder de un grupo de ancianos que gobernaban la iglesia.

Hay suficiente evidencia de las Escrituras para la pluralidad de los ancianos, un sistema que varias iglesias apoyaron en el transcurso de la historia y en la actualidad. Sin embargo, incluso en la Biblia, hay un lugar de honra especial para el anciano principal o maestro. Dios siempre ha levantado un individuo para ser el líder entre los ancianos. Este énfasis gradualmente llevó al desarrollo del mono episcopado. Para explicar el surgimiento de fuertes gobiernos de un solo hombre, Bruce Burke y James Wiggins describen como los primeros cristianos se reunían en casas privadas. La casa más grande, obviamente sería la más útil; y puesto que el dueño de la casa por lo general sería el anfitrión, tendría el honor de dirigir el servicio de adoración.

Una segunda razón para el surgimiento del gobierno de un hombre era la necesidad de estabilidad. Pastores itinerantes o viajeros no podían satisfacer las necesidades de la misma manera que el pastor local estable, de modo que surgieron individuos para operar como líderes.[37]

La política del gobierno de un solo hombre podía haberse justificado en base a lo pragmático o práctico, pero algunos sintieron la necesidad de apoyar esta forma de gobierno con argumentos teológicos conocido como la Sucesión Apostólica. Esta enseñanza apareció muy temprano en los escritos de Clemente I alrededor del 96 d.C. (justo cuando Juan estaba probablemente completando el libro de Apocalipsis). La Sucesión Apostólica promovía una sucesión ordenada y continua de autoridad desde los apóstoles y a través de los siglos. Los apóstoles impusieron las manos, u ordenaron, sus sucesores, y éstos consecuentemente impusieron las manos u ordenaron, a sus sucesores y así sucesivamente.

El problema de esta enseñanza acerca de la sucesión es que no se puede verificar históricamente. ¿Quién impuso las manos sobre quién? La teoría es fascinante pero sin evidencia que apoye. Sin embargo, lo que se puede defender y probar históricamente es la enseñanza apostólica que ha sido transmitida de generación en generación. Identificar una línea de sucesión histórica es menos importante que probar la enseñanza basada en las Escrituras. La iglesia en la actualidad debe ser fiel a la sucesión espiritual apostólica. Pero, nadie puede correctamente afirmar que puede probar quién ordenó a quién en una sucesión precisa, que se extienda siglos tras siglos.

¿UN MODELO SEGÚN EL NUEVO TESTAMENTO?

Dios lentamente desarrolló ciertas estructuras para ayudar a sostener la iglesia. Algunos grupos afirman que su estructura es verdaderamente según el Nuevo Testamento, implicando de esa manera que la de otros no lo son. Sin embargo, observamos una variedad incluso en el Nuevo Testamento. A principios de la iglesia del Nuevo Testamento el modelo de estructura era bien relajado y se basaba en los dones (carisma). A finales del Nuevo Testamento, la iglesia estaba mucho más estructurada con oficios como obispos, ancianos, y presbíteros.

VARIEDAD ACTUAL

Una variedad de modelos de iglesias está disponible en la actualidad, cada una con sus propias fortalezas y debilidades. Algunos gobiernos de la iglesia son claramente episcopales, con una organización estructurada y altamente centralizada. Un buen ejemplo es la iglesia Católica Romana, con el Papa y una fuerte jerarquía de autoridad. Otros grupos, como los Bautistas independientes, que es plenamente una congregación, sin ninguna unión legal u oficial a otras iglesias Bautistas, aunque uniones relajadas de tales iglesias disfrutan con frecuencia de relaciones fraternales. Una tercera forma de gobierno, intermedio entre episcopal y de congregación es la forma de gobierno presbiteriano. Los presbiterianos tienen un grupo de ancianos en cada congregación que se reúnen con los ancianos de otras congregaciones a nivel regional y nacional para decidir los asuntos de la política de la iglesia. Los presbiterianos tienen algunos componentes de control centralizado (episcopal) y otros componentes que permite la autonomía (congregación) de la iglesia local. Algunos podrían argumentar que la forma de gobierno presbiteriano incluye lo mejor de ambos mundos, mientras que sus críticos dirían que incluye lo peor de ambos. Aunque la iglesia probablemente siempre argumente respecto de la estructura, el punto es que Dios ha usado muchas estructuras diferentes para cumplir su plan. Nosotros, los cristianos (sus hijos) ¡debemos tratar de ser tan amables como Él respecto a este asunto!

APOYANDO EL EVANGELIO

Básicamente hay dos opiniones opuestas acerca de la estructura de la iglesia. Una argumenta que la estructura no funciona. Cuando la gente organiza, surgen dificultades, conflictos y peleas internas. La opinión más optimista sostiene que la iglesia no existiría en la actualidad si no fuera por el gobierno de la iglesia. Por cierto, las estructuras han funcionado tan bien que después de 2 mil años todavía tenemos la pureza, la belleza, el poder, y la majestad del evangelio de Jesucristo. A fin de el Evangelio llegue a nosotros, necesitó una estructura. El Evangelio necesitaba una cuna, la iglesia; y la iglesia requirió estructura. De alguna manera, después de todos estos años, a pesar de una variedad de estructuras de iglesias, el Evangelio ha sobrevivido; y lo tenemos hoy.

EDIFICIOS DE LAS IGLESIAS

Igualmente controversial fue el asunto de los edificios de las iglesias. Los primeros creyentes se reunieron cerca del Templo de Jerusalén en el Día del Pentecostés, según la instrucción de los apóstoles. En los primeros días de la iglesia, los creyentes se reunían en el patio de los templos y en las casas. Había generosidad espontánea de los unos a otros e incluso la gente con sacrificio dada sus propiedades y herencias para mantener el movimiento. Como el movimiento inicial de Jesús creció rápidamente, la iglesia continuó el patrón, y los miembros iban de casa en casa a predicar el Evangelio. Incluso un número significativo de líderes de sinagogas pusieron su confianza en Cristo. Estas "casas iglesias" proveyó la base y el fundamento de las primeras iglesias (según las excavaciones arqueológicas hay muy pocos edificios de iglesias antes del 250).

Alrededor del 250, se levantaron los primeros edificios cristianos. (Poco sabían estos primeros cristianos cuánto esta decisión costaría a los posteriores ¡seguidores de Cristo!) La iglesia escogió construir edificios en parte debido al crecimiento explosivo y en parte porque los creyentes de las comunidades y ciudades deseaban reunirse. Quizás los cristianos modelaron sus lugares de adoración según las sinagogas judías con las cuales estaban familiarizados.

Antes del exilio a Babilonia (en el Antiguo Testamento), los judíos habían adorado en el templo en Jerusalén al cual ocasionalmente iban de peregrinaje. Durante el exilio de setenta años, los judíos observaron que los babilonios paganos tenían lugares para adorar a nivel local. Por consiguiente, luego de su regreso de Babilonia, ellos no solamente reconstruyeron el Templo en Jerusalén sino también proveyeron sinagogas a nivel local en sus comunidades.

CREENCIAS

A principios de su historia, los cristianos desarrollaron credos, que son declaraciones breves de sus creencias. La palabra credo significa "yo creo". Aunque parece que los cristianos de la iglesia primitiva se saludaban con una sencilla afirmación, "Jesús es Señor", posteriormente escribieron credos más complicados en respuesta a las aberraciones de movimientos heréticos. Los siglos cuarto, quinto, y sexto produjeron un gran número de credos en respuesta a controversias teológicas acerca de la Trinidad. Quizás nos preguntemos por qué había tanta pelea interna acerca de los documentos del credo. ¿Qué tan importante es poder explicar todo? Sin embargo, los credos eran muy importantes, debido a que los cristianos no tenían libros ni bibliotecas, ni radio o televisión cristiana, tampoco casetes o videos ni Biblia impresas. Las impresoras serían inventadas años después, así que las únicas copias del Antiguo Testamento eran manuscritos, que era un proceso muy laborioso. Tales copias solamente los ricos podían tener o los líderes de la iglesia, cuya responsabilidad era leer los manuscritos en público por el bien de la iglesia. Tenemos la impresión de que las cartas de Pablo se manejaron de esta manera. El había mandado hacer solo algunas copias y luego las transmitía usando mensajeros confiables para que las leyeran a las iglesias. Debemos recordar, también que mucha gente era iletrada.

Los credos eran una manera breve para que los cristianos reciten los fundamentos de su fe. Sin duda ellos enseñarían los fundamentos a sus hijos y los usarían como un medio de respuesta a la esperanza que tenían (véase 1 Pedro 3:15). Tertuliano lo dijo de esta manera: "Solamente donde sean evidentes la enseñanza [credo] y fe cristiana verdaderas entonces la verdadera Escritura, la verdadera interpretación y todas las tradiciones cristianas verdaderas se podrán encontrar."[38] El credo que mejor conocemos es el Credo de los Apóstoles (que no fue escrito por los apóstoles de Cristo). Este credo, que es muy similar a las frases del Fundamento de la Fe del siglo segundo, desarrolló su forma final en el siglo octavo. De los primeros credos, el mejor conocido es el Credo de Nicea, formulado en el Concilio de Nicea en el 325, y la Definición de Calcedonia, del Concilio de Calcedonia en el 451. Estos aparentemente obscuros concilios y credos de la iglesia prepararon los principios que casi todos los cristianos creen hoy. Este era el principal periodo de la formación de las creencias cristianas como ahora las entendemos. Y como resultado de las labores de aquellos que asistieron a los primeros concilios de la iglesia, tenemos un entendimiento en la actualidad de la verdad cristiana.

¿QUIÉN ES JESÚS?

Estos concilios de la iglesia eran cruciales en la vida de la iglesia porque trataban de responder la interrogante: ¿Es Jesús realmente Dios? Arrio, un predicador persuasivo de gran influencia en Alejandría afirmó que solamente Dios Padre era Dios Poderoso. Jesús, siendo el hijo, era diferente e inferior en autoridad, poder y sustancia. Esta radical declaración provocó una tormenta teológica. Arrio tenía muchos seguidores, y el emperador Constantino no estaba contento de que una erupción teológica estaba ocurriendo en la iglesia. El convocó a Arrio y a otros teólogos para que arreglaran sus diferencias en el Concilio de Nicea en el 325 d.C. Atanasio (293-373), obispo de Alejandría, donde Arrio era el pastor, rechazó vigorosamente la posición del arrianismo y apoyó la posición del Concilio de Nicea. Arrio y sus seguidores eran tan poderosos que ¡expulsaron a Atanasio de Alejandría en cinco ocasiones distintas! Arrio afirmaba que Cristo no era por naturaleza Dios ni era plenamente hombre sino algo intermedio. Atanasio insistía que Jesús era ambos, Dios y hombre al mismo tiempo. La disputa fue amarga y vitriólica. El emperador estaba molesto por tener que inclinarse por el fraile. Al final, Arrio perdió; y el Credo de Nicea fue reafirmado en el famoso concilio en Constantinopla en el 381. Como resultado de las luchas de Atanasio, podemos afirmar hoy que Jesús es ambos Dios y hombre al mismo tiempo.

DISPUTA TEOLÓGICA

¿Cómo puede la iglesia experimentar tales disputas amargas sobre la doctrina de Cristo? ¿Acaso su actitud anula el poder del evangelio? ¿Deberíamos estar avergonzados de que los seguidores de Cristo eran tan hostiles el uno al otro sobre cuestiones teológicas? Sí, estamos avergonzados. Estamos desilusionados. Al mismo tiempo, estoy agradecido que Atanasio estuvo dispuesto a sufrir la angustia de la expulsión y el cansancio y la tensión que envolvía una larga disputa de la iglesia a fin de defender la verdad que ahora valoro en gran manera. Si no hubiera entendido que Jesús es plenamente Dios y plenamente hombre, toda mi vida hubiera cambiado. Si Jesús no hubiera sido Dios, El no podría haber pedido toda mi lealtad. Si él no hubiera sido humano, nunca habría podido entender mis luchas con el pecado, ni habría podido tomar verdaderamente mi lugar. Dios gracias a Dios por aquellos que se reunieron en grandes concilios para debatir, considerar, argüir y articular verdades bíblicas. Doy gracias a Dios que la gente se reunió en Arles en el 314, en Nicea en el 325, y en Constantinopla en el 381, en Éfeso en el 413, y en Calcedonia en el 451.

Estoy contento que algunos de mis ancestros cristianos estuvieron dispuestos a invertir sus vidas para establecer las creencias cristianas.

¿Hubiera preferido que lleguen a sus conclusiones sin haber argüido? Claro que sí. Pero, la disputa es parte del proceso. Quizás Dios no esté tan molesto como nosotros acerca de una franca discusión. El planeó para que la vida cristiana funcionara en el contexto de la historia, la gente que vive en un tiempo y espacio, personas semejantes a usted y a mí.

Consecuentemente, donde dos o tres están reunidos, en medio de ellos ¡habrá una disputa teológica! ¿Era ese el mejor momento de la iglesia? Bien, no y sí. No, porque era una disputa. Sí, porque concluyeron con una fuerte declaración de fe bíblica. No solamente *a pesar de* la disputa sino también, en algún sentido, *debido* a la disputa, la iglesia se hizo más fuerte.

CONSTANTINO

Uno de los cambios más grandes de la historia de la iglesia ocurrió en el 313. En el 284, Dioclesiano se convirtió en el emperador y dividió su imperio en dos, Este y Oeste, y designó a Valerio como César en el Este. Valerio era un furioso anti-cristiano; alrededor del 298 comenzó a remover a todos los creyentes de las posiciones civiles y del ejército. Alrededor del 303, comenzó una gran persecución. Se quitaron las Biblia, se quemaron iglesias, y se prohibieron los servicios de adoración. En el 305 la persecución se volvió más intensa. Pero Valerio no tuvo éxito en eliminar el movimiento cristiano, aunque mató a miles de cristianos. Finalmente, el 30 de abril del 311, seis días antes de su muerte, Valerio publicó el *Edicto de Tolerancia*, el cual permitía a los cristianos libertad de adoración.

Mientras tanto, un soldado llamado Constancio, que había alcanzado el rango de César, murió en el 306, dejando su hijo, Constantino, como nuevo líder. Los que serían sus adherentes se reunieron con él y formaron un ejército para pelear contra uno de sus opositores, Máximo, en el Puente Milvian en las afueras de Roma. Según la tradición, Constantino tuvo una visión de una cruz en llamas con las palabras impresas "¡con esta cruz conquistarás!" Según algunos, Constantino se había convertido al cristianismo y puso el emblema de la cruz por el escudo de sus soldados. Más tarde, según la tradición, Cristo se apareció a Constantino con el símbolo de una cruz con las letras griegas *chi* and *rho*, que son las dos primeras letras de la palabra griega para

Cristo, *Cristos*. Habiendo puesto este emblema en el escudo de los soldados, Constantino fue confidente a la batalla, y ganó. Cuando subió como emperador en el 313, publicó el *Edicto de Milán,* por el cual concedía plena libertad de religión dentro de todo el imperio Romano. No solamente Constantino puso fin a la persecución, sino que también promovió los concilios de la iglesia a fin de resolver las disputas teológicas, prohibir los sacrificios paganos y proveer ayuda financiera a la causa del cristianismo. Mandó edificar basílicas (iglesias); y a través de la influencia de su madre, Elena, localizó y preservó muchos lugares sagrados asociados con la vida de Cristo en la Tierra Santa.

¿VICTORIA O DERROTA?

Cuando vemos que Constantino, un poderoso líder apoyó el cristianismo en el imperio romano, quizás nos inclinemos a pensar, *a la iglesia le iba bien*. Pero es necesario que observemos más de cerca, porque lo que parece ser la mayor victoria de la iglesia probó ser su piedra de mayor tropiezo. Justo cuando parecía que la iglesia había evolucionado de una secta perseguida a una religión oficial del imperio romano, se presentó una piedra de tropiezo, ahora miles se apresuraron a aceptar la fe no por convicción sino por conveniencia. Lo que parecía un paso gigante hacia delante en realidad era un paso trágico para atrás. Luego de que el cristianismo se convirtió en la religión del estado, cada uno en el Imperio Romano era un cristiano por definición.

Constantino a la fuerza mandó que miles se bautizaran, y muchos miles más venían a la iglesia para escapar la ira del estado. De la noche a la mañana, la dinámica completa de lo que significaba ser un cristiano cambió en el malvado Imperio Romano; los paganos se convirtieron en cristianos nominales, cristianos solamente de nombre; por dentro, ellos continuaban con sus creencias y moral paganas. Sin duda la iglesia trató de enseñar la fe a la multitud, y algunos de entre la multitud de paganos sin duda llegaron a convertirse genuinamente en la fe en Cristo. Pero la piedra de tropiezo del cristianismo nominal ha sido un problema continuo y severo en el cristianismo occidental desde los tiempos de Constantino.

EL TEÓLOGO AGUSTÍN

El 15 de noviembre del 354, Mónica dio a luz un hijo en la pequeña ciudad de Tagaste en África romana. Una cristiana devota, Mónica oró por su hijo todos los días. Pero por muchos años, sus oraciones parecían no recibir contestación, porque Agustín escogió seguir el estilo de vida pagano de su padre en vez de buscar agradar a Dios, como su madre había tratado de enseñarle que hiciera. Amante de los placeres, Agustín tomó una amante que le dio un hijo, y él se sumergió en varios sistemas filosóficos. Cuando leemos los escritos posteriores de Agustín, descubrimos su manera de pensar y su estilo de vida licencioso, su obra está llena de tratados acerca de la naturaleza humana pecaminosa.

CONVERSIÓN

Mientras estaba en Milán, Agustín escuchó la predica del obispo Ambrosio. Fue tocado profundamente y comenzó a sentirse insatisfecho con su conducta mujeriega. Su madre tenía la esperanza de que él llevara una vida más respetable y se animó cuando Agustín estuvo de acuerdo en separarse de su amante, pero después tomó otra. Después, un día de verano en el 386, creyó que oyó la voz de un niño del jardín vecino que le decía "tómalo y léelo". Para él, esa voz era un llamado de Dios, una exhortación comparable a Romanos 13:13-14, llamándolo a dejar sus malos caminos. En la Pascua del 387, fue bautizado por Ambrosio y se dirigió a su hogar para compartir las nuevas con su fiel madre, pero a su llegada Mónica ya había muerto. De regreso al África en el 391, Agustín se mudó a la ciudad costera de Hipo donde vivió por el resto de su vida como pastor, predicador y administrador. Lleno de pasión, poder, inteligencia y piedad, Agustín se convirtió en una de las figuras de mayor influencia en los principales concilios de la iglesia, muchos de los cuales se realizaron en África del Norte.

OBJETOR Y ESCRITOR

Agustín, con sus escritos apasionados, atrevidos e inteligentes, influenció no solamente a sus contemporáneos sino también a los cristianos por los siglos venideros, nada había que retener, se envolvió sin temor en cada controversia teológica de su día, donde ¡argumentó con fuerza! Atacó a los maniqueos, los donatistas, y los pelagianos (quién sacó de él las obras por las que es mejor conocido en la actualidad). Agustín escribió quince tratados largos para confrontar a los que afirmaban que el hombre podía ser salvo por sus propios esfuerzos. En su argumento, Agustín no se avergonzaba de incluir referencias a sus largos años de libertinaje. Al principio, su estilo de vida descuidado era una parte importante de su entendimiento teológico. Ningún escritor antes de él había escrito tan extensamente acerca de la profundidad de la depravación humana. Por cierto, pasaría casi 1150 años antes que ninguno escribiera otra vez de manera tan convincente respecto a este tópico. Ese individuo, que prestaría de Agustín, fue Juan Calvino (1509-1564).

INTERPRETANDO EL FINAL DEL IMPERIO ROMANO

Agustín vivió en una época cuando el gran Imperio Romano comenzaba a desenredarse. El escribió acerca de la crisis por quince años, y sus reflexiones fueron publicadas bajo el título *La ciudad de Dios*. En diez libros, Agustín defiende los fundamentos de la doctrina cristiana y lanza un ataque contra el paganismo. En doce libros más delinea una filosofía de historia y habla de un conflicto a largo plazo entre *La Ciudad de Dios* (la iglesia), y la *Ciudad del Mundo*. Las dos ciudades, predijo Agustín, continuarían luchando hasta que finalmente queden separadas entre el cielo y el infierno. La *Ciudad del Mundo*, según se muestra con el imperio, un día caerá. Y así fue. Cuando la invasión del imperio presionaba hacia el sur, la ciudad de Agustín, Hipo, con algunas otras ciudades, pelearon contra el asalto. Pero Agustín se rindió a la muerte el 28 de agosto del 430, mientras los vandálicos irrumpían en la ciudad de Hipo.

La poderosa influencia de la iglesia del África del Norte había terminado. La iglesia enfrentaría el control y la persecución externa que la dejaría devastada, además de la pérdida de diez mil cristianos mártires. En su renombrado libro *La Ciudad de Dios*, Agustín arguye que la verdadera iglesia avanza más que nunca adelante. Las culturas y las naciones se levantan y caen, llegan a la gloria y luego desaparecen, pero la iglesia permanece. En un tiempo cuando nuestra propia cultura norteamericana ha usado todos sus recursos cristianos y permanece al límite de un derrumbe moral, es consolador saber que la auténtica Ciudad de Dios continuará. Norteamérica quizás continúe o no como la conocemos, ¡pero el Evangelio seguirá! Agustín murió cuando su ciudad y su nación estaban colapsando, pero el Evangelio que proclamó permaneció fuerte hasta la actualidad. Agustín, el teólogo más renombrado e influyente en la iglesia occidental, sabía que la Ciudad de Dios, el Reino de Dios, sobreviviría mucho después de la caída del Imperio Romano.

EL RETÓRICO AMBROSIO

Ambrosio fue un líder influyente de la iglesia en el siglo cuarto. Era tan popular como gobernador de Milán que fue elegido obispo. Se bautizó y entregó toda su fortuna a la iglesia. Comenzó a estudiar teología y rápidamente demostró su liderazgo excepcional al administrar los asuntos de la iglesia en Milán. Pero quizás es mejor conocido como un predicador elocuente e influyente, arguyendo persuasivamente contra el arrianismo.

HABILIDAD PASTORAL

Puesto que Milán servía como hogar a los emperadores romanos en el Oeste, Ambrosio se convirtió en el consejero de la familia real. Su carrera como predicador en su iglesia metropolitana afectó a tres diferentes emperadores. Debido a su conexión con el emperador, Ambrosio se encontró juntamente con su congregación envuelto en una guerra política. Durante un periodo de ataques, Ambrosio mantuvo la congregación de su iglesia reunida en la catedral y para ocupar la mente de ellos les presentó el canto de himnos que él mismo había compuesto. Tan hábil era su predicación y su enseñanza que ganó al joven Agustín a la fe cristiana en el 386. El estilo de su predicación parecía más al de un abogado que el de un orador. Su influencia en los estilos de adoración fue muy significativa que en la actualidad algunas prácticas de la liturgia se conocen como “el rito de Ambrosio”. Sus himnos fueron escritos en un estilo popular que para la gente común fue muy fácil entonarlos.

Además de su excepcional habilidad pastoral, fue un pensador brillante y el líder de varios concilios de la iglesia.

Quizás su mejor momento llegó cuando públicamente demandó que el emperador Teodosio se arrepintiera por haber ordenado la matanza de 390 personas en Tesalónica. Inclinándose a la convicción del Espíritu y la influencia de Ambrosio, Teodosio se arrepintió. Ambrosio murió el 4 de abril del 397, poco después de que un obispo le sirviera su última Santa Cena. Tan influyente fue Ambrosio que si uno fuera a esculpir en una montaña los perfiles de la iglesia occidental primitiva, las cuatro caras serían las de Agustín, Jerónimo, Gregorio, y Ambrosio.

JERÓNIMO EL TRADUCTOR DE LA BIBLIA

Si Agustín fue el brillante teólogo y Ambrosio el admirable orador, Jerónimo (340-420) fue el traductor de la Biblia. En el 405, Jerónimo completó la traducción del Antiguo Testamento del Hebreo al Latín, la Vulgata, que fue uno de los eventos más significativos de la historia de la iglesia.

UNA PERSONALIDAD DIFÍCIL

Jerónimo era considerado como un "controversial desinhibido"[39] con una "disposición de mal genio".[40] Otro estudioso lo expresó así: "En la mente caritativa de la iglesia, su servicio al estudio y celo por la vida artística ha permitido que sobrepase las ambigüedades de su carácter."[41] Sencillamente en otras palabras, ¡Jerónimo no era un hombre placentero para estar a su lado!

SU PRINCIPAL REGALO A LA HUMANIDAD

Jerónimo nació en Stridon en Dalmacia y completó una educación tradicional en Roma. Debido a sus intensas habilidades intelectuales, eventualmente se aseguró una posición de secretario del Papa Damasus. Jerónimo reunió un sustancial auditorio de gente adinerada, particularmente mujeres de la clase alta que estaban intrigadas por su admirable escolaridad. En el 386, dos años después de que Damasus muriera, Jerónimo fue a Belén para ser líder de un monasterio. Su mudanza a la Tierra Santa se debió en parte a su amargura por no haber sido escogido como obispo de Roma y en parte por su deseo de recluirse para completar la traducción de la Biblia. Jerónimo comenzó a trabajar en su traducción en el 382 e insistió en usar solamente los textos del original Hebreo y Griego. Veinte y tres años después, en el 405, completó la traducción completa de la Biblia. Aunque sus traducciones incluyeron los Apócrifos (libros católicos, no protestantes, aceptados como inspirados), en su opinión los libros Apócrifos eran libros de la iglesia y no canónicos. Martín Lutero y sus compañeros de la reforma muchos años después atendieron al consejo de Jerónimo y quitaron estos libros de la Biblia Protestante. Aunque su personalidad era un desafío (poniéndolo en forma amable), él se convirtió, en virtud de su increíble obra de traducción, uno de los más grandes hombres de este periodo de la historia de la iglesia. De él provino la disciplina académica de la traducción de la Biblia, y todos los que se llaman cristianos en la actualidad están en deuda con Jerónimo. ¡Una personalidad agradable no es un requisito previo para la traducción de la Biblia!

GREGORIO I

Gregorio I (540-604) no fue de mal genio como Jerónimo. Por cierto, este líder fue tan espectacular que se lo conoce como Gregorio el Grande. Un líder con una excepcional habilidad administrativa y organizativa, Gregorio dio al Papa y a la ciudad de Roma mucho de su poder e influencia. En el vacío político que dejó el colapso del Imperio Romano, Gregorio creó estructuras que permitieron al Papa ejercer gran poder.

LA INFLUENCIA DE UN HOMBRE

En el 590, Gregorio mismo fue electo Papa, una posición que aceptó con cierta renuencia. La ciudad de Roma estaba en una situación caótica, devastada por inundaciones, plagas y hambrunas, y saturada de pobres y personas sin techo. Gregorio era un administrador increíble, pudo establecer un programa de asistencia para los pobres de la ciudad, mientras que acumulaba gran fortuna para la iglesia en Roma. Gregorio también promovió muchas campañas de misioneros, incluyendo uno a los ingleses. A Inglaterra envió otro Agustín (no confunda con el primero que hemos mencionado), conocido como el Apóstol de los ingleses. La influencia de Gregorio impactó a todos los ingleses, debido a que el Evangelio se estableció en Inglaterra a través de la iniciativa de Gregorio. Desde Inglaterra, por supuesto, muchos años después el Evangelio se propagó a América. Quizás haya conocido el mensaje del cristianismo en la actualidad debido a la actividad misionera de Gregorio I.

LA SUPREMACÍA ROMANA

Políticamente tan popular y rica era la iglesia de Roma bajo el liderazgo de Gregorio que él pudo promover el tema de la supremacía, o preeminencia, de Roma. En un sentido, Gregorio fue el primer Papa auténticamente católico *romano*. Muchos Papas existieron antes de él, pero la influencia de Gregorio era profunda. Se mantuvo, popular y poderoso, al los umbrales de la Edad Media, habiendo formado el futuro por el poder y la influencia que dio a Roma.

UN INICIADOR INFLUYENTE

Bajo Gregorio el Grande, la liturgia de las misas fue organizada en la forma que todavía se usa en muchas iglesias católicas en la actualidad. Gregorio también enfatizo la doctrina del purgatorio y alentó a los cristianos a reunirse y adorar reliquias (pedazos de vestimenta o huesos de los santos antiguos). Algunos lo consideran como el iniciador de los cantos gregorianos, que abrió la puerta a la adoración musical. Su obra de mayor influencia fue un libro acerca de la función del pastor, que permaneció bien conocido a través de la Edad Media. A pesar de que algunas de sus posiciones doctrinales permanecen cuestionable, Gregorio mostró un compromiso notable como pastor y dirigió una Iglesia Católica relevante mientras el Imperio Romano secular se derrumbaba a su alrededor.

LA CAÍDA DEL IMPERIO ROMANO

Esto nos lleva al cierre de un capítulo lleno de desarrollos en la iglesia a medida que enfrentó la decadencia cultural. Muchos pensadores han tratado de explicar el colapso del Imperio Romano. Al final, sin embargo, solo podemos decir que en el plan de Dios, uno de los más poderosos imperios sobre la tierra se derrumbó para siempre. El 24 de agosto del 410, Alarico atacó Roma y la mantuvo bajo invasión por tres días. Aunque el impacto no se sintió inmediatamente en el imperio, el simbolismo fue sorprendente. Esta era la primera vez después de 800 años que Roma era controlada por un poder extranjero. Incluso Jerónimo, a muchas millas de distancia en Belén, proclamó, "¡La ciudad que había tomado todo el mundo, ella misma ha sido tomada!"[42] Casi de la noche a la mañana el imperio fue invadido por bárbaros con nombres poco corrientes como: Visigodos, Ostrogodos, Vándalos, Lombardos, Francos, y los Sajones. Bajo el débil gobierno de Honorio (395-423), el Imperio Romano comenzó a dispersarse. Ciudad tras ciudad comenzó a caer con la entrada de los godos España y el avance de los Vándalos más hacia el sur. El populoso, inconquistable Imperio Romano ya no existiría más.

LA FE MUSULMANA

Auque no tenemos el espacio para hacer una justa mención aquí, debemos recordar el levantamiento de la fe musulmana. Ciento cincuenta años después de la caída de Roma, Mahoma (570-632) supuestamente recibió su primera visión en el 610 y se proclamó a sí mismo un profeta de Dios. Alrededor del 622, fundó una comunidad de musulmanes; y en el lapso de ocho años, lanzó su primera campaña militar en la Meca. A la muerte de Mahoma en el 632, el Islam se propagó a través de Arabia, Palestina y Siria. Ocho años después, fuerzas del Islam invadieron Egipto y África del Norte, erradicando efectivamente ¡un millón de cristianos! Unos pocos años después, pocos cristianos permanecieron en esa región.

¿VIVA Y SANA?

Es difícil culminar un capítulo y decir que la iglesia permanecía viva y sana. ¿Cómo uno puede hablar acerca del martirio de un millón de personas y después elocuentemente afirmar, "la iglesia está viva y sana"? Bien, usted no puede decirlo *elocuentemente*, pero puede decirlo *sobriamente.* El estado vivo y sano de la iglesia no depende, ni nunca dependió de que las personas escapen de la persecución y la muerte. A veces parece que la iglesia realmente puede estar viva y sana ¡cuando está al borde de la muerte! Dios obra de maneras misteriosa y nos ha enseñado en su Palabra que uno solamente puede ganar su vida al perderla. Cristo prometió que sus seguidores participarían de sus sufrimientos. Así que, a pesar de la sorprendente pérdida de la iglesia cristiana y a pesar de las ganancias del Islam, ¡proclamamos en fe que la verdadera iglesia de Jesucristo está viva, y está sana! El Imperio Romano cayó, y no el Imperio Cristiano verdadero. La Ciudad de Dios sobrevivió. Si el cristianismo hubiera caído, este capítulo hubiera sido el último de este libro. Pero tiene muchos capítulos emocionantes para leer, y mientras escribo, la Iglesia tiene 2 mil años de existencia y todavía sigue vigente.

CAPÍTULO 4

A PRINCIPIOS DE LA EDAD MEDIA

Fecha de expansión: 590-1300 d.C.

Personas clave: Bonifacio, Bede, Carlomagno

Lintrin apuntó el dedo a su hermano y gritó desafiante: "¡Tú puedes tener dos años más que yo, Ansolt, pero eso no significa que tienes razón!"

El joven Ansolt cruzó los brazos en frustración y giró los ojos. "Lintrin, acordamos que cualquiera que ande quebrando nuestras apreciadas estatuas de la Catedral de San Mateo claramente está haciendo lo incorrecto ante Dios y los hombres. Pero por favor no me digas que las estatuas tienen poderes especiales y que ahora esos poderes se han perdido."

"Tú no crees, pero muchos han creído… aun a través de los años muchos han creído."

"¿Creído qué? ¿Qué estatuas de piedra y mármol y caras tienen poderes especiales?"

Lintrin rogó, "recuerdas cuando papá estaba enfermo".

"¿Qué tiene ver eso?"

"Bueno, yo oré a la estatua de San Lucas porque escuché al sacerdote decir que Lucas había sido un médico."

Ansolt giró los ojos y exhaló, "¿y?"

"Entonces, papá se recuperó en una semana. ¡En una semana! Todos pensaban que él moriría, ¡pero vivió!"

Ansolt puso las manos sobre el hombro de su hermano y rogó, "Lintrin, recuerdas lo que mamá nos enseñó. Dios es el que sana. No una estatua."

"Si ellos son solo estatuas, ¿por qué estás tan triste y tan enojado?"

"Porque las estatuas tienen un propósito y un valor. Cuando veo la estatua de Lucas, me conmueve cómo Dios usó a un doctor para cuidar del débil, el frágil, y el perdido. Cuando veo la estatua de Pedro, siento el impulso de adorar a Dios por amar a ese pescador que tenía muchas debilidades como yo mismo. Lintrin, las estatuas también tienen gran significado para mí, porque las estatuas me inspiran a llevar una vivir decorosa ante Dios.

"Pero yo oré a la estatua y papá fue sanado", arguyó Lintrin. "Las estatuas son más que recordatorios e inspiraciones. Las estatuas tienen poderes para sanar."

"Espera y veras", protestó Ansolt. "Muchos quieren destruir las estatuas debido a que opinan como tú. Ellos llaman idolatría cuando oras a la estatua de Lucas."

"Eso no es idolatría", protestó Lintrin.

"Pero las estatuas tampoco tienen poderes".

Los dos hermanos no tuvieron que esperar mucho por otro acto de vandalismo. Cuatro días después, en medio de la noche, un grupo de hombres entraron a la ciudad en las primeras horas de la madrugada, irrumpieron en la catedral y derribaron catorce preciosas estatuas que incluía los retratos de Abraham, José, Moisés, David, Mateo, Lucas, María, y otras figuras bíblicas.

Cuando Ansolt y Lintrin llegaron a la catedral, la gran puerta de madera en la entrada principal apenas pendía de una bisagra. Pedazos de piedras estaban desparramados sobre todo el piso. Brazos de mármol, cabezas, y torsos por todas partes. Lintrin lloró y también muchos otros. Ellos sintieron que fueron robados de los santos a los que oraban, los santos que pensaban que les escuchaban.

Aunque Ansolt se sintió distinto respecto de las estatuas, también perdió el entusiasmo. Ansolt apenas habló, "nunca podremos reemplazarlos".

Lintrin, con lágrimas por sus mejillas, murmuró con angustia. "Ahora, ¿a quién oraré si papá vuelve a enfermar? ¿A quién?"

Ansolt hizo una mueca de dolor y pensó, *Lintrin, ¿acaso alguna vez entenderás?*

¿LA EDAD DEL OSCURANTISMO O LA DORADA?

Algunos historiadores identifican el 590 d.C. como el principio de la Edad Media mientras que otros estudiosos se refieren a ella como la Edad del Oscurantismo debido a los trágicos eventos ocurridos. Este periodo duró casi mil años, pero los primeros 500 años de este periodo vio el surgimiento continuo de la influencia de la Iglesia en cada esquina de Europa.

¿Cómo debemos considerar la Edad Media? La respuesta dependerá de cuál estudioso usted lee. Aquellos que se refieran a estos años como la Edad del Oscurantismo implican que poco se puede aprender de este periodo. La mayoría de los protestantes buscan en vano por señales de verdadera espiritualidad durante estos años. Algunos católicos, en contraste, los ven como la Edad Dorada, porque la Iglesia hizo un admirable intento de establecer una sociedad verdaderamente cristiana. Ninguna opinión hace justicia a este periodo histórico. Martín E. Marti observó que "la Edad del Oscurantismo no fue ni tan imperfecta ni tan larga".[43]

La tentación era que pasara a través de la Edad Media como "mil años dolorosos", a fin de llegar a la Reforma y a Martín Lutero. Los protestantes sin retraimiento pasan por alto los primeros siglos del cristianismo a la explosión de la Reforma. Pero si hacemos esto, nos perdemos las increíbles conquistas que ocurrieron en este periodo.

> [La Edad Media] dio surgimiento a todas las grandes universidades del mundo desde Oxford y Cambridge a Leipzif y Mainz; promovió el establecimiento de todos los grandes hospitales del mundo como el San Bernardo y el San Bartolomé y Bedlam en Londres, el San Bernardo y Voixanne en Suiza; dio surgimiento a los artistas más celebres desde Miguel Ángel Buonarroti y Albrecht Durer hasta Leonardo Da Vinci y Jan van Eyck; dio el esplendor de la arquitectura gótica, inigualable, y sin igual hasta hoy, de Notre Dame y Chartres a Winchester y Colonia; envió al desierto y al violento océano los exploradores de mayor éxito como Américo Vespucio y Marco Polo hasta Vasco de Gama, y Juan Cabo; produjo algunas de las mentes más brillantes y la vida

de los más fascinantes que la humanidad haya conocido, si la lista no hubiera sido tan excepcional habría sido tediosa. Copérnico, Dante, Giotto, Becket, Guttemburg, Chaucer, Carlomagno, Wycliffe, Magallanes, Boticelli, Donatello, Petrarach, y Aquino.

Pero de todas las grandes innovaciones que la época medieval trajo, la mayor de todas fue la espiritual. La cultura medieval, del Este y del Oeste, era primeramente y principalmente cristiana. Su vida estaba formada casi plenamente por los intereses cristianos. Virtualmente todas sus realizaciones o lauros fueron sometidos a la causa del evangelio. Desde grandes catedrales y generosas órdenes a cruzadas amargas y hermosos claustros, cada manifestación de su presencia de alguna manera iba ligada a su obediencia principal y plena al reino de Cristo y como una búsqueda de belleza, verdad, y bondad.

Por supuesto, la Iglesia medieval también tuvo su historia de conductas escandalosas.[44]

En las páginas siguientes, intentaremos registrar los admirables avances de la Iglesia en la Edad Media, y al mismo tiempo reconoceremos los rotundos fracasos del liderazgo imperfecto en ella. Nos sorprenderemos, aunque otra vez, al observar la protección de Dios de su Iglesia no obstante las grandes deficiencias de sus representantes más visibles y elocuentes. Kenneth Scout Latourrette afirma en su fascinante libro, *Los mil años de incertidumbre*, que es difícil escribir acerca de este periodo usando un método estrictamente cronológico. Aunque seguiremos una secuencia de tiempo, a veces los conceptos y movimientos más grandes nos forzará a salir de una secuencia estrictamente cronológica.[45]

LA INVASIÓN DE LOS BÁRBAROS

Al cierre del capítulo anterior, tratamos el surgimiento del Islam, que sigue expandiéndose en la actualidad y permanece como la única y mayor amenaza a la expansión del cristianismo (el capítulo, "Qué época para vivir" tratará esta expansión). En el 600, sin embargo, la Iglesia se interesaba sólo en parte de la religión recién fundada, el Islam. Su lucha más inminente era contra los bárbaros. Los bárbaros aún permanecen.

> Un misterio a nosotros, ellos no tienen registro de su historia. Pero de vez en cuando, por razones que también nos resulta un misterio, estas personas comenzaron a diseminarse fuera de los límites de su propio territorio hacia otras quizás más prósperas tierras; una raza o tribu presiona a otra, y los ondas se extienden y alcanzan al extremo de los océanos hasta que no puedan propagarse más. Cuando esto ocurre, la historia escrita está conciente de los movimientos, y comienza a ocuparse por sí misma de los bárbaros.[46]

El Imperio Romano era incapaz de defenderse contra estos grupos bárbaros que estaban expandiéndose rápidamente. Algunos, como los Hunos, simplemente pasaron, dejando a su paso destrucción. Otros, como los Godos, tenían una civilización más desarrollada que algunos de los grupos más primitivos. Algunos de los grupos bárbaros más invasores se convirtieron al cristianismo antes de que invadieran, pero se inclinaban a abrazar la teología arriana (que Jesús no es coeterno con el Padre), en lugar del entendimiento católico de la fe cristiana. En el lapso de 500 años desde el 500 al 1000, el brazo occidental de la Iglesia luchó contra la influencia de los bárbaros y trató de alguna manera de convertirlos a la Fe.[47]

ACTIVIDAD MISIONERA

En los capítulos anteriores, hablamos de Gregorio I, el hábil administrador que fue electo Papa en el año 590. Una de sus mayores contribuciones al cristianismo fue su inagotable celo para que los bárbaros se conviertan al evangelio de Jesucristo. Uno de los reconocidos misioneros enviados por Gregorio I fue Agustín de Canterbury (que murió alrededor del 604), no hay que confundirlo con Agustín (354-430), el famoso obispo de Hipona. El anterior Agustín llegó a Kent, Inglaterra en el 597 y pronto tuvo buen éxito en la conversión al cristianismo del rey Ethelbert, cuya esposa ya era cristiana. El ejemplo cristiano de ambos, el rey y la reina, abrió el camino para que muchos seguidores abrazaran la fe cristiana. La rigidez de Agustín, sin embargo, trató de rehacer Canterbury en una "Roma pequeña", y en consecuencia aisló a muchos ingleses. Sin embargo, a pesar de su falta de flexibilidad, tuvo buen éxito al establecer en Inglaterra los fundamentos de la Fe cristiana.

La llegada de Agustín a Kent en el 597 coincidió con la muerte de uno de los mayores misioneros de la Edad Media. Columba (521-597), nacido en Irlanda, se convirtió en uno de los más vigorosos misioneros a Escocia. Llegó a la isla de Iona en el 563 y estableció allí un monasterio que se convirtió en su sede central. Los monjes que envió de Iona desarrollaron una función crucial en la evangelización de Escocia e Inglaterra. Columba "era nuevo y lleno de celo, características que lo llevó a ser conocido como el 'santo de los jóvenes'."[48] Un ecologista que se basaba en la Biblia, Columba semejaba un adelantado a su época. El creía que Cristo redimió toda la Creación y argüía que rechazar la belleza de la tierra era rechazar al señorío de Jesucristo, el Señor de toda vida. Su gran pasión e incansable ocupación era copiar las Escrituras.

BONIFACIO

Alrededor de 100 años después, otro gran misionero, Bonifacio (680-754), dejó su Inglaterra nativa para convertirse en el "apóstol de Alemania". Un estudioso y admirable predicador, Bonifacio comenzó su tarea misionera en Alemania en el 716, pero fue enviado de vuelta a su hogar en Inglaterra cuando comenzó la guerra. Alrededor del 719, Bonifacio estaba otra vez ministrando en Alemania, organizando el país en respectivas secciones a fin de hacerla más administrable. En el 754, había alcanzado mucho, y ganado una posición de tal autoridad, que pudo tomarse un retiro satisfactorio. Sin embargo, en vez de jubilarse, hizo más viajes para evangelizar Frisia, donde él y sus ayudantes fueron martirizados.

EL VENERABLE VEDA

Gran parte de lo que sabemos de la expansión del cristianismo de esta época se debe a los hábiles escritos de Veda (673-738), que entró al monasterio a la edad de siete años. Se convirtió en diácono a los nueve años y un sacerdote a los treinta años de edad. En el 731, completó *La Historia Eclesiástica de los Ingleses*. Es conocido también por prestar su autoridad escolástica a los acuerdos que resultaron de una importante reunión en el Sínodo de Whitby en el 664. Esta reunión especial determinó que las tradiciones romanas prevalecerían en la iglesia sobre las costumbres célticas.

INVASORES MUSULMANES

Los conflictos entre las tradiciones de los celtas y los romanos palidecen en significado frente al ejército invasor de los islámicos. Los siguientes tres hombres, un abuelo, un padre, y un hijo, tratan con la guerra y ellos forman nuestro entendimiento del siglo ocho. El abuelo era Carlos Martel (688-741). Cuando su padre, Pipino II, murió en el 714, la madrastra de Carlos lo puso en la cárcel, afirmando que ella tenía autoridad sobre el gobierno. Después de escapar de la prisión y de ganar una batalla decisiva en el 717, tuvo buen éxito en destronar a sus hermanastros y a su madre, para convertirse en el alcalde de Austrasia. Por el 719, fue el gobernador de los Francos. Pero es mejor conocido por su victoria en el 732 sobre los invasores musulmanes en la famosa Batalla de Tour, que paró el avance islámico en Europa hasta el siguiente siglo.

El hijo de Carlos Martel, Pipino III (714-768), se convirtió en el único heredero del reino Franco, desempeñándose como alcalde del palacio del 741 al 751 y finalmente se convirtió en el rey de los Francos del 751 al 768. Pipino desempeñó una función específica en la historia de la Iglesia porque fue un formidable defensor del Papa en Roma. En dos ocasiones separadas dirigió expediciones a Italia, derrotando a los enemigos del Papa en el 754 y 756 y donando sus territorios al Papa. Este regalo de tierra se conoce como la Donación de Pipino. Pipino preparó un Certificado de Donación y puso este documento, juntamente con algunas llaves simbólicas, sobre la tumba de San Pedro. Esta significativa donación de tierra, que luego fue confirmada por el hijo de Pipino, Carlomagno, marca el comienzo de la autoridad política del Papa en Roma.

CARLOMAGNO, FUNDADOR DE EUROPA

Carlos Martel ejerció influencia política, pero sólo ayudó marginalmente a la Iglesia. Su hijo, Pipino III, probó ser una gran ayuda a la Iglesia. Pero la contribución de Pipino es poca en comparación con la sólida influencia de su hijo, Carlomagno (Carlos, el Grande, 742-814). Poco se sabe de sus primeros años, pero alrededor del 771 Carlomagno se convirtió en el único gobernador de los Francos. Cuando los Lombardos amenazaron al Papa, este apeló a Carlomagno por ayuda. Carlomagno conquistó a los Lombardos y se convirtió en su rey. Luego puso su atención en conquistar a los Sajones, contra los que luchó una serie de batallas del 772 al 804. Los Sajones eventualmente se convirtieron al cristianismo y fueron incluidos en el imperio Franco. Sin embargo, cuando Carlomagno intentó pelear contra España, fue derrotado.

En el 800, cuando el Papa León III pidió ayuda, Carlomagno respondió y ayudó a eliminar a los enemigos del Papa. El Día de Navidad, en el 800 d.C. es una fecha que quizás usted recuerda por su estudio de la historia. Ese día en Roma, Carlomagno fue coronado emperador por un agradecido León III. El significado de esta coronación se debate mucho, y varios la consideran, al menos en el Occidente, como un intento de renovar el antiguo Imperio Romano. El hecho de que Carlomagno permitió ser coronado por el Papa simbolizaba una relación floreciente entre la Iglesia y el Estado. Esta era la forma embriónica del *Santo* Imperio Romano. Carlomagno mostró visible interés en la política de la Iglesia. Continúo como protector del Papa y de sus propiedades. Financieramente ayudó a los reformadores y misioneros, y personalmente se envolvía en los debates de ortodoxia y herejía. Aun ayudó en el establecimiento de sínodos (conferencias) para reformar la moral y elevar la educación del clérigo. Comprometido profundamente con la educación, Carlomagno animó a que los monasterios enseñaran a leer y escribir.

EL RENACIMIENTO CAROLINGIO

Los cambios afectados por Carlomagno se conocen como Carolingio, y se convirtieron en la base de un movimiento de reforma que duraría al menos los próximos 200 años. El renacimiento Carolingio trajo un nuevo vigor intelectual a la época, hubo un aumento en los estudios y un renovado énfasis en la educación, la copia de manuscritos y bibliotecas. Alcuino de York (735-804), fue la mayor figura de influencia en la renovación del aprendizaje del Imperio Franco. Él y otros estudiosos contribuyeron con significativos adelantos a la escuela del palacio de Carlomagno en Aachen.

Lamentablemente, la vida personal de Carlomagno no se caracterizó por una buena moral. Su hogar estaba lleno de celosías entre sus muchas esposas, concubinas, e hijos. Sus hijas no eran mujeres virtuosas. Su hijo mayor intentó una rebelión en el 792, y los hijos que él había entrenado para sucesores habían muerto antes que él muriera. Su imperio quedó a su único y legítimo hijo sobreviviente, Luís, que llegó a ser emperador cuando Carlomagno murió en el 814. Luís y otros que le sucedieron no estaban marcados por la habilidad poco común de Carlomagno, y dentro de un siglo el imperio se desintegró. El sistema que había sido construido en base a una profunda lealtad personal por Carlomagno y su impresionante fortaleza militar, no podría compararse con ninguno de los líderes que siguieron después de él.

ICONOS E IMÁGENES

Hasta este punto, hemos hablado de varias batallas: Cristianismo contra el Islam, Cristianismo céltico contra Cristianismo romano, Carlos Martel contra los Musulmanes, y fuertes gobernadores contra bárbaros. Pero otra batalla comenzaba a rugir: la controversia de los iconos. Este debate espiritual tuvo lugar a lo largo del siglo ocho y nueve y trató acerca de la función de las imágenes, figuras, y estatuas. ¿Era correcto tener un icono, una imagen o una estatua? Aquellos que sentían que tales imágenes eran malas como ayuda a la adoración en la Iglesia fueron llamados iconoclastas, que significa "quebradores de imágenes". Adorar o aun venerar tales imágenes era tan ofensivo para algunos que aun podrían quebrar las imágenes.

La primera principal controversia respecto de las imágenes surgió del 726 hasta el Segundo Concilio de Nicea en el 787. El emperador León condenó el uso de los iconos en el 727, pero el Papa Gregorio los apoyó en el 731. Alrededor del 754, trescientos obispos bizantinos habían endorsado el quebramiento de las imágenes. Por el 769, ¡el famoso Concilio Lateral condenó la decisión de los trescientos obispos! El asunto finalmente terminó en el segundo Concilio de Nicea, el cual condenó los iconoclastas y declaró que el uso de imágenes sagradas en la adoración era una práctica aceptable de la iglesia. Pero eso no estableció el asunto completamente. Una segunda controversia de iconos surgió del 813 al 843.

¿Por qué la gente lucha por este asunto aparentemente mínimo? Los iconoclastas apoyaban su acción citando el segundo mandamiento, que prohíbe la adoración de cualquier imagen gravada. Ellos creían que la adoración de un icono, o aun el uso de tales imágenes físicas en la adoración, era idolatría pagana. Los defensores de iconos, por el contrario, insistían en que tales imágenes eran una ayuda visual útil para instruir a los fieles.

Eventualmente la controversia comenzó a penetrar del Este al Oeste y reveló la tensión política que comenzando a notarse entre el emperador y el Papa. Algunos consideran el deseo del iconoclasta emperador León de destruir las imágenes como un intento de reducir el poder de la Iglesia en el Este. Otros lo consideran como un dispositivo por el cual los emperadores trataban de remover la educación pública de manos del clero.[49] Cualquiera sea la explicación que optemos aceptar, en este asunto de las imágenes vemos a la iglesia ejercitando su talento de argüir, ¡una característica que se ha afinado a través de los siglos! Sin embargo, aunque yo parezca demasiado fácil, debemos recordar que mantener los principios bíblicos es la única manera de preveer que la Iglesia se destruya a sí misma. Por eso debemos aceptar el difícil proceso de enfrentamiento que con frecuencia produce el deseo de permanecer fiel y auténtico a la Biblia.

¿CRISTIANOS AUTÉNTICOS O NOMINALES?

Con la destrucción del Imperio Romano en el 500, el Papa se hizo más influyente. El resultado fue una asociación entre el Papa y los gobernadores políticos. Esta cercana relación funcional entre la Iglesia y el Estado con frecuencia resultaba que se coaccionaba a la gente a convertirse en cristiana. Una de los lamentables períodos de la historia de la Iglesia fue el periodo en el que los líderes eclesiásticos, auxiliados de autoridades civiles, coaccionaron por la espada a diez miles a "convertirse" al cristianismo. En vez de tratar de racionalizar a los críticos contemporáneos, los creyentes de la actualidad harán mejor si sencillamente se arrepienten de lo que se ha hecho en nombre de Cristo. El Papa "caminó entre las ruinas del caído Imperio Romano en el Occidente y procedió a construir la Iglesia medieval bajo la antigua gloria de Roma… Tomó siglos, pero los Papas, ayudados por los príncipes cristianos, lentamente pacificaron y bautizaron un continente y lo llamaron países cristianos, Europa cristiana. Masas de bautizados, sin embargo, significaba paganos bautizados". ¿Cómo una iglesia llena de "paganos bautizados"[50] afecta aquellos que realmente son sinceros para con Dios? Los auténticos cristianos se apartaron. Y eso es exactamente lo que muchos verdaderos cristianos hicieron. Ellos fueron llamados monásticos.

MONASTICISMO

Monasticismo proviene del griego que significa "el acto de morar solo". Los monásticos fueron aquellos que tomaron tan literalmente las admoniciones de las Escrituras respecto de no amar al mundo (véase 1 Juan 2:15-17), que se apartaron completamente. La meta de los monásticos era volverse santos mediante el aislamiento de sí mismos de los afanes y pecados de un mundo pagano. Algunas evidencias de monasticismo se ven claramente en la historia de la Iglesia, comenzando a principios del cuarto siglo. El padre del monasticismo es Antonio de Egipto, que murió en el 356. Alrededor de la Edad Media, el monasticismo comenzó a florecer. La gente devota no estaba segura de cómo responder a la maldad y mundanalidad de los cristianos nominales. Ellos no podían volverse a la Iglesia Católica como un refugio de santidad, porque ella también estaba manchada por el libertinaje. Los que seguían una vida monástica hacían votos de pobreza, obediencia, servicio, celibato, y en algunos casos, silencio (¡nunca volver a hablar!). En muchos casos los monásticos o monjes eran "cenobitas", o sea, vivían en comunidades. Ellos trabajaban y oraban juntos. Otros eran "mendicantes"; o sea, tenían un ministerio itinerante, ayudando a los pobres y haciendo buenas obras. Francisco y Dominico son ejemplos de monjes mendicantes.

Algunos monásticos fueron influyentes en guiar movimientos de reformas y avivamientos para llamar a una vida santa y justa. Un movimiento de avivamiento fue la reforma Cluniacense, que comenzó en Cluny, Francia, en el 909. Este movimiento de reforma tocó a muchos, que se arrepintieron de sus caminos pecaminosos y comenzaron a andar en rectitud. Sin embargo, un siglo después, los mismos moradores de Cluny, necesitaban un avivamiento. Los Cisternces (1098) reaccionaron contra la dejadez que eventualmente afectó las órdenes de los Cluny, y otra vez hicieron un llamado a la santidad y a un andar íntimo con Cristo.

El monasticismo separó a muchos cristianos de la sociedad y los mantuvo en aislamiento, conforme a una serie de normas. Se puede criticar y alabar a estas comunidades. En un sentido, obviamente estaban muy aisladas. Mantener a los hombres en monasterios y a las mujeres en conventos no sólo creó una existencia artificial para estos cristianos, sino que los impidió que cumplieran el mandato dado a la creación de procrear hijos. Estos hombres y mujeres de talento y devotos no sólo privaron al mundo de sus dones en muchos casos, ¡sino que ellos también privaron al mundo de hijos muy capaz! Imagínese las familias fuertes y amorosas que habría resultado y si se hubieran casado.

Sin embargo, en un tono positivo, debemos admirar el coraje y la fortaleza que estos cristianos exhibieron al renunciar al matrimonio por llevar una vida santa. Estas personas influyeron en su sociedad. Los monasterios se convirtieron en centros de aprendizaje, así como también en lugares para la experimentación agro-cultural. Muchos de los avances en la ciencia, particularmente en la agronomía, ocurrieron en los monasterios.

TENSIONES ENTRE EL ORIENTE Y EL OCCIDENTE

Durante la Edad Media una gran tensión comenzó a notarse entre los cristianos del Este y los cristianos del Oeste. El griego se convirtió en el lenguaje principal de las regiones del Este de Roma, siendo Constantinopla su capital. Las regiones al Oeste de Roma prefirieron el latín y consideraban a Roma como su ciudad principal. La lucha entre el Este y el Oeste duró por siglos. A principios del 680, las iglesias del Este y del Oeste no estaban de acuerdo respecto del celibato (no al casamiento) del clero. La Iglesia Oriental permitió que los sacerdotes contrajeran nupcias; la Iglesia Occidental prefería que sus sacerdotes permanecieran solteros. La controversia acerca de los iconos en los 700 creó mayores tensiones y sospechas entre los cristianos del Este y Oeste. En el 857 ocurrió otra gran división, una predicción de cosas por venir. Esta controversia fue la División Photian y envolvía tres asuntos:

¿Quién está a cargo?

¿Cómo debemos entender la Trinidad?

¿Puede una persona laica convertirse en el patriarca (líder espiritual) de Constantinopla (la ciudad más influyente del Este)?

En el 858, el emperador Miguel sustituyó al entonces patriarca jefe y en su lugar puso un laico, Photius. La designación provocó una acalorada controversia que compite con cualquier intriga política contemporánea y aun muchos melodramas de Hollywood. Este intenso conflicto envolvía la reposición del depuesto patriarca y ¡una excomunicación! Juntamente con el aspecto político de la crisis de Photius vino una intensa batalla respecto a la frase en uno de los credos de la iglesia acerca de la relación entre Dios Padre y Dios Hijo. Photius, que fue reincorporado como patriarca en el 877, vehementemente no estuvo de acuerdo con el uso de las tres palabras ("y el Hijo") en el Credo de Nicea. En un esfuerzo por resolver la controversia, el Papa estuvo de acuerdo en sacar el lenguaje ofensivo del Credo, pero solamente si la iglesia del Este estaba conforme que Roma, no Constantinopla, ¡tuviera completa autoridad y jurisdicción sobre la iglesia! Sin más que decir, tal demanda era sumamente ofensiva al Este y una clara indicación de lo que luego desembocaría en una completa separación.

EL AÑO 1054, EL PUNTO DE EBULLICIÓN

Si la División Photian se asemeja a una vergonzosa exposición de política y mezquindad, se sorprenderá aun más de los sucesos manifiestos durante un servicio de adoración en la Iglesia de la Santa Sabiduría en Constantinopla. El patriarca Miguel Cerularius rechazó aceptar a León IX (de Roma) de tener autoridad sobre Constantinopla. Para mostrar su descontento, Cerularius cerró toda iglesia del

Este cuyo líder era leal al Papa romano del Oeste. Esperando resolver el problema, León IX envió a Humberto (que murió en el 1061) como su representante. Miguel Cerularius no estaba en un estado mental para aceptar instrucciones del embajador del Papa León. Cuando Cerularius (del Este) rechazó aceptar la autoridad romana (del oeste), Humberto, en un acto público que tuvo profundas consecuencias, anunció que iba a ¡excomunicar a toda la iglesia del Este! Bueno, ¡ese fue un servicio muy interesante! El Este y el Oeste además estaban en desacuerdo sobre otros asuntos como las reglas sobre el ayuno, el pan sin levaduras, el celibato del clero, el envolvimiento de laicos en la iglesia, y la relación de la Iglesia y el Estado. Otra vez, los cristianos mostraban su inhabilidad de llevarse bien.

La creciente tensión entre las dos partes de la Iglesia hirvió durante la Cuarta Cruzada en el 1204, terminando cualquier esperanza de reconciliación entre el Este y el Oeste. El 5 de julio del 1203, el ejército de los cruzados llegó a Constantinopla, la ciudad capital del Este. Hasta ese momento los Cruzados sólo habían considerado a los musulmanes como sus enemigos. Sin embargo, estos extranjeros fueron recibidos muy pobremente en Constantinopla que ellos decidieron vengarse contra sus compañeros cristianos. Durante un Viernes Santo del 1204, el ejército de los Cruzados apoyados por el Este, violó y mató a los cristianos ¡en nombre de Cristo! La Iglesia Católica Romana y la Iglesia Ortodoxa Griega se separaron completamente a partir de ese hecho.[51]

EL SANTO IMPERIO ROMANO

Quizás ahora se pregunte, ¿qué pasó con las verdades básicas de Jesús respecto de la Gracia y la Fe? ¿Se han perdido? ¿Por qué no estamos escuchando de predicadores que declaran el evangelio y de corazones dispuestos a responder? Lamentablemente, los líderes de esa iglesia estaban mezclados con la política en la Edad Media. La causa del fuerte envolvimiento político del Papa se debía a la ausencia de una cohesiva estructura secular gubernamental, y en otros casos fue atraído por pura codicia de poder y control. La principal misión de la Iglesia, de predicar el evangelio y buscar al perdido, fue ensombrecida por las complejas controversias políticas.

En 962, el Papa Juan XII coronó a Oto I, "El Grande" (936-972), como emperador romano. Esto creó el Santo Imperio Romano que "representaba la creencia del hombre medieval acerca de la unidad de los grupos cristianos y su admiración de las glorias pasadas de Roma".[52] Aunque el imperio del rey alemán Oto I era mucho menor en tierras que las tierras que conformaron el imperio de Carlomagno 150 años antes, esta unión de Alemania e Italia del Norte que era llamada el Santo Imperio Romano (no era santo, no era romano, ni era un imperio), continuó los siguientes 900 años, hasta el 1806. Durante los siglos diez y once, el Santo Imperio Romano fue el estado más influyente de Europa. Pero la cómoda relación entre el Papa y el emperador pronto terminó. Oto, el Grande, depuso Papas cuando se le antojaba y en su lugar ¡nominaba sus propios candidatos! Insistía que toda elección papal sea sometida a él para su aprobación.

EL PAPA CONTRA EL EMPERADOR

Como es de esperar, la mayoría de los papas rechazaron inclinarse a las demandas del emperador. La más intensa controversia surgió durante el reinado de Enrique IV (1056-11-6). El Papa Gregorio VII deseoso de asegurar su independencia del emperador, publicó un boletín especial en el 1076 que afirmaba que el Papa tenía el derecho de deponer cualquier gobernante secular, ¡incluso el emperador! Luego, trató de restar la influencia de Enrique declarando que Enrique ya no podría designar (investir) obispos o líderes espirituales. Esta Controversia de Investidura fue el punto central de la lucha de poder del 1075 al 1122 y era típica de la intensidad del conflicto entre autoridades seculares y espirituales que duraría por muchos años. El papa Gregorio advirtió a Enrique a que no adjudicara obispos. Enrique, emperador del Santo Imperio Romano, repudió las reclamaciones de Gregorio. La respuesta del Papa fue la excomunicación del emperador y ¡un llamado para que fuera removido! El Papa Gregorio, un cuidadoso estratégico, reunió alemanes nobles rebeldes y puso al emperador de rodillas. Alrededor del 1077, el emperador vio decaer su autoridad rápidamente en Alemania. Humillado, el emperador vino al castillo de Canosa, donde el Papa residía temporalmente. El Papa Gregorio, sin embargo, aprovechó la oportunidad de la humillación y desdeñó al emperador por tres días. Durante ese tiempo el emperador se paró frente a las puertas del castillo con vestimenta humilde, rogando el perdón del Papa, quién finalmente le concedió.

Sin embargo la historia no termina allí. Enrique pudo después derrotar a los alemanes nobles rebeldes que se unieron al Papa. Luego cambió el asunto a su favor y ¡sacó al Papa Gregorio de Roma!

¿Cómo se resolvería este problema? Finalmente se llegó a una solución en el 1122, que se conoce como el Acuerdo de Worms (una ciudad). El acuerdo que terminaba la Controversia de Investidura declaraba que las elecciones de la Iglesia serían libres del control del emperador pero que éste tendría presente a un representante. Los obispos que sean elegidos jurarían alianza política al emperador, pero su autoridad espiritual provendría solo de sus compañeros de la Iglesia. Aunque el Santo Imperio Romano continuó, Napoleón lo disolvió en el 1806, y cesó de tener una poderosa influencia política después del año 1250. Su continuada existencia fue "un testamento a las aspiraciones e ideales de hombres medievales de una comunidad cristiana unida en la que la autoridad temporal y espiritual trabajan juntos por el beneficio de los grupos cristianos".[53] El intento fue noble, pero la mayoría cuestionaría si esta era la mejor manera de vivir el Evangelio. Desde nuestra perspectiva de la historia, el experimento parece haber fracasado en gran manera.

LAS CRUZADAS

Las cruzadas, que tuvo lugar del 1095 al 1291, son sin duda uno de los desvíos más terribles que la iglesia haya tomado, removiendo lejos la iglesia de su meta fundamental. Las Cruzadas consistieron de ocho expediciones militares establecidas a fin de recapturar las Tierras Santas de los Turcos. El Papa Urbano II pudo inspirar más celo que sentido común al alentar la gente que dejara su hogar en Europa y viajara en masa para conquistar Palestina. Algunas cruzados fueron abortadas y nunca llegaron a Israel. Otras establecieron con éxito el reino Latino de Jerusalén.

Pero los miembros de las cruzadas no eran los nobles celosos que se esperaba que fueran. Con frecuencia eran rudos, malvados que robaban, y violaban a medida que avanzaban de una ciudad a otra. No les importaba si la villa era cristiana o musulmana. Ellos eran villanos que destruían a cualquiera o todo lo que se cruzaba en su camino. Ahora, 900 años después y en los días exactos, cristianos arrepentidos viajaron el mismo camino, pidiendo perdón ¡por lo que se ha hecho en el nombre de Cristo!

La más peculiar de las Cruzadas fue la de los niños en el año 1212, en la que los padres, sin que sospecharan, pusieron sus hijos en barcos que creían los llevaría a la Tierra Santa, ¡donde naturalmente los musulmanes se rendirían a un ejército de niños! Los malvados dueños del barco tenían otras intenciones. ¡Cientos de niños fueron vendidos como esclavos!

Si la salud de la Iglesia se pudiera determinar por las Cruzadas, uno debería declararla enferma de muerte.[54] Pero, otra vez la misericordia de Dios no cesó. Aunque la Iglesia, a veces, parezca casi inadvertida o no percibida, fue preservada, con toda su pureza y con el poder del evangelio. Debido a esto, tenemos el evangelio 900 años después.

CAPÍTULO 5

A FINES DE LA EDAD MEDIA

Fecha de expansión: d.C. 1000-1517

Personas clave: Anselmo, Pedro Abelardo, Tomás de Aquino, Inocencio III, Francisco de Asís, Juana de Arco, Erasmo, Savonarola

Odette observó que su Mamá arrojaba el primer puñado de arena al foso que contenía el ataúd de su padre. No había dinero para pagar un nicho de piedras talladas, como tenían las otras sepulturas, o incluso un monumento de piedra. *Papá merecía algo mejor*, pensó ella. *¿Por qué era el dinero tan importante?* Recordó la sonrisa débil de su padre y sus estoicas palabras justo antes de morir, el pasado jueves, aunque parecía años atrás. "Cuida de Mamá", dijo él. "Ella ya no está tan fuerte ahora." Odette bajó la cabeza y pateó la tierra en el cementerio. Las lágrimas rehusaban salir.

Pierre Gerardo sostenía del codo a su madre mientras caminaban de vuelta a la casa. Odette encogió los hombros cuando lo vio tocar a Mamá. A Odette no le caía bien el sacerdote. Odette sostenía en sus brazos a la infante Gabriela mientras Ana María se chupaba el pulgar y se agarraba de la falda de Odette. Juntas siguieron a Mamá y a Pierre Gerardo hacia la pequeña y fría cabañita en la que Odette había vivido desde su nacimiento, nueve años atrás. Papá cuidaba de las ovejas de un rico comerciante que vivía cerca de Arles al sur de Francia. Solo unas pocas semanas atrás, Papá disfrutaba de buena salud. Pero entonces las tijeras de ese trabajador se deslizaron durante el afeitado de lana y cortó el brazo de papá. La herida fue empeorando, hasta… y ahora papá estaba en el cielo.

Ella pateaba el pie mientras caminaba. Papá, *estaba* en el cielo. Ella no estaba de acuerdo con Mamá, ni tampoco con el sacerdote Pierre

Gerardo, que dijo que Papá no estaba en el cielo sino en un lugar llamado purgatorio.

Ellos se sentaron en la silla que Papá había tallado. Mamá sirvió el delicioso queso de cabra a Pierre Gerardo. Mamá misma había hecho el queso juntamente con algunas galletas que usualmente horneaba solo cuando celebraban el nacimiento de Cristo al mundo. Ana María y Odette observaban quietamente.

"Mi querida señora Buvois" dijo el sacerdote, tomando una tasa más del dulce té de manzana de Mamá. "Usted y Etiene han sido miembros fieles de mi iglesia desde que me mudé aquí cinco años atrás. Estoy muy contento que puedo ayudarla en su duelo."

"Gracias Pierre", replicó la señora Buvois.

"Hay una sola cosa que usted puede hacer por Etiene ahora."

De nuevo, Odette sabía que ella no estaría de acuerdo. *¿Cómo uno podía ayudar a Papá ahora que estaba muerto?*

"Usted sabe que él está ahora en el purgatorio."

"Sí, Pierre."

"Usted puede ayudarlo a que llegue al cielo más rápido."

"Por supuesto, Pierre; pero usted sabe que vivimos de modo sencillo, y ahora no sé cómo puedo proveer para mis hijas, especialmente porque son niñas. No tengo un varoncito que se encargue de pastorear las ovejas. Odette es una gran ayuda, pero no sé cómo ella lo tomará."

Odette apretó los dientes. Ella sabía lo que Pierre Gerardo iba a decir.

"Ciertamente comprendo su preocupación", dijo él suavemente. "Pero, no necesito decirle que los asuntos del cielo deben tener prioridad sobre las cosas terrenales. ¿Acaso no tiene algo con qué comprar una indulgencia?"

Odette estaba casi gritando por dentro. ¡No le digas!, pensó ella, y luego se puso a orar. *¡Querido Dios, no permitas que ella le cuente acerca de las monedas!*

Pero su madre dijo: "Tengo solo dos monedas de oro que la abuela de Etiene le dejó."

"Pero, ¡eso es maravilloso!, exclamó el sacerdote, tomando otra galleta. "Eso reducirá su tiempo en el purgatorio ¡alrededor de mil años!"

"Sí", dijo la señora Buvois. "Lo amo mucho. Debo ayudarlo."

"Las lágrimas comenzaban a brotar de los ojos de Odette. Se los fregó con enojo y apartó a Ana María de su lado.

El sacerdote continuó, "el Señor honrará su gran sacrificio."

La madre de Odette retiró dos monedas de oro de su lugar secreto cerca de la chimenea. Ella miró directamente a su madre a los ojos y sacudió la cabeza ¡lo más fuerte que pudo! Pero Mamá dio las monedas al sacerdote y puso en el lugar secreto el documento sellado que él dio a cambio, y lo cubrió con un ladrillo.

El sacerdote se levantó para irse pero dio la vuelta y habló de nuevo a la señora Buvois.

"Querida señora", dijo, inclinando levemente la cabeza, "quiero que comprenda que Dios podría probarla otra vez."

"¿Qué quiere decir, Pierre?, preguntó Mamá, abriendo grande los ojos con temor.

"Bien, su salud no es perfecta, y las niñas necesitan protección de las enfermedades y de accidentes. Recuerde que Etiene rechazó comprar reliquias de mí el año pasado. Y el Señor lo ha visitado ahora. Si él la hubiera protegido como debía, estaría vivo hoy."

Odette apretó fuerte el puño. Ella quería dar un puñetazo a la cara del sacerdote. *Oh Dios*, oró silenciosamente, *¿cómo puedo odiar tanto a tu siervo, cuando te amo más a ti?*

"Etiene no creía en reliquias', respondió Mamá pasivamente.

"Lo sé, querida mujer. Pero mire donde está ahora. Creo que es su responsabilidad cristiana protegerse a sí misma y a las niñas."

"Pero, Pierre", replicó Mamá, "¡no me queda nada!"

El sacerdote Pierre volvió a la silla donde había estado sentado y puso su mano sobre la suave madera tallada. "Estas son sillas hermosas. Y la mesa también tiene un tallado elegante. Ellas se venderían por muy buen precio en el mercado sabatino. ¡Estoy seguro que el precio sería suficiente para cubrir éste!" Odette observó como quitaba del bolsillo de su sotana negra una bolsita violeta, atada con cuerdas doradas. Cuidadosamente sacó de la bolsita un pedazo de hueso de aproximadamente tres centímetros de largo.

"Esto proviene de una fuente muy fiable en Roma", explicó en un tono reverente y suave. "Es un pedazo de hueso de la pierna ¡del mismo apóstol Pedro!"

Odette ya no pudo aguantar más. A ella ya no le preocupada las apariencias ni que la infante dormía o lo que pensarían los de la villa. Se abalanzó sobre el sacerdote golpeando con sus puños sobre su sotana negra, mientras las lágrimas corrían por sus mejillas.

"Te odio" gritó. "Tú no vienes de Dios. Deja a mi madre sola. Yo protegeré a mi mamá. Dios protegerá a mi mamá. ¡Fuera! ¡Fuera! Odette lloraba y golpeaba contra al sacerdote.

Nada cambió. Mamá había decidido. Ella estaba convencida que tenía que vender su mesa y las sillas para pagar por el precioso pedazo de hueso de Pedro. Mamá sinceramente creía que porque ahora ella poseía el hueso, la familia estaría segura.

ESCOLASTICISMO EL GRAN HAMBRE DE APRENDER

Durante los siglos doce y trece, una búsqueda inexplicable de aprender ardía a través de toda Europa, y muchas universidades fueron creadas. Uni significa "uno", y *versidad* refiere a diversidad. Una universidad era la reunión de una gran diversidad en un lugar. Este deseo de aprender se llamó escolasticismo, un término complejo con múltiples definiciones. La universidad de Paris tuvo su origen en lo que se conoció como escuelas de la catedral. Como el nombre implica, estas escuelas comenzaron en iglesias grandes llamadas catedrales. Una *cátedra* era el asiento del obispo, donde vivía y presidía. Además, las catedrales eran iglesias influyentes que servían a una jurisdicción de iglesias pequeñas. La Universidad de Nápoles fue fundada por un líder político, Federico II en el 1224. Algunas universidades fueron fundadas por las ciudades. La Universidad de Oxford y la Universidad de Bolonia se encontraban entre las primeras fundadas. Con el tiempo, las universidades en Paris y en Oxford tuvieron salas de residencia, o dormitorios, un concepto totalmente nuevo. Generalmente, solamente la mitad de los estudiantes recibían créditos. Muchos llegaban para escuchar por un tiempo a un maestro bien conocido. A fines de la Edad Media, había ochenta universidades. Antes de la creación de estos centros, profesores talentosos viajaban de una ciudad a otra enseñando de modo privado a los estudiantes.

ANSELMO DE CANTERBURY

Anselmo (1033-1109), nació en Italia, y fue conocido como el fundador del escolasticismo. El padre de Anselmo quería que estudiase una carrera política y se molestó cuando su hijo escogió hacerse un monje. Las habilidades de enseñanza de Anselmo causaron que la escuela ubicada en su monasterio se volviera un prominente centro de aprendizaje. Debido a sus frecuentes visitas a Inglaterra, se volvió popular entre el clero de allí. Cuando la posición del arzobispo de Canterbury quedó vacante en el 1089, los ingleses quisieron que Anselmo sea su líder. Sin embargo, William II (conocido también como Rufus), subió al trono en el 1087 y estaba muy contento de no tener que tratar con nadie en esa posición, la cual dejó vacante por cuatro años. Finalmente, el rey necesitó que alguien oyera su confesión porque estaba seriamente enfermo. Cuando Anselmo vino para oír la confesión del rey, William II puso un equipo pastoral a manos de Anselmo, insistiendo que se convierta en arzobispo. Anselmo protestó, diciendo, "has unido una oveja vieja con un toro salvaje para trillar la iglesia, la cual debería ser hecha por dos bueyes".[55] Anselmo, que inicialmente rechazó, finalmente aceptó luego de negociar la devolución de las tierras tomadas por William II de la catedral de Canterbury. Aunque William II estuvo conforme con esto y otras promesas, y después que Anselmo aceptara la posición, ignoró sus promesas; incluso trató de impedir que Anselmo realizara viajes necesarios a Roma. Debido a que era el tiempo de la Controversia de Investidura, pasaron seis años antes de lograrse un acuerdo. Sin embargo, Anselmo no perdió mucho tiempo peleando con reyes. Él era un escolar. El escolasticismo, en parte, refiere al intento de usar la lógica a fin de entender la fe. Él creía que uno puede demostrar la existencia de Dios a través de la razón, y no solamente a través de las Escrituras. Anselmo llegó a ser bien conocido por su Argumento Oncológico de la existencia de Dios. Él creía que simplemente la existencia de la *idea* de Dios necesariamente implicaba la existencia de Dios. Uno no debe suponer que él sacrificó la fe en el altar de la razón. Él afirmó, "no busco entender a fin de creer, sino creo a fin de entender".[56] En otras palabras, Anselmo, aunque era un profundo pensador, puso el mayor énfasis en la fe. Es considerado como el mayor escolar entre Agustín, en el siglo cuarto, y Tomás de Aquino, que vivió 200 años después de Anselmo.

PEDRO ABELARDO

Otro gran filósofo que significativamente contribuyó al uso de la razón en la fe cristiana fue Pedro Abelardo (1079-1142), un filósofo y teólogo francés. Nacido en Brittany, Abelardo estudió bajo la tutoría de Anselmo en varias localidades diferentes y llegó a ser un maestro profundo e influyente, que atrajo a muchos y se convirtió en una de las mayores influencias de la mente del siglo doce. Entre sus estudiantes se cuentan a Pedro Lombardo, autor de *Sentencias*. Entre los asistentes a sus clases, se citan dos futuros Papas, veinte futuros cardinales, y cincuenta futuros obispos.[57]

La vida de Abelardo estaba llena de tristezas. Mientras residía en París, vivió en la casa de Fulbert, el director de Notre Dame. Abelardo se enamoró de la sobrina de Fulbert, Eloisa, que le dio un hijo. Abelardo ofreció casarse con ella. Ella rechazó, pensando que su matrimonio con Abelardo podría destruir su carrera en la iglesia. Ella entró al convento. Fulbert estaba furioso y ordenó la castración de Abelardo. Entonces Abelardo se mudó al monasterio de San Denis. Él y Eloisa continuaron una relación mediante impresionantes cartas de amor que prueban que ellos están entre los amantes más fieles del mundo.

El romance trágico y frustrante de Abelardo era solamente uno de sus problemas. Alrededor del 1121 fue condenado como hereje y fue forzado a buscar refugio. Abelardo fue criticado por dar a la razón un lugar muy elevado en el estudio de la teología. Sus acusadores eran muy apasionados: "No quiero ser un filosofo si eso significa resistir a San Pablo; no quiero ser un Aristóteles si debo separarme de Cristo." Su lema personal revela sus convicciones cristianas: "Comprendo para que pueda creer."[58] Pero su argumento no satisfaría a sus críticos.

TOMÁS DE AQUINO

Ninguno influenció más en la teología de la Edad Media que el gordo italiano. El gran físico de Tomás de Aquino (1225-1274) le dio la denigrante reputación de "asno montés". Después por su admirable teología y pasión por Cristo se ganó el sobrenombre de "Doctor Angélico". Educado en las universidades de Nápoles, París, y Cologne, Aquino se convirtió en un predicador dominico y escolar que enseñó en París y Roma. Procuró fusionar la filosofía de Aristóteles con la teología bíblica. Su sistema de pensamiento es conocido como Tomista. Se convirtió en el único escolar católico romano más influyente hasta 1960. Los protestantes, como regla, condenan su mezcla de Biblia y filosofía griega, arguyendo que él compromete muchas doctrinas bíblicas. Aquino creía que la teología era la reina de todas las ciencias y que la filosofía debía ser sierva de la teología. La filosofía, creía él, *establece* lo que la teología *admite.* La teología, por ejemplo, admite la existencia de Dios. Sin embargo, es función de la filosofía establecerla.

Aquino dio gran énfasis a la capacidad de la razón humana. En efecto, él sentía que la imagen de Dios en cada persona era la razón humana. El pecado, decía, desvía la voluntad pero no el intelecto. Su obra maestra, titulada *Summa Teológica*, fue escrita entre el 1265 y 1273. Era una sistematización de todos los asuntos teológicos, filosóficos, y éticos que se debatían en las universidades medievales. Además de sus comentarios sobre varios libros del Antiguo y Nuevo Testamento, escribió comentarios de las principales obras de Aristóteles y *Sentencias* de Pedro Lombardo. (Lombardo [ca. 1100-1160] compiló los libros de teología más usados en la Edad Media y fue conocido como "Maestro de las Sentencias". Sus *Cuatro Libros de Sentencias*, escritos entre el 1150 y 1152, fueron la culminación de un esfuerzo para sistematizar los escritos teológicos de los cincuenta años previos.)

El intento de Aquino de fusionar la fe (teología) con la razón (filosofía) fue usado por la iglesia Católica Romana para justificar sus enseñanzas acerca de la transubstanciación, que afirma que durante la celebración de la Santa Cena el vino y el pan se convierten literalmente en el cuerpo y la sangre de Jesús. Solo a través de un complejo razonamiento Aquino pudo dar una base filosófica a esta enseñanza única. Aquino fue el más renombrado teólogo de este periodo de 1000 años.

MÍSTICOS Y PRE –REFORMADORES

Quizás supone que la Edad Media fue solamente acerca de las guerras con los musulmanes, guerras entre el Este y el Oeste, guerras sobre Credos, guerras entre Papas y emperadores, y guerras en las universidades; pero había más. Entre los 1100 y los 1500, dos grupos todavía tenían hambre de intimidad con Dios y deseaban ver un avivamiento en la iglesia. Estos fueron los místicos y los pre-reformadores.

Los místicos anhelaban tener una experiencia íntima inusual con Dios. Contrario a Aquino, ellos no eran racionalistas pero sí muy emotivos. Ellos sentían su fe, lo cual no significaba que eran incapaces de un sano razonamiento. Solo les menciono aquí para que el lector no suponga que en la Edad Media no había cristianos que expresaron una profunda pasión por Cristo. Los Místicos, que proveían una luz más brillante que muchos en medio de la Edad del Oscurantismo, son tan importantes a nuestra historia de la supervivencia de la historia de la iglesia que se dedicara todo el próximo capítulo a ellos.

El capítulo 7 explicará el movimiento conocido como la Pre-Reforma. Cristianos fieles como Pedro Waldo, Juan Wycliffe, y Juan Hus ayudaron a preparar el terreno para la reforma de Martín Lutero en el 1517. Usted deseará leer sus historias en los capítulos siguientes.

CONFLICTOS ENTRE PAPAS Y CONCILIOS

Uno de los conflictos más vergonzosos que ocurrió durante la Edad Media fue la lucha teológica y eclesiástica entre Papas y los concilios de la iglesia. En 1309, Clemente V mudó el papado de Roma a Avignon, Francia. Durante los siguientes 69 años (1309-1378), el papado permaneció en Avignon, al que se refiere como la cautividad babilónica de la historia de la iglesia. Esta reubicación despertó una lucha vitriólica dentro de la Iglesia Católica Romana.

El conflicto no fue solamente entre Roma, Italia, y Avignon, Francia. Fue entre dos hombres, ¡ambos afirmaban al mismo tiempo ser Papa! En 1377, Catalina de Siena (hablaremos de ella en un capítulo posterior) persuadió al Papa Gregorio XI que mudara de vuelta el papado de Avignon a Roma. Pero Gregorio murió el año siguiente (1378), y los cardenales en Roma eligieron a Urbano VI como el nuevo Papa, que residía en Roma. Algunos de los cardenales lamentaron haberlo elegido y se reunieron para elegir a Clemente VII (¿?-1394), que fue a residir en, usted sabe, en Avignon. Este periodo, conocido como la Gran División, creó una situación contraria: ¡dos hombres que simultáneamente afirmaban ser Papa! Francia, España, y Escocia siguieron a Clemente, el Papa francés en Avignon. Inglaterra, Alemania, y el Norte de Italia consideraban a Urbano de Roma como el verdadero Papa. Esta vergonzosa lucha continuó, aunque otros Papas sucedieron a Clemente (en Francia) y a Urbano (en Roma). Finalmente, se propuso una gran solución: tener un concilio de la Iglesia y resolver la división ¡de una vez por todas!

El Concilio de Pisa (Italia) en 1409 tuvo grandes esperanzas de tratar con esta controversia. En esta época, Gregorio XII era el Papa en Roma y Benedicto XIII era el Papa en Avignon, Francia. La solución parecía obvia. Elegir a un nuevo Papa, y hacer que ambos Gregorio y Benedicto renuncien. Los cardenales en el Concilio de Pisa eligieron a Alejandro V. Pero ni Gregorio ni Benedicto renunciaron. Así que ahora había *tres* hombres afirmando ¡ser el *único* Papa verdadero! Los tres permanecieron por otros cinco años, ¡hasta el Concilio de Constancia (1414-1418)! Este concilio fue un largo asunto (como muchos concilios de la iglesia mostraron ser). Ubicado en el límite entre Alemania y Suecia, la población de la ciudad aumentó a miles y la prostitución y el libertinaje fue a extremos mientras los líderes de la iglesia trataban desesperadamente de resolver el problema. Finalmente, se decidió elegir un nuevo Papa, Martín V, y deponer a los otros tres Papas (uno de ellos, Juan XXIII, huyó del concilio en 1415). Tristemente, aunque se resolvió el problema de tener muchos Papas al mismo tiempo, el papado quedó terriblemente marcado generando mucha crítica del oficio eclesiástico.

Joaquín de Floris (ca. 1132-1202), un fiero italiano cirstenciense prelado y autor, comenzó a atacar la idea misma del Papado. Aquellos que lo seguían, como Wycliffe y Lutero, sin renuencia llamaron al Papado el Anticristo. Sin embargo, el Papado mantenía un fuerte control político, aunque había perdido su autoridad espiritual. Tan fuerte, en efecto, fue el Papado, que ganó por encima de los concilios. Después de esto la iglesia fue gobernada mucho más por un Papa (un hombre) que por un concilio (un comité).

CONFLICTOS ENTRE LA IGLESIA Y EL ESTADO

Incluso cuando la iglesia luchaba con problemas internos, las enemistades entre la iglesia y el estado se intensificaron. Esta fricción fue mejor dramatizada en la vida de Tomás Becket (ca. 118-1170) y su amigo el rey Enrique II que gobernó Inglaterra desde el 1154 al 1189.

Becket amó el lujo y el entretenimiento, lo cual le hizo más que un consejero del rey amante del placer. Becket fue un amigo íntimo. Consecuentemente, en 1162, cuando el arzobispo de Canterbury murió, Enrique aprovechó el momento para designar a su amigo como arzobispo. Enrique esperaba que Becket pudiera fortalecer los lazos entre la Iglesia y el Estado. Sin embargo, a Enrique le esperaba una sorpresa.

Cuando Becket se convirtió en arzobispo, cambió. Becket se convirtió en un individuo muy disciplinado y sobrio que luchó por los derechos de la gente y defendió la posición de la iglesia. Sin embargo, el cambio de estilo de vida de Becket provocó una tirante relación entre él y el rey. El conflicto entre ambos antiguos amigos fue más intenso cuando, en 1164, Becket refutó al rey la Constitución de Clarendon. Finalmente, Enrique envió al exilio a Becket en Francia. Seis años después, en 1170, pensando que todo estaba bien, Becket regresó a Canterbury.

En una conversación casual con cuatro de sus caballeros, el rey Enrique expresó su molestia con Becket y declaró que ya no deseaba tratar con él. Los caballeros tomaron el deseo del rey literalmente, regresaron a Canterbury y asesinaron a Becket en el altar de la Catedral de Canterbury en el 1170. El asesinato sorprendió a los ingleses y despertó un gran enojo contra el rey. Tan fuerte fue el repudio sobre la muerte de Becket que el rey retiró su intento de controlar el clérigo e hizo penitencia por desafiar la autoridad eclesiástica. En las palabras de T.O. Kay, “el obispo logró más como un mártir que como arzobispo”.[59]

EL PAPA CONTRA GOBERNADORES CIVILES

Algunos asuntos simplemente no desaparecen. El liderazgo era un asunto en el 1300 como había sido anteriormente. Ningún otro despertó el tema de la autoridad más en el siglo catorce que Marsilio de Padua (1275- 1342). En junio 1324, completó su revolucionario documento político titulado *Defensor pacis*, en el cual declara que la iglesia debe estar debidamente y válidamente bajo gobernadores designados. Observó que la gente por sí misma es dada a las contiendas y que el propósito del estado era establecer el orden. El estado necesitaba tener el poder de una ley coactiva. Ninguno de la comunidad podría válidamente resistir la ley o sus líderes que fueran propiamente designados. La iglesia, como una parte de la sociedad, debe someterse a la ley y los gobernadores. Marcelo era un adelantado de su época, abrazando el pensamiento del Renacimiento. Como era de esperarse, fue visto por el Papa como un gran hereje.

LOS HEREJES Y LA INQUISICIÓN

En la Edad Media se dio una nueva definición a la herejía. En los primeros siglos, la herejía se refería a creencias o teologías incorrectas. Sin embargo, en los primeros años de la historia de la fe cristiana uno no sabía que era la verdad hasta que una enseñanza particular avanzaba. En ese punto los líderes de la iglesia primitiva se reunían y juzgaban si la enseñanza era herética u ortodoxa. Así ellos establecían lo que era aceptable o lo que en la actualidad llamamos ortodoxia. Por ejemplo, cuando surgían ciertas enseñanzas declarando que Jesús era simplemente hombre y no Dios, los líderes de la iglesia se reunían para establecer lo que entendemos respecto a la dualidad de la naturaleza de Cristo; que indica que, Él es hombre y Dios al mismo tiempo.

Sin embargo, con el paso de los años, la herejía tuvo una nueva definición. Cualquiera que no aceptara la estructura organizativa de la toda poderosa jerarquía y burocracia católica romana era llamado hereje. La gente que no estaba conforme aunque sea mínimo con la iglesia era llevada a juicio y torturada. Esta tortura sistemática de la gente se conoce como la Inquisición, que tuvo lugar durante los siglos doce, trece, y catorce. Antes de la Inquisición, la iglesia tenía la costumbre de excomunicar a los herejes; pero, con el advenimiento de la Inquisición, siguieron medidas más dramáticas: confiscación de la propiedad, tortura, y/o muerte o ejecución.

El principal instigador en devastar la oposición durante la Edad Media fue el Papa Inocencio III. El aplicó a los herejes el método de culpable hasta probarse inocente y aplicó libremente la tortura para quebrantar a los herejes. Aunque nos resulte un problema entender tales acciones, debemos recordar que la variación en las creencias era considerada una amenaza al "orden social, eclesiástico, y doctrinal de los grupos cristianos. La Iglesia y el Estado eran dos aspectos de una sociedad, y la unidad política y social era resultado de la unidad eclesiástica. Entonces destruir la herejía era preservar la integridad de la fe y también la seguridad de la sociedad. Para el monarca cristiano, el hereje era un rebelde; para la iglesia cristiana, el hereje era un asesino de su propia alma".[60]

Los líderes de la iglesia Católica Romana expresaron su desaprobación a tres tipos de grupos:

**grupos contra las instituciones*, personas que se organizaban de una manera contraria a la estructura establecida de la iglesia romana;

* *grupos ascetas*, muy disciplinados, comunidades de gente devota que promovía una fuerte responsabilidad en la vida cristiana;

**los entusiastas*, cristianos apasionados, de gran celo, y muy entusiastas (Pedro Waldo y los Waldesianos, por ejemplo, fueron condenados como herejes).

UN ESTUDIO DE CONTRASTES

Nada ilustra mejor los perfiles contrarios de la iglesia que la vida de dos hombres que vivieron en la misma época en la Edad Media. Inocencio III (1160-1216) fue el Papa más poderoso, un "sello indeleble" en autoridad papal e influencia. Su nombre verdadero fue Lotario Dei Conti di Segni (¡entiende ahora la razón por la que le pusieron nombre nuevo al convertirse en Papa!). Del otro lado del perfil estaba Francisco de Asís (1182-1226), el "gentil amante de todos y todo en la creación de Dios".[61] San Francisco de Asís en contraste con Inocencio III, dio todo lo que poseía y rechazó asociarse con ninguna función de autoridad o poder. Estos dos hombres se cruzaron irónicamente cuando se pidió al más poderoso Papa Inocencio III, que apruebe la formación de los Franciscanos, una colectividad de personas seguidores de Francisco debido a su *carencia* de posesiones y poder.

INOCENCIO III

Inocencio III fue electo Papa por unanimidad en el 1198. A la edad de tan solo treinta y siete años de edad, reorganizó admirablemente la burocracia católica romana. "Convencido de que él era verdaderamente el 'vicario de Cristo, designado para comunicar la ley divina a toda la humanidad', planeó hacer su autoridad la más importante en la relación feudal y eclesiástica que reformó."[62] Arguyó que él tenía el derecho de elegir gobernadores, incluyendo al emperador, "justificando su acción no como un gobernante temporal sino como un 'juez espiritual' sobre todos".[63] Inocencio III nunca olvidó su sermón de ordenación basado en Jeremías 1:10 que dice: "Mira que te he puesto en este día sobre naciones y sobre reinos, para arrancar y para destruir, para arruinar y para derribar, para edificar y para plantar." Con esto en mente, dos años después escribió al rey Juan: "El Rey de reyes… ha establecido el reinado y el sacerdocio en la iglesia, para que el reinado sea el sacerdocio, y un sacerdocio real… estableciendo uno sobre todo, aquel que señaló su vicario en la tierra."[64] Para parafrasear a Inocencio, "yo estoy a cargo aquí".

Inocencio III sintetiza la cristiandad medieval en lo más alto de su autoridad política. Él es, sin duda, el más eminente de los Papas medievales. Irónicamente, pocas personas hoy han escuchado de Inocencio III, pero uno de los más pobres (por elección) y humilde de la misma época es muy bien conocido en la actualidad, Francisco de Asís.

FRANCISCO DE ASÍS

En contraste al poder indiscutible de Inocencio, notamos la carencia incuestionable de poder de Francisco. Hijo de un rico comerciante de tejidos en Asís, al norte de Italia. A los veinte años de edad se embarcó en una aventura militar y culminó como prisionero de guerra por una disputa de límite. En 1204 esta experiencia combinada con una seria enfermedad causó que Francisco reevaluara su vida. Estaba desilusionado de sus maneras extravagantes y su materialismo, y comenzó un proceso interno de oración y meditación. En el 1205, hizo un peregrinaje a Roma y decidió cambiar de lugar por un día con un mendigo a la entrada de la Basílica de San Pedro. Esta experiencia le sirvió para comprender la necesidad a su alrededor. Además, escogió abrazar a un leproso, lo cual era considerado inaceptable, e incluso besó sus heridas, ¡que era totalmente repugnante para la mayoría de las personas!

Después de regresar a su hogar, oyó una voz que le hablaba desde el retrato de Cristo, diciéndole que reparara la iglesia. Después de usar los fondos de su padre para reparar la iglesia, su enojado padre lo denunció, declarando que Francisco estaba loco. Alrededor del 1209, las palabras de Mateo 10:7-10 se había convertido en su guía al abrazar la vida de mendigo. Predicó pobreza, arrepentimiento, amor fraternal, y paz. Los fondos que recibió se usaron para reparar las iglesias. Comenzó a atraer seguidores, que luego se llamarían franciscanos. A los 16 años de edad una jovencita llamada Clara, dejó su acaudalada familia para seguir a Francisco, y pronto tuvo seguidores por sí misma, que se llamaron Los Pobres de Clara.

Francisco dejó Italia y viajó a través de Francia y España para convertir a los musulmanes. Además, viajó a la Tierra Santa para persuadir a las Cruzadas de no atacar a los musulmanes, pero las Cruzadas no le prestaron atención. Ellos atacaron y fueron rápidamente derrotados por los musulmanes. Francisco fue al campamento musulmán y comenzó a predicar al sultán, quién recibió a Francisco con hospitalidad.

A medida que el número de seguidores aumentaba, Francisco comprendió que necesitaba una aprobación formal para organizar su orden. Se aseguró el permiso de Inocencio III que no estaba muy complacido con algunas maneras extremas de Francisco. El Cuarto Concilio Lateral del 1215 trató de desviar algo del "entusiasmo excesivo" de los franciscanos. Pero se concedió la aprobación formal, y por un momento el Papa más poderoso del mundo entró en la vida del "santo cristiano favorito del mundo".[65]

Pero este gentil amante de la creación de Dios carecía de habilidades administrativas, entonces el Cardenal Ugolino (luego Papa Gregorio IX) dirigió cada vez más de las políticas de los franciscanos. Cuando el liderazgo de los franciscanos pasó a Elías de Cortona en el 1223; la orden comenzó a poner gran énfasis en la educación. Francisco se ofendió, sintiendo que era una traición a la sencillez del evangelio y una tentación para el orgullo por el aprendizaje y por el amor a las posesiones materiales (libros). Pero lo que más preocupaba a Francisco era el nuevo envolvimiento de los frailes en la política.

Con la orden Franciscana que luchó contra su control, Francisco abdicó su liderazgo en 1223, y alrededor del 1224, se había retirado a una vida de soledad en Monte La Verna. Mientras estaba orando allí, supuestamente recibió los *estigmas*, heridas sangrantes en partes de su cuerpo donde Jesús había sido herido en la cruz. Se dice que Francisco realizó muchos milagros. Según William P. Barrer, Francisco era "la personalidad más destacada a finales del deprimente periodo medieval de la historia".[66] De nuevo la ironía es que Francisco se humilló y Dios lo exaltó; Inocencio se exaltó, pero pocos conocen su nombre hoy.

CONCILIOS Y TRANSUBSTANCIACIÓN

Catorce concilios o sínodos se realizaron en el Palacio Lateral en Roma entre los siglos siete y ocho. Solamente cinco se destacan como significativos para nosotros hoy:

*1123, el Primer Concilio Lateral terminó la Controversia de Investidura;

*1139, el Segundo Concilio Lateral condenó el matrimonio del clérigo y pidió la ayuda de poderes seculares para detectar herejías (un eufemismo para pedir que los líderes políticos maten a cualquiera que no esté de acuerdo con la política de la iglesia);

*1179, el Tercer Concilio Lateral elaboró extensas regulaciones para el clérigo, incluyendo una condenación a los que ¡mantengan concubinas!, y comenzaron un ataque a los waldesianos (aquellos que seguían a Pedro Waldo), los Albigenses y los Catari (dos grupos de sectas heréticas de los siglos once al trece);

*1215, el Cuarto Concilio Lateral afirmó la doctrina de la transubstanciación;

*1545-1563, el Concilio de Trento reafirmó la doctrina de la transubstanciación a pesar de las críticas de los reformadores protestantes.

LA PLAGA BUBÓNICA

La vida en la Edad Media era dura, muy difícil. El único evento que resume el dolor de la Edad Media era la deprimente enfermedad que barrió Europa a principios del 1347: La Muerte Negra. Timothy Paul Jones, describe de manera gráfica:

> En octubre del 1347, un pasajero no invitado se escurrió en el barco de carga. Era una rata con una enfermedad

> que se transmite a través de las picaduras de pulgas a ratas infectadas. Los marineros del barco trajeron a casa algo más caro que su carga. Tenían manchas como círculos obscuros hinchados alrededor de sus piernas y debajo de sus brazos. Las manchas secretaban sangre y pus.[67]

Por cuatro años la Muerte Negra gobernó en Europa y Asia menor. En Constantinopla mató el 88 por ciento de la población. Solamente en París ochocientas personas morían diariamente. Los cuerpos se podrían en las calles, sin recibir sepultura ni la bendición. "Y ninguna campana sonaba", escribió uno, y "nadie lloraba, sin importarle su pérdida porque casi todos esperaban morir".[68] En ese tiempo la causa de la enfermedad era desconocida. En lugar de culpar a la verdadera causa, la pulga, la multitud agonizante decía que la razón se debía a que el Papa estaba viviendo en el exilio, o a los judíos cuyas comunidades rápidamente quemaron. Otros culpaban a su propia inmoralidad personal. Entre 1347 y 1350, la plaga bubónica tomó la vida de aproximadamente veinticuatro a cuarenta millones de europeos. ¡La vida en la Edad Media fue muy difícil!

JUANA DE ARCO

Si la vida era difícil para los hombres en la Edad Media, era considerablemente mucho más para las mujeres. Pero cuando ellas emergen, forman uno de los "picos más altos de la montaña" de la historia de la iglesia. Tal era el caso de Juana de Arco (1412-1431), una joven campesina francesa originalmente conocida como Jeanne la Pucelle. Como si las enfermedades y dificultades no fueron suficientes en la Edad Media, la guerra fue fulminante.

Juana de Arco nació durante el problemático periodo conocido como la Guerra de los Cien años. Por el siglo trece, ella había comenzado a ver visiones y a oír voces del arcángel Miguel, santa Catalina, y santa Margarita animándola a salvar a Francia. Una de sus visiones confirmó la legitimidad del gobierno del rey Carlos VII, cuya polémica declaración estaba dividiendo el país. En 1429, Juana convenció al aprensivo Carlos que la pusiera a cargo de 10 mil tropas para aliviar la interminable invasión de Orleans. Vestida como hombre, se convirtió en una heroína instantáneamente cuando la batalla terminó en victoria. Consecuentemente, ella pidió permanecer junto a Carlos VII mientras era coronado y ungido en Rheims.

Con el sabor dulce de la victoria, Juana dirigió una tropa para volver a capturar París, pero careció de tropas suficientes. Ella fue capturada el 23 de mayo de 1430, y vendida a los ingleses, cuyos oficiales de la iglesia la llevaron a juicio por brujería. Fue llevada a prisión hasta el juicio, que continuó desde febrero a mayo del 1431. Mientras era interrogada en el juicio, respondió a sus interrogadores con denuedo, candor, y una percepción inusual, a pesar de las probables consecuencias. Bajo gran presión, ella renunció a las voces pero después se retractó de esa negación. Mientras ardía en la estaca en 1431, pronunció las palabras, "Jesús, Jesús".[69]

Su muerte, sin embargo, impulsó los franceses a una mayor resistencia, y finalmente sacaron a los ingleses fuera de su territorio en 1453. En 1456, la iglesia decidió volver a abrir el juicio y reconsiderar los cargos hechos contra ella (¡algo tarde para Juana!). En el último juicio de la iglesia, su sentencia inicial fue considerada injusta por el Papa Calixto III.

EL RENACIMIENTO Y LA REFORMA

Es difícil titular los movimientos, y es mucho más difícil explicar sus principios. Tal es el caso con el Renacimiento. El Renacimiento se refiere a un movimiento en Europa durante los siglos catorce, quince, y dieciséis. La palabra "Renacimiento" proviene del francés que significa "renacer". Se entiende que el término comenzó en el siglo catorce en Italia mediante los escritos de varios grandes escritores, artistas, pensadores, y líderes políticos:

Francisco Petrarch (1304-1374)
Giovanni Boccacc (1313-1375)
Lorenzo Valla (1407-1457)
Marsilio Ficino (1433-1499)
Giovanni Pico Della Mirandola (1463-1494)
Niccolo Machiavelli (1469-1527)
Leonardo da Vinci (1452-1519)
Michelangelo (1475-1564)
Rafael (1483-1520)

El Renacimiento fue un intento de fusionar la sabiduría griega antigua con la fe cristiana tradicional. Al sur de Europa (principalmente Italia) el Renacimiento fue en esencia secular, incluso anti-religioso. Aunque muchos líderes del Renacimiento eran cristianos, ellos separaban la religión de sus estudios.

Sin embargo, el norte de Europa, tuvo una forma diferente de renacimiento considerado como tradicionalmente cristiano. Los logros del Renacimiento al norte de Europa estaban ligados a la fe cristiana tradicional. Por ejemplo, los líderes del renacimiento del norte estudiaron con pasión los escritos de los padres primitivos de la iglesia en un intento de hacer la Biblia más comprensible. Generalmente se conocían estos líderes como cristianos humanistas que provenían de varias naciones, como Inglaterra, Francia, y Alemania. Aunque sus nombres resulten desconocidos a la mayoría de nosotros, su impacto en nuestra vida ha sido significativo:

Juan Colet (ca. 1467-1519)
Tomás More (1478-1535)
Faber Stapulensis (muerto en 1536)
Rudolph Agrícola (muerto en 1485)
Johannes Reuchlin (1455-1522)
Desiderio Erasmo (ca. 1466-1536)

El mejor conocido de todos los cristianos humanistas, y que se mencionará en capítulos posteriores juntamente con la Reforma, fue Erasmo. Quizás está repasando una lista de nombres que nunca recuerde, en parte porque no puede pronunciarlos. Pero estos cristianos que vivieron 500 años atrás tuvieron un impacto en su vida. Un método completamente nuevo de estudiar, entrenar, preparar, y desarrollar nuestra mente provino de la pasión de estos hombres. Por ejemplo, la Biblia fue traducida al lenguaje común de la gente, en parte mediante la escolaridad de Erasmo. (Lutero usó la copia de Erasmo del texto griego de la Biblia cuando compiló la Biblia en Alemán.) Contrario a lo que uno pueda pensar al principio, este no es un grupo de hombres muertos de mucho tiempo atrás. Su influencia está viva hoy en las cosas que hacemos y en la manera cómo pensamos.

Si usted es un protestante, el Renacimiento en el norte de Italia ha tenido un impacto incalculable en su vida. El Renacimiento estaba entrelazado con la Reforma Protestante de tal manera que todos los factores a nivel político, económico, y religioso convergían. El Renacimiento preparó el camino para la Reforma. Aunque El Renacimiento y la Reforma Protestante no eran movimientos idénticos en el norte de Europa, ellos compartían una meta común: la renovación de los cristianos y un fuerte énfasis en la educación y el entrenamiento de laicos.[70]

Las diferencias significativas del Renacimiento europeo entre el sur y el norte correspondiente son hoy instructivas para nosotros. El énfasis del sur de Europa era humanístico, mientras que el movimiento del norte de Europa se conoció como humanista cristiano. El humanismo cristiano enseña que Dios creó la mente humana a fin de que le conociera y entendiera sus caminos. El norte de Europa percibió que el estudio académico se centrado en Dios. El sur de Europa experimentó un entendimiento de la verdad centrado en el humano, o antropocéntrico (*antropo* significa "hombre"; *céntrico* significa "centrado").

Notamos esta misma división en la actualidad. Los humanistas seculares creen en el potencial de la mente humana sin ninguna otra autoridad. Concluyen que la verdad es relativa. Un humanista cristiano cree en el pleno potencial del desarrollo de la mente humana pero está comprometido a desarrollarla bajo la autoridad de la Palabra de Dios y el ejemplo de Cristo. Ambos grupos creen en el desarrollo de la mente, pero un grupo percibe la humanidad como la fuente de la verdad mientras que el otro considera la Palabra de Dios como la única fuente de verdad auténtica.

LA IMPRENTA DE GUTENBERG

A medida que la Edad Media llegaba a su fin, sirvió de gran ayuda a la manifestación de nuevas ideas y los desafíos por una reforma el tremendo avance tecnológico, la imprenta. Este invento puso a disposición libros para los escolásticos y laicos.

Johannes Gutenberg (ca. 1400-1468) inventó la imprenta de tipos móviles alrededor del 1450, en la ciudad de Mainz o Strasbourg. Su primer libro impreso fue la Biblia en Latín, a la que se refiere con frecuencia como la Biblia de Gutenberg. El invento de la imprenta de Gutenberg tuvo un significado profundo unos años después con la propagación de las enseñanzas de Martín Lutero de la Reforma. Esta innovación durante la Edad Media fue tan significativa al igual que el invento de la computadora a fines del siglo veinte.[71]

LA REFORMA INTERNA

Hemos tratado la tragedia del libertinaje, la codicia, y la avaricia de algunos líderes de la Iglesia Católica Romana. Igualmente poderoso, sin embargo, fueron los intentos de devotos seguidores de Cristo de traer una corrección interna a la iglesia. Estos fueron luces brillantes a lo largo de la Edad Media. La mayoría de estos nombres están bajo la categoría de reformadores internos.

"Internos" se refiere a que fueron hombres y mujeres a favor de la institución. Ellos trabajaron desde adentro. Ellos nunca dejaron la Iglesia Católica Romana. Moraron dentro de ella y la amaron. Siempre creyeron que ella podía cambiar. Girolamo Savonarola (1452-1498) fue el Billy Graham de su era. Era un predicador increíble del Evangelio en Italia. Tan profundo eran sus sermones que la ciudad de Florencia fue impactada grandemente por su llamado a llevar una vida piadosa. Pero, como ocurrió en muchas ocasiones en la historia de la iglesia, las autoridades trataron de silenciarlo. Llamaron a Savonarola un hereje y le intimaron a que se retractara. Luego de que la tortura fracasara, fue encontrado culpable y condenado a muerte. Fue colgado, su cuerpo después fue quemado, y sus cenizas fueron esparcidas en el río Arno.

Otro reformador interno de la iglesia en la tumultuosa Edad Media fue Francisco Jiménez (1436-1517). Jiménez fue una de las figuras más destacadas de la historia española, cuya devoción a la verdad despertó un explosivo avivamiento espiritual e intelectual a través de toda España. Es considerado como "un ardiente reformador y celoso misionero. Reformó los monasterios…eliminando la herejía…. Su gran preocupación era la conversión al cristianismo de los españoles".[72]

Un brillante escolar que inició una universidad y avanzó el estudio de la Biblia, Jiménez, con sus colegas, fue un pionero en preparar el camino para la traducción de la Biblia de su lenguaje original hebreo y griego al lenguaje común de la gente. Se destaca como uno de los mayores reformadores internos que operaron desde la Iglesia Católica Romana.

DISTORSIÓN RESPECTO AL PERDÓN

A pesar del hecho de que había muchos llamados de reforma interna, la iglesia de la Edad Media era lenta y se inclinaba y estancaba en muchas percepciones no bíblicas. Nada mejor ilustra este concepto que el término "perdón". Cuando usted y yo consideramos hoy el perdón lo hacemos en términos de lo que Cristo proveyó con su muerte en la Cruz. Esto no era lo mismo para la persona que vivía en la Edad Media. No había entendimiento de misericordia, gracia, o perdón. Para los que vivían en la Edad Media, el perdón sólo se podía obtener a través de obras explícitas, concesión de permisos, eventos provistos por la iglesia Católica Romana. Un acto fue el bautismo. Otro método de obtener el perdón era el tener reliquias (huesos de los santos o ciertos objetos asociados con los santos). Otro fue el acto de penitencia. La penitencia se refiere a una acción señalada que supuestamente atrae el favor de Dios. Un ejemplo de penitencia fue la declaración del Papa Urbano II que todo aquel que fuera a la Primera Cruzada recibiría el perdón de pecados. Otro Papa declaró que el peregrinaje a la Tierra Santa o a la ciudad de Roma proveería el perdón de pecados.

Otra manera de obtener el perdón de pecados era mediante la compra de indulgencias. Una indulgencia era un documento que uno podía comprar, por el cual se concedía la remisión del castigo. Esta práctica llevó al abuso. Líderes sin escrúpulos de la iglesia, concientes de que por esta práctica se podía levantar fondos, la empleaban para persuadir a los inocentes campesinos. La gente educada estaba ofendida y enojada de esta terrible práctica. El Reformador Martín Lutero era uno de los ofendidos.

El desdén de Lutero por la venta de indulgencias eventualmente ayudó a erradicar este sistema. Quizás se pregunte por qué la gente toleraría tal abuso. Es importante recordar que la iglesia era muy poderosa. Se debía creer a los sacerdotes, el clero, los papas, y los cardenales. Si uno intentaba desafiarlos, podría sufrir la excomunión, que condenaba a uno a sufrir el tormento eterno en el infierno (puesto que no había salvación fuera de la iglesia). Al menos estos terribles abusos sirvieron para despertar gran hambre por la verdad bíblica. Ellos crearon un masivo vacío que cuando finalmente la verdad surgió, tuvo una propagación por toda Europa.

Es crítico entender cómo la gracia y el amor de Dios obraron en varias personas y naciones a pesar de los incuestionables abusos y las distorsiones dentro de la iglesia. Lo que la Edad Media nos enseña es distinguir entre la iglesia a nivel *organización* y la iglesia *verdadera*. La iglesia a nivel *organización* demostró mucha perversidad, pero la iglesia verdadera de Jesucristo está siempre viva. Si uno pudiera ver por dentro la historia de la iglesia, encontraría miles de santos de Dios cuya historia es desconocida, sin nombres, pero que fielmente preservaron para usted y para mí el Evangelio de manera milagrosa e inexplicable.

Aunque gran parte de la Edad Media probó ser un gran desvío, el Evangelio se preservó. Y nosotros lo disfrutamos hoy por la fidelidad de miles de desconocidos seguidores de Cristo que transmitieron la verdad del Evangelio de una generación a otra, a pesar de los mil años de desvío.

CAPÍTULO 6

LOS MÍSTICOS

Fecha de expansión: d.C. 1100-1600

Personas clave: Bernardo de Claraval, Buenaventura, Juan Eckhart, Juan Tauler, Catalina de Siena, Juan Ruysbroek, Tomás de Kempis, Juan de la Cruz, Teresa de Ávila

Artos descansaba junto a su esposa. Los tres niños dormían en la otra esquina del cuarto. ¿Por qué? Su mente estaba atormentada con interminables interrogantes, pero nadie más parecía preocuparse.

Incluso su esposa estaba harta de escucharle. "Eres un simple campesino", suspiró ella. "¿Por qué crees que puedes conocer y hablar a Dios?" Luego encogiéndose de hombros, se volteó.

Artos permaneció observando las lejanas estrellas a través de la ventana de su casita. Se sentía muy solo como aquellas pequeñas estrellas en medio del cielo oscuro, que brillaban y titilaban como si fueran a apagarse.

La vida era una lucha. ¿Por qué era tan difícil para él y su familia y para los demás campesinos de su aldea? Aquellos que dormían en el castillo del otro lado del bosque vestían seda y raso fino los domingos. Incluso en los monasterios, la mucha riqueza era evidente.

El hermano Tomás y las monjas eran muy amables, especialmente con sus hijos en la escuela del monasterio. Sin embargo, el sacerdote de la villa era indiferente a las interrogantes de Artos de cómo conocer a Dios. ¿Por qué este pretencioso hombre podía conocer a Dios mejor que los honestos paisanos que se detenían para conversar con Artos cada día? ¿Por qué el sacerdote tenía el privilegio de conocer a Dios cuando ni le importaba si Artos aprendía nada? ¿Por qué el Papa podía escuchar a Dios, pero no los demás? ¿Acaso no podría Dios hablar por sí mismo? ¿Querría Dios hablar por sí mismo? ¿Se escondía Dios de Artos y de su familia de propósito?

Artos amaba su trabajo como zapatero del pueblo. ¡Todos eventualmente visitaban su taller! Mientras reparaba los zapatos, ellos le contaban sus problemas: hijos enfermos, mala cosecha, muerte por parto; y a veces hablaban de sus alegrías: un hijo recién casado, un bebé saludable, un regalo recibido de un pariente rico. *De alguna manera, mi taller es un lugar más alegre que la iglesia*, pensaba Artos, pero de inmediato le embargó el sentimiento culpa.

Extendió la delgada frazada sobre su esposa, que temblaba en sueños y que se abrigaba junto a él para calentarse. Artos sonrió y extendió el brazo por debajo de la cabeza de ella. Si Dios creó el amor entre un hombre y una mujer para que estén juntos, y tengan calor, ¿acaso no querría Él estar bien cerca de sus hijos también?

"Dios", susurró Artos. "Solo soy un zapatero. Y lamento que no me gusta tu sacerdote. ¿Acaso puedes ser tan iracundo como el sacerdote dice que eres? Por favor, quiero conocerte. Revélate a mí, si eso está permitido."

Artos despertó lentamente esa mañana. El cacareo del gallo irrumpió sus pensamientos y las dudas de la noche anterior. Otro duro día de trabajo sin la seguridad de que a Dios le importaba su vida. Mientras ponía su capa sobre sus hombros desnudos y se lavada la cara con agua de la vasija, trató de no pensar en todos los interrogantes. No los mencionó durante el desayuno. El pan tostado y la leche caliente de cabra le prepararon para el nuevo día.

Cuando llegó al pueblo, sintió que algo no andaba bien. Su primer cliente era un panadero y pronto Artos supo toda la historia. En el pueblo vecino, la noche anterior, un hombre llamado Cruz explicó algunas cosas inusuales acerca de Dios.

Artos sintió un hormigueo por todo el cuerpo. ¿Quería Dios comunicarse con él después de todo?

"Vamos esta noche a ese pueblo", ofreció el panadero. "¡Me parece que quieres saber más!"

Su esposa se quedó con los niños, y Artos acompañó esa noche a su amigo al pueblo vecino. Se abrieron camino entre el pequeño grupo de gente para oír lo que un sencillo monje llamado Juan de la Cruz decía. Artos estaba sorprendido, pero un gozo intenso irrumpió en sus dudas. Juan de la Cruz dijo que Jesús quería hablar con ellos. Jesús quería estar con ellos. El incluso hablaría con ellos, si estaban dispuestos a escucharle.

¡He estado oyendo por años! Pensó Artos. El nunca me dijo una palabra. Como si Juan leyera la mente de Artos, continuó: "La razón por la que piensas que Dios no te habla es porque no sabes cómo oírle. Me quedaré en tu pueblo por tres días. Te enseñaré cómo oír a Dios, cómo hablar con Él, y cuanto Él te ama."

Artos nunca antes había oído esas palabras. Sin siquiera pensar en los zapatos que se amontonarían en el taller, durante todo el día siguiente fue a oír a Juan de la Cruz.

Dios, seguro que quieres que te conozca. Anoche oré, y enviaste a Juan al pueblo vecino. Gracias. Te amo. Artos casi no podía dormir otra vez. Estaba a punto de conocer ¡al Dios del universo! Una nueva vida maravillosa estaba por abrirse ante él. Con mucho cuidado, comenzó a seguir las instrucciones de Juan. Cada noche, Artos hablaba con Dios mismo, sin pedir al sacerdote que lo hiciera por él. No podía más sino creer que Dios verdaderamente le estaba oyendo.

UNA BRISA REFRESCANTE

¿Encontraría de nuevo la iglesia su rumbo, después del trágico desvío de codicia, corrupción, decadencia moral, libertinaje, y el excesivo uso de poder? Las promesas de Dios son fieles. Su Espíritu Santo comenzó a moverse, y una fresca brisa sopló suavemente en su iglesia. Algunos cristianos que reaccionaron al abuso en la iglesia buscaron una espiritualidad más profunda y fueron conocidos como los Místicos. Ellos no estaban sin faltas personales e incluso carecían de la claridad teológica que vendría durante la Reforma. Por cierto, algunos místicos sostuvieron vergonzosas posiciones teológicas. Entonces, ¿por qué aludimos este movimiento como una "brisa refrescante"?

Con toda su confusión, los Místicos tenían su corazón en conocer a Dios. Ellos deseaban una comunión con Dios. Tenían la esperanza de descubrir una unión mística con Dios y poder guiar a otros a experimentar el mismo descubrimiento. Ellos vieron lo que otros no vieron; ellos sintieron lo que otros no podían sentir; ellos crecieron en conocer y abrazar lo que aparentemente otros no conocían. Y su devoción personal y compromiso a Cristo fue contundente. Su amor por otros y su ejemplo de servicio práctico fue motivador.

DEFINICIÓN

El misticismo es la creencia que una persona puede establecer unión directa con Dios mediante el cultivo del espíritu o el alma, y mediante el desarrollo de un sentido de intimidad. A fin de cultivar el espíritu, los místicos ejercitaron una fuerte disciplina personal, en su vida física y en su devoción. Para ellos, la sola práctica de tal disciplina puede llevarles a una poderosa unión con Dios.

Los peligros son obvios cuando se pone mucho énfasis en la experiencia y la auto-disciplina como medios de unión con Dios. Cuando se lleva a los extremos, tales prácticas niegan la naturaleza histórica de la fe cristiana. Algunos cristianos arguyen que es imposible ser un cristiano y un místico simultáneamente, porque la fe cristiana no se basa en nuestros intentos de acercarnos a Dios, sino en su obra de alcanzarnos para salvarnos. Nuestra fe no está en nuestra experiencia sino en Cristo, que murió y resucitó de entre los muertos. Otros cristianos critican el misticismo porque pasa por alto la *objetividad* de la palabra de Dios revelada, la Biblia, y se la sustituye con la *subjetividad*, las emociones.

RAZÓN POR LA QUE EL MISTICISMO ES NECESARIO

Aunque el misticismo es peligroso, creo que dentro de ciertos parámetros, es un componente bueno y saludable del cristianismo verdadero. Si por misticismo entendemos recibir visiones esotéricas que son contrarias a las Escrituras, entonces es evidentemente anticristiana. Pero si por misticismo entendemos que es un sentido de la presencia de Dios en la vida cristiana, y una dependencia de su guía para tomar decisiones conforme con la Palabra escrita (la Biblia), entonces tal misticismo es sencillamente llevar una vida cristiana vibrante.

EXAMINANDO LA HISTORIA

Algunos de los místicos que estudiaremos cruzaron los límites teológicos aceptables, y provocaron que nos preguntemos si ellos conocieron al mismo Dios que la Biblia revela. Sin embargo, los estudiosos de la historia aprendieron a escudriñar el pasado, absorbiendo lo bueno, e identificando y rechazando lo malo. Incluso como cristianos, debemos examinar las historias bíblicas de esta manera. Dios nunca escondió los pecados y las faltas de aquellos que escogió para revelar su nombre y para cumplir sus propósitos. Moisés, David, Pedro, y Pablo todos cometieron errores. Y en la historia de la iglesia, hay héroes imperfectos. ¡Todos tuvieron debilidades! ¡Todos somos imperfectos también! Pero, cuando estudiamos la historia de la iglesia, aprendemos de los errores de aquellos que nos precedieron. ¿Puede considerarse que algunos de los místicos han sido un fracaso? Por supuesto. ¿Han enfatizado las emociones y las experiencias? Absolutamente. Sin embargo, su profunda devoción y dependencia de la guía del Espíritu puede enseñarnos mucho.

CONOCIENDO A DIOS

Vamos a examinar el misticismo bíblico como una unión con Dios que no niega la autoridad de la Palabra escrita (la Biblia). En un sentido, cada cristiano debería ser un místico (con letra minúscula), incluso si no fuera un Místico (letra mayúscula). Cada cristiano tiene un encuentro humano-divino, que se puede describir que está conociendo a Dios. Ninguno puede ser un cristiano sin este conocimiento personal de Dios (Juan 17:3 "Y esta es la vida eterna: que te conozcan a ti, el único Dios verdadero, y a Jesucristo, a quien has enviado.") Todos los cristianos desean conocer mejor a Dios y crecer en el conocimiento de Él.

Pareciera que los Místicos de la Edad Media buscaban esa relación con naturalidad. Ellos realmente conocían a su Dios. Ellos disfrutaron de un compañerismo increíble con Él. Conversaban con Dios, y le oían. Ellos experimentaron a Dios. Y en este sentido, le envidiamos.

UNA COLECCIÓN DE INDIVIDUOS LIBRES

El Misticismo no era un movimiento organizado. Fue un fenómeno que lo experimentado un grupo de individuos generalmente no relacionados entre sí, por un espacio de 500 años. Aunque algunos de ellos se conocieron y el uno claramente influenció y enseñó al otro. Sin embargo, muchos de los místicos nunca habían oído los unos de los otros (especialmente aquellos que estaban separados por cientos de años y por muchas millas geográficamente). En las páginas a continuación, examinaremos nueve individuos. Comenzaremos con los "superiores" de la Edad Media (1100-1300; "superiores" refiere a la porción media de la Edad Media), examinaremos varios Místicos al cierre de la Edad Media (1300-1500) e analizaremos la vida de dos Místicos que vivieron durante el periodo de la contra-Reforma (a finales del 1500). Estos Místicos son:

Edad Media Superior
Bernardo de Claraval (1096-1153)
Buenaventura (1221-1274)
Juan Eckhart (1260-1327)

Finales de la Edad Media
Juan Tauler (1300-1361)
Juan Ruysbroeck (1293-1381)
Catalina de Siena (1347-1380)
Tomás de Kempis (1380-1470)

Periodo de la Contra- Reforma
Juan de la Cruz (1542-1591)
Teresa de Ávila (1515-1582)

Lamentablemente, el espacio en este libro no permite que profundicemos acerca de otros Místicos notables como:

*Hugo de San Víctor (1096-1141), combinó una intensa investigación académica con una vida espiritual que cultivó cuidadosamente;

*Enrique Suso (1300-1366), ofreció tratados prácticos, de fácil lectura referente a la vida cristiana;

*Gerardo Groote (1340-1384), arguyó que toda instrucción, incluyendo la Biblia misma, debe adaptarse al lenguaje común de todos;

*Jacobo Bohme (1575-1624), un Protestante que vivió después de la Reforma y que mantuvo una fuerte y directa conexión con la presencia divina de Dios, sus conceptos se consideraron heréticos.

BERNARDO DE CLARAVAL

Bernardo (1090-1153) fue uno de los más influyentes líderes espirituales de la Edad Media. Fundó la famosa Abadía Circense en Claraval [en francés Clairvaux], Francia, en 1115. Su vida espiritual era tan atractiva y sus habilidades administrativas tan provechosas que la nueva orden se propagó rápidamente. Antes de su muerte, su orden se había extendido a 68 casas (centros donde sus seguidores vivían y ministraban). Sin embargo, los circenses pagaron un precio por su popularidad, porque entraron en conflicto con los cluniacos (el movimiento de reforma iniciado por Cluny). Se consideró tanto la devoción de Bernardo que Martín Lutero y Juan Calvino 400 años después se refirieron a él con grandes elogios. Bernardo concluyó que él no podía confiar que la filosofía ayudara al cristiano a comprender la verdad. El verdadero entendimiento proviene del andar en humildad y la comunión con un Dios de amor. Cualquiera que desea entender el misticismo de Bernardo de Claraval puede leer algunos de sus escritos. Del 1112 a 1153, Bernardo escribió 500 cartas que tratan de la vida; más de 100 sermones (86 sobre Cantares de Salomón), un libro titulado *Gracia y Libre Albedrío*, en el cual demuestra que la salvación proviene solo de Dios; un libro titulado *Grados de Humildad*, que describe cómo andar en humildad; y otro titulado, *Por qué y cómo se debe amar a Dios.*

Aunque fue el más influyente y poderoso predicador de su época y participó en los grandes eventos de la iglesia, Bernardo rechazó ofertas que le hubieran promocionado en la jerarquía. Bernardo permaneció como abate hasta su muerte el 20 de agosto del 1153. Bernardo manifestó un entendimiento excepcional de la Biblia y un profundo orden del lenguaje, sin paralelo a ninguno de su época. Todavía podemos experimentar esta mezcla particular de conocimiento bíblico, de profunda piedad, y hábil escritura cuando entonamos sus himnos: "Oh Santo líder, ahora herido" y "Jesús, tan solo pensar en ti", escrito 850 años atrás.

BUENAVENTURA

Buenaventura (1221-1274) fue un pensador profundo que se convirtió en líder de la orden franciscana en 1257. Su gran habilidad administrativa fue excedida solo por sus cualidades de meditación. Sus tratados académicos, escritos a muy temprana edad, fueron espectaculares: *Comentario sobre las sentencias* y *El viaje de la mente hacia Dios*. Educado en la Universidad de París al mismo tiempo que el famoso Tomás de Aquino, Buenaventura quedó convencido que solamente a través de la oración y la meditación uno puede alcanzar verdadera unión con Dios. Esta unión luego trae entendimiento en el conocimiento divino. Estuvo de acuerdo con San Francisco que el pleno propósito de la enseñanza de la doctrina era avanzar el progreso del alma hacia Dios, y compartió la convicción de Agustín que el propósito de la vida era "conocer a Dios y al alma". Para Buenaventura, "todo otro conocimiento, incluso la filosofía, era pertinente solamente como ayuda... a la mente de Dios".[73] Cualquier intento de adquirir conocimiento por sí mismo llevará solo al error, porque la fe siempre debe ser solamente el fundamento sobre la cual se basa el conocimiento. Burke y Wiggins escribieron, "la unión del alma humana con Dios fue la base del compromiso intelectual de Buenaventura. Él fue un proponente teológico de primera clase del misticismo cristiano.... El personificó la idea de la 'fe que busca entendimiento'. ...La teología como una experiencia viva era su visión".[74] Buenaventura fue el arquitecto de una estructura de la verdad cristiana donde la fe era el fundamento sobre el cual la iglesia construyó una superestructura de doctrina, que se percibe a través del intelecto. Sin una fe personal y vital como fundamento, se desmoronará la superestructura de la doctrina cristiana que con cuidado se construyó.

JUAN ECKHART

Juan Eckhart (1260-1327) raramente se conoce por su primer nombre. Se le conoce como el Maestro Eckhart, un título que implica su capacidad académica e intelectual. Educado en la Universidad de París, se convirtió en uno de los más destacados predicadores de su época. Poco después del año 1307, estuvo bajo la influencia de un movimiento conocido como los Hermanos del Espíritu Libre, que enfatiza una vida piadosa y un entendimiento místico de la verdad. Su misticismo le metió en graves problemas. En 1326 fue acusado de herejía en veintiocho proposiciones que había escrito. En la Inquisición en Colonia pidió retraerse de cualquier cosa que haya dicho o escrito en el que se le mostraría su error. Consecuentemente, nunca fue excomunicado formalmente. Sin embargo, murió poco después del juicio, y dos años después el Papa Juan XXII formalmente condenó diecisiete de sus creencias de los veintiocho puntos.

¿De qué creencias en particular fue él condenado? Eckhart declaró que una persona puede ser absorbida dentro del ser de Dios, en efecto, perdido en Dios. Tal lenguaje, tan herético a los líderes de la iglesia, captó el corazón de muchos discípulos en tiempos de Eckhart y en nuestra época. Juan Tauler, Enrique Suso, y (indirectamente) Jan van Ruysbroeck fueron sus estudiantes; e incluso algunos de sus reformadores, incluido Martín Lutero, fueron profundamente impactados por las enseñanzas del Maestro Eckhart. Su influencia continuó hasta el siglo veinte (por ejemplo, en la vida de Rufus Jones [1863-1948], que fue el portavoz por la Sociedad de Amigos y el fundador del Comité de Servicio de los Amigos de América).

Si Bernardo fue el predicador/organizador y Buenaventura fue el arquitecto del aprendizaje cimentado sobre la piedad, entonces Eckhart fue el maestro a largo plazo de la influencia mística. Aunque el Papa condenó muchas de sus creencias, sus estudiantes continuaron estudiando los caminos de Eckhart y cómo desarrollar un andar con Dios. Un verdadero seguidor de Cristo producirá otros seguidores, llamados discípulos. Una de las razones que la iglesia sigue viva y sana es porque a través de su historia, los cristianos estaban dispuestos a invertir en la vida de aquellos que vendrían después de ellos. Ellos sabían que no estaban en la tierra simplemente para captar la verdad sino para transmitir a la próxima generación lo que Dios había hecho por ellos. La iglesia cristiana es una "transmisión de la verdad", una generación que pasa la antorcha a la próxima. Eckhart es un modelo espectacular de eso.

JUAN TAULER

Juan Tauler (1300-1361) incluyó en su énfasis místico una insistencia que la unión personal con Dios resulta en servicio u obras de amor. Tauler no se escondió del mundo en el lujo de la contemplación aislada. Él fue un activista, y esperaba que el Misticismo impulsara otros a la acción. Su generosidad era evidente en 1314 cuando, a la edad de catorce años dejó la fortuna de su padre y entró a la Orden de los Dominicos a cargo de su amado maestro, Eckhart. Tauler perteneció a la fraternidad libre de Eckhart, conocido como los Amigos de Dios. Quizás el misticismo lo atrajo debido a las trágicas revueltas y controversias teológicas en Alemania y Francia en la guerra entre el Emperador Luís IV de Baviera, Federico de Austria, y el Papa Juan XXII. Además, Tauler fue testigo de una serie de catástrofes: el terremoto de Basel, Suiza en 1356, la horrible plaga de la Muerte Negra (1347-1350), y un Papa que fue al exilio. En una época de decadencia moral, el llamado de Tauler al arrepentimiento produjo gran fruto, aunque también le trajo persecución.

Tauler y sus amigos minimizaron la distinción entre el clero y los laicos, insistiendo que todo el pueblo de Dios es digno en partes iguales. Tampoco nunca olvidó a los segregados. Ignorando la orden del Papa durante la plaga bubónica del 1348 y 1349, ministró a los enfermos y desposeídos. Tan convincente y práctico fue este místico dominico del siglo catorce que Martín Lutero leyó y volvió a leer acerca de él 150 años después. Sus sermones prácticos y sencillos fueron; "un llamado de clarín a una relación vital con Dios y un rechazo directo a la salvación por ceremonias, haciendo que algunos le llamen un protestante antes del Protestantismo".[75] La gran contribución de Tauler, no solamente como un místico sino como un cristiano, fue su capacidad de enfocarse en los fundamentos básicos de la vida cristiana: amar a Dios y el amor de los unos a los otros.

JUAN RUYSBROECK

Criado por un tío devoto, Juan Ruysbroeck [en español conocido como Rusbroquio] (1293-1381) fue ordenado en 1317 y llevó una vida austera con dos compañeros místicos por más de veintiséis años. La sencillez de su estilo de vida atrajo a otros, y Juan se convirtió en un "director de almas". A través de sus escritos, influyó en Gerardo Groote, los Hermanos de la vida común, y a Tauler. Escribió los clásicos "*El ornato del matrimonio espiritual* y *Los esponsales espirituales*, que era una explicación del texto "Aquí viene el esposo" (Mateo 25:6 RVR). En típico estilo místico, rechazó aceptar crédito por sus escritos, declarando que el concepto provino directamente del Espíritu Santo.

Rusbroquio fue acusado de panteísmo (no era una acusación inusual dirigida a los místicos) pero trató de refutar esa acusación escribiendo contra Bloemardinne, una autora, que abrazó el panteísmo. (El panteísmo es la creencia que Dios está en todas las cosas y que todas las cosas son Dios. Esto no se debe confundir con la creencia cristiana que Dios es omnipresente.) Rusbroquio "enfatizó la humildad, la caridad, a huir del mundo, a meditar en la vida y la pasión de Cristo, y el entregarse a la voluntad divina".[76] ¡Eso no es un mal legado para dejar!

Rusbroquio está incluido en mi lista de nueve místicos debido a sus escritos sobre la relación de la Novia y el Novio. Los místicos con frecuencia consideraban su unión con Dios en metáforas profundamente intensas. El capta la esencia del título de este capítulo, "Intimidad con Dios". Uno no puede leer sus escritos sin preguntarse, *¿es posible que yo pueda tener una relación más profunda con Dios?* Es la marca de un verdadero santo provocar que la gente tenga hambre de un conocimiento más profundo de Dios.

CATALINA DE SIENA

Catalina de Siena (1347-1380) nació en Siena, Italia, fue la menor de varios hijos. Incluso en su infancia, sus dones como mística comenzaron a notarse. Pero su misticismo tuvo un fuerte énfasis práctico. A la edad de dieciséis años, cuidaba del enfermo y del agonizante, una práctica que continuó a través de toda su vida. En 1370, recibió una visión conocida como una muerte mística, que incluía el infierno, el purgatorio, y el cielo. Catalina tuvo una tremenda influencia política. Su influencia era tanta que ella, más que ningún otro, fue la responsable para que regresara el papado de Avignon, Francia, a Roma en 1376. Escribió con denuedo a los príncipes y líderes políticos urgiéndoles a parar las guerras. Igualmente era activa en denunciar al clero por avaricia e inmoralidad. Trabajó incansablemente para reparar la profunda división en la Iglesia Católica Romana, trabajando a pedido del Papa Urbano II. Catalina era excepcional en la comprensión de aplicaciones espirituales a la vida política. Dejó como legado 400 cartas, 26 oraciones y un escrito conocido como simplemente el *Diálogo*.

Catalina no era una confinada, como algunos de los Místicos. Ella era una activista, aplicando sus conversaciones íntimas con Dios al mismo centro de la sociedad. No temía a nadie sino que desafiaba a todos a tener una obediencia radical a Dios, ya sea el rey, el sacerdote, o el papa. Si esto es lo que hace un Místico, entonces Señor danos más Místicos.

TOMÁS DE KEMPIS

Tomás de Kempis (1380-1470) es el autor del libro más popular del mundo después de la Biblia, *La imitación de Cristo*. Nacido en Kempis, Alemania, asistió a la escuela Deventer, fundada por Gerardo Groote. Cuando llego allí, era referido como Tomás de Kempis, lo opuesto a su apellido familiar de Tomás de Hammerken. Ordenado en 1413, Tomás pasó la mayor parte de su vida como copista de manuscritos (esto fue antes del invento de la imprenta) en un monasterio pobre y poco conocido en Zwolle. Los biógrafos indican que la vida personal de Tomás estaba completamente sin incidentes, mencionando solamente que era muy infeliz durante el tiempo en él que tenía que servir como gerente administrativo del monasterio. Su escrito *La imitación de Cristo*, ha sido traducido a más idiomas que ningún otro libro excepto la Biblia.

Qué extraño que el autor del segundo libro más vendido del mundo permanezca un misterio para nosotros. ¡Casi nada se sabe acerca de él! ¡Qué paradoja! Pero esto no sería una paradoja para un místico. Para Tomás, la imitación de Cristo era el rendimiento de uno mismo. Aunque parezca extraño a los Americanos hambrientos de publicidad que tan poco se conozca acerca del autor de mayor éxito, este hecho complacería al modesto y callado Tomás, porque él estaba mucho más interesado en imitar a Cristo que tener fama. Tal humildad es la marca de un verdadero Místico.

JUAN DE LA CRUZ

Aunque hijo de un padre noble, Juan (1542-1591) fue criado casi en la pobreza por su viuda madre. En 1563, Juan tomó el nombre de San

Mateo y se convirtió en un sacerdote de la orden de las Carmelitas. Pero su vida cambió cuando conoció a Teresa de Ávila, con la que estuvo conforme en trabajar para fundar la nueva orden aprobada de las Carmelitas de los pies descalzos. Considerando su nuevo vigor por Cristo, cambió su nombre por Juan de la Cruz. Poco sabía lo que le esperaba más adelante. Sus intentos por reformar las Carmelitas encontraron gran resistencia, que resultó en una persecución y un encarcelamiento de nueve meses en Toledo en 1578. En el aislamiento de este tiempo, escribió *El cántico espiritual*. Después de escapar de la prisión, sirvió en varios monasterios y predicó en la universidad en Baeza.

Pero los esfuerzos de la reforma de Juan de la Cruz continuó despertando tanta aversión que sus críticos persuadieron con éxito al Papa para que lo excomunicara. Aparentemente, sin embargo, Juan nunca supo de esto antes de su muerte en 1591. Su pasión por Dios, y el quebrantamiento a causa de su encarcelamiento se reflejan en sus obras como *La ascensión al Monte Carmelo*, *La noche obscura del alma*, y *La llama viva del amor*. En sus escritos Juan arguyó que solo en las "noches" de la vida el alma es guiada a depender totalmente de la gracia y la misericordia divina. Cuando Juan murió, después de una larga enfermedad, la controversia respecto de la reforma todavía rugía en su entorno. Este gran líder cristiano fue reconocido solo después de 135 años de su muerte. Aunque criticado, encarcelado, y excomunicado durante su vida, fue canonizado en 1726.

Una razón por la que se incluye a Juan en esta lista de Místicos es para señalar que muchos de los llamados grandes cristianos no fueron considerados grandes mientras vivían. Nuestros cristianos más respetados fueron a veces solamente tolerados y con frecuencia severamente perseguidos durante su vida. Solo después de su muerte la verdad salió a luz, y se entendió su grandeza. Juan de la Cruz, particularmente no fue apreciado en vida, pero ahora es considerado uno de los más fervientes seguidores de Cristo.

TERESA DE ÁVILA

Teresa (1515-1582) fue una mística española nacida en Ávila. Una de entre once hijos, era la favorita de su padre. A los veinte años de edad, esta vivaz y feliz mujer entró al Convento de las Carmelitas. A pesar de su mala salud física, Teresa era conocida por ser admirable y generosa. Se deleitaba en entretener a sus amigos en su apartamento y disfrutaba plenamente sus contactos con las mujeres de la aristocracia de su ciudad. Con el paso del tiempo, se sentía cada vez más culpable por sacar ventaja de tales privilegios, y en 1555 pasó por una segunda conversión. A los cuarenta años de edad, comenzó a experimentar visiones de Cristo, unión con Él, y la "oración silente".[77] Cuatro años después, sintió que un ángel le atravesó el corazón con una espada con punta de fuego. Ella nunca fue la misma. Alrededor del mismo tiempo, conoció algunos de los Franciscanos Descalzos y decidió comenzar una sucursal similar, sencilla y austera de las Carmelitas. Ofendida por la apatía y el letargo del clérigo, confrontó a la iglesia establecida, llamándola a la pasión por Cristo. Se entregó sin cansancio a la conversión de incrédulos y trató de sanar la creciente división entre católicos y protestantes. Hábil administradora, Teresa fundó dieciséis casas religiosas, de las cuales dos fueron para varones. En esta época, Juan de la Cruz se convirtió en su compañero de misión, y al que ella llamaba su "hijo y su padre".[78] Viajando en carros por toda España con el insoportable calor y frío, Teresa animaba a los ocupantes de las más de treinta casas religiosas que se habían unido a ella en su movimiento de reforma.

En vez de elogios y aliento, Teresa recibió acusaciones, celos, y sospechas. Tales acusaciones no eran meramente amenazas, Teresa vivió durante el tiempo de la Inquisición Española. Una acusación pronto podría convertirse en una sentencia de muerte. Superando su constante mala salud, rechazó la tentación de llevar una vida contemplativa y siguió adelante. Su encuentro con Dios la llamó a un servicio vigoroso, al cual se entregó fervientemente hasta su muerte el 4 de octubre de 1582.

Los escritos de Teresa casi pueden ser vergonzosos debido al tono erótico que ella usa para describir su amor por Dios. Sin embargo, ella mostró un entendimiento profundo de la psicología humana, exhibió un maravilloso sentido común y, a pesar de su mala salud, mantuvo un sentido del humor fenomenal que la hizo muy popular hasta la actualidad. Después de su primera autobiografía titulada *Vida,* ella escribió una segunda autobiografía titulada *El libro de Fundamentos*.

En la tradición de los místicos, ella escribió *El Camino de Perfección* en 1556 y *El Castillo Interior* en 1577. En estos escritos sus descripciones de unión con Dios como matrimonio espiritual posiblemente haría estremecer a algunos.

Es fácil notar porqué la incluimos en esta lista de nueve místicos influyentes. Solo su aporte literario y ministerio ya la califican, porque ella opaca casi a todos sus contemporáneos. Sin embargo, la incluimos aquí también por su notable lenguaje personal de unión con Dios que es típico de los místicos. En efecto, sus descripciones acerca de su relación con Dios son tan personales que las consideramos vergonzosas. ¿Por qué estos cristianos escribieron de esta manera? La respuesta es sencilla. El estricto razonamiento en la época de Teresa completamente pasaba por alto el clamor profundo del corazón humano por conocer verdaderamente a Dios. Si entendiéramos el contexto en la que Teresa vivía, sentiríamos más simpatía por su énfasis a la pasión y devoción personal.

PRUEBA DE LAS ESCRITURAS DE LA VALIDEZ DE LOS MÍSTICOS

Estos nueve místicos revelan un tremendo compromiso espiritual. Además, los místicos que no hemos mencionado en gran detalle como Hugo de San Víctor, Enrique Suso, y Gerardo Groote, también evidenciaron la misma búsqueda ferviente de servir a Dios. Sin embargo, este capítulo termina con una advertencia.

Algunos místicos fueron al extremo en su énfasis o experiencia interna que niegan la objetividad (Escrituras) de la obra de Cristo. Jacobo Boheme (1575-1624) fue uno de estos. Su descripción de la vida interior viola los principios básicos de las Escrituras. Boheme fue más que un místico; fue un teosofista. La teosofía no es cristiana; es una versión antigua de las creencias de la Nueva Era, que está más conforme al Budismo que con la Biblia.

La teosofía no está fundamentalmente centrada en Dios sino en el hombre. Enseña que el espíritu del hombre está agudamente desarrollado que puede ejercer control sobre las fuerzas del universo, produciendo los milagros. No hay evidencia a qué extremo Boheme creía la definición de la teosofía que acabo de describir, pero sus creencias prepararon el camino para el pensamiento anti-bíblico. Se cita a Boheme como un grave recordatorio que sin los "rieles" de las Escrituras, la "locomotora" se descarrilará. El celo (que es el humo que despide el carbón dentro de la locomotora) no es un sustituto de la verdad (los rieles). Uno puede tener sueños y visiones, pero éstos deben someterse al escrutinio de las Escrituras. De lo contrario, ellos no tienen validez bíblica o cristiana.

PROFUNDA FE EN MEDIO DE LA APATÍA ESPIRITUAL

¿Por qué usar todo un capítulo acerca de los Místicos? Antes que nada, ellos respondieron al racionalismo desolador, vacío y sin vida de los escolásticos de la Edad Media. La gente deseaba una fe profunda, personal y emotiva. Pero ese no fue el único problema. Durante este periodo, tres personas afirmaron ser el papa al mismo tiempo, cada uno tratando de excomunicar al otro. Tales escándalos socavó la autoridad de la iglesia. Burke y Wiggins lo declaran de esta manera:

> Explosiones de entusiasmo religioso comenzaron a experimentarse en diversos lugares. La iglesia, que ahora desesperadamente buscaba mantener su autoridad mediante el autoritarismo, estaba paralizada en sus esfuerzos por el escándalo de la Gran división. Los intercambios entre papas y la excomunicación rebotaba el uno contra el otro entre Roma y Avignon (Francia) sin efecto aparente para ambos. Los europeos entendieron que la eficacia (efectividad) de tales acciones era menos que por los siglos se había creído. El "Arca de salvación" (dando a entender la iglesia) está navegando en violentos mares que amenazan con hundirla, o al menos se requirió medidas drásticas para mantenerla a flote.[79]

La iglesia de Jesucristo estaba en serios problemas. La maldad de la Edad Media había tomado sus víctimas. Para descubrir el pulso agonizante de la iglesia no debemos mirar a las estructuras de autoridad de esa época sino a los individuos en la base de la iglesia, individuos que trataban de mantener fielmente el Evangelio en su andar con Dios. Los Místicos no eran papas o cardenales o en posiciones de alta autoridad. Eran hombres y mujeres educados con un liderazgo admirable y habilidades administrativas. Pero el secreto de su continua influencia no estaba en su personalidad ni en sus habilidades. Su influencia era su pasión por Cristo. Aunque no estaban contentos con el estado de su iglesia, se quedaron en ella con la esperanza de reformarla desde adentro.

LA HERENCIA CATÓLICA ROMANA DE TODOS LOS PROTESTANTES

He tratado abiertamente de la corrupción de la iglesia Católica Romana. Quizás uno crea que debido a que soy un protestante, escribo con prejuicio anti-romano. Este no es el caso. Los protestantes solo pueden trazar su herencia desde aproximadamente el 1517. Cuanto más retrocedan, notarán que ellos, también, tienen una herencia católica romana. Como un protestante contemporáneo, estoy hasta lo sumo endeudado con la iglesia Católica Romana a lo largo de toda la Edad Media. No puedo condenar la inmoralidad ni la avaricia. Pero la iglesia Católica Romana era suficientemente amplia y profunda para incluir a personas que tenían una profunda fe personal y viva. Mediante ellas el Evangelio se mantuvo a través de los casi mil años conocido como la Edad del Oscurantismo. Para localizar mi herencia espiritual, debería investigar desde los apóstoles y a través de este periodo de mil años. Y podría encontrar que me llevaría de vuelta a uno de los Místicos, porque casi todos fueron católicos romanos. También me guía a través de los Pre-Reformadores, y que todos también fueron católicos romanos. El Evangelio se sostuvo a través del esfuerzo de algunos en contra de la Reforma, y que también fueron católicos romanos. Es importante que todos los protestantes aprecien lo que la iglesia Católica Romana mantuvo durante la Edad Media. Aunque uno no pueda afirmar que en la Edad Media la iglesia visible y organizada siempre obró con nobleza y justicia, no obstante, la mano de Dios estaba obrando a través de su verdadera iglesia, gente devota que obraba con sabiduría, honor, amabilidad, y misericordia.

CAPÍTULO 7

LOS PRE–REFORMADORES

Fecha de expansión: d.C. 1200-1500

Personas clave: Pedro Waldo, Juan Wycliffe, Juan Hus

Felicia observaba a Lemus que llegaba de la reunión de amigos de los miércoles. Venía silbando una melodía agradable que ella nunca antes había oído. Qué recompensa ahora ver a su hijo convertirse en un joven fuerte y amoroso. Felicia dependía de él desde que su padre murió. Pero algo le llamaba la atención. ¿Por qué se mostraba feliz solo los miércoles por la noche? ¿Quiénes eran los amigos que podían cambiar a un joven sombrío e indiferente en el puro retrato del gozo? Solo había una explicación. Tenía que ser una mujer. Pero, ¿por qué Lemus no la había presentado? ¿Por qué escondería tal felicidad?

Felicia esperó varios meses para que Lemus compartiera su secreto con ella. Finalmente, ya no pudo aguantar más. "Hijo, tú eres el gozo de mi corazón y una verdadera ayuda a una viuda solitaria..."

Lemus no esperó a que ella terminara; la tomó en brazos y la levantó. "¡Tú eres la mejor madre del mundo!" Exclamó él mientras la besaba en la frente.

Felicia se arregló el cabello y se sentó junto a la mesa de madera en su cocina. "¿Quién es ella? No la puedes esconder para siempre."

Lemus tomó la otra silla y se sentó dando un golpe a la mesa. Se rió de todo corazón.

"Bien, ¿de qué estás hablando mamá?"

"Seguro que ella no es francesa."

Lemus acarició el rostro ruborizado de su madre. "Mamá, ¿qué pasa?"

"Bien, regresas a casa muy contento los miércoles. Seguro que encontraste una chica. Todo el resto de la semana pareces triste, especialmente durante la misa de los domingos."

Lemus suspiró y pasó su ancha mano por su cabello marrón rizado que siempre ha sido un desafío mantenerlo arreglado. "Mamá, no quiero herirte ni desilusionarte. No sé cómo contarte de manera que lo comprendas. Hay algunas jovencitas cristianas encantadoras que conozco. Lamentablemente, ¡ninguna de ellas parece interesarse en mí!"

"Entonces, ¿por qué regresas cada miércoles como si estuvieras enamorado?"

"Supongo que estoy enamorado, de alguna manera." Lemus se enderezó y acercó un poco más la silla a la mesa. Tomó en sus manos la mano de su madre.

"Mamá, voy a contarte cosas que quizás al principio no entiendas. Pero escúchame primero."

Felicia miró con cariño a los ojos sinceros de su muchacho que nunca antes le había causado tristeza. ¿Cómo podría ella no confiar en él?

"No disfruto de la misa", comenzó Lemus, "porque ya no creo lo que el sacerdote dice". Felicia exclamó un grito apagado y se tapó la boca con la mano libre. Pero Lemus prosiguió. "Los miércoles por la noche, asisto a una reunión de hombres aquí en León. Es un grupo pequeño, pero está creciendo cada semana. Nos reunimos con Pedro Waldo. Nos llaman los Pobres de León."

Felicia de nuevo lanzó un grito apagado, "Waldo". Ella había oído de este maestro peligroso. "¡El padre Justino nos ha advertido contra Waldo, Lemus!"

"Lo sé madre, pero escúchame." Felicia bajó la cabeza y Lemus continuó. "Nos enseña la Biblia; Nos lee la Biblia. Madre, ¡te sorprendería escuchar lo que la Biblia realmente dice!"

"Pero tenemos a la iglesia", susurró Felicia.

"Sí, Madre. Te agradezco por enseñarme a amar la iglesia. Amo al pueblo de Dios. Pero sabemos que algunas autoridades en la iglesia no están enseñándonos lo que Dios verdaderamente dice. ¡Pedro Waldo y nosotros los Pobres de León hacemos más por el pueblo de Dios que los ricos obispos!"

"¡No, no, no! ¡Cómo puedes hablar así! ¡Nunca te crié para que abandones la verdad!" Felicia comenzó a llorar calladamente.

Lemus apenas podía aguantarlo. Se levantó y se acercó a ella. Poniendo sus manos gentilmente sobre sus hombros, se inclinó y besó su cabellera. "Madre, te amo. Pero amo más a Cristo y debo seguirle, no a la iglesia si ella es infiel al Evangelio. Incluso Pedro y Juan dijeron que les era menester obedecer a Dios y no a los hombres." Felicia se fregó los ojos con un pañuelo y Lemus continuó, "Madre, ¿has visto alguna vez la Biblia?"

"Una vez."

"Madre, ¡he sostenido una! ¡Pedro la lee en voz alta! La verdad que he descubierto va más allá de toda descripción, mucho más rica y completa de lo que enseña el sacerdote. Y puedo mostrar a otros lo que ella contiene. Mamá, ¡no puedes imaginar el gozo de compartir la palabra de Dios con el pueblo de Dios!

"Soy una mujer sencilla, Lemus. Ni siquiera puedo leer. ¿Cómo puedo ir a buscar la verdad a otro lugar? La iglesia tiene la verdad para mí. El sacerdote tiene conocimiento. El puede leer la Biblia y explicármela. No necesito un grupo de rebeldes para que me expliquen otra verdad."

"Madre, comprendo como te sientes. Al principio para mí también era inquietante, hasta que comencé a oír por mí mismo la Palabra de Dios. Oh, Madre. No puedes imaginarte todas las cosas maravillosas que se encuentra en la Biblia. ¿Sabías, por ejemplo, que la muerte de Jesús cubre completamente nuestros pecados? No somos aceptados por Dios por el dinero que damos o por lo que hacemos por el sacerdote. ¡El sacrificio de Jesús en la cruz borra nuestra culpa tan solo por la fe en Él!"

"Oh, Lemus, ¡yo tengo fe en nuestro Salvador! Tú lo sabes."

"Sí, Madre, lo sé. Lamento herirte. Pero en parte se debe a personas como tú que me enojo mucho con la iglesia. Tienes un corazón muy crédulo y tu iglesia nunca te ha enseñado las consoladoras palabras de Cristo. Mamá, mírame." Lemus con gentileza ayudó a su madre a pararse.

"Mamá, quizás ya no sea muy seguro para mí. Hay muchos que nos odian. Quiero que sepas que te amo más de lo que puedas imaginar. Oro para que descubras la profundidad del amor de Cristo por ti; oro por ti todos los días, Mamá. No tengas miedo." Tomó a Felicia en sus brazos y la abrazó fuerte.

El miércoles siguiente, de camino a su estudio bíblico, Lemus fue asaltado por varios borrachos de la ciudad, iracundos que sabían que este Pobre de León era presa fácil. Las autoridades nunca se molestaron en llevarlos a la justicia. Mientras Lemus permanecía sangrante en la calle, casi inconciente, sus labios pronunciaban el nombre de su madre. "Que ella pueda conocer tu Palabra, querido Salvador." Antes que la noche terminara, Lemus se había unido a los Waldecianos que habían dado su vida por el Evangelio.

TRES HOMBRES QUE ECHARON LAS BASES

Mucho del liderazgo de la iglesia en la Edad Media era tan corrupto que es ofensivo mencionar los pecados específicos que son característicos de su clero. ¡Pero Dios no había terminado con su iglesia! Por cierto, ¡nunca terminará con su iglesia! El siempre está obrando, a veces en la base de la historia, para cumplir su voluntad, para restablecer su iglesia como verdadera y sana.

En 1150, Dios trajo a escena los tres primeros gigantes espirituales que darían su vida por causa de la verdad en este periodo histórico. Inspirado por sus ejemplos, Martín Lutero se levantaría para llamar a la iglesia de su letargo, decadencia, y corrupción teológica.

PEDRO WALDO: LA VERDAD SOBRE LA RIQUEZA

Pedro Waldo (1150-1218) tuvo una vida fácil. Nació en León, Francia, hijo de un rico comerciante, Pedro mismo se convirtió en un hombre de negocios de éxito y un prestamista. Pero en 1175 ó 1176, Pedro Waldo (ocasionalmente se deletrea Valdés) experimentó una conversión tan radical que le cambió la vida como sucedió con el apóstol Pablo. Estaba tan consumido por una pasión por las Escrituras que contrató dos sacerdotes para que la tradujeran al francés para la gente de León. Cuando Waldo leyó la amonestación de dar todo a los pobres, precisamente eso hizo. Puso a sus hijas en un convento y comenzó a viajar para predicar lo que descubrió en la Biblia. Su entusiasmo y consistencia de vida pronto atrajo seguidores. Muy pronto los Waldesianos, como se llamaban, se unían en pares e imitaban a su líder. Ellos viajaron extensamente predicando y enseñando. Debido a que no eran muy educados, en muchos casos, se les conoció como los

Pobres de León. No tenían entrenamiento de cómo predicar, así que simplemente memorizaban grandes porciones de las Escrituras y la citaban por dondequiera que iban. Su método simple, sin educación provocó el desprecio y la burla que, en el plazo de una década, se volvería una persecución organizada.

En cierto momento, ellos disfrutaron de un éxito moderado. El Papa Alejandro III les otorgó una aprobación tentativa para que existan como una organización. Sin embargo, no podían predicar sin el permiso expreso de las autoridades locales de cada región. Los Waldecianos no dieron mucha importancia a esto. Ellos fueron donde querían y predicaban cuando querían. Esta falta de consideración por el protocolo comenzó a enojar a los líderes de la iglesia. Además de su política de predicar en cualquier lugar, su estilo de vida pobre era una condenación abierta a la riqueza y el lujo de la iglesia establecida. Para muchas clerecías esto era intolerable. Los Waldecianos expusieron la mundanalidad del clero y llamaron a la Iglesia Católica la "prostituta de Babilonia".[80]

Como Martín Lutero haría 300 años después, los Waldecianos apelaron a la palabra de Dios como su única autoridad, y consecuentemente, desecharon tales creencias como el purgatorio y la veneración (adoración) a los santos. Alrededor del 1182, solamente siete cortos años después de la conversión de Pedro Waldo, el arzobispo de León los echó de la ciudad. Dos años después, fueron oficialmente llamados herejes en el Concilio de Verona (1184). Durante los siguientes 35 años, Waldo y sus predicadores itinerantes fueron forzados a una política clandestina. Fueron perseguidos hasta los Alpes franceses, donde fueron cazados como animales.

La persecución, sin embargo, no paró el crecimiento de los Waldecianos. A finales del 1200, ellos se habían infiltrado en la mayor parte de Europa. Aunque eran numerosos, fueron perseguidos intensamente. Lejos de la mediana aprobación que los Waldecianos habían recibido del Papa Alejandro III (que se convirtió en Papa en 1159), el odio del Papa Inocencio III (que se convirtió en Papa en 1198), era cruel. Éste incluso declaró una cruzada contra los Waldecianos en el año 1209. Juntamente con los demás, los Waldecianos fueron víctimas de los muy propagados juicios teológicos conocidos como la Inquisición. La marca sobresaliente del movimiento de los Waldecianos fue su determinada predicación misionera del Nuevo Testamento, y siempre exponían en la lengua y el dialecto nativo del área donde se encontraban.

La convicción de Pedro Waldo y su completo respeto por la palabra de Dios, así como también el coraje de los cientos de miles de seguidores, resultó en la primera grieta en la base de la aberrante iglesia durante la Edad Media.

JUAN WYCLIFFE: LA MENTE BRILLANTE DE INGLATERRA

El segundo gigante en dar su vida como su predecesor a la Reforma Protestante fue Juan Wycliffe (d.C 1329-1384), considerado la persona más influyente de su época en Inglaterra.

Juan Wycliffe nació alrededor de 1325 y 1329 en Hipswell en el área de Yorshire en Inglaterra. Asistió a la Universidad de Oxford en 1340 y obtuvo tres títulos, completando su doctorado en teología en 1372. Su primer trabajo como maestro fue en 1361 en la Universidad Balliol, en la Universidad de Oxford, pero tuvo poca fama en sus primeros años como maestro. Fue una década después que Wycliffe captó la atención de Oxford, Inglaterra, e incluso el Papa de Roma. Alrededor del 1376, comenzó a dar conferencia contra el libertinaje y la maldad del clero. Específicamente atacó a la iglesia por ser dueña de gran cantidad de tierras. Desafió al clero porque los consideraba indignos de ser llamados verdaderos hombres de Dios y pastores del pueblo.

Estas críticas tuvieron la cordial aprobación de los campesinos, que estaban cansados de enviar grandes sumas de dinero para sostener el estilo de vida lujoso de Roma, e incluso fueron recibidas con mayor entusiasmo por los líderes civiles emergentes que comenzaron a objetar la masiva acumulación de riqueza de parte de la iglesia. La popularidad de Juan Wycliffe se intensificó debido a un evento vergonzoso en la historia Católica Romana conocida como la Gran División. Este fue un periodo del 1378 al 1417 durante el cual no solo uno, ni dos, sino tres hombres afirmaron al mismo tiempo ser el Papa.

Pero la agenda de Dios para purificar su iglesia iba más allá de la mera lucha política interna. Dios levantó a Juan Wycliffe para que pusiera al descubierto serias deformidades de la corrupción teológica de la iglesia. Alrededor del 1378 Wycliffe de modo sistemático comenzó a denunciar la estructura doctrinal de la iglesia, demostrando cuán contraria era a las Escrituras. Su trabajo no pasó desapercibido. A principios del 1377 las furiosas autoridades eclesiásticas dieron órdenes de arresto contra Wycliffe. Aunque amenazas de arresto y asesinato rugía en su entorno, Wycliffe permaneció inmovible. Dios sobrenaturalmente había colocado a Juan Gaunt, un miembro influyente de la nobleza inglesa, como una cobertura política sobre Wycliffe. Gunt hizo por Wycliffe lo que Federico el Grande haría 200 años después por Martín Lutero; lo cual es, proveer protección política de la poderosa e inflexible burocracia de la iglesia Católica Romana.

OPOSICIÓN

A pesar de la apelación ampliamente popular de Wycliffe, una fuerte oposición surgió en Oxford en su contra alrededor del 1380, año en el que fue oficialmente condenado. Incluso los líderes políticos influyentes fueron incapaces de resistir las fuertes tácticas de las autoridades de la iglesia para doblegar a Wycliffe y, por sobre todo, callarlo.

Wycliffe fue depuesto como maestro de la universidad y enviado a Lutterworth, a una misión de predicación pequeña no específica. Pero su influencia no se podría parar. Con tiempo en sus manos, Wycliffe hizo en esa pequeña ciudad lo que nunca hubiera hecho si se quedaba en la universidad, y el proyecto que completó hizo más para cumplir sus metas que ninguna cantidad de peleas políticas hubiera logrado. Del 1382 al 1384 logró la mayor pasión de su vida, producir la Biblia en el lenguaje de la gente común. Wycliffe no era un traductor mediocre. El insistió en trabajar con los lenguajes originales, en lugar del latín. Su versión en inglés fue una obra maestra, que estableció la pauta para la prosa inglesa.

Mientras tanto, los ataques teológicos de Wycliffe a la iglesia no cesaron. Expuso al Papa como un simple mortal. Solamente Cristo, arguyó, es la cabeza de la Iglesia. Wycliffe llamó al Papa como el Anticristo.

Alrededor del 1381, específicamente atacó la inusual interpretación de Roma de la Santa Cena (transubstanciación). Este era finalmente un ataque sobre los abusos del clero. Él quería que los monjes y los frailes cuidaran de la gente. Los reprobó por no mostrar interés por el pobre. Wycliffe creía que un sacerdote del pueblo debía ser más un pastor que un empleado. El creía que la verdad de Dios debía estar disponible a todos y que se la debía comunicar en un lenguaje que todos pudieran entender. Cuando se le preguntó, "¿cómo se debe predicar la palabra de Dios?" Wycliffe respondió, "apropiadamente, simplemente, directamente, y con un corazón sincero y devoto".[81]

LOLARDOS

Las creencias de Wycliffe se diseminaron a través de un grupo de hombres conocido como los Lolardos (se cree que el nombre Lolardo significa "balbuceador" "murmurador"; en otras palabras, un hablante inconsecuente). Estos predicadores se diseminaron por los pueblitos para predicar los fundamentos del mensaje del Evangelio y para leer la Biblia a la gente. Aunque algunos de ellos podrían haber sido estudiosos, la mayoría era sin educación. Por tanto, se le conoció como los Predicadores Pobres. A menudo andaban descalzos, muy pobres, recorriendo los pueblos y llevando el mensaje de la Biblia a los campesinos. Estos Predicadores Pobres, o Lolardos, fueron muy influyentes en la diseminación del evangelio cristiano. Es sorprendente que ni siquiera sabemos el nombre de algunos de ellos. Pero si no hubieran sido fieles, quizás *usted* no hubiera recibido el Evangelio. Este grupo de hombres insolventes y en muchas ocasiones perseguidos, anduvieron virtualmente en cada pueblo y comunidad rural en Inglaterra para llevar el sencillo mensaje de Jesús.

A media que la influencia de Wycliffe aumentaba, su salud declinaba. Detestado y quebrantado, murió en 1384. Uno podría pensar que su muerte sería adecuada para satisfacer el enojo que el Papa y la jerarquía religiosa sentía por él, pero su muerte y su entierro no fue suficiente. Cuarenta y cuatro años después, el Papa Martín V insistió que el cuerpo de Wycliffe sea exhumado, quemado y que sus cenizas se esparcieran en el río. Esa era la manera en que el Papa expresaba su deseo de borrar para siempre la influencia de Wycliffe. Pero así como sus cenizas fueron diseminadas a múltiples puntos del río, así también su mensaje se propagó a todo el mundo. El hecho es que el enemigo nunca podrá contra la verdad por mucho tiempo.

JUAN HUS: MARTÍN LUTERO, "EL JUAN BAUTISTA"

Juan Hus nació alrededor de 1369 y 1374. Aunque es incierta la fecha de su nacimiento, su muerte fue documentada en detalles. Hus nació en Husinec al sur de Bohemia. Estudiante muy talentoso, pero tuvo que trabajar duro para proveer su sustento. Finalmente recibió su título de la Universidad de Praga en 1393 y su maestría en 1396. Se dice que heredó de su madre viuda su carácter moral justo, su profunda piedad, y su intenso amor por aprender.

En 1401, Hus fue ordenado sacerdote Católico Romano y al año siguiente asumió como rector de la universidad. Además ese año fue significativo porque uno de sus conocidos regresó de Inglaterra con documentos que cambiarían su vida y que principalmente alterarían la historia de la iglesia. Jerónimo de Praga (recuerde que mucha gente no tenía apellido en esta época) había estado en la Universidad de Oxford estudiando bajo el famoso doctor Juan Wycliffe. Aunque Hus era un ferviente pensador independiente, fue profundamente influenciado por los escritos de Wycliffe y tradujo el *Trialogus* de Wycliffe en la lengua checa. Debido a que Hus aceptó muchas suposiciones de Wycliffe, sin duda enfrentaría problemas.

Juan Hus se ganó los elogios del arzobispo y del rey debido a su carácter y su temperamento estudioso. El arzobispo Zbynek le designó como predicador de todo el sínodo, una posición de gran honor. La noticia de las habilidades de Hus como predicador se propagó ampliamente. En 1402, fue designado director de la capilla Belén, un recinto que se llenaba dos veces al día para oír la proclamación del ferviente predicador del Evangelio. La Capilla Belén fue muy conocida por la "la predicación vernácula"; que es, predicar de manera que la gente pudiera entender.

La popularidad de Hus captó la atención no solamente del arzobispo sino también la del rey. El rey Wenceslao IV fue reconocido como un gran defensor de la iglesia Bohemia nacional, en contradicción a una claramente iglesia Romana. El patriotismo en Bohemia iba en aumento. El estilo de predicación de Hus comprensible y familiar avivó los fervores del nacionalismo.

Como mencioné arriba, la iglesia Católica Romana estaba avergonzada debido a que dos individuos afirmaban al mismo tiempo ser el Papa, uno en Roma y el otro en Avignon, Francia. Esta división resultó en partidos y parcialidad en la iglesia. Finalmente su propuso un plan para destituir a ambos. Hus estuvo de acuerdo con este plan, al igual que muchos otros. Lamentablemente, su arzobispo no estaba conforme con su opinión. Mientras tanto, el enojo de ambos Papas aumentaba porque Hus enseñaba las ideas de Wycliffe. Alrededor del 1409 llegó de Roma la orden de silenciar a Juan Hus. Cuando ese intento fracasó, el Papa excomunicó a Hus y sus seguidores en 1411. Esto simplemente provocó en Hus mayor determinación. Aumentó sus ataques contra las indulgencias y abiertamente expuso los intentos del Papa de levantar fondos para financiar sus causas privadas. Tan vehemente eran las críticas de Hus que comenzaron a provocar el distanciamiento del rey, quien había sido su gran partidario. Alrededor del 1412, Hus y sus seguidores fueron forzados a salir de la ciudad de Praga. Después, Hus se dedicó a escribir *Acerca de la Iglesia* (De ecclesia).

CONSTANZA

Parecía posible una resolución a los problemas de Hus cuando el emperador Segismundo le alentó a presentarse ante el Concilio de Constanza en 1414 a fin de explicar sus ideas. El emperador le aseguró que estaría protegido y le dio un pase para que tenga un viaje seguro. A su llegada a Constanza el 3 de noviembre de 1414, no se le dio la oportunidad de explicar sus ideas teológicas como se le prometió. Para sorpresa de Hus, a su llegada a Constanza solo tuvo la oportunidad de un interrogatorio breve, seguido de un encarcelamiento por ocho meses difíciles.

El 6 de julio de 1415, después rehusar retractarse de las verdades de sus enseñanzas, fue quemado en la hoguera. Poggius Bracciolini que escribió un relato conmovedor y poderoso de su muerte de setenta y dos páginas, fue el designado papal para pronunciar la citación por la que se informaba a Juan Hus que debía presentarse ante el Concilio de Constanza. Aunque Bracciolini era un empleado del Papa y obviamente se oponía a las enseñanzas de Hus, sus escritos indican que estaba profundamente conmovido por la conducta y finalmente, la muerte de Juan Hus. Pocos libros tienen mayor melodrama que el relato de Poggius Bracciolini, titulado *Hus, el herético*. En ella se relata los traumas, el juicio, y la sentencia de Juan Hus como un blasfemo. Cuando se pronunció la sentencia de culpable, estalló un disturbio que se extendió por toda la sala hasta la comunidad. Se rompieron sillas y muchos pedazos volaron por toda la sala. La muchedumbre se dispersó y se volvió muy hostil. El cuerpo del príncipe obispo de Cleve, que murió durante el concilio, fue pisoteado hasta quedar irreconocible, mientras la gente daba rienda suelta a su enojo contra la jerarquía de la iglesia por haber decidido la hoguera contra Juan Hus. A ese punto, Juan Hus pudo haberse escapado fácilmente. Los enemigos estaban con pánico, convencidos que Hus había escapado durante la contienda. Trataron de sellar las puertas de la ciudad para impedirle. Cuando el tumulto cesó, ellos descubrieron que Juan había regresado a su celda y oraba de rodillas pidiendo coraje para enfrentar su muerte, la cual sería al día siguiente. Esa noche, solo en su celda, escribió a sus amigos que estaban en Bohemia:

> Amados, los pocos minutos de vida que me queda debo usarlo para decirles adiós…. Quince meses atrás les dejé que defendieran lo que les he enseñado, antes de la reunión de los padres de este Concilio en Constanza…. He fracasado mi tarea, porque no se me ha permitido hablar con libertad….
>
> Debido a que no me importa sacrificar mi conciencia… ellos me amenazaron con prisión, hambre, y sed, las cuales pronto las cumplieron, porque no se me permitió regresar a mi lugar sino que fui llevado a una prisión, lejos del centro de la ciudad a una torre alta…. Después se me interrogó otra vez y me dijeron que una retractación me daría la libertad. Pero no puedo retractarme sin sentirme culpable, y las riquezas prometidas no pueden cambiar mi

convicción.... Se me arrojó a un pozo en la torre... por ocho días. Después nuevamente me preguntaron si había reconsiderado. ... Después me arrojaron a una prisión mucho más espantosa, donde las olas del lago golpeaban contra el agujero de mi celda... y la paja mojada de mi cama se pudría asquerosamente bajo mi cuerpo. Debía defecar en un agujero y con frecuencia pasaba semanas antes que las aguas altas lavaran el excremento, un olor terrible permanecía y que casi me mata. La fiebre ardía en mis huesos, una roncha cubría mi piel y ampollas punzantes crecieron en mi lengua, agravadas por la comida salada que recibía, y me era muy doloroso tragar. Mis dientes se desprendieron y cayeron sobre la paja podrida, mi fuerza me abandonó y la luz de mis ojos menguó. Mis uñas crecieron hacia adentro porque ya no podía morder para sacarlas y mi barba estaba llena de pulgas lo cual me torturaba continuamente, entraban en mi piel y se multiplicaban en las heridas infestadas de mi cuerpo. Mi vestimenta se pudrió y ya no pude cubrir mi desnudez durante (los seis meses) de mi encarcelamiento. Luego me arrastraron de nuevo y me pidieron que me retractara... y me retracté de lo que les enseñé... y así me gané una celda mejor. Pero cuando trato de dormir, hay temor en mi alma, y me inunda el remordimiento, por haber sido desleal a Dios y a mi conciencia.... Con la primera luz del día informé a mis enemigos que anulé mi retractación y... de nuevo fui llevado al agujero donde sufrí hasta unas semanas atrás. Se arregló un escape para mí, con la ayuda de algunos que me aman, pero mi conciencia no me permite aprovechar la ayuda de ellos.... Estoy muy enfermo y débil de cuerpo que el fin de mis días ya no me asusta. Lo único que me duele es que ya no podré verles una vez más en este mundo y que debo cesar de predicar la honra de Dios y el Evangelio de su Hijo.

Mis escritos... fueron quemados, aunque ninguna palabra ellos han entendido.... Su ira fue tan grande que destruyeron un pozo en Constanza, porque he saciado mi sed allí....

Escribo todo esto por ustedes mis amados, para que sepan que Dios ha estado a mi lado poderosamente en todas mis tribulaciones y me ha fortalecido, para que mañana pueda morir como un hombre, y espero que mi obra sea sellada al quemarse mi piel… No venguen mi muerte…. Permanezcan en paz….

Lloraré mucho por ustedes, pero un siervo de Dios, cuyo honor es mío, debe abandonar, por Él, y por amor a Cristo, su esposa, hijo, hermano, hermana, hogar, posesiones, y todo lo que le es querido. Y por esto secaré mis lágrimas y me inclinaré bajo la mano del Señor. Amén.

Escrito en Constanza, durante mi última noche, el cinco de julio de 1415, día que solo tengo 42 años de edad, Juan Hus.[82]

Hus quietamente se acostó a dormir después de haber orado y luego pasó la carta a su amigo, Count Chlum. Se rumoreó que le habían ofrecido un escape pero que rechazó aceptarlo porque "su conciencia hablaba contra ello".[83]

Supuestamente decían que se había dejado abierta la puerta de su celda y que algunos de sus amigos por la fuerza lo cargaron hasta la calle pero que Hus rechazó ir más lejos porque creía que la mano de Dios le rescataría con honor; o quizás porque temía que su escape de alguna manera dañara la causa que sirvió. El día que murió se levantó temprano y entonó varias canciones, después "cayó de rodillas, oró a Dios en alta voz y con lloros, le dio las gracias por los días de su vida, por el gozo y las pruebas, desde su infancia hasta ese día".[84]

Bracciolini (que había traído la citación original a Juan Hus para que se presentara ante el Concilio de Constanza, donde Hus fue apresado y condenado) registra un conmovedor intercambio entre Hus y sí mismo. Bracciolini pidió que Hus no le guardara ningún rencor, por lo cual Hus le aseguró que nunca tendría ningún odio contra nadie, incluido Bracciolini. Después entonces Hus fue llevado a un área pública donde un gran gentío se había reunido. Otra vez ellos demandaron que se retractara, a lo que Hus respondió, "vigorosamente y con el coraje de un apóstol: …Estoy aquí bajo la mirada de Dios, y nunca podré hacer lo que me piden, que deba blasfemar de Él y prostituir mi conciencia".[85]

El intento de hacer que Hus se retractara durante la reunión en la iglesia se volvió caótico. A medida que sus acusadores hacían jirones de su ropa, más se airaban sus defensores. Finalmente los enemigos de Hus llevaron al colmo a los defensores de Hus. Cuando tomaron la cabeza de Hus y comenzaron a cortar su cabello, se desató una pelea. Un caballero bohemio llamado Von Meneszsch, que llevaba oculto en su bota un puñal largo, lo sacó y clavó entre las costillas del hombre que estaba cortando el cabello de Hus. El hombre murió instantáneamente. De inmediato, los enemigos de Juan Hus se abalanzaron contra Meneszsch con cuchillos y trataron de matarlo. Milagrosamente, él mismo se defendió contra varios individuos y escapó a través de una pequeña puerta. Bracciolini registra la conclusión del evento con estas palabras: "Hus, sin embargo, lloró y apretó firme las manos sobre su cabeza rapada y oró a Dios por un feliz final."[86]

La tortura de Hus empeoró. Mientras estaba parado frente a sus enemigos, le ridiculizaban tratando de tirar arena en sus ojos. Hus respondió a las maldiciones que le gritaban, juntando las manos y orando, "oh Señor, Jesucristo, en tus manos entrego mi alma que has redimido con tu sangre. Padre celestial, no tengas en cuenta los pecados que mis enemigos cometen contra mí…. Alumbra sus corazones engañados, para que la verdad del santo Evangelio pueda abrir sus ojos y que su alabanza pueda propagarse por todas partes, por los siglos de los siglos, amén."[87]

En este punto de los eventos, los escritos de Hus juntamente con los de Wycliffe fueron arrojados al fuego, y quemados frente a él. Los sucesos de la muerte de Hus se extendieron gran parte del día, durante el cual se proveyó a la gente de bebida libre. El gentío, borracho, se volvió más implacable. Aproximadamente a las cinco de la tarde los atormentadores de Hus le forzaron a guiar una procesión a través de las calles de Constanza.

> [Bracciolini indica que] había solo unas pocas calles en Constanza por la que la procesión no pasó y duró más de dos horas. Muchos lloraban, otros se burlaban, y muchos oraban por Hus. Mientras tanto se cuenta que Hus cantaba el Salmo 31: "En ti, oh Jehová he confiado. Inclina a mí tu oído."[88]

A medida que llegaban al lugar donde Hus sería quemado, sus acusadores demandaron por última vez que se retractara. El respondió: "Hoy pueden matar el ganso, pero dentro de cien años oirán cantar a un cisne que no podrán quemar y ninguna red o trampa podrá atraparlo."[89] Esto probó ser una profecía. El nombre Hus en bohemio significa "ganso". Y muchos interpretan que el cisne se refiere a Martín Lutero, que 100 años después *no* sería quemado en la hoguera por decir las mismas cosas por las cuales Hus combatió.

En este punto, "el verdugo tomó cuerdas húmedas y ató las manos y los pies de la víctima contra el palo, metió algodón mojado en aceite entre sus miembros y la estaca, y vertió sobre su cabeza bastante aceite que corría por su barba". Luego se puso fuego en más de seis lugares, pero no prendió bien, debido a que el viento no soplaba. Juan Hus debió esperar como media hora hasta que el humo comenzó a levantarse a su alrededor. Un anciano, según Bracciolini de aproximadamente ochenta años, vino con más fuego y lo puso alrededor de Hus, diciendo burlonamente que lo hacía "para que pudiera partir más rápido al infierno". A esta altura, el humo y las llamas subían cada vez por el cuerpo de Juan Hus. Tres veces el gentío le oyó exclamar, "Jesucristo, Hijo del Dios viviente, ten misericordia de mí". Después de la tercera vez, el humo se disipó por un momento y el gentío pudo ver la cabeza de Juan inclinada sobre su pecho. Bracciolini afirma "que Hus murió antes que las llamas le tocaran". Dos horas después, su cuerpo cremado fue arrojado al río Rhin. Bracciolini concluye su carta a su amigo Nicolás con estas sorprendentes palabras: "Quería que supieras esta historia de un hereje, mi querido Nicolás, para que sepas cuánta fortaleza de fe mostró Hus ante sus enemigos y cuán feliz, en su fe, fue el final de este hombre devoto. En verdad, *¡él era demasiado bueno para este mundo!"* La carta simplemente firmaba, "Poggius, escrita en el día de Calixto, en octubre de 1415".[90]

Después de este asombroso relato de una horrorosa muerte, cada lector debe estar preguntándose, ¿por qué? ¿Por qué fue este hombre ejecutado? ¿Qué hizo para merecer tanta ira, hostilidad y brutalidad? ¿Cuál fue su gran crimen? ¿Su pecado? La respuesta simplemente está en que creyó que la Biblia es la palabra de Dios. Creía en su autoridad irrevocable. Creía que la gente no debía comprar con dinero (indulgencias) el perdón de sus pecados. Creía en la sencillez y la santidad de la iglesia primitiva. Creía que no solamente el pan sino también la copa debían servirse a la gente durante el servicio de la Santa Cena. Creía que el clero debía dejar de abusar a los laicos y dejar de aprovecharse económicamente y emocionalmente de ellos. Creía que la verdadera iglesia de Jesucristo no era una estructura a nivel de organización sino compuesta de personas que verdaderamente conocían a su Dios.

Tales fueron los crímenes que le causaron una muerte agonizante. Y debido a que murió, debido a que se mantuvo firme, la verdad siguió adelante. La verdad, como siempre, ganó ese cálido día de julio del 1415 y todavía sigue ganando hoy. Debido a la fe, la fortaleza, la confianza, y la flexibilidad de personas como Juan Hus, podemos decir con integridad, ¡que verdaderamente la iglesia está viva y sana!

CAPÍTULO 8

MARTÍN LUTERO Y LA REFORMA

Fecha de expansión: d.C. 1483-1546

Persona clave: Martín Lutero

Olga observaba con cariño los ojos inquietos de su nieta de 10 días de nacida. En una hora, Gertrudis sería bautizada. Cuán afortunados eran de tener un buen pastor. Con gratitud susurró, "tú no vivirás lo que yo viví, pequeña Gertrudis. Tú has nacido en un mundo nuevo". Levantó la tierna cabeza de la pequeña y la apretó junto a su mejilla.

Las memorias de la granja de su padre al otro lado del río Elbe cerca de Wittenberg invadieron su mente. Papá caminaba con ella a la iglesia del Castillo los domingos para escuchar al apasionado Martín Lutero. Ella recordó el día que Martín acarició los rizos de su cabello al pasar junto a ella. "Ama a Dios con todo tu corazón pequeña." Luego, con una sonora risa, Lutero subió la escalera zigzag hacia el púlpito. Mientras predicaba, su celo era contagioso y llenaba de calidez el corazón de Olga. Lutero la desafiaba a pensar diferente respecto de su fe. Tantas cosas habían cambiado a causa de Lutero.

Olga sonrió. Cuán orgullosa estaba de su padre. Él era un granjero ignorante que no sabía leer, pero su padre había entendido perfectamente los problemas y podía hacer que los asuntos teológicos de ese entonces sean fáciles de comprender.

"Padre, ¿qué diferencia hace", preguntó ella, "si el cuerpo de Jesús realmente está en el pan y en el vino al momento de la Santa Cena?"

Su padre con infinita paciencia y pasión le explicaba el pensamiento de Lutero: Si tú crees que se sacrifica a Jesús cada vez que participamos de la Santa Cena, entonces su muerte no fue de una vez y por todos, según enseña la Biblia. Si su muerte no fue de una vez y por todos, entonces en realidad no tenía que morir. "No valora el sacrificio de Jesús y pone el poder de la salvación en manos de hombres ¡en vez de ponerla en manos de Dios!"

Cuando ya Olga había cumplido los dieciocho años y estaba casada, la guerra teológica que había comenzado entre los profesores de Wittenberg y los líderes de la iglesia Católica Romana alborotó toda la ciudad. Incluso una noche su padre temía por la vida de Lutero. Pero ahora, una soleada mañana de abril del 1547, ella sostenía a Gertrudis sobre sus rodillas, y por la gracia de Dios Lutero no fue asesinado. Por el contrario, él trajo un cambio completo. Ya había pasado todas las supersticiones que ella temía cuando niña. Desapareció la creencia de que su alma estaba a merced de los líderes de la iglesia. Ya no sentía temor del sacerdote del pueblo. Ahora la mayoría de las personas podían leer. Todos sus hermanos podían leer, y ella misma fue autodidacta para leer, usando el libro a los Efesios, traducido por Lutero en la torre de Wartburg.

"¡Ya no tienes que dar tu dinero que ganaste con arduo trabajo para sacarme del purgatorio, Gertrudis!" Olga entendía ahora que no había purgatorio. Ella podía recordar, antes de la enseñanza de Lutero, que se quedaría sin su pan, café, y salchichas para el desayuno cuando el sacerdote venía a pedir monedas. Sus padres no parecían ser de corazón duro contra sus ancestros, pero Olga sabía que incluso en ese tiempo su padre no había dado mucho dinero para las indulgencias que fue forzado a comprar. "Dios no es tonto para necesitar de papeles que le recuerden a quién castigar. Y Él no es pobre para necesitar dinero", solía él decir. "Estos sacerdotes codiciosos solo quieren dinero para sus suntuosas catedrales."

Gertrudis lloriqueó, entonces Olga la meció, tarareando una melodía que el mismo Martín Lutero compuso. "Quizás ahora no comprendas el servicio en la iglesia, pequeña Gertrudis", ella susurró a su nieta. "Pero tan pronto aprendas alemán, sabrás lo que está sucediendo en la iglesia. ¡No necesitarás aprender latín! Podrás leer la palabra de Dios en alemán y entender al predicador." Olga había aprendido tanto acerca de la Biblia, ahora que la predicación era parte del servicio regular. Ella se sentía muy bienvenida por Dios. Ella podía tomar de ambos elementos de la Santa Cena. Le encantaba cantar juntamente con la congregación. Y ahora que los sacerdotes podían casarse mostraban más empatía por la gente común.

Si había algo que Olga lamentaba, era que la familia de su esposo había rechazado asistir al bautismo de Gertrudis. Las reformas de las que Olga se deleitaba no habían llegado sin un precio. Sus parientes no la habían hablado desde principios del 1520, más de un cuarto de siglo de duro silencio. Para ellos, los luteranos eran herejes y traidores. Gertrudis comenzó a llorar. "Shi", dijo Olga, dándole palmaditas y meciéndola. "No hay porqué llorar. Quizás quieres que el mismo doctor Martín te bautice, ¿verdad? Pero él hizo mucho por ti. Y ahora está feliz en el cielo. ¡No en el purgatorio!" Olga sonrió y miró el reloj. "Es hora de ir a la iglesia, pequeña. Quizás podamos incluso pasar por la misma puerta donde todo comenzó el 31 de octubre de 1517."

CONVERSIÓN A CAUSA DE UN RAYO

Es imposible sobreestimar el impacto de un individuo, Martín Lutero, "el pico más alto de la montaña" en toda la historia de la iglesia. Lutero nació en 1483, hijo de un simple minero en Sajonia, Alemania. Sus padres eran sencillos y pobres, pero a pesar de su pobreza, insistieron que Martín recibiera una buena educación. Martín asistió a las escuelas en Magdeburg y Eisenach y finalmente se alistó en la Universidad de Erfurt en 1501. El padre de Lutero quería que fuera un abogado, entonces Martín comenzó el estudio de leyes. Sin embargo, su estudio tuvo un final abrupto el 2 de julio de 1505 cuando fue tirado al suelo por un rayo durante una severa tormenta. Tirado en el suelo, paralizado por el temor, imploró: "¡Santa Ana, ayúdame y me haré un monje!" Aunque después dijo que lamentaba haber dicho esas palabras, tenía una fuerte conciencia; y dos semanas después cambió su rumbo académico, dejó la escuela de leyes, y entró al monasterio Agustino en Erfurt, Alemania.

Su padre no estaba contento y objetó vigorosamente, pero Lutero era extremadamente testarudo en cuanto a sus principios, y tomó sus votos para el monasterio en septiembre de 1506, y recibió su ordenación el 4 de abril de 1507. Aunque su padre asistió a su primera misa, aprovechó la ocasión para reprochar a su hijo por desobedecer sus deseos. La sensibilidad de Lutero, tomó este reproche muy duro. Lutero fue al monasterio, en parte debido a su profundo sentimiento de pecaminosidad y una abrumadora culpabilidad. La agonía de su culpa, sin embargo fue el medio que Dios usaría para producir gran fe en Lutero. La pasión de esa transformación cambiaría el curso del mundo.

En 1508, Lutero comenzó a enseñar en la nueva y pequeña Universidad de Wittenberg. Mientras trabajaba allí, tuvo la oportunidad de cumplir su sueño, porque se le pidió que viajara con un compañero monje a la Ciudad Santa, Roma. ¡Cuánto había deseado ver Roma! Allí, seguramente, encontraría piedad y justicia verdaderas. Sin embargo, al llegar a Roma, grande fue la sorpresa de Lutero. Los sacerdotes italianos estaban lejos de ser piadosos. Comerciantes calculadores, hacían ostentación de riquezas y parecían aprobar el estado de letargo espiritual en la que la iglesia había caído. La sensibilidad espiritual de Lutero no podía soportar tales abusos. Regresó a Wittenberg, profundamente decepcionado y muy turbado.

En 1511, Lutero había logrado su doctorado en Wittenberg y comenzó a enseñar el libro de Génesis y los Salmos. Pero en las Escrituras encontró solamente un juez airado, y un Dios al que era difícil acercarse. Lutero estaba saturado por su culpa y su búsqueda espiritual insatisfecha. Su confesor, un sacerdote llamado Staupitz, le llevó al relato de la crucifixión. Del 1513-1514, Lutero comenzó a descubrir que el término la "justicia de Dios" significa que Dios hizo que el hombre sea justo. Esta verdad penetró en el corazón de Lutero y afectó completamente su percepción de la realidad cristiana. Su predicación y enseñanza fueron alteradas radicalmente. Alrededor del 1515, comenzó a dictar conferencias de la epístola a los Romanos sobre su teología de la cruz. Enseñó que la salvación no se gana sino que la justificación del hombre era don de Dios. La gracia era el mayor regalo de Dios a la humanidad.

LAS ESCRITURAS

Finalmente, la larga crisis espiritual de Lutero estaba llegando a su fin. Pero con su paz, tuvo algunas convicciones que enfrentó todo lo que la iglesia de su tiempo enseñaba. La fuente de estas "nuevas" ideas era la palabra de Dios. Lutero comenzó a comprender el valor de las Escrituras a medida que enseñaba, y que al conocer la palabra de Dios, uno puede descubrir que está justificado por la fe y que la gracia es para todos. Los descubrimientos de Lutero no solamente sanaron su propia alma, sino que también comenzaron a captar el corazón de sus compañeros de la Universidad Wittenberg. Ellos también comenzaron a abrazar esta nueva y radical enseñanza que afirmaba que la obra que Jesús completó en la cruz era suficiente para el hombre pecador.

¿Acaso tenía idea de cómo su pensamiento cambiaría la vida de cristianos comunes? Parece que no. El 31 de octubre de 1517, en la víspera del día de todos los santos, Martín caminó por las estrechas calles hacia la iglesia. Iba rumbo a la puerta de la iglesia del Castillo, que funcionaba como un periódico/cartel de anuncios. Tomó un martillo pequeño y unos clavos del bolsillo de su sotana, y clavó un papel contra la puerta de la iglesia, y regresó a su casa. Qué sabía él que dentro de tres semanas las noventa y cinco declaraciones de protesta, conocida como las Noventa y cinco Tesis, se propagarían por toda Alemania.

LAS NOVENTA Y CINCO TESIS

Estas tesis eran protestas contra los abusos de la Iglesia Católica. Protestaban la transubstanciación, la doctrina del purgatorio (agregada a las creencias católicas a principios de los 600 por Gregorio I), las oraciones por los muertos, la venta de indulgencias, y otros abusos.

A medida que las ideas de Lutero se propagaban, más y más personas comenzaban a entender la libertad de sus mensajes. Pronto, la popularidad y la audacia de Lutero atrajeron la atención del Vaticano. El Papa y los líderes de la iglesia católica comenzaron a centrar en Martín, pidiéndole que defendiera sus tesis en público. La tenacidad y convicción de Lutero ante este desafío fue muy conocido. En abril de 1518, le citaron para un gran debate con el propósito de que rechazara sus teorías respecto de la gracia. Cuando eso fracasó, se puso fecha para otro juicio en octubre del 1518. Otra vez Lutero rehusó retractarse. Finalmente, en julio de 1519, la iglesia trajo a su teólogo más fuerte, Juan Eck, un famoso profesor de Leipzig, Alemania. En un momento muy dramático, Eck forzó a Lutero para que admitiera que había sido influenciado por el pensamiento de Juan Hus, que había sido quemado a la hoguera por hereje cien años atrás. Al admitir esta conexión, Lutero se ubicó a sí mismo como un hereje. ¡Y todos sabían lo que pasaba con los herejes!

La pluma de Lutero era más poderosa que sus habilidades para debatir y posiblemente le metió en más problemas. En 1520 escribió cuatro obras sugerentes que sacudió los fundamentos del Papado:

* Tratado sobre las obras de Dios
* A la nobleza cristiana de Alemania
* La cautividad babilónica de la iglesia
* Sobre la libertad Cristiana

La hostilidad entre Lutero y Roma se intensificó. El Papa ordenó que se quemaran los libros de Lutero y que sea excomunicado. La respuesta audaz de Lutero fue ¡qué excomuniquen al Papa!

LUTERO SE MANTIENE FIRME

En 1521, Lutero tuvo otro debate, la Dieta de Worms. Claro que ésta no es una estrategia alemana para perder peso. Una *dieta* era un debate o reunión, y en particular este se realizó en la ciudad de Worms. Una vez allí, no se pidió a Lutero que debatiera sobre teología, como él esperaba, sino que se retractara. Lutero replicó que estaba allí para debatir. "¿Se retracta usted?" fue la demanda insistente. Lutero pidió veinte y cuatro horas para considerar sabiendo lo que pasaría si se negaba. Al día siguiente, se presentó ante un auditorio muy quieto.

"¿Escribió usted estos libros?" preguntó el interrogador.
"Estos, y muchos otros que no están aquí", replicó Martín.
"¿Se retractará usted?"
Lutero respondió:

> … Mi respuesta es simple y sin rodeos. Si no me convencen mediante testimonios de las Escrituras o por un razonamiento

> evidente, quedo sujeto a los pasajes de las Escrituras que he alegado y mi conciencia está cautivo de la Palabra de Dios. No puedo ni quiero retractarme de nada, puesto que no es prudente ni recto obrar contra la conciencia. Sobre esta base me mantengo. No puedo hacer lo contrario. Que Dios me ayude. Amén.[91]

El Edicto de Worms era una orden de muerte para Lutero, preparado para silenciarlo para siempre, aunque supuestamente Martín disfrutaba de la protección política de Federico de Sajonia. Al dejar la famosa Dieta, su vagón fue arrebatado y él fue tomado prisionero por ocho meses en el Castillo de Wartburg. Sin embargo, fueron sus amigos y no sus enemigos lo que le sacaron del camino esa noche, a fin de proteger su vida.

LAS BENDICIONES DE UNA RECLUSIÓN FORZADA

Pero la mano de Dios era poderosa incluso en esas circunstancias, porque esos ocho meses fueron los más provechosos a favor de la iglesia. Lutero tradujo el Nuevo Testamento al lenguaje alemán corriente de ese tiempo, usando el texto en griego de la nueva compilación de Erasmo del Nuevo Testamento. El estudio forzado de Lutero mientras era mantenido prisionero por sus amigos, para su propia protección, quizás no haya sido su preferencia, pero fue de tremendo beneficio para la iglesia.

Estamos tan acostumbrados a tener una Biblia y a leerla que no podemos imaginar una iglesia que guarde de la gente la palabra de Dios. Pero la iglesia de ese tiempo no quería que sus miembros leyeran la Biblia. ¿Cómo los campesinos analfabetos podrían interpretar apropiadamente la Biblia? Esta era la esfera de información de los líderes y sacerdotes de la iglesia. Por supuesto, no era difícil evitar que la gente la leyera porque la mayoría no sabía leer de todas maneras. Incluso si podían, ¿dónde conseguirían los libros? Los libros eran caros y no fáciles de conseguir. Pero Lutero estaba dedicado a poner la palabra de Dios a disposición de todos. Después de todo, ¿acaso la Palabra no había sido la fuente de su entendimiento verdadero del amor de Dios? La reforma de Lutero resultó en la producción masiva de biblias, a disposición de la gente común y en su propia lengua.

LUTERO Y LA ADORACIÓN

La lectura de la Biblia era solo una de las ideas radicales de Lutero. Otra idea era la adoración pública. En época de Lutero, la misa se leía en latín, no se incluía un sermón y consistía en mucha repetición. La congregación no participaba en la adoración como es práctica de nuestra iglesia en la actualidad. Lutero, un apasionado de la música, incorporó el canto de congregación en la iglesia.

En la misma puerta sobre la cual Lutero clavó sus críticas a las prácticas de la iglesia, se erigió un cilindro parecido a una fortaleza, una torre adjunta a la iglesia del Castillo. Una escalera zigzagueante se extiende hasta la punta de la torre, sobre la cual está inscrita en piedras las palabras *Ein feste burg* ("una fortaleza poderosa"). El himno más conocido de Lutero fue inspirado en estas palabras. "Torre fuerte es nuestro Dios." Este canto representa el vigor y la vitalidad con las cuales Lutero consideraba no solamente el canto de congregación sino también el servicio completo.

LA TRADICIÓN BAJO ATAQUE

Lutero metió la iglesia en un tumulto al desechar muchos de sus poderosas tradiciones. El arguyó que la virgen María no era necesaria como mediadora entre Dios y el hombre. Desechó la doctrina del purgatorio, apelando como siempre a las Escrituras por tener la autoridad de hacerlo. Predicó la consubstanciación (en la Santa Cena el vino y el pan representa la *presencia real* de Cristo) en vez de la transubstanciación (en la Santa Cena el vino y el pan *se convierten* en la sangre y el cuerpo de Cristo). Este énfasis solo en el poder del sacrificio de Cristo ayudó que la gente entendiera que no deben considerar el agua bendita, los santuarios, las imágenes milagrosas, los rosarios, y las velas como un talismán mágico para que Dios haga lo que uno quiere. Con la Reforma vino un gran sentido de libertad. Finalmente, libre de las supersticiones, de los impuestos del Papa, de la venta de indulgencias, y la inmoralidad entre los sacerdotes, el pueblo de Dios adoró con gozo y entusiasmo.

EL CASAMENTERO LUTERO

Uno de los elementos radicales en la reforma de Lutero llegó en 1521, cuando Lutero declaró que los sacerdotes eran libres para contraer matrimonio. Pero, ¿dónde encontrarían para sus esposas? Lutero no pensó dos veces, ¡abrió los conventos! Volver a la vida común desde el monasterio y los conventos, estos cristianos debieron estar muy desconcertados por la necesidad repentina de tomar decisiones. Ellos necesitaban una compañía, pero ¿qué harían todos los solteros de los monasterios y las solteras de los conventos? ¿Dónde encontrarían una pareja para casarse? Lutero no les dejó desconcertados por mucho tiempo. Organizó a las monjas en fila y las aparejó con un sacerdote.

Según la historia, una monja no estaba muy contenta con la pareja que se le asignó. Esta mujer miró firmemente al anciano que le tocó como pareja, y dijo, "no me casaré con esa cabra vieja". Cuando Lutero inquirió con quién ella deseaba casarse, ella respondió, "¡tú!". Y se casó con Lutero. Catarina de Bora probó ser una esposa espectacular, madre, y "una primera dama de la Reforma". No solamente ella tuvo seis hijos (Lutero amaba mucho a cada uno de sus hijos y se dolió profundamente cuando dos de ellos murieron a temprana edad) pero ella también fue una amiga excelente, confidente, amante, anfitriona, y consejera.

LUTERO EL MENTOR

Lutero también atendió a sus alumnos. El hogar de Lutero se colmaba de jóvenes teólogos que deseaban aprender del más renombrado de toda Europa. Catarina trabajó bajo la popularidad de Lutero con gran habilidad, abriendo su casa continuamente. La falta de fondos hizo que la familia de Lutero recibiera huéspedes para ayudar con el presupuesto. Además, tomaron a cuatro niños de un pariente, ¡llegando a veinte los moradores de la casa! Los visitantes llegaban a la casa continuamente. Uno de estos escribió acerca de las risas y los debates teológicos realizados alrededor de la pesada mesa de madera en casa de Lutero, y que hoy todavía se conserva en ese apartamento en Wittenberg. Los jóvenes estudiantes de Lutero llenaron todo un libro de notas de esas noches (estas notas han sido publicadas bajo el título *charlas en las mesas*. En una ocasión, Caty (como el doctor Lutero la llamaba) se sentía enferma y se retiró al dormitorio. Cuando no se notó su presencia, ella regresó a la sala donde se realizaba el debate teológico. Ella anunció al grupo sus dolores y achaques, en latín, la lengua oficial del debate teológico. Después, ella fue incluida en el argumento teológico. La vida hogareña de Lutero proveyó un impresionante modelo para las casas iglesias protestantes.

Al morir Lutero el 18 de febrero de 1546, a la edad de sesenta y cuatro años, ya había sacudido al mundo. Más libros se escribieron acerca de Martín Lutero que ninguna otra figura en toda la historia de la iglesia, con la excepción de Jesucristo. Lutero mostró una personalidad fuerte y llena de vitalidad. Tenía una conciencia tierna y una pasión poco común por Dios. Estas cualidades, en parte, explican su influencia. Su propio carisma personal, devoción, y energía cambió la superstición y la tradición de gran parte de la población, por una renovada y gozosa celebración del amor y favor de Dios por ellos.

LAS SOLAS DE LUTERO

Lutero tuvo cuatro grandes pasiones para que todos los creyentes puedan explicar los cambios que él inició.

*Sola Escritura o "solo la Biblia". Dios usó su propia palabra para abrir las compuertas mediante la cual su poder y el de su iglesia se han mantenido. Cada estatua de Martín Lutero en Alemania lo muestra estrechando la Biblia cerca de su corazón. "Es por la palabra de Dios y solamente la palabra de Dios", decía con frecuencia. En esta Palabra, él no encontraba oraciones por los muertos ni otros mediadores sino Cristo, o la justicia por medio de las obras.

**Solus Christus*, "solo en Cristo". Cuando Lutero leyó la Biblia, descubrió que la gente tiene acceso directo a Dios a través de Cristo, y este es el segundo lema de los Reformadores. El compromiso radical de Lutero a la suficiencia de Cristo y su obra le llevó a denunciar a cualquier mediador fuera de Cristo. Ni María ni los santos muertos ni los sacerdotes deberían tomar la función que correspondía solo a Cristo. Lutero creía que la gente tiene acceso directo a Dios a través de Cristo.

**Sola Gratia*, "solo por gracia". Por la gracia de Dios, Cristo viene a nosotros. Él es el iniciador, que viene a buscar y a salvar al perdido.

Cristo obra en nosotros para que nos acerquemos a Él. Solo Cristo inicia la relación con nosotros.

**Sola Fide*, "solo por la fe". Nuestra respuesta a la gracia de Dios es por fe. El hombre nunca podrá salvarse a sí mismo. La salvación es a través de Cristo y solamente Cristo, mediante su gracia infinita y por confiar (fe) radicalmente en Él.

La muerte de Lutero en 1546 no vio el final de su influencia. *Sola Escritura, solus Christus, sola gratia, y sola fide* se convirtió en el énfasis de cada grupo protestante que siguió a Lutero. Otra vez, la mano de misericordia y gracia de Dios se movía a través de los tiempos y eventos difíciles a favor de la iglesia y de toda la humanidad. La teología de Lutero purificó y corrigió a la iglesia y la puso en una posición para bendecir al resto de la cultura, para ser un instrumento de Dios de salvación de la civilización.

CAPÍTULO 9

LA EXPANSIÓN DE LA REFORMA

Fecha de expansión: d.C. 1518-1572

Personas clave: Ulrico Zwingli, Conrado Grebel, Félix Manz, Menno Simons, Juan Calvino, Juan Knox, Ignacio de Loyola

Ulrico Zwingli ha sido muerto en la batalla", anunció la abuela mientras entraba cargando uno huevos. Graciela de 16 años de edad miró por encima de sus libros. La abuela suspiró, "era tan joven, solo tenía cuarenta y siete años".

"Se lo merece", murmuró Graciela.

"¡Graciela!" exclamó la abuela. "¿Cómo puedes decir tal cosa acerca del hombre que te tuvo en su regazo, que era tu pastor, que comió a tu mesa y te enseñó hermosas verdades acerca de nuestro Salvador?

"¿Cómo podría alguna vez perdonar a Zwingli por lo que permitió que pasara a papá?"

La abuela no respondió. Se paró detrás de Graciela, acariciando su larga cabellera rubia. "Debemos dejar que nuestro Padre celestial juzgue a todos."

La memoria de Graciela volvió cinco años atrás a las noches de conversaciones. Ella tenía once años y a través de la puerta entreabierta de su dormitorio escuchaba las voces preocupadas de su padre con sus amigos. Zwingli era su héroe y Graciela con frecuencia oía su nombre cuando ellos discutían sobre la manera bíblica de tomar la Santa Cena. Graciela amaba la teología y escuchó atentamente. Ella estaba sorprendida de enterarse que el pastor Zwingli y Martín Lutero tenían desacuerdo sobre la Santa Cena.

Papá estaba triste, turbado y preocupado con sus pensamientos. A veces no tenía ganas de llevar a Graciela a una caminata a orillas del río

Limmat. A medida que las tensiones aumentaban en el pueblo entre las ideas de Zwingli y las ideas del hermano Martín, su padre rehusó relatar historias a Graciela acerca del fascinante hermano Martín. Pero un día el semblante de su padre cambió.

"El concilio de la ciudad ha adoptado las creencias del hermano Martín", dijo su papá muy contento, mientras miraban a los patos que nadaban plácidamente, que entraban y salían de las aguas en la rivera. Papá y sus amigos hablaron con más libertad después de esa noticia.

Graciela replicó complacida, "quizás tendremos algo de paz entonces". Graciela siempre había aborrecido las peleas, palabras ofensivas, o conflictos de cualquier tipo. Hubo momentos cuando sus hermanos jugaban simulando ser soldados y peleaban entre sí, entonces ella se metía en medio de ellos gritando, "¡basta! Paren. ¡No se maten!" Incluso pensaba, *ojalá hubiera nacido en otra época. Parece que nadie se trata sin enojo y violencia.*

Pero la paz en la ciudad no duró mucho. Las tensiones comenzaron a incrementar otra vez y por la noche se enviaba a Graciela al dormitorio. Desde la puerta entreabierta, ¡ella se enteró que su papá y sus amigos ya no estaban de acuerdo con el pastor Zwingli! Graciela, acostada en su cama, lloró esa noche, rogando al Señor por la paz entre su pueblo.

Un sábado, poco después de cumplir los veinte años, el papá de Graciela la llamó a su oficina. Su voz se quebró, "no iremos a la iglesia mañana".

Graciela se sentó calladamente a sus pies, cerca del fuego. Ella sabía que algo muy malo había pasado.

"¿Por qué papá? La nueva hermanita de Heidi será bautizada y yo le prometí que iría a su casa para celebrar."

"He tratado de mantener lejos de ti estos problemas, Graciela. Yo sé que aborreces los conflictos, pero estoy profundamente convencido que no está bien bautizar a los infantes. Lleva a la iglesia a la apatía. La gente piensa que son hijos de Dios porque se les ha rociado agua sobre sus cabezas cuando eran niños. Ser un cristiano significa más que unas pocas gotas de agua. Es morir a sí mismo con Cristo. El bautismo es un símbolo de esa muerte y nuestra esperanza de la resurrección de Cristo. La nueva vida se evidencia por la fe verdadera y el bautismo simboliza esa fe. Graciela, creo que debemos bautizar solo a los adultos que sean creyentes nuevos y que también debemos volver a bautizar a los que han sido bautizados cuando niños."

"Papá, ¿volverías a bautizarme? El río Limmat está tibio ahora, papá.

"El gobierno de Zwingli no lo permitirá", respondió su papá.

"¿Qué haría el pastor y el concilio de la ciudad si me bautizarás de nuevo papá?"

Pero su papá dijo inmediatamente. "Lo siento, mi dulce paloma. Dios quiera que pueda hacer las cosas como tú las sueñas. Esta noche nos mudaremos de la casa. Iremos a vivir en una cueva grande fuera de la ciudad."

Graciela no podría creer lo que estaba oyendo. Se agarró de la camisa de su padre, y lágrimas comenzaron a brotar de sus ojos.

Esa noche, ella descubrió cuán fría y húmeda es una cueva por la noche. No había mucho espacio para traer las cosas de la casa, porque la cueva estaba llena de docenas de familias. La familia de Heidi no estaba allí y Graciela extrañaba mucho a su amiga. Papá rehusaba esconderse todo el tiempo. Tomó turnos para vigilar por la noche, pero durante el día, insistía en predicar por las villas que rodeaban la ciudad.

Una noche estaban juntos y apiñados en la parte más tibia y seca de la cueva cuando Graciela oyó gritos que provenían de los guardias. Un sonido como de caballos que relinchaban se oyó en la noche. Después, desde el bosque cercano se oyó el chasquido de espadas que chocaban entre sí. Según habían practicado muchas veces, todos se movieron a los lugares preparados y los niños permanecieron en absoluto silencio. Eventualmente, de nuevo la noche quedó en silencio. Pero uno de los jóvenes regresó, muy mal herido.

"¡Han tomado a nueve de nosotros!" susurró sollozando de dolor y pena. "Ellos les ahogarán. Oh, ¡ya no los volveremos a ver!"

Mamá rehusó quedarse quieta. Ella iría al pastor Zwingli y al concilio de la ciudad. ¡Seguro que ellos no lastimarían a su amado esposo, tan fiel a Cristo y a su Evangelio! Los que estaban en la cueva le rogaron que no se fuera, pero ella estaba determinada. Besó a Graciela y a los muchachos y les dijo que la esperaran. Pero ella nunca regresó. Papá y los otros tampoco nunca regresaron.

Dos meses después, una mujer en la pescadería le dijo que su esposo había visto al papá de Graciela una mañana en el bosque cerca del río. Ella dijo que él tenía las manos atadas, e iba con otros hombres, que fueron arrojados por los soldados al Limmat mientras se burlaban diciendo, "¡así que quieres volver a bautizarte! "¡Nos aseguraremos que lo hagas!"

La mente de Graciela retornó a los eventos del momento. Ella dijo con voz seca, "Zwingli está muerto. Tú eres justo, Señor. Por favor envía paz a tu Iglesia".

Desde la cocina, la abuela, entre lágrimas, susurró, "amén, Señor Jesús".

LA EXPANSIÓN DE LA REFORMA

La puerta se había abierto ampliamente y el Evangelio fue liberado. La Biblia estaba en las manos de la gente común. Ya nunca sería lo mismo. Martín Lutero había introducido a Europa no solamente una teología fresca, sino un nuevo concepto. Aunque trataron, los oficiales de la iglesia Católica Romana no pudieron "meter de vuelta el caballo al establo". Lo que sucedió en Wittemberg comenzó a expandirse a través de Europa como un reguero de pólvora.

ULRICO ZWINGLI

Ulrico Zwingli (1484-1531) hizo un viaje teológico en muchas maneras paralelo al de Lutero. Nacido en 1484 en Wildhaus, Suiza, Zwingli recibió su diploma de bachiller en 1504 y su maestría en 1506. Fue sacerdote de Glarus por diez años, después se mudó a Einsiedeln. Allí, su predicación comenzó a cambiar, a medida que cambiaba su entendimiento del Evangelio. Zwingli se hizo más evangélico, y con valor denunció ciertas prácticas comunes, como el contrato de soldados mercenarios. Había sido testigo de la muerte de 6 mil soldados en la guerra para la cual fueron contratados.

En 1518, solamente unos meses después de que Martín clavara sus 95 tesis en la puerta en Wittenberg, Zwingli se convirtió en pastor de la Grossmuster en Suiza. Su predicación reveló la amplia división que existía en ese tiempo entre la práctica de Roma y el Evangelio. Aunque completamente influenciado por los eventos en Wittenberg y la enseñanza explosiva de Martín Lutero, el pastor quería evitar en lo posible una división con Roma. Sin embargo, escogió un método peculiar para mantener la paz. Zwingli se casó secretamente, lo cual era contrario a la práctica de la iglesia y luego buscó el permiso para que los sacerdotes se casaran, pero no tuvo éxito. Muchas monjas y sacerdotes siguieron su ejemplo. Su influencia en Suiza causó conmoción en la iglesia, no solamente acerca del asunto del matrimonio del clero sino también en otros aspectos. Las imágenes y las estatuas fueron removidas de la espectacular catedral situada en el mismo centro de Suiza. La misa fue reemplazada por un simple servicio de adoración con cánticos y enseñanzas que la gente pudiera entender.

DESACUERDOS ACERCA DE LA SANTA CENA

Aunque Zwingli siguió el ejemplo de Lutero en muchos asuntos, sin embargo no estaba de acuerdo con Lutero respecto de la interpretación de la Santa Cena. Los Católicos Romanos creían en la *tran*-substanciación y Lutero creía en la *con*substanciación (Cristo de manera profunda, *literalmente* estaba presente en la Santa Cena), Zwingli creía en la presencia *espiritual* de Cristo. Estaba convencido que Jesús de manera única estaba presente solo *espiritualmente* durante el servicio de la Santa Cena. (Los Anabaptistas, se mencionarán luego, sostenían una cuarta posición, decían que el servicio de la Santa Cena era un memorial, o recordatorio de la obra de Cristo en la cruz.)

Uno pudiera pensar que los Reformadores, que habían peleado valientemente por la verdad y que estaban de acuerdo en muchos asuntos, hubieran podido sortear sus diferencias sobre este tema o al menos de poder permanecer en comunión los unos con los otros. Sin embargo, no debemos olvidar la precisa razón por la que estos hombres han impactado tanto, en parte fue la habilidad que tenían de analizar un asunto, sostener convicciones al respecto y a no cambiar de opinión, sin que importara el precio de pagar con sus propias vidas, la de sus familias, congregaciones, o país. Estos eran hombres de convicciones profundas, que vivieron en una época que demandaba uniformidad, así que no temían debatir otra vez. En 1529, un líder político llamado Felipe de Hese reunió a Lutero y a Zwingli en el llamado Coloquio de Marburg. Pero Lutero y Zwingli sentados a la mesa uno frente al otro, según el arreglo de Felipe con la esperanza de reconciliarlos, solamente sirvió para enfadarlos más. Los Reformadores salieron de la reunión más divididos que nunca. De las quince proposiciones de la Reforma, estuvieron de acuerdo con catorce. Solo una quedó, la que describe la Santa Cena. Este asunto fragmentaría el movimiento de la Reforma y la dejaría trágicamente desunida.

NACIMIENTO DE LOS ANABAPTISTAS

El liderazgo de Zwingli en Suiza no pasó sin desafíos. Algunos residentes de la ciudad sentían que él todavía estaba muy comprometido al método romano. Conrado Grebel (ca. 1498-1526) y Félix Manz (1490-1527) eran residentes de Suiza que trataron de persuadir a Ulrico Zwingli y a su compañero, Leo Jud, para que sean bíblicamente radicales en el movimiento de la reforma en Suiza. En septiembre del 1524, Zwingli se había separado totalmente de sus antiguos colegas Manz y Grebel.

BAUTISMO

Aunque Grebel y Manz no estaban de acuerdo con Zwingli en varias áreas, el problema más difícil era el bautismo del creyente. Los compañeros de Zwingli pensaban que solamente las personas con la edad necesaria para entender el Evangelio deberían ser bautizados. El mismo Zwingli, sin embargo, continuó empleando el método católico romano del bautismo de infantes. El concilio de la ciudad de Suiza, temeroso de la división en la ciudad sobre este asunto, se puso del lado de Zwingli. Fue un intercambio muy fuerte.

Zwingli estaba muy agitado, y aquellos que se oponían (fueron una vez sus mejores discípulos y estudiantes) afirmaban que éste había abandonado los conceptos que antes sostenía. En enero de 1525 se abrió más la brecha entre Zwingli y sus antiguos seguidores cuando Grebel decidió por primera vez realizar un bautismo (o rebautizar) por inmersión. Los líderes anabaptistas (como luego se los conoció) creían que la palabra griega *baptizein* significaba "sumergir" y decidieron bautizar a las personas metiéndolas en las frías aguas de enero del río Limmat que corre por Suiza.

El nombre Anabaptista significa "rebautizar". Lutero y Zwingli estaban de acuerdo con la iglesia Católica Romana que podían bautizar a infantes. Pero los Anabaptistas creían que una persona no podía aceptar a Cristo hasta que tuviera la capacidad para entender, y que el bautismo estaba reservado para aquellos que confesaban a Cristo en fe. El asunto del bautismo se volvió muy divisorio. Los seguidores de Lutero y de Zwingli comenzaron a torturar a los anabaptistas y a castigarlos ahogándolos en el río. Se burlaban de sus víctimas gritando, "¿quieres volver a bautizarte? ¡Nosotros te rebautizaremos!" Y luego los ahogaban.

GREBEL MUERE; SE MATA A MANZ

El movimiento del bautismo del creyente comenzó a crecer rápidamente, y cientos respondieron. En octubre de 1525, Grebel pasó de una casa a otra, testificando a una o dos personas a la vez o a cualquier grupo pequeño dispuesto a escucharle. Llamó a la gente al arrepentimiento y enfatizó el bautismo de los creyentes. Una de sus grandes reuniones iba a llevarse a cabo el ocho de octubre. Pero, Grebel, Manz, y otros fueron arrestados mientras se preparaban para una reunión en el bosque. La condición física de Grebel ya estaba deteriorada por haber estado en prisión un tiempo y por haber pasado meses como fugitivo. El segundo arresto fue demasiado para Grebel. Murió, y de esta manera se convirtió en el primer mártir del movimiento Anabaptista.

El 5 de enero de 1527, Manz fue sentenciado a morir por abrazar la idea que solamente los creyentes deben ser bautizados y que el Estado no debe influenciar en los asuntos de la iglesia. Fue llevado atado de la prisión Wellenberg, a un bote anclado tras la pescadería. Mientras era llevado, seguía testificando a aquellos que permanecían a lo largo de las calles y de la rivera del río Limmat. Siguió alabando a Dios porque, aunque era un pecador, tendría el privilegio de morir por la verdad. Y una vez más firmemente declaró que el bautismo del creyente era el único bautismo verdadero conforme a la Biblia. La voz de su madre se podía oír en medio de la multitud. ¿Qué dijo ella? ¿Trató ella que él se retractara, que renunciara a su fe para que se le perdone la vida? ¡Oh no! Por el contrario, ella le animó a que permanezca fiel a Cristo en ese tiempo de tan grande prueba. Finalmente, fue colocado en una barca pequeña ubicada tras la muralla del edificio del concilio (que todavía permanece hasta hoy) en Suiza. Lentamente el bote comenzó a moverse corriente abajo donde chocó contra un cobertizo para peces que estaba anclado. Sus manos y sus pies estaban atados así que no podía nadar para salvar su vida. Se le oyó clamar en alta voz, "Señor, en tus manos encomiendo mi espíritu". Desapareció bajo las aguas del río Limmat, donde dos años antes había bautizado a sus primeros convertidos. Bernardo Wyss registró que la ejecución de Manz tuvo lugar el 5 de enero de 1527 a las tres del sábado por la tarde. Él fue el segundo mártir del movimiento anabaptista,[92] pero lejos de ser el último.

LA REFORMA RADICAL

Con frecuencia se refiere a los anabaptistas como Reformadores Radicales. El término "radical" refiere a regresar a la misma "raíz" (*radix*) de la fe cristiana. A los anabaptistas les gusta llamarse radicales, porque deseaban volver a la raíz bíblica. Eran gente sencilla con una fe simple, pero pensaron respecto a lo que proponían. Introdujeron la frase "discípulos de Cristo" como una descripción de lo que significa madurar en Cristo. El anabaptista pensador Hans Denck habló de la "morada de la Palabra" que afecta la renovación moral en el espíritu humano. En su búsqueda por la moralidad y la integridad, los anabaptistas dependían sin vergüenza del poder del Espíritu Santo. Mostraron coraje y eran tardos para comprometerse con el mundo contaminado en el cual vivían.

¿Cómo fueron ellos tratados por esta fe sencilla? Fueron martirizados por miles, y no en manos de los enemigos comunes de la cruz. Fueron martirizados por sus compañeros de la reforma, por los seguidores de Martín Lutero y de Ulrico Zwingli. Fueron considerados una amenaza por "haberse ido muy lejos". Pero su habilidad de recuperarse pronto de los problemas y la belleza de su espíritu frente a las severas persecuciones muestran otra vez que la verdadera iglesia de Jesucristo no será coaccionada. Irónicamente, el término "verdadera iglesia de Jesucristo" tiene un toque anabaptista. Ellos creen firmemente que las estructuras de la iglesia organizada (concilios, el sacerdocio, las regulaciones de la iglesia) no deben confundirse con aquellos que formaban parte de la iglesia verdadera.

Es doloroso admitir que existía tal intolerancia teológica. Sin embargo, desde nuestra época, debemos tratar de entender el mundo que ellos vivieron. La uniformidad teológica dentro de una región política dada, se percibía como una necesidad absoluta. Todos los que vivían dentro de un país o provincia en particular debían ser de la misma persuasión teológica. Esto era parte de la esfera política y social de esa época. No se permitía ninguna variación. Por esto, los disidentes religiosos eran percibidos como una amenaza al sistema político, y necesariamente se aplicaba rápidamente la justicia por el bien de la paz pública.

El segundo asunto importante que afectó la manera cómo se trataba a los anabaptistas, y que los separaba de los otros reformadores, era la relación entre la iglesia y los poderes políticos. Creían que el Estado no debía intervenir en los asuntos espirituales, los anabaptistas fueron los primeros en abogar por la separación entre la iglesia y el estado. (Se puede trazar sus raíces hasta el Nuevo Mundo, donde la colonia de los Bautistas de Rhode Island no requería el endorse oficial de una religión.)

LAS MUCHAS RAMAS DEL MOVIMIENTO ANABAPTISTA

En vez de ser un grupo uniforme, los anabaptistas enfocaban con variedad la fe cristiana. Por ejemplo, algunos eran pacifistas. Sus descendientes, los Menonitas, no participan de la guerra hasta hoy; ellos se registran bajo la objeción de conciencia. Lamentablemente, algunos de los grupos que salieron del movimiento anabaptista se volvieron muy extraños, practicando la poligamia y afirmando que recibían extrañas revelaciones. Sin embargo, esto no era típico de los anabaptistas que eran cristianos de moral decente, que amaban intensamente a Dios, lo cual provocó su persecución.

CUATRO CATEGORÍAS

El origen del movimiento anabaptista generalmente data del 21 de enero de 1525, cuando el concilio de la ciudad de Suiza ordenó que los líderes de este movimiento dejaran de provocar controversias teológicas. Para los anabaptistas puristas, esta orden era otro intento político de coaccionarles. Unas noches después, ellos bautizaron a otro y así fueron llamados los anabaptistas, o rebautizadores. Con el paso del tiempo el grupo de personas desconectados y llamados anabaptistas se dividieron en cuatro categorías principales:

La línea principal de los anabaptistas: Esto incluía los Hermanos de Suiza, los Menonitas, los Huteritas, lo cuales fueron todos descendientes espirituales de Jacobo Hutter.

Los espirituales: Andrea Carlstadt (1480-1541), Tomás Muntzer (1489-1525), Gaspar Schwenkfeld (1489-1561), y Sebastián Franck (1491-1542) fueron líderes prominentes. Los Espirituales eran más sujetivos que otros reformadores. Uno de los principales credos de la Reforma era la Sola Escritura, que significaba, "solamente las Escrituras". Los Espirituales se sentían más cómodos con el toque del Espíritu Santo en el corazón del creyente en la vida contemporánea. Creían que Dios podía hablar la verdad a quien era espiritualmente sensible. Auque en cierta medida hay algo de verdad en tal declaración, sus seguidores lamentablemente eran vulnerables a los abusos de la interpretación bíblica.

Los racionalistas: El grupo más popular en esta categoría fue conocido como los Socianos, que tomaron su nombre de Lelio Socinus (o a veces Sozzini, 1525-1562) y su sobrino, Fausto Socinus (1539-1604). Ellos interpretaban todo a la luz de la razón y su estricto raciocinio les llevó a rechazar puntos básicos como la deidad de Cristo.

Los revolucionarios. Un ejemplo clave de esto son los seguidores de Tomás Muntzer (1489-1525). Los munsteritas, como se llamaban, trataron de entrar al reino de Dios por medio de la espada. La revuelta Muntzer ocurrió en Westfalia, cuando un grupo de Munsteritas invadieron la gran iglesia y por la fuerza tomaron control del concilio de la ciudad a principios del 1534 hasta junio de 1535. Esta era su manera de traer el Reino de Dios. Ellos sentían que se justificaba matar "paganos" (los que no estaban de acuerdo con ellos) cuando era necesario.[93]

LOS MENONITAS, LOS MÁS INFLUYENTES

Sin embargo, es muy importante señalar que los grupos segundo, tercero, y cuarto (los espirituales, la racionales, y los revolucionarios) han disminuido en influencia con el paso del tiempo. El término "Anabaptista" tiende a asociarse con los Menonitas y los Hermanos. El líder mejor conocido del movimiento Anabaptista fue Menno Simons (1496-1559). Simons se convirtió en un sacerdote católico romano en 1524, pero en 1527 tuvo serias dudas acerca del concepto tradicional de la Santa Cena, la misa, y el bautismo de infantes. Tenía hambre de una profunda seriedad moral. Comenzó a estudiar las Escrituras y desde 1535 predicó un mensaje de arrepentimiento. En 1537 fue ordenado de nuevo, un acto simbólico que significaba que cortaba sus lazos romanos. Viajó ampliamente como predicador, juntando a la gente que abrazaba su idea de una "nueva criatura", que decía que uno debe tomar seriamente las enseñanzas de Pablo de morir al viejo Adán (véase Romanos 5:12-21) y resucitar a novedad de vida en Cristo (véase 2 Corintios 5:17).

EL TEÓLOGO JUAN CALVINO

Aunque Martín Lutero es el líder mejor conocido de la Reforma, Juan Calvino es considerado como el mayor teólogo sistemático y decidido de todos los reformadores. Nació el 10 de julio de 1509 en Noyon, Francia, aproximadamente 50 millas al norte de París, fue el cuarto hijo de Gerardo Cauvin (luego escrito Calvino). Martín Lutero clavó sus 95 tesis solo dos años antes del nacimiento de Calvino. Contrario a su hermano mayor de la Reforma, Calvino era un hombre callado. Sin embargo, tenía la misma determinación y fuerza de voluntad. Calvino, era un estudiante talentoso y concienzudo, comenzó a asistir a la universidad de París a los 14 años de edad. La brillantez académica de Calvino ya era obvia. Sin embargo, poco sabemos respecto de su actitud religiosa antes de cumplir los veinte y cinco años. En 1533 el joven Juan experimentó una "repentina conversión". En la introducción a su comentario de los Salmos escribió lo siguiente de su experiencia de conversión. "Debido a que estaba testarudamente adicto a las supersticiones del papado y para ser sacado fácilmente de tan profunda ruina, Dios subyugó mi corazón, muy testarudo para mi edad, a una docilidad mediante una repentina conversión."[94]

El 31 de octubre de 1533, el decimosexto aniversario del día que Martín Lutero clavó sus 95 tesis en la puerta de Wittemberg, el amigo de Calvino, Nicolás Cop, predicó un sermón como nuevo rector de la Universidad de París. Su contenido luterano despertó tal disturbio que ambos Nicolás Cop y Juan Calvino fueron forzados a huir de la Universidad de París.

LAS INSTITUCIONES

En 1536, a los 27 años de edad, Juan Calvino publicó la primera de las muchas ediciones siguientes de su famosa las *Instituciones de la religión cristiana*, generalmente conocida como las *Instituciones*. Estos volúmenes increíbles fueron un logro espectacular para una persona de la edad de Calvino, y a medida que eran revisadas a través de los años, se convirtieron en su legado a la iglesia Cristiana. Incluso después de cinco siglos, las *Instituciones* permanece claramente como "el pico más alto" de la teología cristiana. Sirven como volúmenes que definen una rama principal de la iglesia cristiana.

Calvino era valiente y dedicado, con un corazón por la iglesia y un conocimiento amplio de las Escrituras. Pero lo admirable de Calvino era su habilidad para sistematizar y organizar su pensamiento. El aplicó ordenadamente su inteligencia a todo lo que hizo. En sus escritos, presenta una exposición cuidadosamente estructurada de la verdad. Ningún otro había ordenado completamente las Escrituras en un bosquejo sistemático. *Las Instituciones* se consideran un clásico hasta hoy.

GINEBRA Y ESTRASBURGO

Al escribir sus *Instituciones*, inmediatamente Calvino se volvió un Reformador renombrado e influyente. Guillermo Farel persuadió a Calvino a que fuera a Ginebra para ayudar a reformar la ciudad y ponerla en alineamiento conforme al método bíblico. Este intento de establecer la ciudad de Dios en la tierra fue un fracaso rotundo y como resultado Farel y Calvino tuvieron que retirarse rápidamente de la ciudad en 1537. Mucha gente se enfadó bajo la pesada mano de Calvino.

De Ginebra, Calvino fue a Estrasburgo, Francia, donde continuó escribiendo, pensando, y pastoreando. En 1539, escribió su comentario de la carta a los Romanos, que sería el primero de muchos comentarios. Mientras tanto, en Ginebra el tumulto continuaba. Tan alterada estaba la gente que los padres de la ciudad alentaron a Calvino a que regresara con la esperanza de que podría ayudar a restaurar la paz. Después de largos meses, finalmente estuvo de acuerdo, convencido de que la mano de Dios estaba sobre este llamado a la ciudad.

Llegó a Ginebra en septiembre del 1541, y permaneció allí hasta que murió de tuberculosis el 27 de mayo de 1564. Sin embargo, su regreso a Ginebra no fue pacífico. Estuvo lleno de controversias políticas, eclesiásticas, y teológicas. Llevó adelante una agresiva campaña de reforma moral de la ciudadanía. Alrededor del 1548 sus opositores ganaron el control del concilio de la ciudad e hicieron la vida mucho más desafiante para Calvino. Un extraño giro de eventos causó que Calvino volviera a ganar el control de la ciudad en 1555. Miguel Servet había negado la doctrina de la trinidad. En una época que no se permitía ningún tipo de pluralismo teológico, Calvino lo condenó como un hereje y un blasfemo. Aparentemente, con la aprobación tácita de Calvino, Servet, el impertinente genio médico (fue el primero en descubrir la circulación pulmonar de la sangre) y teólogo aficionado fue quemado en la hoguera. Para los historiadores, este evento sería la nube negra sobre Calvino. Sin embargo, no debería ser recordado exclusivamente por este trágico incidente. Su vida diaria estaba llena de servicio. Realizó bodas, bautismos, y cada día predicó en la iglesia de San Pierre, donde habló con frecuencia de su visión que Ginebra debía convertirse en una ciudad visible de Dios. Estableció la Academia de Ginebra donde se entrenó a cientos de pastores.

Se decía entre los hugonotes protestantes franceses (paisanos de Calvino nacido en Francia) que un certificado de esta escuela era equivalente a un certificado de muerte. La mayoría de los jóvenes franceses que estudiaron en la Academia de Ginebra y que regresaban a Francia como pastores serían arrestados y condenados a sentarse encadenados a las bancas de las galeras del rey para remar hasta morir, lo cual solo tomaba un año o dos. Pero más estudiantes seguían llegando.

DOCTRINA

Las creencias de Calvino por lo general se caracterizan por el acrónimo T.U.L.I.P (en inglés). Estos cinco puntos no describen todo lo que Calvino enseñó, pero eran los puntos de su sistema que difieren de la doctrina Católica Romana de su época.

**Depravación total*: La caída de Adán en pecado es tan grande que ningún humano tiene la capacidad de responder a lo que es bueno.

**Elección incondicional*: Dios escoge a las personas incondicionalmente; lo cual significa, la elección de Dios no se basa en lo que uno pueda hacer o cualquiera sea cómo uno responda.

**Expiación limitada*: La muerte de Cristo fue eficaz solo para los elegidos, y en este sentido no fue por todos.

**Gracia irresistible*: Si uno fue elegido para recibir la salvación, no sería posible que pueda resistirla.

**Perseverancia*: Cuando uno es verdaderamente salvo, es imposible caer de esa condición. Lo cual se conoce también como seguridad eterna.

EVALUACIÓN

En los 1500, el Calvinismo, como se llamó, se propagó rápidamente a través de Escocia, Polonia, Holanda, y eventualmente a América. Las denominaciones presbiterianas y de la Reforma señalan a Juan Calvino como el padre fundador. Según la tradición teológica en la que usted fue criado, Juan Calvino ya sea es un villano o un héroe. Fue criado en una tradición claramente Wesleyana, así que el Calvinismo no era un término particularmente positivo. Sin embargo, debemos reconocer la profunda influencia de este hombre devoto. Fue un brillante teólogo de la Reforma que además deseaba ver la justicia de Dios establecida en la tierra, trayendo buena moral y paz a toda la ciudad. Aunque vemos estos eventos a través de los ojos de nuestro pluralismo del presente siglo, estamos forzados a admirar el extraordinario intento de Calvino de vivir según la Biblia en la comunidad y en la vida. Finalmente, debemos apreciar a Calvino por haber captado la profundidad de la depravación humana. Quizás solamente Agustín (en el cuarto siglo) y Jonatán Edwards (en el siglo dieciocho) compartió la sensibilidad de Calvino acerca de la profundidad del pecado en el corazón humano.

SUS PENSAMIENTOS

Aunque Calvino estaba atormentado por tantas controversias y severas críticas, sus motivos se evidenciaron en sus escritos durante su enfermedad terminal antes de su muerte en 1564:

He vivido en medio de luchas extraordinarias aquí; se me ha saludado en la noche con burlas, ante mi puerta, por cincuenta o sesenta disparos de armas de fuego. Imagine como eso atemorizaría a un estudiante tímido como yo. ... entonces, más tarde, me echaron de esta ciudad y fui a Estrasburgo.... Me volvieron a llamar, pero mis problemas no fueron menos que antes al tratar de hacer mi tarea oficial... aunque sé que no soy nadie, sin embargo, sé que he prevenido muchos disturbios que de otra manera hubieran ocurrido en Ginebra.... Dios me ha dado el poder para escribir. ... no he escrito con odio... pero siempre he procurado fielmente que lo que creo sea para la gloria de Dios.[95]

OTROS REFORMADORES

Cuando el Espíritu de Dios está obrando algo nuevo en la historia, por lo general se mueve también sobre otros y no un solo individuo, aunque con frecuencia haya un hombre señalado. Cuando Dios se propone algo, con frecuencia entrega la misma verdad a mucha gente al mismo tiempo. Tal era el caso de la Reforma.[96] Antes de examinar a Martín Lutero, consideramos a Pedro Waldo, Juan Wycliffe, Juan Hus. Martín Lutero fue el punto de partida porque el suelo fue bien preparado por los pre-reformadores para que la semilla pueda germinar. Aunque Martín Lutero no fue el único que experimentó esta explosiva verdad de Dios. Hemos mencionado a Ulrico Zwingli y Juan Calvino, juntamente con los Anabaptistas. Un grupo de otros menos conocidos, aunque influyentes líderes ayudaron también a fortalecer la iglesia:

*Martín Bucer (o Butzer, 1491-1551), un alemán amante de la paz que trató de establecer alianzas y acuerdos siempre que sea posible. Tuvo una influencia profunda en Calvino y quería establecer la armonía entre los seguidores de Lutero con los de Zwingli, y otros reformadores. Bajo la invitación del arzobispo inglés, Tomás Cramer, fue a Cambridge y revisó el inglés del *Libro de la oración común.*

*Berthold Haller (1492-1536), un reformador en la ciudad de Bern, Suiza. Él ha sido un estudiante compañero de Felipe Melanchthon de Wittenberg, donde Lutero había lanzado la Reforma. Haller, al igual que Bucer, amaba la paz. No le gustaba la controversia y sin embargo pasó sus últimos años en disputa con los Anabaptistas.

*Guillermo Farel (1489-1556), un francés reformador, valiente y explosivo que en 1530 tuvo éxito en persuadir a los padres de la ciudad de Neuchatel, Suiza, a seguir la enseñanza de la Reforma. De igual manera fue muy influyente en convencer a los padres de la ciudad de Ginebra a que hicieran lo mismo dos años después. "Predicador del Evangelio más que un pensador original, Farel fue una personalidad memorable del púlpito cuyos sermones impactaron a todos los oyentes, incluido el frío calculador, Calvino."[97] Es memorable notar en la historia que Calvino se enojó mucho con Farel porque decidió volver a casarse a los setenta años de edad, ¡con una mujer mucho más joven!

Pierre Viret (1511-1571), un reformador extremadamente activo en las regiones francesas de Ginebra, Lausanne y muchas otras ciudades. El fue un asociado cercano de Farel y Calvino.

*Juan Ecolampadio (o Oecolampadius) (1482-1531), empezó su ministerio como predicador luterano de la catedral en Basel, Suiza, en 1515 pero cambió al catolicismo romano y luego entró al monasterio. En 1522 de nuevo cambió de opinión y se convirtió en pastor en Basel y luego profesor en la universidad. Ecolampadio recibe crédito como uno que trajo los cambios de la Reforma a la ciudad de Basel. Era tan respetado que fue invitado a participar en el famoso Coloquio de Marburg, organizado por un líder político, Felipe de Hese, en un intento de ayudar a los Reformadores a ganar uniformidad. Ecolampadio sufría de mala salud y murió solo siete semanas después de oír de la muerte de Ulrico Zwingli, su buen amigo.

*Teodoro Beza, el brazo derecho de Juan Calvino en Ginebra.

*Felipe Melanchthon, un brazo derecho para Martín Lutero, cuya obra continuó a Wittenberg después de la muerte de Lutero.

Tendremos que esperar hasta llegar a los cielos para tener el tiempo de conocer todas las historias de aquellos cuyos nombres se han perdido en la historia pero que fueron usados por Dios para traer de vuelta las verdades bíblicas fundamentales a su Iglesia. Ellos fueron parte de su plan, un poderoso plan, un plan increíble para restablecer el propósito de Dios para su pueblo, la Iglesia. Mediante su devoción y perseverancia, usted y yo tenemos la ventaja de las declaraciones bíblicas de la Reforma, algo que no habríamos tenido, si no hubiera sido por los Reformadores.

LAS ISLAS BRITÁNICAS: JUAN KNOX

Salimos de Europa continental, y vamos ahora a las Islas Británicas. En Escocia, un héroe de la Reforma permanece muy destacado y poderoso como Juan Calvino en Ginebra. Su nombre es Juan Knox (1513-1572). Poco se sabe de sus primeros años de vida, excepto que fue criado en Haddington y asistió a la Universidad de San Andrés. Abrazó los conceptos de la Reforma debido a la influencia de un amigo muy cercano, Jorge Wishart. El arzobispo Beaton arrestó a Wishart debido a sus posiciones y rechazó permitir que Juan Knox intercediera a favor de Jorge. El día que Jorge Wishart fue quemado en la hoguera en San Andrés, Juan Knox fue catapultado en el movimiento de la Reforma. Escocia estaba en la búsqueda un nuevo líder. La población estaba preparada para una revolución, porque había gran tumulto intelectual y también mucho enojo, por los muchos abusos del clero. El pueblo escocés quería una fe simple y pura. Knox se convirtió naturalmente en un líder.

Sin embargo, su jornada al liderazgo le llevó por un camino difícil y doloroso. Por diecinueve meses sirvió como esclavo después de ser capturado en San Andrés. Después de su liberación, se convirtió en un capellán de la realeza. Pero la vida no fue fácil para él. En 1553, fue forzado a esconderse cuando la defensora del Catolicismo, la Reina María, asumió al trono de Inglaterra. Juan Knox buscó refugio en Ginebra, donde se convirtió en discípulo de Juan Calvino, tanto de su teología y de su forma de gobierno de la iglesia. En 1555 regresó a Escocia, fue pastor de una congregación y se casó con Margarita Bowes.

CONTROVERSIA

En 1556 Knox fue condenado por herejía en Escocia por sus ideas acerca de la Reforma y forzado a regresar otra vez a Ginebra. En 1558 escribió su épica *El primer sonar de la trompeta contra el monstruoso régimen de las mujeres*, en la que aboga una rebelión contra los gobernadores impíos, pero específicamente condena la monarquía femenina. Esto ofendió no solamente a la Reina María ("María la sangrienta") sino también a la reina Elizabet que sucedió en el trono a su media hermana. Finalmente en 1559, tuvo el privilegio de regresar a su madre patria para quedarse. Sin embargo, no sería un ambiente sereno. Después de predicar un ferviente sermón, se inició una rebelión. Alrededor del 1560, el mismo año que su esposa murió, el parlamento adoptó la "Confesión de Escocia", que Knox ayudó a escribir. Se creía que esta confesión de fe traería la tan esperada paz. ¡Pero fue todo lo contrario! El periodo del 1561 al 1567 fue de intensa lucha entre los nuevos protestantes en el poder, el antiguo régimen de la iglesia Católica, y muchos nobles que apoyaron la Reforma solamente porque les dada la oportunidad de tomar las tierras de la iglesia católica. Eventualmente, el protestantismo se convirtió en la fe de Escocia.

SIN TEMOR Y HUMILDE

Finalmente, después de mucha lucha, la iglesia escocesa que Knox soñaba se convirtió en un gozo, siguiendo el modelo de Juan Calvino de Ginebra. Knox mismo permaneció con valor y firmeza contra los líderes políticos que habían tratado de invalidar sus ideas teológicas. Un escritor observó, "su exitosa oposición sin temor al regente y a la reina lo marcó como un verdadero patriota. Pero el hombre mismo fue la clave de su gran logro, infatigable, sincero, simple, práctico… no le faltó humor y ternura".[98]

La personalidad modesta y sin presunción de Knox se refleja fielmente en la lápida de su tumba, una piedra gravada solamente con iniciales pequeñas, que permanece en el camino de una calle en Edimburgo. Esta modesta tumba no impide que reconozcamos a knox como uno de los hombres más influyentes en toda la nación de Escocia. Gracias a su disposición de permanecer con dedicación en uno de los tiempos más turbulentos, los escoceses, también, pueden agradecer a Dios que la iglesia está viva y sana.

EL CONCILIO DE TRENTO

La iglesia Católica Romana trató arduamente de parar la Reforma. Parte de sus esfuerzos fue procurar de limpiar y purificar la iglesia desde adentro, mediante la designación de líderes católicos romanos espiritualmente sensibles que amaban a su iglesia y a Dios. Estos líderes también amaban al pueblo de Dios. Ellos deseaban con sinceridad que la iglesia Católica Romana reflejara la naturaleza de la iglesia conforme a la visión de Dios. De esta manera, se desarrolló la Contra Reforma Católica, que tomó su nombre por haber tratado de contrarrestar la Reforma Protestante. Sin embargo, trágicamente, la motivación de algunos líderes de la contra reforma era simplemente controlar la tierra, el poder, y las riqueza; y usaron la contra reforma como un intento de preservar el *status quo*, la posición de privilegio de la iglesia Católica Romana.

El Concilio de Trento (1545) tuvo la noble meta de restaurar la iglesia conforme al diseño original de Dios. El Papa León X era un buscador de placeres; pero su sucesor, el Papa Pablo III anhelaba la reforma. Quería ver un cambio auténtico, porque la iglesia Romana estaba en la necesidad urgente de una reforma. El reporte de una comisión indicó que el clero era mundano, que sus funciones estaban corruptas por el soborno, que la inmoralidad estaba escalando, y que las indulgencias eran simples excusas de la aguda avaricia y la prostitución en Roma. Para tratar con estos problemas, el Concilio se reunió esporádicamente desde 1545 a 1563. Un resultado positivo fue la abolición de la venta de indulgencias, una práctica contra la cual los protestantes habían estado predicando por años. Sin embargo, el Concilio nada podía hacer para sanar la profunda brecha entre los católicos y los protestantes.

El Concilio reafirmó su posición teológica. Ellos mantenían los siete sacramentos, mientras que los protestantes mantuvieron solo 2: el Bautismo y la Santa Cena. Ellos reiteraron su creencia en la transubstanciación. Insistieron que la misa debía leerse en latín. Lo más ofensivo a los protestantes fue que no se permitió que la Biblia llegara a manos de la gente común, bajo la excusa que los laicos podrían mal interpretar las Escrituras. Consecuentemente, el Concilio de Trento logró solamente pequeñas modificaciones dentro de la iglesia y profundizó la división entre católicos y protestantes.

IGNACIO DE LOYOLA Y EL SURGIMIENTO DE LOS JESUITAS

Aproximadamente cinco años antes que se convocara el Concilio de Trento, se fundó una organización que produjo resultados espirituales increíbles. Ignacio de Loyola (1491-1556) recibió la aprobación del Papa Pablo III el 27 de septiembre de 1540 para fundar una nueva orden conocida como los Jesuitas. Los Jesuitas se convertirían en una de las mayores fuerzas de reforma y misionera de la iglesia católica. El 15 de agosto de 1534, Ignacio y seis de sus amigos se reunieron en París e hicieron voto de llevar una vida de pobreza y castidad. Alrededor del 1539, era obvio que esta era una comunidad permanente, de modo que querían la bendición del Papa, la cual recibieron en 1540.

Ignacio era profundamente espiritual, deseoso de agradar a Dios. Su dedicación llegó, al igual que muchos hijos de Dios, debido a una tragedia. Mientras peleaba como un caballero en la primavera del

1521, fue golpeado por una bala de cañón que fracturó su pierna izquierda. Durante su largo periodo de recuperación leyó sobre la vida de Cristo y de los santos. Esto alteró su vida para siempre. Su jornada espiritual se refleja en el manual devocional, "Ejercicios espirituales". Tan convincente e influyente fueron sus escritos que hasta hoy se estudian sus obras. Incluso uno puede registrarse para estudiar su libro en cursos como "la espiritualidad de Ignacio", en seminarios evangélicos protestantes.[99]

Durante la recuperación de su herida, tomó la decisión de entrar en el combate por la causa de Cristo. Se esperaba que los Jesuitas, o la Sociedad de Jesús, como a veces se les llamaba, mostraran obediencia militar. Las *Constituciones* que Ignacio escribió del 1547 al 1550 era un llamado para que los Jesuitas estuvieran "listos para vivir en cualquier parte del mundo donde haya esperanza de una mayor gloria de Dios y el bien de las almas".[100]

CRITICADO DE AMBOS LADOS

Los conservadores dentro de la iglesia católica romana criticaron a Ignacio porque sentían que era demasiado protestante. Por otro lado, los Reformadores Protestantes le criticaron porque la Sociedad de Jesús claramente era un esfuerzo para mantener la gente dentro de la iglesia Católica Romana. A pesar de la crítica dividida de los católicos y los protestantes, Ignacio logró una gran obra misionera. Los Jesuitas estaban comprometidos con la educación y fundaron universidades doquiera que fueron. En el tiempo que Ignacio murió en 1556, sus seguidores pasaban los mil y estaban trabajando en 100 lugares distintos, incluyendo India, China, Japón, Abisinia, y Sudamérica. La dedicación de Ignacio atrajo personas del calibre de Francisco Javier, que con gran éxito expandió mucho más la obra misionera de la Sociedad de Jesús.

Ignacio frecuentemente se enfermaba. En 1551, imploró a sus colegas que aceptaran su renuncia. Porque ellos rehusaron, Ignacio quedó como director hasta su muerte el 31 de julio de 1556. La orden de los Jesuitas continuó hasta hacerse poderosa después de su muerte. Los miembros de la orden eran disciplinados, diligentes, comprometidos, y dispuestos al sacrificio. Sufrieron el dolor del rechazo y fueron expulsados de muchos países. También experimentaron el martirio en Europa y más tarde a lo largo de los varios campos misioneros en el siglo diecinueve. Con el tiempo, se convirtieron en la orden de enseñanza más grande en los Estados Unidos, habiendo establecido escuelas y universidades a lo largo de Norteamérica.

LA MASACRE DEL DIA DE SAN BARTOLOMÉ

Hemos visto la expansión de la Reforma y cómo la verdad de Dios se propagó a lo largo de las principales ciudades de Europa. También hemos explorado la manera cómo Dios iba purificando desde adentro a la iglesia Católica Romana. Pero al mismo tiempo, la iglesia estaba violentamente dividida. El masivo conflicto entre los católicos romanos y los protestantes no era solamente religioso sino también político. Europa fue desgarrada por causa de esto. Por ejemplo, Felipe II de España (1556-1598) unió a los católicos y dirigió un intento para abolir la expansión del Protestantismo. Los holandeses tuvieron pánico de la invasión de sus ciudades. Los protestantes holandeses finalmente ganaron la independencia de España en 1581. Los ingleses aprovecharon la oportunidad para quebrar la retención de España, y derrotaron a la armada española en 1588. El conflicto católico/protestante se volvió tan intenso con una serie de cuatro guerras (bohemia, danesa, sueca, y francesa) que abarcaría tres décadas conocida como la Guerra de treinta años del 1618 al 1648.

Uno de los eventos más trágicos durante este periodo fue la matanza de 30 mil protestantes franceses, que comenzó el día de la fiesta de San Bartolomé el 23 de agosto de 1572, en París, y continuó por las siguientes seis semanas por toda Francia. Los eventos que provocaron esta matanza horrorosa tienen los elementos de una novela contemporánea. Pero trágicamente, no eran simplemente un programa de televisión o una película. Era la realidad. Los protestantes franceses fueron asesinados por miles.

La tragedia comenzó en una fiesta de celebración del matrimonio de Enrique de Navarra, un líder protestante muy conocido, con Margarita de Valois. Margarita era la hermana del rey Carlos IX y la hija de Catalina de Médicis, una vigorosa líder católica. Se suponía que la boda juntaría a los líderes católicos y protestantes que habían estado en guerra el uno contra el otro por más de una década. Pero Catalina estaba preparando más que la boda de su hija. Ella planeaba el asesinato de un conocido líder hugonote (protestante francés) llamado Gaspar de Colony. Colony era un líder protestante fuerte y un héroe de guerra que fue cercano al rey Carlos IX, que era solo un adolescente en ese tiempo. El complot para matar a Colony fue planeado para el 22 de agosto de 1572, pero fracasó cuando los asesinos solo tuvieron éxito en herir al anciano estadista. Supuestamente, Carlos, el joven rey (sabiendo como sus compañeros protestantes resentían este matrimonio político), enfatizó, "si vais a matar a Colony, ¿por qué no asesinas a todos los hugonotes en Francia para que no quede ninguno que me odie?"[101] Y eso es precisamente lo que Catalina trató de hacer.

EL PLAN EN MARCHA

A las 4 a.m. del 24 de agosto de 1572 en el día de la fiesta de San Bartolomé, la masacre comenzó. La multitud vagaba por las calles de París asesinando miles de hugonotes. Los protestantes eran bien educados y un elemento próspero de la sociedad francesa, y expresaban sus creencias. No solamente era fácil identificarlos, pero aparentemente algunas de las más oscuras casas habían sido señaladas con una marca secreta en la puerta, para que la turba sepa donde ir. En cuestión de horas una batalla a toda escala estaba vigente, la clase baja contra la clase media, dueños de empresas. Los cuerpos eran apilados y luego arrojados al río Seine. No olvidemos que Juan Calvino originalmente se llamó Jean Cauvin, un francés. El calvinismo había empezado en Francia en 1555 y rápidamente creció hasta incluir a más de 2 mil iglesias y algunos 400 mil adherentes. Algunos consideran que 100 mil de ellos fueron asesinados en menos de cincuenta días, aunque algunos más conservadores estiman el número entre 30 mil y 40 mil.

LA SALIDA DE LOS HUGONOTES

La intriga no terminó allí, y el complot se fortaleció. En 1589, Enrique de Navarra, el novio protestante en la famosa boda, se convirtió en rey. Como rey, Enrique IV de Francia vaciló y ¡se convirtió al catolicismo! Sin embargo, trató de cerrar la brecha entre sus antiguos amigos protestantes publicando en 1598 el Edicto de Nantes, un documento que proveía derechos civiles y religiosos a los protestantes franceses. Sin embargo, se pasó por alto la garantía de estos derechos, y surgió otra guerra que continuó hasta 1628.

Durante este periodo, los hugonotes tenían una paz relativa si las autoridades locales eran favorables a ellos. Sin embargo, en otra ocasión y en ciertas áreas fueron persistentemente torturados, abusados, y prácticamente exterminados. Un grupo de valientes mujeres protestantes fueron encarceladas en el Tour de Constanza, donde varias de ellas permanecieron por más de treinta años. Los pastores y líderes fueron llevados a las galeras para remar, donde perecían después de un año o dos. Otros fueron torturados hasta morir. Los niños fueron quitados de sus padres, y no se permitió que los protestantes adoraran libremente o tuvieran trabajo. Miles de protestantes experimentaron "conversiones" forzadas al catolicismo. Unos 400 mil escaparon del país, tomando refugio en Inglaterra, Alemania, y América cuando Luís XIV revocó el Edicto de Nantes, dejando de esta manera sin ninguna protección a los protestantes.

De todas maneras, los conflictos y las persecuciones que rodeaban a los hugonotes no disminuyeron la gracia providencial de Dios. El Señor puede sacar algo positivo de las más dolorosas circunstancias y fracasos de la iglesia. El hambre de una reforma espiritual se expandía a un paso increíble incluso mientras los protestantes huían de Francia, y esa reforma beneficiaría a todos los creyentes en Cristo. Incluso en el tiempo de mayores problemas no pudo parar la mayor creación de Dios, la iglesia verdadera, que diseñó como un don a la civilización.

CAPÍTULO 10

LA REFORMA INGLESA

Fecha de expansión: d.C. 1526-1559

Personas clave: Guillermo Tyndale, Enrique VIII, Tomás Cranmer

La hora de ir a la cama comenzó temprano con la llegada del invierno en Chesterton England. Los tres niños mayores de la familia Smithton nunca querían ir a la cama, pero les gustaba decir las oraciones antes de dormir con su padre Juan. Mamá estaba acostando a la bebita Susana. Luego de lavarse con el agua fría, el mayor llevó de la cocina una lámpara de aceite y la puso en la pequeña mesa cerca de la cómoda silla de papá. Juan Smithton agarró la preciada Biblia que su padre le pasó. La tomó con cuidado, con amor. Esperó hasta que sus tres hijos se acomodaran a sus pies en la alfombra de piel de oveja, cerca de la chimenea.

"¿Por qué leemos la Biblia todas las noches, papá? ¿Qué te parece si leemos otro libro a cambio?", preguntó Mateo de nueve años de edad.

"¿Qué dices?" replicó su padre, interrumpiendo sus pensamientos.

Mateo preguntó, "¿ayuda realmente leer la Biblia y orar?"

"Tres días atrás", dijo Ana, de siete años de edad, "oré para no tener que recoger más los huevos de las gallinas, ¡pero me pediste que lo haga otra vez! Mi oración no funciona."

"Bien", dijo Juan, tratando de controlar la sonrisa que se dibujaba en comisuras de su labio y sabiendo que le pediría de nuevo que recogiera huevos por la mañana.

"Claro que la oración funciona", respondió Tomás, el de once años, en tono de adulto.

"No sé si puedo recordar nada que haya recibido después de orar", argumentó Mateo.

Hubo una notable pausa mientras Juan consideraba su respuesta.

Los niños sabían que era sabio, pero también que tenía cuidado al hablar. Ellos se sentaron quietos, esperando mientras la lámpara de aceite parpadeaba, arrojando sombras escalofriantes sobre las paredes de piedra lavada.

Juan sabía que la oración funcionaba. Pero, ¿cómo explicar este misterio a estos niños curiosos?

"Permítanme darles un ejemplo de respuesta a la oración en nuestra familia. Era una respuesta muy especial. ¿Ven esta Biblia en mis manos?

¿Cómo no conocerían esa Biblia, puesto que la veían todas las noches y todo el día los domingos?

"Sí', replicaron los niños al unísono.

"Bien, tus abuelos oraron por mucho tiempo para que nuestra familia pudiera tener una Biblia. Esta Biblia costó a tu abuelo tres meses de su salario, y todavía hoy cuesta mucho comprar una. Pero quiero contarles no solamente acerca de la oración de sus abuelos sino también de la oración de otro hombre, del que trajo la Biblia a Inglaterra.

"¿Le trajo esa Biblia a la abuela?, preguntó Ana.

"¿Fue esa la única Biblia que él trajo?" interrumpió Mateo.

"Bien", replicó Juan, "lo que quiero decir es que un hombre oró para que el rey permita que nosotros y otros en Inglaterra tengamos una Biblia propia, que podamos leerla como lo hacemos aquí, alrededor del fuego, o de la mesa o donde queramos."

"Pero, papá", objetó Tomás, que escuchó muchas historias acerca de la iglesia", "ellos le mataron".

"Bueno sí, por cierto, ellos le mataron", dijo Juan, notando que los niños, otra vez, no se acostarían a la hora que su esposa dijo que debían.

"¿Por qué le mataron?" preguntó Mateo. "¡Cuéntanos la historia papá, por favor!"

"Este hombre deseaba que cada familia en Inglaterra tuviera una Biblia para que pudiéramos amarla y leerla y conocer mejor a Dios. Por eso trabajó arduamente para traducir la Biblia."

"¿Qué es traducir?", preguntó Ana.

"Tú traduces para la bebita Susana", explicó su papá gentilmente. "Tú conoces el lenguaje de la bebita y nos dices lo que ella quiere comunicar." Ana asintió. "Bueno, la Biblia fue escrita en un lenguaje que no hablamos en Inglaterra. Así que alguien que comprendía ese lenguaje tuvo que volver a escribirlo en nuestro idioma, para que comprendamos. Pero, por supuesto es un libro extenso y él quería ser muy cuidadoso, porque es la palabra de Dios. El quería que todo esté correcto."

"Pero, ¿por qué le mataron?", preguntó Mateo, ansioso por conocer la parte emocionante.

"Ellos le mataron porque el rey no quería que tuviéramos la Biblia. Justo antes que este hombre muriera, oró a Dios y dijo: 'Oh, Señor, abre los ojos del rey'."

"¿Estaba el rey durmiendo, papá?, preguntó Ana.

"Quizás puedes decir eso, Ana. Tú sabes cuando debes hacer tus tareas escolares y mamá te dice, 'despierta Ana', ¿qué significa eso?"

"Que no esté observando por la ventana sino que aprenda mis como hacer los cálculos.

"Sí, querida. Y eso es lo que este hombre quería. El deseaba que el rey dejara de prestar atención a las cosas equivocadas y atendiera los asuntos de Dios. Estaba orando que Dios cambiara el corazón del rey, cambiara la mente del rey, para que permitiera que todos en Inglaterra tuvieran una Biblia."

"¿Consiguieron todos una Biblia al día siguiente?", preguntó Mateo.

"No al día siguiente", dijo Juan, "pero no pasó mucho tiempo".

"Supongo que pedía lo que Dios quería para todos", dijo Tomás, pensativamente, "no es como nuestras oraciones para tener un traje nuevo o dulces de la ciudad."

Esa noche la familia Smithton leyó de una Biblia que fue traducida por Guillermo Tyndale, un hombre que había sido ejecutado pero cuyas oraciones justo antes de su muerte pedía que Dios abriera los ojos del rey. ¡Dios lo hizo! Cuando la Palabra de Dios llegó a Inglaterra, la Reforma entró en Inglaterra.

LA REFORMA INGLESA

La Reforma Inglesa es una historia de la fidelidad de Guillermo Tyndale. En Europa la Reforma surgió de la protesta de Lutero. En

Inglaterra, la Reforma surgió de dos eventos diferentes: el primero fue la insistencia de Tyndale de traducir la Biblia al inglés, y el otro fue el deseo egoísta de un rey que quería el divorcio. Estos dos eventos cambiaron la lealtad de una nación Católica y la catapultó en el campo Protestante.

GUILLERMO TYNDALE

A medida que la Reforma se extendía por toda Europa, Enrique VIII tercamente no permitió ninguna enseñanza de la Reforma en Inglaterra. Tan impresionado estaba el Papa con la fidelidad de Enrique a la iglesia Católica, que le asignó el título de "Defensor de la Fe". Pero Dios, a través de Guillermo Tyndale, tenía planes diferentes para Inglaterra. Nacido en 1494 en Gloucestershire, Tyndale terminó su bachiller a los dieciocho años de edad y su maestría a los veintiuno. Después de dictar conferencias en Oxford por un año, fue a Cambridge, donde comenzó a estudiar griego y se convirtió en un lingüista prometedor. Aunque acusado de herejía y absuelto en 1522, se concentró mucho más en el llamado de su vida: la traducción del Nuevo Testamento del griego al inglés. Lutero lo hizo por los alemanes. Y uno tenía que hacerlo por los británicos. Pero él no podía vivir en Inglaterra mientras traducía, porque podría ser arrestado. De modo que Tyndale huyó al continente y trabajó a escondidas.

LA PRIMERA Y SEGUNDA VERSIONES DE LA BIBLIA EN INGLES

Tyndale vio su sueño hecho realidad en febrero de 1526, cuando el impresor Peter Schoeffer imprimió seis mil copias de su traducción al inglés del Nuevo Testamento. Cuán desanimado y desconcertado hubiera estado Tyndale si hubiera sabido que el obispo Cuthbert Tunstall había planeado comprar todas las seis mil copias ese mismo año, con la intención de quemarlas en una iglesia. Qué ironía que un obispo de la iglesia quemara copias de la Biblia al pie de la cruz nominada en honor del apóstol Pablo, un hombre que había escrito más de la mitad de las cartas del Nuevo Testamento.

Sin embargo, Guillermo Tyndale supo acerca del plan del obispo Tunstall, ¡y cooperó con él! ¿Por qué? Porque el obispo Tunstall había aconsejado a Agustín Packiengton, su cómplice, a que comprara todas las copias de la Biblia sin que importara el costo. Packiengton fue a Tyndale para hacerle una oferta. Cuando Tyndale supo quién estaba comprando las biblias y cuánto estaba dispuesto a pagar, aceptó la oferta, aunque sabía que serían quemadas. Tyndale era un hábil hombre de negocios y publicador, como también un hombre que sabía que "a los que aman a Dios, todas las cosas les ayudan a bien, esto es, a los que conforme a su propósito son llamados" (Romanos 8:28). Tyndale pensó que recibiría suficiente dinero para volver a traducir la Biblia y hacer mejor trabajo que la primera en una segunda versión. Cuando se dio cuenta de lo que estaba pasando, exclamó,

> "Conseguiré mi dinero [de él] para estos libros, para salir de deudas, y todo el mundo llorará por la quema de la palabra de Dios. Y el dinero sobrante quedará para mí, me hará más estudioso para corregir el... Nuevo Testamento, y casi para imprimir la misma cantidad otra vez; y creo que la segunda versión será mucho mejor... que... la primera." Y de esta manera fue el negocio: el obispo tuvo los libros, Packiengton tuvo las gracias, y Tyndale tuvo el dinero.[102]

EL TRABAJO DE TRADUCCIÓN CONTINUA

Aunque la turbulencia de Europa y el temor de ser atrapado hizo que Tyndale huyera de una ciudad a otra, en enero de 1530 había logrado completar una gran parte de su meta, terminó la traducción de los cinco primeros libros del Antiguo Testamento.[103] Su edición revisada del Nuevo Testamento fue publicado en 1534. Tan admirable eran las habilidades de traducción de Tyndale que hasta hoy se consulta su obra que se refleja en cada versión de la Biblia en inglés, particularmente en la versión Reina Valera. Se afirma que el 90 por ciento de la versión del Rey Santiago refleja las habilidades de traducción de Tyndale. En 1535, Tyndale revisó nuevamente su versión del Nuevo Testamento y siguió traduciendo el Antiguo Testamento desde Josué hasta segunda de Crónicas.

TRAICIÓN Y ARRESTO

El 21 de mayo de 1535, Tyndale fue arrestado y encarcelado, traicionado por un joven inglés llamado Enrique Felipe. Las cartas de Tyndale y diarios durante los dieciséis meses de encarcelamiento reflejan su dolor físico y emocional. Durante este periodo, fue llevado a juicio y condenado por los profesores de la universidad de teología. Al escribir a las autoridades, Tyndale afirmó:

> Sufro de frío en la cabeza y estoy afligido… (Pedí) un abrigo más grueso porque el que ahora tengo es muy fino; un pedazo de retazo para remendar mis pantalones. Mi abrigo está muy gastado; mis camisas también están gastadas…. Una camisa de algodón si tiene la bondad de enviármela. También pedí pantalones de tela gruesa para ponerme encima… y que me permitan tener una lámpara en la noche; por cierto cansa mucho sentarse solo en la oscuridad. Pero por sobre todo rogué... (a) que me permita tener la Biblia en hebreo, la gramática en hebreo, y un diccionario hebreo para que pueda pasar el tiempo estudiando.[104]

ORACIÓN CONTESTADA A LAS PUERTAS DE LA MUERTE

Es dudoso que se le concediera su petición. En lugar, esto es lo que fue registrado en el *Libro de los Mártires* de Juan Fox respecto a los últimos momentos de Tyndale: "El estaba allí atado a la estaca, y después fue estrangulado por el verdugo, y luego consumido en la hoguera en la ciudad de Vilvorden, en 1536 d.C; clamando en la estaca con celo ferviente y en alta voz, "¡Señor, abre los ojos del rey de Inglaterra!"[105] Y de este último clamor de Tyndale, Juan Fox autor del mejor libro que se haya escrito sobre el martirio agregó, "la oración de Tyndale fue contestada".[106] En 1538 (solamente dos años después) el rey publicó una orden real que permitía que la Biblia esté a disposición en cada iglesia de Inglaterra. Inglaterra estaba por ser completamente reformada.

ENRIQUE VIII

La historia de la Reforma de Inglaterra cambia de la muerte de un traductor de la Biblia a las demandas sin restricciones de un rey egoísta, Enrique VIII, que reinó del 1509 al 1547. Ninguno hubiera imaginado al principio de los 1500 que un divorcio sería el factor principal ¡que traería la Reforma a Inglaterra! Después de todo, el rey Enrique VIII había atacado fuertemente las enseñanzas de Lutero en 1521. Sin embargo, el cambio en las preferencias eclesiásticas de Enrique no fue motivado por la teología. Sus problemas surgían del hecho que no tenía descendiente varón a quien pasar su título; tenía una hija llamada María. Para remediar el problema, decidió deshacerse de su primera esposa, Catalina de Aragón, pero no sería una tarea fácil. Originalmente, Catalina había sido la cuñada de Enrique, pero cuando su esposo murió (el hermano de Enrique), ella se convirtió en la esposa de Enrique bajo la disposición de la ley. Pero para anular el matrimonio, Enrique necesitaba el permiso del Papa; pero el Papa estaba indeciso de conceder una anulación que podría ofender al emperador, que era pariente de Catalina.

Cuando el cardenal Wolsey fracasó en las negociaciones para conseguir el permiso del Papa para el divorcio, Enrique VIII con impaciencia le destituyó y puso otro hombre en su lugar. Lamentablemente, el reemplazante, Sir Tomás More (1478-1535), ¡se oponía mucho más al divorcio que Wolsey! Entonces el rey despidió al segundo negociador del caso. Pero el rey no se desalentaba en su esfuerzo por conseguir una nueva esposa. Después de un complejo sondeo teológico a los profesores de las universidades que estaban a favor, el rey acumuló apoyo suficiente para su divorcio.

Finalmente, el 1 de junio de 1533, el matrimonio de Enrique con Catalina fue declarado inválido y su casamiento con Ana Bolena fue declarado válido. Pero todavía había problemas que tratar. ¿Qué acerca del Papa? ¡El no habría aprobado esto! Gracias al genio de un brillante abogado, Tomás Cromwell, se produjo una parte de la legislación en 1533, titulada el *Acto de Restricción y Apelaciones*, por el cual se refería a Enrique, que como rey, "no debe sumisión a ningún gobernador humano".[107] Este pensamiento legalmente creativo se manifestó a sí mismo otra vez el año siguiente 1534 con el *Acto de Supremacía*, por el cual se declaraba "que el rey legítimamente es la cabeza principal de toda la iglesia en Inglaterra". De esta manera, los problemas maritales de Enrique fueron resueltos, porque como cabeza de la iglesia, tenía la libertad de decidir todo lo que quería acerca de los asuntos religiosos.

Particularmente Enrique nunca hubiera querido ser cabeza de una iglesia. El solo quería el divorcio. Ahora que era la cabeza de la iglesia, ¿cómo debería ser? Si ya no estaba conectada a Roma, ¿debería ser una iglesia católica o protestante? Enrique solo deseaba el divorcio. ¡Pero ahora era la cabeza de la iglesia! ¿Qué haría él con la iglesia?

LOS DOS TOMASES

Para responder a esa pregunta Enrique recurrió a las dos personas que lo ayudaron a divorciarse de su anterior matrimonio y entrar en el actual: Tomás Cranmer, que fue designado arzobispo de Canterbury el 30 de marzo de 1533 y Tomás Cromwell. Sin embargo, ellos tenían que obrar con cuidado. Aunque Cramer, Cromwell y su cómplice, obispo Latimer, eran claramente luteranos en sus ideas, muchos de los otros obispos eran todavía totalmente romanos. Trabajando con cuidado para no ofender en lo posible a muchos y establecer la unidad en esta nueva organización eclesiástica, los líderes de la recientemente formada iglesia de Inglaterra acordaron en Diez Artículos publicados en 1536. Los artículos, aunque contenían algunas ideas católicas romanas, eran claramente luteranas en algunos puntos. La doctrina de la transubstanciación (acerca de la Comunión) ya no fue abogada, y el número de los sacramentos cambió de siete a tres. En 1536 y 1538 las Disposiciones se publicaron con el propósito de definir los artículos de una manera mucho más luterana. Incluido en las Disposiciones del 1538 había un llamado a conseguir Biblias, que había sido la última oración de Tyndale. El rey insistió que se pusiera una Biblia en un lugar conveniente en cada parroquia. Se advirtió a los sacerdotes que no disuadieran a las personas de leer la Biblia. Por cierto, debían alentar su lectura. La oración de Guillermo Tyndale fue contestada, ¡solo dos años después de su muerte!

¿PROTESTANTE O CATÓLICO?

Con el paso del tiempo, Enrique VIII se volvió más protestante, o al menos insistió en ser. En lo superficial, parecía estar obrando en una forma políticamente expediente. Decidió disolver el monasterio, no porque era plenamente protestante, sino porque ellos tenían mucha riqueza, la cual confiscó. En 1539, Enrique insistió en pasar el *Acto de seis artículos*, que mudaba a la iglesia hacia una dirección ligeramente más católica romana y determinó una penalidad si uno negaba la transubstanciación o no estaba de acuerdo con el celibato de los sacerdotes. Este último asunto era un problema para el arzobispo Cranmer, que se había casado con la sobrina de Andrés Osiander, un luterano reformador muy conocido y maestro de la universidad. Se decía que el arzobispo Cranmer tenía que mantener a su esposa escondida después de la publicación de estos artículos hasta que el pudiera regresar a Alemania por protección.

EL DESVENTURADO ESCAPE DE CRANMER

Mientras tanto, Tomás Cromwell, el abogado de confianza de Enrique VIII, estaba bajo sospecha por uno de los consejeros del rey. Ellos persuadieron a Enrique que Cromwell quería manipularlo. Cromwell hizo arreglos para que Enrique tuviera otra esposa, Ana de Cleves, con la que el rey contrajo nupcias el 6 de enero de 1540. Cuando el matrimonio probó ser un desastre, Enrique VIII estaba muy irritado con su abogado, el cual pagó muy caro por su falta de habilidad en encontrar una pareja adecuada. Cromwell fue destituido y condenado; fue ejecutado el 28 de enero de 1540.

Milagrosamente. Tomás Cranmer consiguió mantenerse vivo a pesar de la infame ira de Enrique VIII que "nunca perdonó a un hombre en su ira o una mujer en su lujuria".[108] Enrique VIII murió el 28 de enero de 1547 y el joven Eduardo VI, hijo de Enrique de su tercera esposa, Jane Seymour, fue coronado rey.

VÍA MEDIA

La Iglesia de Inglaterra ahora era mayormente protestante, o al menos siguió en la vía media, ¡en algún lugar del medio! En 1549, se publicó *El libro de la oración común*, en el que se establecía la adoración y la liturgia de la Iglesia, hasta hoy. Las creencias de la iglesia anglicana eran claramente protestantes cuando se compiló lo que se conoce como *los Cuarenta y dos artículos,* y finalmente en 1553, en los *Treinta y nueve artículos*, que existe en el Anglicanismo (la iglesia de Inglaterra) hasta hoy.

MARÍA LA SANGRIENTA

Todo el esfuerzo para formular los *Treinta y nueve artículos*, una declaración de creencias teológicas, pareció vano cuando un mes después Eduardo VI murió y María Tudor, la hija de Enrique VIII y Catalina de Aragón, se convierte en reina a los 37 años de edad. No es coincidencia que ella rápidamente se ganó el sobrenombre de María la sangrienta. Orgullosa de su ancestro español y determinada a solidificar su lazo con la iglesia Católica Romana, se casó con su primo, Felipe II de España. María era enérgica y el parlamento un subordinado. El 27 de noviembre del 1554 votó para llevar a Inglaterra de vuelta a la iglesia Católica Romana. Con este acto, el Parlamento tenía la autoridad de quemar en la hoguera a todos los protestantes. María autorizó el martirio de cientos durante su reinado, del 1553 al 1558. El protestantismo, que se había propagado por Inglaterra, entró en la más trágica época. Los que podían escapar de la isla, lo hicieron inmediatamente. Los que no salieron a tiempo fueron ejecutados.

LATIMER Y RIDLEY

Una masiva operación de limpieza comenzó. Juan Rogers, un amigo especial de Guillermo Tyndale, que ayudó a compilar la Biblia, fue el primero en ser asesinado. Dos obispos bien conocidos y populares, Nicolás Rydley y Hugo Latimer, fueron encarcelados por dieciocho meses en Oxford hasta el día de su muerte el 16 de octubre de 1555. Cuando se encendía el fuego, Hugo Latimer miró a su aterrado compañero y dijo: "No te angusties, maestro Ridley, en este día encenderemos una vela por la gracia de Dios en Inglaterra, y creo que nunca se apagará."[109] Mirando por la ventana desde la torre donde Cranmer estaba encarcelado fue testigo de la ejecución de sus dos amigos, sabiendo plenamente lo que le esperaba.

LA RETRACTACIÓN DE CRANMER

Tomás Cranmer no tuvo que esperar mucho. Él era el próximo al juicio. Los cargos en su contra incluían adulterio, debido a que era casado (recuerde que nuevos reglamentos se habían puesto en vigencia respecto al celibato de los sacerdotes). Se prepararon documentos para que pudiera retractarse de sus creencias. Para su vergüenza, ¡firmó los papeles! El arzobispo había comprometido su fe, pero tendría otra oportunidad para redimirse.

El 21 de marzo de 1556, después de tres largos años en la prisión, el anciano que una vez fuera el arzobispo de una nación fue llevado por las calles de Oxford a la iglesia de Santa María. Fue forzado a escuchar un sermón que explicaba porqué era necesario que muriera. El anciano arzobispo lloró abiertamente durante el sermón. Finalmente, se le dio permiso para hablar. Todos esperaban que afirmara sus retractaciones, porque después de todo, las había firmado. Por el contrario, Tomás Cranmer, en sus momentos finales, demostró coraje que le había hecho un gran líder por muchos años. ¡Se retractó de las retractaciones que había firmado! Incluso dijo más. Pidió que cuando llegara el momento de ser arrojado a las llamas, primero pondría su mano derecha en el fuego, "por cuanto mi mano derecha había ofendido más, escribiendo lo contrario a mi corazón, mi mano primero debe ser castigada por ello; al entrar en el fuego mi mano debe arder primero."[110] Sus acusadores estaban atónitos. Lo tomaron y lo arrastraron cerca de las llamas, y como había prometido, extendió su mano mientras decía, "esta mano indigna", y finalmente exclamó, "¡Señor, Jesús recibe mi espíritu!" Siguió clamando hasta que murió.[111]

LA INCREÍBLE JOVEN JANE GREY

Cuando la reina María mandó a la hoguera al arzobispo, la nación estaba horrorizada. La opinión pública se había vuelto contra ella, pero ella aun no había terminado. En un horrible acto de cobarde venganza, ejecutó a la joven Jane Grey de dieciséis años de edad. Estep declara apropiadamente, "hecha de acero más que algunos ilustres mártires, ella merece ser reconocida ampliamente. La historia del martirio de la joven Jane revela no solamente la brillante defensa de la joven bajo las más difíciles circunstancias sino también las profundas convicciones que la nueva fe podía nutrir en un corazón tan joven."[112]

Solo cuatro días antes que Jane fuera decapitada, el maestro Feckenham, un católico romano bien educado, fue enviado a la joven de dieciséis años a fin de mostrarse más listo que ella y coaccionarla a que se retractara. La trascripción entre el teólogo adulto y la joven pronto a morir es sorprendente. El atacó la fe de la joven, pero ella respondió con la profundidad de la Escritura. En un momento dado se le preguntó cuántos sacramentos había. Ella contestó que había dos. El luego la corrigió, declarando que había siete, a lo que ella simplemente inquirió, "¿en qué Escritura se basa usted? Cuando él la desafió acerca de la transubstanciación, ella arguyó que Jesús no pudo haber dicho que el pan literalmente era su cuerpo, más de lo que dio a entender al decir "soy la vid" o "soy la puerta". ¿Seguro que el maestro Feckenham no creía que Jesús era una planta o un pedazo de madera?

Esta joven, retenida en la torre de Londres, continuó desafiando al teólogo, "¿cuántos Cristos hay?" Siguió arguyendo, "si Cristo pendió de la cruz, ¿entonces cómo estamos participando de su cuerpo también? Ya sea que el pendió de la cruz y que ese era un cuerpo real, o el cuerpo que tomamos durante la Comunión es el real. No puede haber dos cuerpos a menos que haya dos Cristos". Uno no puede menos que imaginar que el teólogo enviado a hacer que ella se retractara estuviera internamente maneando la cabeza. Seguro que no se esperaba esto. En un intento más, Freckenham la desafió: "Basas tu fe en tales autores… y no en la iglesia a la que debes dar el crédito." La joven Jane respondió, "No, mi fe está basada en la Palabra de Dios, y no en la iglesia. Porque si la iglesia fuera una buena iglesia, la fe de la iglesia debe ser probada por la palabra de Dios, y no la palabra de Dios por la iglesia."[113]

Estep dice: "Cuando uno considera la edad de Jane y la situación en la que ella se encontraba, su testimonio resulta lo más increíble. Indica cuán profundamente los principios cardinales de la Reforma habían cautivado a una joven obviamente brillante y elocuente."[114] Sin embargo, Estep señala que aunque María sabía cómo quemar mártires, ella era un fracaso en todo lo demás. En los cinco breves años de su reinado, hubo 273 mártires conocidos, sesenta de los cuales eran mujeres. Felizmente, al final de su amargo reinado, no había descendencia que continuara el terror. Ella murió, para alivio de los ingleses, el 17 de noviembre de 1558; y por razones que son obvias, ella es conocida hasta hoy como María la sangrienta.

ISABEL

Cuando se anunció la muerte de María, las campanas de la iglesia repicaron y hubo celebraciones. Isabel subía al trono a los 25 años de edad. Los refugiados protestantes por miles vinieron de Frankfurt, Alemania, Suecia y Ginebra, Suiza. El Papa molesto porque obviamente Isabel era protestante, la excomunicó en 1570 (¡aunque ella no era un miembro de su iglesia!). Esto no implica que Isabel tuvo un fácil reinado. El clero Católico Romano dentro del país planeó reestablecer el Catolicismo; y hubo varios intentos serios de destronar a la nueva reina, pero sin éxito.

Armada con un sentido astuto que sobrepasaba a sus años, Isabel estaba conciente de los desafíos que ella enfrentó en el gobierno de la nación. Ella trató de encontrar un balance porque tenía a los católicos romanos a un extremo y a los calvinistas, puritanos, y anabaptistas del otro extremo. Durante su reinado, los *Treinta y nuevo Artículos* fueron revisados y establecidos firmemente y el *Libro de la oración común* se volvió la forma oficial de adoración. *El Acto de uniformidad*, requería que todos los laicos asistieran a la iglesia de Inglaterra (la iglesia Anglicana, como se la conoce en los Estados Unidos, la Iglesia Episcopal), fue aprobado el 28 de abril de 1559, solamente un día antes del Acto de supremacía, que le dio completa autoridad sobre la iglesia. La Resolución de Isabel, como se la llama, vino para quedarse, e Inglaterra estaba firmemente Protestante.

ENCONTRANDO LA MANO DE DIOS

Terminamos este capítulo con un sentido de agotamiento eclesiástico. Al no iniciado, la historia de la iglesia suena más política que espiritual, una organización totalmente metida en un enredo en lugar de un grupo de personas con hambre de Dios. La iglesia, la cual Dios puso en la tierra como su medio para preservar la civilización de la auto destrucción, parece en necesidad de salvarse a si misma.

La explicación va más allá de la separación que he tratado de mostrar entre la organización de la iglesia visiblemente estructurada (como la denominación) y la verdadera iglesia (aquellos que son realmente salvos). Lo importante de notar en esta historia es la mano fiel de Dios para ejecutar su buena voluntad en la historia. Por qué Dios escoge obrar en lo que parece un paso insufriblemente lento, no sabemos. Alguien dijo, "Aunque Dios nunca se tarda, ¡se pierde todas las buenas oportunidades para llegar temprano!" Sin embargo, debemos recordar que Dios ejercita gran paciencia con nosotros, dándonos la oportunidad de volver a El antes que venga con su juicio final. Dios muestra paciencia infinita con este mundo. A pesar de la avaricia, codicia, engaño, y manipulación, Dios está en algún lugar, de alguna manera obrando, incluso en los siglos más problemáticos. Parece que ha olvidado a su pueblo o no puede obrar. Sin embargo, el mismo Dios que creó este mundo sabe cómo gobernarlo. Con frecuencia, cuando parece que esta más ausente, entonces está muy presente.

VIENDO A TRAVÉS DE LOS OJOS DE LA ETERNIDAD

Cuando Tyndale iba a ser quemado en la hoguera, la historia lucía desoladora para el pueblo de Dios. Pero en el lapso de dos años, ¡Dios cambió el corazón del rey! Así como la reina María estaba cegando la vida de una brillante joven creyente, ¡ella misma se estaba apagando! El día que la joven Jane Grey fue ejecutada, parecía que María estaba ganando. Pero dos breves años después, ella había muerto, fue una mujer despreciada. ¡El mundo se maravilla de la joven Jane en la actualidad! ¿Estaba la mano de Dios presente? Sí. ¿Fueron los resultados que El esperaba? No, no en ese tiempo. Si dijera que Tyndale y la joven Jane fueron rescatados de las manos del verdugo en una versión cristiana de Robin Hood, usted se habría sentido más seguro. Pero en medio de la persecución y la tristeza, Dios se estaba moviendo. Estos dos mártires se volvieron héroes, y sus muertes expusieron a los verdaderos villanos de la historia. Dios vindicó sus muertes al permitir que su iglesia avanzara y prosperara. La iglesia, aunque golpeada y maltratada, todavía estaba funcionando como la preservadora de la verdad, era la única esperanza de la civilización.

CAPÍTULO 11

JUAN WESLEY Y LOS METODISTAS

Fecha de expansión: d.C. 1703-1791

Personas clave: Susana Wesley, Juan Wesley, Carlos Wesley

Ochenta años de edad y sigue predicando! Forrest meneó el cabeza sorprendido del anuncio de la celebración de los ochenta años de Juan Wesley. Al menos el anciano predicador prestó oído a la razón y dejó de viajar a caballo. Forrest estaba muy feliz de oír los informes positivos de su héroe del ministerio. Veinte años atrás, Wesley había recibido burlas y abucheos. Forrest reposó la cabeza contra el respaldo de la silla donde siempre leía su Biblia al clarear el día. Dejó que su mente acariciara sus memorias. Podía imaginar a sí mismo, un descuidado, malhablado hijo de minero de diez años de edad, que podía beber casi tanto como su padre, Tomás. Era el año 1740; el lugar, Bristol, Inglaterra. Ellos se levantaban poco antes del alba y estaban en camino a las 5 de la mañana. Con frecuencia Forres tenía que sacudir a su padre para despertarlo, habiéndole arrastrado de la taberna la noche anterior. Si todo el resto fracasaba, el rompería el hielo del agua de la cubeta, y arrojaría a la cara de su padre. Esa fría mañana de noviembre comenzó de la misma manera como muchas otras antes, solo que una hora después, pero eso cambiaría la vida de Forrest. Otra vez, Forrest despertó a su padre; otra vez recibió un golpe sobre sus hombros, esta vez por haber dejado que el fuego se apagara; otra vez se puso en medio entre el temor de su madre y la ira de su padre, tratando de suavizar los golpes que ella también recibió.

Mientras Forrest y su padre caminaban apáticamente a un nuevo día de trabajo, se unieron a los demás mineros junto al camino. Maldiciones y palabrotas se mezclaban en la atmósfera con el olor de mineros que no se habían lavado después de la fiesta de la noche anterior. Delante de ellos, la gente comenzó a mascullar. Forrest levantó la cabeza. Un poco de diversión siempre era bienvenida, porque le daría algo de tiempo libre. Pero al acercarse notó que los gritos provenían de un predicador. *Qué molestos son esos hombres*, pensó. *Es fácil para ellos dar reglas. ¡Ellos no tienen que trabajar en las minas!* Forrest observó al hombre de baja estatura que hablaba con tanto denuedo a estos rudos mineros. Tuvo que admitir que eso requería coraje. Su padre dejó de mirar fijamente y de maldecir. Ellos escucharon un poco más. Tomás escupió en el suelo. Después Forrest vio que su padre se inclinaba y tomaba una piedra de considerable tamaño. Con increíble precisión para un hombre que parecía estar continuamente borracho, el padre de Forrest lanzó la piedra directamente al predicador. La espalda del predicador recibió el impacto de la piedra y tambaleándose se dio la vuelta para mirar el gentío. El padre de Forrest avanzó desafiante.

¡Oh, no!, pensó Forrest. Una cosa era burlarse del hombre pero otra lastimarlo. Su padre podría terminar en la cárcel y ¿qué pasaría con la familia? Forrest se adelantó a su padre, tratando otra vez de evitar que golpeara. Pero el predicador no había retrocedido. Se bajó de la caja donde estaba parado y se dirigió directamente hacia ellos. Con gentileza, el predicador se acercó y apartó al joven a un lado. Le miró directamente a los ojos. Forrest hizo una mueca y cerró los ojos, esperando lo peor. Pero en lugar de una lluvia de golpes, Forrest escuchó la voz fuerte del predicador. Forrest observó la reacción de su padre de las palabras calmadas del predicador. "Cristo murió por ti. Por tus pecados, fue crucificado."

Forrest no podía creer lo que veía a continuación. Su padre, un hombre físicamente fuerte, que fácilmente podría golpear hasta aplastar al predicador, tenía los ojos llenos de lágrimas. Cayó llorando de rodillas ante el predicador. "¡Dios perdóname!", rogaba. "Perdóname, perdóname, soy un pobre pecador."

A partir de ese día, Forrest siguió a su padre para escuchar al predicador en la reunión cada mañana. Tomó algo de tiempo acostumbrarse a ver a su padre sobrio, aprendiendo a leer, e insistiendo que Forrest tratara a su madre y a sus hermanas como un caballero. El cambio fue tan espectacular que incluso el predicador, el señor Wesley mismo, estaba sorprendido. Pero lo mejor de todo fue el cambio en su madre.

Forrest recordó la primera mañana que oyó una suave melodía que provenía del granero. Se acercó, y puso la cabeza del otro lado de la vaca Besi, y encontró a su madre balanceándose lentamente sentada en el taburete para ordeñar, sus lágrimas se entremezclaban con la leche. "Jesús, nombre que borra todo temor, y calma nuestras tristeza", cantaba su madre en voz baja. "Esta es la música al pecador; esta es la vida y la salud, y la paz." Forrest se quedó al lado de ella y en silencio se unió al canto. Él conocía la canción también, porque el hermano del señor Wesley lo había escrito. "El quiebra el poder del pecado, y liberta al cautivo; su sangre limpia al más vil pecador; su sangre vertió por mí."

Los pensamientos de Forrest volvieron al presente. Tomás, su padre, había muerto en 1761 a los cuarenta y nueve años de edad. Pero Tomás se había convertido en un predicador laico mucho antes de que su padre muriera. *Papá hubiera querido que yo escribiera una nota de agradecimiento a Juan Wesley y le dijera como él me enseñó a ser un verdadero hombre de Dios, un buen marido, y un padre cariñoso*, pensó Forrest. *Pero por sobre todo debo agradecer al señor Wesley por presentarme a Jesús*. Fue a su escritorio y abrió la gaveta donde tenía finos papeles para carta. Le escribiría una carta inmediatamente.

JUAN WESLEY

Finalmente los ocho niños fueron a la cama y Susana, exhausta, se acostó en su propia cama. Pero entrada la noche un grito agudo la despertó. Oliendo el olor acre del humo, saltó de la cama. "¡Samuel!", llamó, sacudiendo a su esposo para que despertara. "¡Los niños!", Samuel y Susana corrieron de un cuarto a otro en la casa campestre inglesa, juntando los niños y llevándolos hacia fuera en la noche fría, a distancia de las llamas, donde observaron cómo el fuego destruía su casa. Susana abrazó sus hijos y se preguntó, *¿era esta la mano de Dios o de los feligreses que han estado muy enojados con la predica de Samuel y las decisiones en la iglesia?*

Mientras se oía el crepitar de las llamas, Susana permaneció temblando cerca de sus vecinos y feligreses. Ellos dejaron de luchar contra el fuego. *Tantas memorias felices y tristes*, pensó Susana. De los diecinueve niños que le nacieron, once habían muerto en la infancia, pero ella agradeció a Dios por los ocho que ahora tenía. Los miró a todos, juntos a ella en la sombra del viejo árbol. Ella trató de reponerse por el bien de ellos. ¿Qué importa una casa? Ella volvió a mirar la estructura en llamas. Repentinamente, se levantó y gritó, "¡Juan!" Samuel corrió tras ella y la tomó por detrás, sujetándola, reteniéndola muy cerca. Inmediatamente los hombres de la iglesia y la comunidad corrieron hacia delante. Un hombre subió sobre los hombros de un amigo y otros ayudaron a un tercero a pararse sobre el hombro de los otros. Gradualmente se formó una escalera humana, acercándose todo lo que podían hacia la pared los hombres lograron romper el vidrio de la ventana y tomando al aterrado Juan Wesley lo sacaron de su dormitorio a través de la ventana. Pasaron a Juan de uno a otro hasta que un hombre corriendo lo llevó a su madre. Susana apretó a Juan contra sí. "Verdaderamente", dijo ella citando Zacarías 3:2 "¿No es este un tizón arrebatado del fuego?"

La declaración de Susana, Wesley más tarde lo entendió como un anuncio de su destino. Y fue un destino. El muchacho que fue tomado como "un tizón arrebatado del fuego" tendría un impacto sin igual en el cristianismo. No fue aparente ese día en 1709 ni obvio durante los primeros treinta y cinco años de su vida. Pero alrededor del 1738 una serie de eventos ocurriría mediante el cual Dios haría de Wesley uno de los líderes más influyentes en toda la historia cristiana.

INFANCIA Y EDUCACIÓN TEMPRANA

Juan Wesley nació en 1703. Era el decimoquinto hijo de Samuel y Susana Wesley (solamente ocho niños sobrevivieron a la infancia). El hogar de los Wesley, contrariamente a lo que uno pudiera pensar, era muy ordenado y con una administración metódica. Susana era un genio en organizar su hogar y en asegurarse que también sus hijos sean igualmente organizados en su desarrollo espiritual, su teología y sus metas académicas.

El fuego en la historia real anterior no fue un fuego accidental. Un miembro de la iglesia donde Samuel Wesley era director, se había enojado tanto contra el pastor que ¡decidió quemar la casa iglesia! Quizás el tipo de resistencia que Samuel Wesley soportó ayudaría a su hijo, Juan, a soportar la cantidad de críticas que luego recibiría. Como era común para los jóvenes Wesley, Juan fue a estudiar a *Charter House* en Londres en 1714 y finalmente en la universidad de Oxford en 1720.

PREPARACIÓN PARA EL MINISTERIO

Aunque Wesley completó su bachillerato en 1724, no fue sino cuatro años después que su pensamiento comenzó a solidificarse en ideas, estrategias, y metas del ministerio que afectarían toda una nación. Muchos de los libros que Wesley leyó ayudaron en la formación de su pensamiento.

A los 23 años de edad, Wesley estaba leyendo el libro de Jeremy Taylor *Reglas y ejercicios de una vida y muerte santa*. Dos palabras del título nos una idea de los temas en el futuro ministerio de Wesley. Una es la frase "vida santa". Años después, muchas personas en todo el mundo reconocerían a Juan Wesley como una de las principales fuerzas que restauró un énfasis de la santidad en el cristianismo. También en el libro de Jeremy Taylor es intrigante el término "morir". Muchos años después se diría que los metodistas "sabían cómo morir bien", indicando que ellos experimentaban grande paz cuando era tiempo de pasar de esta vida a la próxima.

En 1725, Juan Wesley fue ordenado al ministerio por el obispo Potter. El año siguiente comenzó a leer "La imitación de Cristo" por Tomás de Kempis, otro libro que ayudó en la formación de su pensamiento. Pero notamos, por su elección de leer este libro, el anhelo de su corazón para llevar una vida justa y un andar en disciplina con Cristo. En el mismo año, 1726, fue elegido colega, que es en esencia un auxiliar de la enseñanza en el colegio Lincoln, parte de la universidad de Oxford. Este no era un honor pequeño, y Wesley entendió que era una posición importante, una que gozaría por años venideros.

En 1726-27, Wesley fue influenciado por otro escritor, Guillermo Law, que escribió *La perfección cristiana y un llamado serio*. La frase "perfección cristiana" surgiría en la predicación y enseñanza de Wesley en los años siguientes. Su nombre para siempre estaría ligado a la frase "la perfección cristiana", pero fue un énfasis que resultó en muchas críticas.

Finalmente, en 1727, recibió su maestría y, como era común en esos días, a partir de entonces, se agregó a su nombre la abreviatura "M.A." En 1728, fue ordenado oficialmente como sacerdote de la iglesia anglicana, la Iglesia de Inglaterra.

A PRINCIPIOS DE SU MINISTERIO

El padre de Juan Wesley, Samuel, deseaba que su hijo graduara y se volviera un sacerdote. Soñaba que el joven Juan sirviera con él en su iglesia. En 1729, el sueño de Samuel se volvió una realidad cuando Juan vino a servir junto a él en la pequeña comunidad de Epworth. Sin embargo, después de sus años en Oxford, Juan percibió que Epworth era un ambiente poco estimulante. El creció bien durante sus años en Oxford y deseaba regresar.

Después de regresar a Oxford, se unió a un grupo de estudiantes, serios, no los buscadores de placeres que había en Oxford en ese tiempo. Los amigos de Juan eran conocidos como "club de Santos". Su deseo era sencillo: practicar el cristianismo primitivo. "Primitivo" en este caso significaba el cristianismo del Nuevo Testamento. Ellos querían volver a la sencillez y la pureza de vivir la fe cristiana como la gente la había vivido en el Nuevo Testamento.

Alrededor del 1730, los miembros del Club de Santos comenzaron sistemáticamente a visitar las prisiones, ayudar a los pobres, y a cuidar de los enfermos. La manera ordenada de llevar su vida les puso el sobrenombre de "Metodistas". Ser un metodista no era un elogio. Ser metodista significa que uno era muy metódico, y metódicos fueron con tantas horas a la semana de estar envueltos en el ministerio.

Tan serio era Wesley sobre el estudio bíblico que se llamó a sí mismo *homo unius libri*, que significa "el hombre de un libro". Por cierto no significaba que el leía solo la Biblia; Wesley leía ampliamente. Pero su compromiso a la autoridad bíblica había surgido notablemente en este tiempo. El periodo de su ministerio inicial terminó el 20 de abril de 1735, el mismo año que su padre murió.

TRATÓ DE SER UN MISIONERO

En septiembre del 1735, Wesley fue aprobado para ser un misionero al Nuevo Mundo, a la colonia de Georgia. Fue enviado por el brazo de evangelismo de la iglesia Anglicana, conocido como la Sociedad para la Propagación del Evangelio. El 21 de octubre de 1735, se embarcó en la nave llamada *Simmonds,* que resultaría luego ser una etapa muy frustrante de su vida. Juan Wesley, por su personalidad y sus credenciales académicas, no estaba preparado para el rudo, en su opinión, bárbaro mundo, en la Colonia de George. Se fue con la intención de ser un misionero nativo a la gente. Lo que le envió de vuelta a Inglaterra, tres años después, no fueron los nativos, sino su inhabilidad para adaptarse a la gente blanca de Savannah, Georgia.

Un ejemplo básico de su inhabilidad para adaptarse se revela en el trato de la relación con las mujeres. Los historiadores han especulado que Juan pensaba que todas las mujeres eran como su madre, ha sido una administradora muy organizada, teóloga brillante, y una elocuente defensora de su posición política. Erróneamente Juan supuso que una mujer necesitaba un punto de conexión intelectual y teológica.

Durante el curso de su vida, Wesley entabló una amistad con varias mujeres. Mientras vivía en la colonia de Georgia se sintió atraído por una llamada Sofía Hopkey. Juan y Sofía disfrutaron de muchos momentos maravillosos, y parecía natural que contemplaran el matrimonio. Pero, permanentemente Wesley tenía gran dificultad en relacionarse con las mujeres. El podía hablar de teología con ellas. El disfrutaba de la compañía de ellas. Pero, parecía no saber cómo satisfacer la necesidad emocional de una mujer. Cualquiera sean las razones de su fracaso, cada mujer con la que Juan tenia una cita, ésta terminaba casándose con otro. Su posterior matrimonio es una historia de desastre.

Sofía Hopkey, al igual que las otras que siguieron, se desalentó esperando la propuesta de Wesley. Ella comenzó a entablar una relación con otro, y del que aceptó su propuesta de compromiso. Wesley quedó destrozado. Por la rigidez típica de Wesley, empleó la ley y se rehusó servir la Comunión a Sofía y a otros. Esto enfureció a los toscos residentes de la colonia de Georgia. Su autoritarismo no era apreciado en una colonia que se enorgullecía de su individualismo determinado. Como resultado Juan Wesley literalmente huyó por su vida.

El 1 de febrero de 1738, regresó a Inglaterra, para sorpresa de la Sociedad de la Propagación del Evangelio, la agencia que lo envió, rehusó permitir que regresara. Juan renunció a su labor de pastor en Savannah y prosiguió a la siguiente fase de su vida, que es la razón por la que fue incluido en este capítulo. Si Juan Wesley hubiera muerto antes del 1738, no habría sido considerado en absoluto por los historiadores. Sin embargo, una cantidad de libros se han escritos acerca de él y aquellos que influyó.

CONVERSIÓN Y EXPANSIÓN DE MINISTERIO

El 24 de mayo de 1738, Wesley asistió a un pequeño estudio bíblico en la calle Aldersgate en Londres a la sombra de la Catedral de San Pablo. Un hombre de pie leía del prefacio del comentario del libro a los Romanos de Martín Lutero. Mucho se ha escrito de la respuesta de Wesley de lo que se ha leído. Parte de eso puede que sea legendario. Pero, de seguro fue un fundamento.

> Alrededor de un cuarto para las nueve, mientras estaba describiendo el cambio que Dios obra en el corazón por la fe en Cristo, sentí un calor extraño en mi corazón. Sentí que confiaba en Cristo, y solo en Cristo para Salvación; y recibí la seguridad que Él borró *mis* pecados, y *me* salvó de la ley del pecado y de la muerte.[115]

La frase clave de esta cita importante es "sentí un calor extraño en mi corazón". Esa frase se convirtió en la marca de la "gente llamada metodistas".[116]

La vida de Wesley cambió significativamente a partir de ese momento. En repetidas ocasiones el rememoraba el momento cuando su fe cobró vida. Tan significativo fue el momento para los que después seguirían a Wesley, de manera que "el calor en el corazón" se volvió el distintivo no solo de los metodistas sino también para muchos que serían influenciados por el movimiento. El tener un calor en el corazón significa que uno verdaderamente experimentó a Dios. Significaba que la fe no solamente era intelectual. Ser un cristiano no era solamente un proceso de abrazar un dogma teológico o una verdad. Uno verdaderamente podía conocer a Dios y sentir su presencia. Quizás, por la primera vez, Wesley *sintió* su fe. La necesidad de la confirmación en el corazón de la fe de uno sería una característica significativa de los llamados metodistas.

Pero la conversión de Wesley no fue lo único significativo que ocurrió en ese año puntal, 1738. El 30 de noviembre, Jorge Whitefield llegó de una misión de predicar en Georgia. Aunque la experiencia de Wesley en Georgia fue un desastre, Whitefield hizo relatos espectaculares de cómo la gente respondió al Evangelio. Whitefield, un predicador y evangelista agresivo, desafió a Wesley a dejar la seguridad de los púlpitos de las iglesias de Inglaterra para que predicara al aire libre.

La predicación al aire libre no era un fenómeno nuevo. Muchos ya lo habían intentado, algunos con resultados positivos y otros negativos. La predica al aire libre mostró ser un método efectivo de comunicación del Evangelio a los que de otra manera no entrarían a una iglesia, pero así también era un método efectivo para recibir golpes de piedras, arrojadas por aquellos que preferían que los predicadores se *queden* en sus iglesias. De todos los predicadores, Juan Wesley no era el tipo de predicador al aire libre. El tuvo éxito en la liturgia e incluso expresó su apreciación por la vestimenta que vestían los sacerdotes anglicanos.

Pero la influencia de Whitefield sobre Wesley fue significativa. El 2 de abril de 1739, Wesley se embarcó en un evento que cambiaría su vida para siempre, la predicación al aire libre. La respuesta de los mineros de camino al trabajo a las cinco de la mañana en Bristol, Inglaterra, fue más de lo que Wesley podía haber anticipado.

La respuesta a la predicación de Wesley fue dramática. En el lapso de un corto periodo de tiempo ya no se preocupaba tanto por predicar al aire libre sino qué podía hacer con toda la gente que estaba respondiendo al Evangelio. Inmediatamente notó que los nuevos cristianos necesitaban instrucción espiritual. De modo que, prestó de sus amigos, los Moravos, la idea de organizar a la gente en grupos pequeños. Estos grupos se llamaban sencillamente “Sociedades Unidas”. En ese tiempo, Wesley nunca visionó que el número de convertidos sería tan grande y tan fecundo que insistirían en separarse de la Iglesia de Inglaterra a la que tanto amaba. Sin embargo, como sucede con frecuencia en casos de avivamientos, el saco viejo simplemente no puede contener el vino nuevo. Y las Sociedades Unidas en algún momento se convertiría en el fundamento de la Iglesia Metodista, un movimiento totalmente separado de la iglesia de Inglaterra, pero esa separación estaba todavía a quince años por ocurrir.

EL AVIVAMIENTO ESTALLA Y MADURA

Alrededor del 1744, el avivamiento ya no era un evento, pero continúo atrayendo gran multitud. Con el éxito viene la persecución. Wesley fue criticado por los malintencionados en cada posición que tomó. Se escribieron muchos artículos en su contra que las notas bibliográficas de este material podría llenar todo un libro. Sin embargo, la crítica no apagó el espíritu de lo que se conoció como el avivamiento wesleyano. A lo largo de Inglaterra la gente seguía viniendo a Cristo. Pero eso solamente representaba más problemas para Wesley.

¿Cómo usted cuida de tantos nuevos cristianos? ¿Cómo les animamos a que sigan creciendo? ¿Cómo uno impide que vuelvan a su antigua manera de andar? ¿Y cómo uno encuentra y entrena suficiente líderes para que cuiden de todos los nuevos cristianos? ¿Cómo se alienta y ayuda a estos líderes? Quizás ninguna persona en la historia de la iglesia estaba mejor equipada para resolver mejor los desafíos de organización de un movimiento masivo que Juan Wesley. Claramente había heredado el genio organizativo de su madre Susana.

Wesley comenzó a planear una estrategia para conservar el tremendo fruto de este masivo mover de Dios. Comenzó a entrenar y a equipar laicos para el ministerio en una escala sin precedentes en toda la historia de la iglesia.

LA CONFERENCIA ANUAL

En 1744, organizó su primera conferencia anual, que probó tener muchos resultados a largo plazo. Lo hizo con el propósito de dirigir, equipar, y animar a todos los predicadores laicos que viajaban bajo su ministerio. La conferencia anual sería una marca predominante del Metodismo y de todas las denominaciones que tienen su raíz en este avivamiento. Después, la mayoría de las denominaciones adoptarían esta idea de Wesley de realizar una conferencia anual. ¿Por qué esta idea era importante? Porque esta era una ocasión para que Wesley reuniera los pastores laicos principales que habían viajado a las regiones (circuitos) asignadas de Inglaterra. Un predicador laico viajaba un circuito de cinco a diez lugares donde fuera asignado para ministrar. A medida que más personas llegaban a Cristo, el recorrido debía subdivirse, porque una sola persona no podía abastecer toda la demanda.

PREDICADORES LAICOS

¿Quiénes fueron los predicadores laicos que asistían a estas conferencias? ¿De dónde provenían? ¿Cómo Wesley decidió usarlos? Debemos entender el contexto del avivamiento Wesleyano. Desde nuestra perspectiva consideramos positivo el avivamiento de Wesley. Pero en los primeros años del avivamiento, Wesley fue criticado severamente. Antes que nada, era un entusiasta. Predicó con vigor. Creía que uno podía sentir la religión. Tal despliegue de emoción era considerado muy sencillo para la mayoría de los sacerdotes anglicanos. Por cierto, de todos los pastores anglicanos de esa época, solamente cuarenta simpatizaban con el gran avivamiento evangélico. La mayoría de ellos nos estaban dispuest[illegible] cultivar la vida de los nuevos cristianos. ¿Qué debía hacer Wesley?

Wesley trató desesperadamente de mantener el ritmo. Viajó incansablemente de un lado de la nación a otra, predicando varias veces al día. En una ocasión en particular llegó muy tarde a Londres donde debía predicar a un grupo, incluida su madre, Susana, que se había reunido. En su ausencia, un laico de nombre Tomás Maxfield se levantó y predicó. Cuando terminó, les despidió a la gente y les mandó a sus casas. Wesley llegó unos pocos momentos después. Fue a la casa de su madre para saber lo que sucedió. Se enfureció cuando supo que el laico tuvo la audacia de levantarse y predicar. Estaba determinado de corregir a Tomás Maxfield por su imperdonable acción, hasta que su madre le dijo, “repréndelo si lo deseas Juan, pero él está llamado a predicar de la misma manera que tú”.

Juan Wesley nunca reprochó a Tomás Maxfiel. Por el contrario, comenzó a entrenar predicadores laicos para enviarlos a través de Inglaterra a proclamar el mensaje del Evangelio y a organizar pequeños grupos de estudios bíblicos para aquellos que respondían al Evangelio. Al año siguiente, Wesley entrenó 653 predicadores laicos, 57 por ciento de los cuales permanecieron en su ministerio hasta sus muertes. Esto no incluyó otra categoría de ministros laicos llamados predicadores locales que no viajaban, pero que tenían una responsabilidad espiritual sobre una pequeña área espiritual.

EL HOMBRE CLAVE DE JUAN WESLEY

El rápido crecimiento del avivamiento de Wesley hizo que Wesley necesitara varios generales para su vasto ejército. Su hombre clave, era su hermano, Carlos, muy cercano a Juan en lo espiritual y lo emocional. Ambos habían compartido experiencias en la universidad de Oxford y también experiencias espirituales como miembros del Club de los Santos en esa ciudad universitaria. En 1749, Juan Wesley ofició la boda de su hermano Carlos con Sara Gwynne, que probó ser un matrimonio feliz y de éxito.

La percepción espiritual de Carlos y su genio musical influyó profundamente en el avivamiento evangélico en Bretaña. Carlos era más joven que Juan, un poco más calmado que el fuerte Juan, y se había convertido solo tres días antes que su hermano mayor. Un fiel compañero de viaje de Juan por veinte años, Carlos tuvo que dejar a Juan y su labor misionera en Georgia en 1736 a causa de una enfermedad. Lo mismo volvió a ocurrir en 1756 cuando Carlos, no pudo físicamente soportar los rigores de los viajes con Juan.

Sin embargo, la constitución más frágil de Carlos no impidió que tuviera un ministerio sólido e influyente. Escribió más de 6500 himnos; los más conocidos son:

Los Heraldos celestiales
Cristo el Señor resucitó
Oh, que tuviera lenguas mil
Jesús, amado de mi alma
Amor Divino, cuán grande amor

MATRIMONIO

En 1749, el mismo año que Juan celebró el matrimonio de Carlos y Sara, desarrolló una relación significativa con Gracia Murray. Francamente, ella pudo haber sido y debió haber sido la "madre del Metodismo". Pero Juan, otra vez, cuya relación con las mujeres sufrió tanto, no pudo relacionarse apropiadamente con ella. En su lugar, en 1751 se casó con Vazeille. Por qué contrajo nupcias con esta mujer extraña y neurótica es un misterio. Tuvo muchas oportunidades de casarse con mujeres sobresalientes. Se cree que su matrimonio con Vazeille nunca se consumó físicamente. Wesley y su esposa se separaron formalmente en 1755, pero debido a su horario de viajes constantes, parece poco probable que Juan pudiera pasar mucho tiempo con ella. En 1781, escribió en su diario sencillamente que ella murió.

Esta área débil en la vida de Juan Wesley ofrece una simple pero intrigante referencia de historia: todos los grandes santos de Dios todavía tienen pie de barro, o áreas donde sus vidas son poco menos a lo que Dios desea. Todos los grandes de la historia de la iglesia tienen algunas áreas evidentes de debilidad. Sin embargo, Dios mira desde los cielos, y ve más allá de nuestras faltas y en su lugar hace que los puntos fuertes de sus santos florezcan para obrar su voluntad. Con toda seguridad esta verdad se prueba en la vida de Wesley.

SUS ESCRITOS

En 1766, Wesley escribió *Un simple relato de la perfección cristiana*. El título revela una de las principales bases del metodismo incipiente: uno debe poder experimentar motivos puros, amor puro. El amor a Dios y el amor al prójimo deben evidenciarse de maneras prácticas. Los *métodos* de uno pueden estar contaminados por la caída de Adán, pero los *motivos* de uno pueden ser tan puros que pueden llamarse perfección cristiana. Wesley fue criticado severamente por esta posición. Nadie puede vivir perfectamente, exclamaron sus críticos. Y tenían razón. Pero Wesley estaba definiendo la "perfección" de modo diferente. Él no empleó el latín *perfectus*, que significa "inmejorable". Wesley influenciado por los Padres del desierto (primeros líderes monjes de la iglesia) usaba la palabra "perfección" según el entendimiento griego de *teleios*. Según esta idea, la perfección era una meta movible, ser todo lo que uno puede ser en un momento dado con la plena conciencia que puede mejorar. El entendimiento en latín de perfección es estático, como "he llegado". El significado griego, el cual Wesley abrazó, era un viaje, una experiencia de crecimiento, con nuevos niveles que alcanzar. Los críticos de Wesley entendieron estas importantes distinciones. Y los críticos contemporáneos de Wesley todavía fracasan en captar este hecho importante. Lamentablemente, incluso algunos que se llaman a sí mismos Wesleyanos no entienden el significado de la diferencia entre el latín *perfectus* y el griego *telios.* Las generaciones que seguirían a Wesley más adelante refinarían y definirían la experiencia de Wesley acerca de la santificación, o llevar una vida por encima del pecado. Una de las grandes contribuciones de Wesley al cristianismo fue precisamente en este punto. El desafió a la gente darse plenamente por Dios. El resultado fue un sinnúmero de personas deseosas de llevar una vida de madurez cristiana excepcional.

Su idea de la perfección cristiana fue solo la fuente de una de las muchas controversias. Alrededor del 1770, ya estaba luchando más intensamente contra el calvinismo, oponiéndose a todos los cinco puntos teológicos de Juan Calvino. Wesley abrazó:

1. Gracia predecesora, Dios pone una red de seguridad bajo la humanidad conocida como la gracia preveniente. Gracia significa el favor especial de Dios, su amor por nosotros. *Pre* significa "antes"; *dece* significa "a venir". De modo que gracia predecesora es la gracia especial de Dios que viene antes que le conozcamos, antes de nuestra conversión.
2. Elección condicional, la elección de Dios es condicional, basada en nuestra respuesta a Él.
3. Expiación ilimitada, Cristo murió por todos y la expiación es sin límites.
4. Gracia resistida, la gracia de Dios puede ser, y trágicamente muchas veces, resistida.
5. Pérdida de la salvación, en vez de seguridad eterna, las personas pueden y trágicamente caen de su condición de salvos.

Con frecuencia se refirieron a estas creencias como Arminiana, del nombre del teólogo holandés Jacobo Armiño (1560-1600). Por esto a las ideas de Wesley se referían como Wesleyana/Arminiana.

Ser llamado un Arminiano en la época de Wesley era despreciativo pero Wesley hizo con ese título lo mismo que hizo con el metodismo. Lo hizo respetable. Cuando los miembros del Club de Santos, fueron llamados "metodistas" en la universidad de Oxford, el término tenía una connotación despectiva. Pero Wesley mantuvo el nombre Metodista y la hizo respetable. Además, por lo general se refería a sus seguidores como 'los llamados metodistas". El hizo lo mismo con la acusación de la doctrina Arminiana. Sencillamente la aceptó y la hizo honorable; en 1778 por primera vez publicó *La revista Arminiana.*

Alrededor de 1778, el movimiento había madurado en su entendimiento propio y en su respetabilidad en Londres. La persecución a Wesley había terminado. Extrañamente este hecho preocupó a Wesley. Pensó que debía estar obrando mal ¡por recibir tanta alabanza! Para Wesley ese año fue muy especial y de gran gozo. Inauguró la Capilla del Camino en Londres que todavía permanece como evidencia del explosivo movimiento Metodista. Al cruzar la calle de la Capilla del Camino hay un cementerio donde la madre de Juan, Susana Wesley, fue sepultada. También están allí sepultados Isaac Watts, el famoso compositor de himnos, y Juan Bunyan, autor de *El Progreso del Peregrino*. Directamente detrás de la Capilla del Camino se encuentra la sepultura de Juan Wesley (murió el 2 de marzo de 1791) y de algunos líderes claves del Metodismo.

CÓMO DIOS USÓ A WESLEY

¿Cuáles son las grandes contribuciones de Juan Wesley al cristianismo? ¿Qué hizo Dios a través de él? ¿Cuál era la condición de la iglesia en la época de Wesley, los extraordinarios años de los 1700? Algo muy sorprendente que notamos respecto de Wesley es su afluencia de actividades. Pocos han logrado lo que pudo lograr. Un escritor sugirió que "ningún cristiano evangelista desde san Pablo, Lutero, y Calvino puede mirar atrás con resultados más concretos de su ministerio".[117]

Otro escritor observó que a excepción de algunas personas en la esfera política, científica, y militar, Juan Wesley recibió más atención biográfica que ningún otro inglés de su época.[118] El escolar metodista, Alberto Outler notó que los logros extraordinarios de Wesley surgieron de la oscuridad y el fracaso. Él observo que si Juan Wesley hubiera muerto en cualquier año antes de cumplir los 36 años de edad (17 de junio del 1739, doce meses después de Aldersgate) su nombre no se sería considerado ni para una referencia en los libros de historia. Considerando las situaciones en la primavera del 1739… fracasó como maestro y se ganó la reputación de ser un poco cabeza hueca.[119] Había sido un líder de una sociedad religiosa en Oxford, de otra sociedad en Georgia, de una tercera en Londres, sin resultados visibles o duraderos. … publicó… un manifiesto teológico que no causó ningún debate… no tenía poder de base… no tenía nada que evidenciara por treinta y seis años de tener una mente diligente".[120] Es verdaderamente increíble que solamente diez años después Juan Wesley fuera el "líder del movimiento más efectivo del siglo dieciocho en Inglaterra".[121]

ENERGÍA Y EFICIENCIA

Wesley diariamente se levantaba a las 4 de la madrugada y era muy eficiente durante dieciocho horas al día. Cabalgó un cuarto de un millón de millas, y posiblemente conocía Inglaterra mejor que ningún otro de su época.[122] La lista de ciudades y villas que Wesley visitó es tan extensa que sería más fácil contar los lugares que no visitó en vez de los que estuvo.[123] Es extraordinario que Wesley continuara viajando a caballo hasta los setenta años de edad, recorriendo de 4 mil a 5 mil millas al año y aproximadamente ochenta millas al día.[124] Se cree que Wesley pasó más tiempo en la cabalgadura que ningún otro que haya vivido, sin excepción de Bonaparte y César.[125] Para Wesley, la montura se volvió su silla de biblioteca. En marzo de 1770, Wesley escribió:

> Aproximadamente treinta años atrás, pensaba, ¿cómo es que ningún caballo tropieza mientras leo? Por lo general leo historia, poesía, y filosofía, y a veces otras cosas. De ninguna otra manera lo puedo describir sino así: Dejo las riendas sobre sus lomos. Luego observo, y concluyo que, habiendo cabalgado más de cientos de millas casi no recuerdo ningún caballo (excepto dos, que podría caerse del peñasco de todas maneras) que haya caído,

o tropezado, mientras yo cabalgo con las riendas flojas.[126]

Solo en sus últimos años dejó de cabalgar y usó una carroza.

AUDITORIO

Se cree que Juan Wesley predicó más de 40 mil veces. Muchas veces predicó hasta cinco veces al día. El número de personas que Wesley predicó es también increíble. El 21 de septiembre del 1773, predicó a un público de aproximadamente 32 mil, en un gran anfiteatro natural, al aire libre conocido como Gwennap Pit [hoyo en español]. Aunque es posible que la cantidad de la multitud fuera más, el número permanece, de todas maneras es una gran multitud para predicar sin el beneficio de un sistema de sonido público.

Wesley escribió 233 libros. En la época de Wesley, las ideas pertenecían más al mundo que a los individuos, y era aceptable prestar bastante de otros (lo que hoy se llamaría plagio), de modo que algunos de sus libros debían llamarse con más propiedad revisiones de las obras de otros autores. Sin embargo, todavía es un logro increíble. Fue tan fiel en escribir su diario que uno puede casi exactamente saber que hizo cada día de su vida, las ciudades donde predicó, los tópicos de sus sermones, e incluso las conversaciones que tuvo con sus amigos.

MINISTERIO LAICO

Pero la vida de Wesley era mucho más que una lluvia de actividades. El logró algo muy profundo. Una de sus increíbles innovaciones fue el uso de laicos para el ministerio.

Desde nuestra perspectiva, no entendemos cuán radical y único esto fue. Los historiadores de la iglesia notaron que lo que Wesley hizo fue revolucionario. Era impensable que el laicado se involucre en cualquier ministerio significativo, y el mismo Wesley nunca hubiera usado predicadores laicos, excepto por el gran número de convertidos y por la disposición del clero de ayudarlo a entrenarlos. Pero el movimiento Metodista creció bajo el liderazgo de los predicadores laicos hasta que el número de la membresía pasaba los 120 mil al tiempo de la muerte de Wesley.[127] Otro escritor sugirió que si uno incluye los adherentes al metodismo, el número de seguidores de Wesley se aproximaría al millón.[128] Con un movimiento tan grande y con tan pocos del clero anglicano dispuestos a apoyar, Wesley necesitaba con urgencia entrenar laicos y lo hizo logrando un gran ejército de obreros laicos. Entrenó más de 600 predicadores laicos. Además, había muchos predicadores a nivel local. Los predicadores locales no viajaban sino que simplemente supervisaban en su área respectiva o comunidad. En 1850, solo sesenta años después de la muerte de Wesley, había más de 20 mil predicadores a nivel local. Además de estas dos categorías de influencia laica, había una tercera, los líderes de las clases. Había aproximadamente un líder de clase por cada diez metodistas. Algunos escritores creen que había como 25 mil personas funcionando en este ministerio en particular.[129] Además de los predicadores laicos, predicadores locales y líderes de clases había fiduciarios, administradores, exhortadores, y otras posiciones ministeriales. La alta consideración de Wesley por la función del laicado fue sin precedentes en toda la historia de la iglesia.[130]

Uno de los dones más sobresalientes de Wesley fue la habilidad de reproducirse a sí mismo. De todos los predicadores laicos que entrenó, ninguno de ellos se compara con Francisco de Asbury (1745-1816), que fue enviado por Wesley en 1771, a los veintiséis años de edad de Bristol, Inglaterra, a Filadelfia. Aunque la llegada del metodismo en el Nuevo Mundo precedió varios años a la llegada de Asbury, la razón principal del crecimiento explosivo del metodismo en la reciente nación formada fue Asbury. Las estadísticas son casi tan impresionantes como las del mismo Wesley. Viajó constantemente a caballo en el transcurso de cuatro décadas y media. ¡Recorrió increíblemente 300 mil millas! Predicó 16 mil sermones. Y no tenía hogar. Consecuentemente, instruyó a los de Bretaña que enviaran las cartas a simplemente: "¡Francisco Asbury, en América"! Y, debido a su notoriedad, las cartas que iban con este remitente probablemente lo encontraron. La habilidad rápida de Asbury de entender el Nuevo Mundo, algo que Wesley nunca pudo, le hizo el candidato perfecto para América. Fue el primer obispo metodista americano responsable por la rápida expansión del Evangelio en las colonias y luego en la nueva nación.

EVANGELISMO

Otra área en la cual Wesley tuvo un impacto profundo en el cristianismo fue su idea del evangelismo. La expiación universal de Cristo, el hecho de que Cristo murió por todos, fue un pensamiento profundamente liberador a los cristianos que habían sido impactados intensamente por el Calvinismo. Dio validez a las personas que de otra manera se amedrentarían, creyendo que no eran parte de los elegidos. ¡Quizás Cristo murió por ellos! Este pensamiento dio validez a las personas que anteriormente se sentían intimidados.

ORGANIZACIÓN

La cuarta manera principal que Dios usó a Juan Wesley fue a través del éxito que tuvo en mantener y preservar los nuevos convertidos. Los escritores sobre este asunto hacen con frecuencia un contraste de Juan Wesley con George Whitefield, otro gran evangelista. Whitefield predicó a grandes multitudes de la misma manera que Wesley, sin embargo pocos se consideraban seguidores de Whitefield después de su muerte. ¿Cuál fue la diferencia? Muy simple, fue el genio organizador de Wesley. Whitefield no tuvo un gran ejército de laicos. No tuvo líderes de clases que supervisaban el cuidado espiritual de otras diez personas. Estos rasgos de organización únicos del Metodismo le capacitaron para sostener, instruir, y mantener un movimiento masivo.

SANTIDAD

La quinta manera que Dios moldeó profundamente la iglesia a través de Wesley fue su llamado a la santidad. El no creía que uno debía solo pasar por las puertas del cristianismo mientras continuaba en pecado. Un cristianismo en pecado no era parte del entendimiento de Wesley conforme a la verdad bíblica. Llamó a los cristianos a vivir en perfección cristiana, a madurar, y a crecer. Además, si no lo hacían, a veces eran reprochados. En las reuniones de las clases, que se realizaba semanalmente, el líder se levantaba y preguntaba, "¿cómo está tu alma?" Cada persona con plena honestidad explicaba cómo él o ella estaban espiritualmente. Este tipo de honestidad y responsabilidad, impulsado por la expectación de que uno podía tener motivos puros, hizo que la santidad sea el clamor de muchos de los seguidores de Juan Wesley.

LA RELIGIÓN DE LA CLASE OBRERA

La sexta manera que Dios formó la iglesia a través de Juan Wesley fue la validación de las clases socio-económicas más bajas. Aunque mucha gente acaudalada seguía a Wesley, la mayoría de los convertidos eran pobres. La presentación del Evangelio que Wesley dio instiló en ellos un sentido de esperanza y valor. El hecho que ellos podían funcionar en posiciones de responsabilidad (como líderes de clases, predicadores a nivel local, o pastores laicos) les dio las oportunidades para desarrollarse de maneras que la misma cultura no les proveyó. La evidencia muestra que la gente entrenada para ser los líderes de las clases y los predicadores locales se volvieron muy confidentes en sus habilidades organizativas para movilizar otras personas, de tal manera que sus generaciones siguientes se convirtieron en líderes de la unión de obreros, organizados sobre una base local. La poderosa presentación de Wesley del Evangelio cautivó el corazón de las clases bajas y trajo como resultado una transformación completa de la nación.

Una asociación muy cercana con esta confianza fue la reforma social. Wesley dijo que no había santidad que no fuera santidad social, dando a entender simplemente que la santidad influencia toda la cultura. A través de la masiva influencia del movimiento Wesleyano, las condiciones de una nación fueron alteradas. Se establecieron leyes para proteger contra el abuso de niños trabajadores. Lo más importante fue la influencia de Wesley a través de un miembro del parlamento llamado William Wilberforce, que puso término a la esclavitud en todo el imperio Británico. El énfasis metodista respecto de la santidad salvó matrimonios y unió familias. El resultado fue la transformación de una nación.

Cualquiera que mira a Inglaterra en los años mil setecientos y ve la obra de Juan Wesley, este incansable, apasionado santo de Dios, estaría de acuerdo que la iglesia de Jesucristo estaba en verdad viva y sana. Y una iglesia saludable era y todavía es el gran plan de Dios para preservar todo lo que es de valor dentro de una civilización. La Iglesia, el pueblo de Dios, está para dar sabor a todo lo que ocurre en la vida, ese el único plan de Dios para salvar la civilización.

CAPÍTULO 12

EL PRIMER GRAN AVIVAMIENTO

Fecha de expansión: d.C. 1607-1833

Personas claves: Roger Williams, Francisco Makemie, Salomón Stoddard, Jonatán Edwards, Jorge Whitefield, Junipero Serra

Winford acomodó el siguiente fajo de paja seca. Los tallos sirven de buena cama para las vacas durante el frío invierno. A través de los años en la granja la piel de sus manos se habían vuelto duras de modo que los tallos ya no podían lastimar su piel callosa. Se enderezó, y con orgullo supervisó su extensión de tierra, y observó con satisfacción cómo las colinas y las áreas boscosas lucían a la luz del sol que marcaba el límite del bosque.

Cuando la luz del sol le alcanzó, comenzó a pensar en su familia. La vida era difícil en Nueva Inglaterra en los años 1740. En los últimos nueve años, su esposa, Rut había dado a luz cinco hijos, pero dos infantes habían muerto al enfermarse durante el duro invierno. La devoción de Rut para criar cuatro pequeños no le dejaba tiempo para ayudar a Winford en ordeñar las vacas o enganchar las monturas de los caballos. Él extrañaba la ayuda de Rut en las tareas fuera de la casa, pero amaba que ella cuidaba de los niños y estaba dispuesta a celebrar el noveno aniversario de bodas al día siguiente. Sin embargo se preguntaba cómo los niños crecerían.

Winford puso los tallos en su vagón. Él sabía que la dura vida de la granja no era el problema. Los niños necesitaban trabajar duro, honrar a sus padres, y ayudar a sus vecinos. No, a Winford le preocupaba que sus hijos nunca aprendieran de Dios. Las tareas de la granja le dejaban poco tiempo para asistir a la iglesia. Un día avanzaba al otro sin descanso.

Cada estación parecía tan difícil como la anterior. Ahora mismo, la preparación para el frío invierno de Massachussets era una tarea sin fin. Aunque también en la primavera tenía mucho trabajo, limpiando la tierra de árboles, uno a uno, y sacando las rocas. Hasta el momento ya había limpiado más de 12 acres de los que había recogido dos cosechas de maíz.

Winford sabía que juntamente con Rut podían enseñar a los niños algo acerca de Dios, pero su entrenamiento era limitado, ninguno de los dos era un maestro o estudioso de la Biblia. Fue la madre de Winford que le enseñó acerca de la Biblia; él solamente podía recordar muy poco ahora, algunas historias y unos mandamientos. Pensó acerca de su infancia y las veces que su familia asistió a la iglesia de la congregación local hasta los doce años de edad, cuando se mudaron muy lejos y no pudieron seguir asistiendo. Ahora, como un padre, se sentía muy responsable de cómo sus niños crecerían en el Señor, pero la iglesia más cercana estaba a dos millas de distancia al otro lado de las plantaciones y más de cuatro cuando usaba el vagón familiar para ir al otro lado del puente. *¿Qué tan importante es para mis hijos conocer a Dios?, pensó. ¿Por qué él y Rut no se interesaban mucho más en las cosas espirituales?*

Los pensamientos de Winford fueron interrumpidos por un grito. Miró a su alrededor y no vio a nadie. Al inclinarse para cortar otro tallo, oyó otro grito. Esta vez, vio a María Bensette corriendo a lo largo de la cerca que separaba su granja de la de ella. Ella agitaba las manos y gritaba algo a su marido, Juan, que estaba arando a unos metros de distancia. Preocupado, Winford, dejó la grande cuchilla para cortar tallos y corrió hacia la cerca. Finalmente, Juan oyó los gritos de su esposa y corrió hacia ella. Los tres llegaron al mismo tiempo. "¿Qué pasa Mary?", Juan y Winford preguntaron simultáneamente.

"Whitefield", susurró ella, completamente sin aliento.

"¿Dónde?", dijo Juan.

"En la Primera Congregación… ¡ahora mismo!"

"¿De qué estás hablando?", exclamó Winford, inquiriendo acerca de este mensaje en código.

"Es Whitefield", explicó Juan, como si esta única palabra fuera suficiente.

“¿Quién… o qué es Whitefield?” Preguntó Winford, algo impaciente.

“¡Jorge Whitefield!” dijo Juan. “¡El gran predicador de Inglaterra está en nuestra ciudad! Doquiera Jorge Whitefield esté, suceden cosas. Es increíble. Le hemos oído varias veces años atrás cuando habló en Northampton. Nunca antes habíamos visto algo similar. Si nunca lo has escuchado, debes irte ahora y escucharlo por ti mismo”

Winford observó a Mary. Su rostro estaba más feliz de lo que Winford había visto antes. “Esta tarde estoy ocupado”, dijo Winford, “quizás iré en otra oportunidad”.

“¡Ahora!” exigió Mary. “Debes ir ahora.”

“Pero Rut… y los niños…”

“Yo cuidaré de los niños y tú lleva a Rut.” Winford nunca antes había visto a Mary ser tan dogmática. No había razón para argumentar.

Menos de una hora después, Winford y Rut estaban sentados en un campo grande detrás de la escuela. Auque Windfor parecía aprensivo al principio, no podía menos que sonreír. Solo una hora antes él había estado pensando si debía tratar de volver a la iglesia, y allí estaba, escuchando a un predicador, varios comenzaron a llorar… asustados por el pensamiento de enfrentar a Dios sin el perdón de pecados. Una persona a la izquierda de Winford cayó de rodillas al suelo. Winford y Rut se sintieron algo incómodos mientras miraban a los dos oidores demostrativos. Pero su atención rápidamente volvió al predicador de Inglaterra. Mientras la voz de Whitefield resonaba a través de las colinas, y fácilmente era oído por los cientos que se habían reunido para oírlo, Winford puso su brazo alrededor de los hombros de su esposa. Rut le miró. Ellos no necesitaban decir nada. Ambos sabían que habían puesto sus preocupaciones por sobre la fe en Dios. Si Cristo regresara hoy, no les encontraría listos para reunirse con Dios. Pero ellos querían estar listos. Winford apretó a su esposa hacia sí y bajó la cabeza. Ella también bajó la cabeza en arrepentimiento. Su pequeña granja no sería la misma otra vez; Cristo se había mudado con ellos.

EL NUEVO MUNDO

Nuestro interés en Europa disminuye ahora, a medida que vemos algo de gran importancia sucediendo en el Nuevo Mundo: al que nos referiremos como América. El siglo diecisiete fue un tiempo intenso y activo en la fundación de grupos religiosos en el Nuevo Mundo. Earl Cairns escribió:

> Casi cada una de las iglesias Protestantes de la Reforma vino a tener una representación en América entre los 1607 y los 1732. Distante de Europa, el temprano surgimiento de voluntarios y subsiguiente control de la Iglesia, avivamientos recurrentes, la influencia de la frontera, y el relativo radicalismo religioso de los "grupos" que llegaron a América hizo del cristianismo americano increíblemente creativo en sus actividades.[131]

Se han sugerido muchas razones para tratar de explicar porqué la gente dejaba la seguridad de su nativa Inglaterra a fin de llegar a un peligroso y desconocido Nuevo Mundo. Algunos arguyen que fue por beneficio monetario. Otros dicen que las saturadas condiciones de vida eran muy malas que forzó a la gente a irse. Pero cuando examinamos los escritos de los que vinieron, vemos que la libertad de religión fue la fuerza motivadora de la mayoría de las personas que se arriesgaron a viajar cruzando el océano para vivir en el Nuevo Mundo.

JAMESTOWN

El costo de un viaje al Nuevo Mundo era tan caro que la gente debía juntarse y unirse a compañías, un predecesor de las modernas corporaciones, a fin de financiar el viaje. La Compañía Virginia envió personas para que se establecieran en Jamestown (que ahora se llama Virginia) en 1607. Roberto Hunt, un capellán, ayudó a establecer la iglesia Anglicana allí y fue el primero en servir la Santa Cena a los colonos mientras estaban sentados en los troncos, bajo la sombra del velero que sacaron del barco.

Dos eventos que influyeron en el destino de la futura nación ocurrieron en 1612 y 1619, respectivamente:

*los colonos aprendieron que podían plantar tabaco

*los colonos comenzaron a comprar esclavos de los comerciantes holandeses con el fin de que trabajaran en las plantaciones tabacaleras.

Los colonos no podrían haber imaginado que 242 años después las consecuencias de los manejos de sus negocios llevarían a la nación a una guerra civil con resultados trágicos. A medida que pasaban los años, más y más anglicanos puritanos emigraron de Inglaterra. En 1642, la Compañía Virginia fue disuelta, porque ahora Virginia era una colonia real con un gobernador designado por el rey. La Iglesia de Inglaterra (la iglesia Anglicana) fue la iglesia oficial establecida de la colonia.

PURITANOS Y SEPARATISTAS

Los puritanos se llamaron así porque querían purificar la Iglesia de Inglaterra. Muchos sentían que podían acompañar mejor al proceso de purificación quedándose en la iglesia. Otros, sin embargo, argüían por la separación de la Iglesia de Inglaterra y fueron conocidos como los Separatistas. En esa época, separarse de la iglesia no era lo mismo como en la actualidad. Hoy, uno puede ir de una iglesia a otra con poca recriminación, porque hay muchas denominaciones aceptables. Sin embargo, en ese tiempo en Inglaterra, había solamente una Iglesia legalmente reconocida, fundada por el gobierno, y cada individuo era automáticamente miembro, a menos que uno optaba por salir de la membresía.

Los separatistas fueron hostigados, amenazados y a veces encarcelados. Rufianes interrumpían sus reuniones de adoración. Cansados de tal tratamiento, Roberto Browne dirigió a algunos separatistas a Holanda, donde ellos podían adorar con libertad. Sin embargo, estos ingleses se dieron cuenta y lamentaron que sus hijos pronto absorberían la cultura holandesa, y esa idea no les gustaba. Así que los Separatistas, dejando Leyden, Holanda, decidieron ir al Nuevo Mundo donde podían establecer una iglesia pura. En agosto del 1620, 102 separatistas ingleses dejaron Inglaterra para ir al Nuevo Mundo, partiendo del puerto Plymouth. Su destino era Virginia. Sin embargo, una tormenta fuerte los empujó hacia el norte y llegaron a Massachussets. No estaban preparados para enfrentar el crudo invierno, y la mitad de ellos murieron en pocos meses. Pero eran personas trabajadoras, con valor, y bien organizadas. Antes de que salieran del Mayflower, cuarenta y uno de los hombres firmaron el Acuerdo del Mayflower, un documento legal por el cual se regirían. El Acuerdo afirmaba que el propósito de la nueva colonia era traer gloria a Dios y avanzar la causa cristiana. Consecuentemente, la iglesia era el centro de no solamente su vida espiritual sino también social.

ESTABLECIMIENTOS EN EL NUEVO MUNDO

Aunque los primeros años casi los destruyó, un gran número de puritanos eventualmente llegaron a cruzar el océano. Después del 1628, las ciudades de Salem y Boston estaban organizadas. El gobierno de su iglesia era un sistema de congregación, en la que cada congregación tenía completa autonomía y el derecho de auto gobernarse. Debido a que todas las iglesias compartían la misma teología calvinista, casi tenían una fe completamente uniforme. En 1631, la corte general de Massachussets ordenó que la membresía sea obligatoria. Verdaderamente, era una nueva Israel, como les gustaba referirse a ella. Se percibía a Boston como una "ciudad asentada en una montaña". Su reputación pronto atrajo más de 20 mil puritanos desde Inglaterra. La expansión de los puritanos continuó hacia el oeste a lo largo del valle del río Connecticut. El Sínodo de Cambridge de 1646 resumía la unidad de la teología y el gobierno de la iglesia. Los representantes que se habían reunido allí habían acordado la Confesión de Westminster como su fundamento de doctrina y la Plataforma de Cambridge como su forma de gobierno. Cada iglesia era independiente de otras iglesias, pero todas estaban unidas por un pacto común de iglesias. Estar de acuerdo con el pacto era el requisito para unirse a la iglesia. Todo parecía bien. ¡Sus sueños fueron cumplidos!

Pero los puritanos se habían olvidado de la historia del Antiguo Testamento. Tras una generación devota a Dios venía la siguiente generación y "cada uno hacía lo que bien le parecía" (Jueces 21:25 RVR). Los puritanos habían fracasado en anticipar que dentro de unos pocos años se levantaría una generación no comprometida con los principios del pacto. Todos los primeros adultos eran ciudadanos en el Nuevo Mundo porque amaban los principios del pacto de Dios. Pero sus hijos y sus nietos no habían escogido esta estructura, y no todos deseaban seguirla. Este doloroso problema crearía un gran dilema.

ROGER WILLIAM

Las iglesias puritanas con una teología calvinista y un gobierno de congregación no eran las únicas en desarrollo en el Nuevo Mundo. Roger William, otro anglicano graduado de Cambridge que abrazó las ideas de los Separatistas, tenía sus propias ideas. Aunque al inicio parecía encajar bien, rápidamente las diferencias emergieron. Williams se oponía a la idea de una iglesia estado y argüía que un grupo nominal particular no debería estar fundado como la iglesia oficial del Estado. Además, sentía que los líderes políticos (la mayoría de los cuales eran pastores) no deberían tener el poder para escoger por otro como se debía adorar. William creía también que se debía permitir que los nativos americanos mantuvieran sus propias tierras. Eventualmente estas ideas se convirtieron tan desagradables, y fue sacado de Plymouth. Deambuló hacia el sur donde los Nativos Americanos le ayudaron durante el crudo invierno. En 1636, fundó Providencia (la que ahora se conoce como Isla Rhode) en la tierra que compró de los nativos americanos.

OTROS RECHAZADOS

Roger Williams no fue el único forzado a salir de Plymouth. Ana Hutchinson, a punto de dar a luz, fue sacada de su comunidad al duro invierno y tuvo que caminar de Massachussets a Providencia. Juntamente con Roger Williams, ella ayudó a fundar en 1639 la que se cree es la primera iglesia Bautista en América. Los miembros de esta nueva iglesia eran rebautizados, quizás por inmersión, el modo de bautismo que sería característico de todas las iglesias Bautistas. (Había un debate de si la primera iglesia Bautista estaba en Newport o en Providencia. Pero, ya sea en uno u otro caso, el movimiento bautista comenzó en Isla Rhode a cargo de Roger William.) Esta expresión de la fe cristiana se expandiría rápidamente por toda América y se convertiría en la más grande denominación protestante. Con mucha pasión, William abogó por la separación de la iglesia del Estado, y libertad de conciencia en la adoración.

ESTABLECIMIENTO

Sin embargo, en tiempos de Williams, nueve de las trece colonias tenía una iglesia establecida. La iglesia Anglicana tuvo grandes ganancias en el Nuevo Mundo. Sustituyó la fuerte retención católica en Maryland, y se volvió en la iglesia establecida de Maryland en 1702, y sustituyó a la holandesa reformada en Nueva York en 1693. Tomó Carolina del Sur en 1706, Georgia en 1758, y Carolina del Norte en 1765. Todas estas colonias permanecieron anglicanas hasta después de la revolución Americana. El crédito por la rápida expansión Anglicana en parte se debe a la Sociedad por la Propagación del Evangelio en Lugares Extranjeros, que fue fundada en 1701, la cual mandó más de 300 misioneros a las colonias, entre los cuales estaban los hermanos Wesley. Solamente unos pocos isleños de influencia católica permanecieron.

UNA DIVERSIDAD DE GRUPOS

Roger William, con sus ideas Bautistas, no era el único que chocó con los puritanos sobre el asunto de la separación de iglesia y Estado. Los cuáqueros (La sociedad de amigos) fundada por Jorge Fox, hizo su entrada en el Nuevo Mundo y rápidamente se enfrentó con los Puritanos de Nueva Inglaterra. Nueva Jersey estaba dividida en Este y Oeste después de 1674, y la Jersey del Oeste se volvió un establecimiento para los cuáqueros. El movimiento Cuáquero estaba muy asociado con el nombre de William Pen, un hombre acaudalado dueño de muchas tierras (ahora conocido como Pensilvania). Pen escogió abrir su colonia virtualmente a todos. El resultado fue una enorme variedad de fe cristiana que rápidamente se reunieron, dando al Estado una espectacular y poco usual variedad de grupos singulares. A los Cuáqueros se unieron los Menonitas, los Moravos, y los Luteranos (que comenzaron su aventura americana en la colonia holandesa de Nueva Ámsterdam). Pensilvania y las colonias del medio oeste fueron conocidas por una intrigante diversidad de religiones, mientras que las colonias del sur preferían el anglicanismo, y las colonias del norte a la Congregación.

FRANCISCO MAKEMIE

En 1683, un irlandés llegó a las colonias. Educado en Escocia, Francisco Makemie (1658-1708) fue comisionado a servir como un misionero presbiteriano en América. Fundó la Primera Iglesia Presbiteriana en América en Snow Hill, Maryland, en 1684. Fue un agresivo evangelista que recorrió Nueva York, Maryland, Virginia, Carolina del Norte. Alrededor del 1706 juntó a los presbiterianos de diferentes trasfondos (irlandés, escocés, galeses, e ingleses) y unificó sus creencias en torno a la Confesión de Westminster. Los eventos en el Viejo Mundo pronto traerían un gran influjo al Nuevo Mundo.

Alrededor del 1715, debido a la discriminación económica contra los presbiterianos en Irlanda, un número increíble de 100 mil presbiterianos vinieron a América. Tan rápido fue el crecimiento de los presbiterianos en América que pronto se unieron a los anglicanos, los bautistas, y los de las congregaciones como una de las iglesias más grandes en las colonias. Cairns observa:

> Las diversas iglesias creadas por la Reforma fueron transplantadas en América durante los primeros ciento cincuenta años de la historia de las colonias. Excepto por un tiempo en Maryland y las colonias del medio oeste, donde una iglesia establecida mantuvo el dominio hasta la Revolución Americana. Después de la revolución, la separación de la iglesia del Estado hizo de las iglesias de América dependiente del apoyo voluntario de dinero para financiar sus iniciativas y la evangelización para ganar los incrédulos y a los hijos de los miembros en la fraternidad de la iglesia.[132]

EDUCACIÓN Y CRECIMIENTO DE LA IGLESIA

Nada es más impresionante del crecimiento del Cristianismo Protestante en el Nuevo Mundo como su compromiso profundo a la educación cristiana. Es impresionante pensar que la Universidad de Harvard fue fundada en 1636, solo dieciséis breves años después de la llegada de los colonos, una hazaña increíble, considerando el hecho que invertían toda su energía en su supervivencia. Llamada así por Juan Harvard, un hombre que donó su biblioteca y la mitad de sus posesiones a la nueva universidad, Harvard fue fundada con el propósito de dar a conocer el Evangelio. La Universidad William y Mary fue fundada en Williamsburg, Virginia en 1693, con la esperanza de que produzca buenos ministros. La Universidad Yale fue fundada en 1701 para dar a los jóvenes educación religiosa. Las universidades y las iglesias florecieron. Edwin Scout Gaustad hizo un completo análisis del crecimiento de las iglesias en el Nuevo Mundo. El crecimiento fue espectacular desde 1660 al 1740:

*los Anglicanos aumentaron de 41 a 246 congregaciones;
*los Bautistas aumentaron de 4 a 96;
*las congregaciones de 75 al increíble aumento de 423;
*la Holandesa Reformada de 13 a 129;
*los Luteranos de 4 a 95;
*los Presbiterianos de 5 a 160;
*los Católicos Romanos registraron un modesto aumento, de 12 a 27.[133]

JEREMIADAS Y LAS DECADENCIAS

Con este crecimiento masivo y la suma de universidades para entrenar a los jóvenes en los caminos cristianos, uno podría naturalmente suponer que la iglesia estaba viva y sana. Este no era el caso. Los puritanos que llegaban al Nuevo Mundo suponían que todos los demás venían con el mismo propósito. Los Puritanos, usted recordará, querían libertad de adoración, o al menos querían adorar en su modo particular y esperaban que los demás hicieran lo mismo. A medida que llegaban más personas, y con el surgimiento de una segunda generación, no todos estaban interesados en el pacto.

Esta apostasía perturbaba tanto a los pastores que comenzaron a predicar "Jeremiadas", sermones que llamaban a los apóstatas a volver a su fe. Otro término usado para describir la pérdida del fervor espiritual fue "decadencia", que significa un decaimiento del interés en las cosas espirituales. Los primeros colonos no estaban preparados para tratar con la carencia de fervor espiritual de sus hijos.

SALOMÓN STODDARD

Muy preocupado por la decadencia espiritual estaba uno de los más brillantes e influyentes pastores de la iglesia Congregación por medio siglo en el oeste de Massachussets. Salomón Stoddard (1643-1729), fue pastor en Northampton, Massachussets, desde 1672 hasta su muerte en 1729, se convirtió en el abuelo de Jonatán Edwards, de quien trataremos más adelante. En un noble intento de atraer a los incrédulos a la fe, abrazó un método en extremo controversial conocido como el Pacto Intermedio. Este acuerdo permitía a los no miembros que bautizaran a sus hijos y recibieran la Santa Cena incluso si ellos no estaban seguros de su salvación. Stoddard creía que la Santa Cena podía convertirse en una "ordenanza de conversión".[134] El Pacto Intermedio fue un intento desesperado para tratar de resolver el problema de tener un porcentaje considerable de la falta de participación de la población en los servicios de adoración. No se debe suponer que Salomón Stoddard quería comprometer la fe. El abogó una predicación más efectiva y había visto el fruto de la valiente proclamación del Evangelio.

En sus sesenta años en el ministerio fue testigo de cinco despertares de celo espiritual, a los que llamó "cosechas". Sin embargo, la práctica del Pacto Intermedio se identificada tanto con su nombre que llegó a ser conocido como Estodarismo. Su influyente nieto, Jonatán Edwards, después criticaría totalmente esta práctica instituida por su abuelo.

Alrededor del 1730, a pesar del rápido incremento de las iglesias y las universidades fundadas con el propósito de perpetuar la fe, el joven Jonatán Edwards clamaría por el tipo de cosecha que su abuelo había observado cinco veces. Salomón Stoddard murió en 1729 y Jonatán Edwards se convirtió en el pastor en Northampton, Massachussets. Poco después de una década Jonatán tendría el privilegio de ver el avivamiento que deseaba.

EL PRIMER GRAN AVIVAMIENTO

En 1730 algo comenzó a moverse entre los colonos. Entre los primeros en sentirlo se encontraba un pastor de la iglesia reformada y dos pastores presbiterianos. Teodoro Frelinghuysen (1691-1747), nacido en Prusia, impulsó el fervor de su congregación holandesa reformada en Raritan, Nueva Jersey, con su predicación profunda y motivadora. Dos pastores presbiterianos, un equipo de padre e hijo con el nombre de William Tennent (1673-1746) y Gilberto Tennent (1703-1764), trabajaron en Pensilvania. William, preocupado por la falta de pastores entrenados, comenzó a preparar estudiantes en su hogar en Neshaminy, Pensilvania en 1736. Su edificio para la educación de manera burlesca lo llamaban Log College (Universidad madera), pero a pesar del modesto edificio, produjo muchos pastores dedicados que ministraron con eficacia en la frontera. Sus críticos "titularon a sus graduados 'entusiastas medio educados'. Pero Tennent sería el último en reír. Dos de ellos eventualmente llegaron a ser ¡presidentes de la Universidad Princeton!"[135] Como era obvio que un avivamiento estaba en camino, a William se unió su hijo, Gilberto, en la educación en la Universidad Log. Después, cuando se decidió establecer una institución formal para entrenar pastores presbiterianos, la universidad Log se mudó y adoptó un nuevo nombre como Universidad de Nueva Jersey. Hoy se la conoce con un nombre diferente: Universidad Princeton.

LA NUEVA LUZ Y LA ANTIGUA LUZ

Sin embargo, el avivamiento no llegó sin conflictos. Muchos presbiterianos hablaron burlonamente del avivamiento, creyendo que era solo celo sin verdad. Gilberto Tennent se volvió un gran defensor no solamente del avivamiento sino también del evangelista que encendería los fuegos, Jorge Whitefield de Inglaterra. Los presbiterianos no pudieron resolver sus diferencias respecto del avivamiento, y se dividieron en dos campos: la Nueva luz (que aceptaba el avivamiento) y la Antigua luz (que no la aceptaba). Aunque Gilberto arguyó incansablemente por el avivamiento, procuró diligentemente de unir los grupos divididos. Sirvió como uno de los fiduciarios de la ahora conocida Universidad Princeton y fue uno de los principales colectores de fondos para la edificación de la famosa Sala Nassau de la Universidad Princeton.

Si Teodoro Frelinghuysen fue el primero en reconocer el avivamiento, y William y Gilberto Tennent fueron los primeros educadores del avivamiento, Jonatán Edwards (1703-1758) fue el teólogo y el más visible representante del explosivo movimiento.

JONATÁN EDWARDS

Jonatán Edwards se graduó de la Universidad Yale a los 27 años de edad y llegó a ser el pastor auxiliar de su abuelo, Salomón Stoddard en 1727. Su mente brillante hizo que se refirieran a él como un "teólogo, avivador, filósofo, psicólogo, y un estético".[136] Aunque era corto de vista, por lo que tenía que inclinarse en el púlpito para poder leer sus sermones completamente manuscritos, su predicación tuvo un impacto profundo en la gente. Su sermón en el 1741 titulado "pecadores en las manos de un Dios airado" todavía se considera hoy. Por apoyar el avivamiento, fue acusado de abogar por la religión experimental, dando a entender que ponía mucho énfasis en la plétora de la predicación, un llamado a la decisión, y la respuesta emocional de las personas, que se consideraban "entusiasmo". Tenga en cuenta que entusiasmo no era un término positivo como se considera hoy. Decir 'entusiasta' era un término de burla y despreciativo, indicando que las personas no eran lo suficientemente racionales.

EN DEFENSA DEL AVIVAMIENTO

Aunque Edwards mismo casi no se podía llamar un entusiasta en términos de emocionalismo descontrolado, era un hombre profundamente sensible con una gran humildad que coincidía con su extraordinario intelecto. Aborrecía condenar el mover del Espíritu de Dios, y continúo su defensa de los avivamientos, a pesar de que había algunos excesos. Creía que los avivamientos eran sin duda alguna la obra sobrenatural de Dios obrando en el corazón de las personas. Los teólogos racionalistas que estaban en auge en ese tiempo, se burlaban de la defensa de Edwards del entusiasmo religioso y del calvinismo tradicional. Aunque Edwards reconoció que algunos lloros, gritos, y otras manifestaciones físicas peculiares podían ser excesivos a veces, los consideraba como respuestas apropiadas para aquellos que contemplaban la realidad de la condenación, la eternidad sin Dios. El consideró apropiado predicar el terror de la realidad, lo cual despertó las emociones de las personas, o los afectos como lo llamaban en la época de Edwards.

La mayoría de la predicación y los escritos de Edwards procuraba defender el avivamiento y su lucha contra la doctrina Armeniana. Tan influyente era con sus habilidades persuasivas que logró que el evangelista Jorge Whitefield (1714-1770) abrazara el Calvinismo, que luego provocó el rompimiento de sus relaciones con Juan Wesley en Inglaterra. En defensa del avivamiento, Edwards escribió:

**Una narrativa fiel de la sorprendente obra de Dios* (1737)

**Algunas consideraciones respecto al avivamiento actual de la religión en Nueva Inglaterra* (1742)

**Un tratado acerca de los afectos religiosos* (1746)

Sus escritos que defienden el Calvinismo eran tan profundos que algunos lo han considerado como el mayor teólogo filosófico de América. Estos escritos incluyen

**Tratado sobre la libertad de la voluntad* (1754)

**Defensa de la gran doctrina cristiana del pecado original* (1758)

QUEBRANTOS Y ÚLTIMOS AÑOS

Después de defender el avivamiento y ver todo su impacto en su ciudad y su iglesia, Edwards fue expulsado de su propio púlpito en 1750. Su forzada renuncia fue provocada por negarse a servir la Santa Cena a los que no estaban llevando una vida cristiana consistente. Por cierto es una ironía que "por varios años después, el pensador más poderoso y especulativo de América se desempeñó como misionero a los nativos de Massachusetts sirviendo en una pequeña parroquia en Stockbridge".[137] El quebranto de ser expulsado de su propio púlpito fue precedido en 1747 por otra grave desilusión. Su hija estaba comprometida con David Brainard (1718-1747), uno de los devotos y celebrados misioneros a los nativos. Pero antes de la fecha de la boda, Brainard contrajo tuberculosis y murió en la casa de Jonatán Edwards a los 29 años de edad. Poco después, su amada hija murió también.

En 1758, Jonatán Edwards fue invitado a servir como presidente de Princeton, lo cual fue un momento redentor. Sin embargo, murió pocos meses después de contraer la viruela. Jonatán Edwards fue sin lugar a dudas el gigante de uno de los eventos espirituales más significativos de América, el Primer Gran Avivamiento.

JORGE WHITEFIELD

Cuando Jorge Whitefield llegó de Inglaterra en 1740 el primero de sus siete viajes a América, ya el avivamiento estaba en camino. Edwards había notado que "en la primavera y el verano (de 1735), la ciudad parecía estar llena de la presencia de Dios; nunca antes había estado tan llena de amor o de gozo".[138] Aunque Edwards había informado de 300 nuevos convertidos en 1736, fue la predicación del avivador Whitefield que unificó el movimiento de norte a sur. En ese tiempo los evangelistas no tenían micrófonos. Whitefield no tenía uno; en Bristol, Inglaterra, se afirma que una vez predicó a una multitud de 20 mil. Incluso Benjamín Franklin, que no era un cristiano sino un deísta, y que dudada de las afirmaciones que Whitefield podía ser oído por tanta gente, caminó por el área que la multitud ocuparía y calculó cuántas personas podrían estar paradas por cada metro cuadrado. Después, Franklin subió a un árbol ubicado a un cuarto de milla de la plataforma, y se acomodó allí creyendo que a esa distancia no podría oír al predicador. Pero cuando Whitefield comenzó a predicar, ¡la fuerza de su voz era tan fuerte que casi echó a Franklin del árbol! Franklin después observó que Whitefield era tan persuasivo en levantar fondos para su orfanatorio que Franklin de propósito dejó su billetera en su casa para que no ser persuadido por la apelación de Whitefield. Sin embargo, según el mismo Franklin, fue tan conmovido por la petición de fondos de Whitefield que corrió de vuelta a su casa, tomó su billetera, ¡y dio todo lo que tenía! ¡Esa es una de las señales de un avivamiento! El genio de Jorge Whitefield era su capacidad para unificar el avivamiento. En sus viajes a las colonias, visitó cada una de las trece colonias, desde Maine hasta Georgia. Cuando uno agrega los viajes de predicaciones en Inglaterra, Irlanda, Escocia y Galicia a los de América, el número de reuniones ¡es más de 18 mil! El promedio de predicación de Whitefield fue de diez por semana hasta que murió de asma en Puerto Newbury, Massachusetts, a los cincuenta y seis años de edad.

LAS COLONIAS DEL SUR

Si bien Edwards dominó el avivamiento en Nueva Inglaterra, los líderes prominentes en las colonias del medio oeste fueron Gilberto y

William Tennent juntamente con Teodoro Frelinghuysen, las colonias del sur produjeron sus propios líderes visibles: Samuel Davies, un graduado de la Universidad Log y luego presidente de Princeton, fue el que inició la primera fase del avivamiento. Bajo la guía de un predicador bautista llamado Shubal Sterns y su yerno, Daniel Marshall, el avivamiento se propagó como fuego salvaje a través de Virginia y Carolina del Norte. También, Debereuz Jarrat, un evangelista anglicano que predicó con el fervor de un metodista, fue un líder influyente en las colonias del sur.

EL IMPACTO DEL AVIVAMIENTO

Sin embargo, sería un error, describir el Gran Avivamiento tratando sencillamente acerca de los famosos predicadores y teólogos. El avivamiento principalmente no era acerca de las iglesias o los púlpitos o libros. Fue acerca de las vidas cambiadas. Earl Cairns considera que alrededor de 30 a 40 mil personas se convirtieron, de la población de Nueva Inglaterra que era solamente de 300 mil.[139] Otros consideran que aproximadamente 50 mil se convirtieron entre 1740 y 1742.[140] Más de 150 nuevas iglesias se agregaron, mientras que otras se llenaron en su completa capacidad. Además del vigor espiritual en el área de Nueva Inglaterra, miles más llenaron las iglesias en las colonias del medio oeste y del sur.

Como si esto no fuera suficiente, se fundaron más de cincuenta universidades. Algunas de ellas fueron

*Universidad Princeton (en 1746) cuyos presidentes fueron todos evangélicos hasta la entrada del siglo veinte.

*Universidad Columbia (en 1764), originalmente llamada Universidad del Rey.

*Universidad Brown (en 1764), fundada por los Bautistas y llamada originalmente Universidad Rhode Island

*Universidad Rutgers (en 1766), originalmente llamada Universidad de la Reina

*Universidad Dartmouth (en 1769)

En efecto "con la excepción de la Universidad de Pensilvania, cada institución universitaria fundada en las colonias antes de la guerra revolucionaria fue establecida por un brazo de la iglesia cristiana".[141]

CAUSAS Y EFECTOS

¿Qué causó el Gran Avivamiento? ¿Qué podía tocar 150 ciudades solamente en Nueva Inglaterra (sin incluir las colonias del medio oeste y del sur)?[142] ¿Cómo podemos resumir tal mover del Espíritu de Dios? La contribución principal y más profunda del Gran Avivamiento fue el énfasis en conocer a Dios de una manera personal. La religión, para muchos, se había vuelto un ejercicio racional, un consentimiento mental de las doctrinas. Cada vez que se reduce la fe cristiana a un simple dogma, se pierde su poder y su atracción. El Gran Avivamiento, inspirado sobrenaturalmente por el Espíritu de Dios mismo, atrajo a las personas a una experiencia personal auténtica con Dios, la cual es el clamor central del corazón humano.

Los avivamientos con frecuencia son divisorios, y el primer Gran Avivamiento no fue la excepción. El Avivamiento claramente creó divisiones teológicas entre los liberales lideradas por personas como Carlos Chauncy y Jonatán Mayhew. La prueba real de cualquier avivamiento auténtico no son las controversias teológicas sino su habilidad de transformar la cultura. Lefferts A. Loetscher, juntamente con su colegas Sheldon Smith y Roberto Handy, observaron que

> Los efectos sociales del Gran Avivamiento no se pueden ignorar. El Avivamiento elevó al hombre común. Dándole una experiencia religiosa personal auténtica, le posibilitó experimentar a Dios, independientemente de los ministros profesionales y sínodos de la iglesia. Aumentó la actividad y la autoridad de los laicos en la iglesia.[143]

FINAL DEL ESTABLECIMIENTO

Irónicamente, apresuró la separación entre la iglesia y el Estado. Enfatizó el cristiano individual “en su experiencia religiosa interior en vez de la iglesia o la teocracia”.[144] Este comentario significa que el Avivamiento provocó que las iglesias y los cristianos entendieran que no debían depender del Estado para mantener su iglesia. Esta era marcó el fin de las iglesias establecidas. El final del establecimiento significa que las iglesias existirían apoyadas en las contribuciones voluntarias de los asistentes a ella, no dependerían de fondos del gobierno. Esto parecía una idea nueva y radical. En efecto, esto no se había experimentado a un nivel general de la historia de la iglesia por más de mil años. La mayoría de los americanos probablemente suponen que lo normal es la manera que sus iglesias operan, sostenidas por los diezmos y las ofrendas de sus miembros. Pero tal estructura es una idea de los americanos. Por un milenio, las iglesias y los gobiernos habían estado tan mezclados que las iglesias recibían el apoyo de los tributos. Después que comenzó el proceso de sacarla de su establecimiento, cobró rápido auge, afectando Maryland y Nueva York durante la Revolución Americana. En 1786, la iglesia anglicana perdió su posición privilegiada en Virginia. El proceso de separación de la iglesia del Estado en Nueva Hamphshire ocurrió en 1817, seguida al año siguiente por Connecticut. En Massachusetts la iglesia Congregación fue separada del Estado en 1833. El valiente experimento americano estaba en marcha, y fue aventada parcialmente por los fuegos del primer Gran Avivamiento.

CRECIMIENTO DE LA IGLESIA

Este hecho, de separar el apoyo del Estado, que no devastó la cristiandad americana, prueba, en parte, el vigor, la realidad, y la autenticidad del Gran Avivamiento. La separación produjo un surgimiento masivo del cristianismo americano. El crecimiento del cristianismo del 1660 al 1740 fue seguido por nuevos crecimientos del 1740 al 1780:

> Los anglicanos casi doblaron en número, aumentando de 246 a 406; los Bautistas más que el cuádruplo, subiendo de 96 iglesias a 457 iglesias; el Movimiento de Reforma aumentó de 129 a 328 iglesias; los Luteranos aumentaron de 95 a 240; los Presbiterianos se triplicaron de 160 a 495 iglesias; y la Congregación, que estaban a la cabeza de todos en 1740 con 423 iglesias casi dobló a 749.[145]

Ciertamente, la autenticidad espiritual, y el vigor no se puede medir en números solamente. Sin embargo, los números son indicadores importantes, y aquí notamos que la fe cristiana se mantenía al paso con la rápida expansión de las colonias americanas. El sueño de Salomón Stoddard de otra cosecha, había venido, y esta era una cosecha "ciento por uno".

LOS CATÓLICOS ROMANOS

Dentro del lapso de 150 años, virtualmente cada denominación protestante fue transferida a América. Pero los Católicos Romanos llegaron a suelo americano un siglo antes que zarpara el Mayflower. Se cree que sacerdotes acompañaron a los colonizadores españoles en Florida alrededor del 1521. En 1526, la misa fue celebrada por dos Dominicos integrantes del equipo de 600 exploradores. Un año después, sin embargo, 400 hombres murieron. Esto no impidió la masiva labor misionera de los católicos romanos, la cual continuó hasta florecer en el Nuevo Mundo. El explorador Coronado llegó al Nuevo Mundo en busca de oro, no para traer el cristianismo. Sin embargo, cuando dejó la planicie central de América, dejó atrás tres frailes franciscanos que deseaban propagar el Evangelio. Dos de los frailes no dejaron huellas, pero sabemos que el tercero, Juan de Padilla, fue asesinado por los nativos americanos en la que ahora se conoce como el sur de Kansas en 1542, este es el primer registro de un mártir cristiano en suelo americano. Esta muerte y la de otros no desanimaron a la Iglesia Católica de su agresivo plan de evangelizar los nativos del Nuevo Mundo. La Sociedad de Jesús se mudó de Florida bien lejos al norte en Virginia.

Mucho éxito se experimentó a lo largo del suroeste. A principios del 1630 había 35 mil cristianos nativos americanos en todo Nuevo México en 25 misiones católicas. Eusebio Francisco Kino (1645-1711) era un misionero jesuita italiano que se unió a la Sociedad de Jesús en Alemania y luego fue a México en 1681. Ministró en Sonora, México, y realizó catorce viajes a Arizona bajo las más difíciles condiciones.

JUNÍPERO SERRA

Uno de los mas impresionantes esfuerzos misioneros de los franciscanos fue la edificación de una cadena de misiones desde San Diego a San Francisco. En particular, esta labor se realizó mediante el amor sacrificado y el servicio del padre Junípero Serra (1713-1784) para que estas misiones existan. El misionero franciscano español llegó a la ciudad de México en 1750. Su extensa educación incluía un doctorado en teología, que pudo proveerle de muchas oportunidades universitarias. Sin embargo, el escogió dedicarse a las dificultades de las actividades misioneras con un vigor que pocos podían igualar. El establecimiento de misiones, comenzando por San Diego con la misión de San Diego de Alcalá en 1769, es una historia misionera increíble nunca antes contada. Sus tareas misioneras son impresionantes:

*1769, San Diego
*1770, San Carlos
*1771, San Antonio, San Gabriel
*1772, San Luís Obispo
*1776, San Francisco de Asís, San Juan Capistrano
*1777, Santa Clara
*1782, San Buenaventura.[146]

Su predicación era explosiva, e incluía tácticas tan extrañas como golpearse el pecho con una piedra, se golpeaba a sí mismo, y a veces ponía una antorcha encendida cerca de su pecho, todo lo hacía a fin de mover a la gente al arrepentimiento. En 1784, se registraron 5307 nativos de California entre sus convertidos.[147] Además, más de 6 mil nativos americanos fueron bautizados.[148] Historiadores recientes han sido muy críticos del tratamiento que los españoles dieron a los nativos americanos. Muchos fueron abusados y algunos incluso fueron forzados a convertirse al cristianismo. Sin embargo, Serra era pronto en defender a los nativos americanos. En 1773, escribió la *Representación*, describiendo el tratamiento apropiado de los nativos americanos, y lo envió al virrey español en la Ciudad de México.[149] Serra era un hábil administrador, un predicador carismático, un ejecutivo capaz, y un individuo de profunda piedad. México, California, y todo el suroeste hasta la actualidad están marcados por su influencia católica.

CRECIMIENTO INCREÍBLE

Al salir de los 1660 y los 1700 notamos cuán increíble pieza de historia es este periodo. En 1600, no existía una iglesia cristiana en América. En 1800, cada fe europea había cruzado el Atlántico, trayendo consigo en particular sus fortalezas y debilidades. Miles de iglesias estaban creciendo. Las universidades cristianas, ninguna de las cuales existían unos años antes, estaban produciendo pastores para guiar a las crecientes congregaciones.

El nivel increíble de crecimiento de las iglesias y academias cristianas refleja el compromiso y la devoción de cientos de miles de cristianos para propagar las Buenas Nuevas de Cristo a través de todo el mundo. Principalmente, este asombroso número refleja la flexibilidad del Evangelio y la potencia de la verdad de Dios en la transformación del corazón y la mente humana a través de la historia.

Recordemos, la iglesia es el plan de Dios para depositar el evangelio en la cultura. Así es como Dios salva la civilización.

CAPÍTULO 13

EL SEGUNDO GRAN AVIVAMIENTO

Fecha de expansión: d.C. 1800-1835

Personas clave: Tomás y Alejandro Campbell, Timoteo Dwight, Lyman Beecher, Carlos Finney

Eric terminó de barrer el piso de la imprenta en su primera noche de trabajo a medio tiempo, que pagaría sus estudios en la Universidad Byerly. Era extraño estar bien adentro en el sur después de vivir tanto tiempo en Virginia. Al menos papá estaría muy contento de que no se registrara en la universidad Oberlin, como su hermano mayor, Asa. Pobre Asa. La política de su hermano había enojado mucho a su padre. Ahora Asa estaba desheredado, quedando Eric como el único heredero de las posesiones de su padre.

Eric se aseguró que las puertas y las ventanas estuvieran cerradas con llave y luego fue a limpiarse en el pequeño lavado. *Qué extraño*, pensó. ¿Por *qué Asa se interesaba en el asunto de la esclavitud? Le había costado todo, su herencia.* Mientras se quitaba el delantal de trabajo y lo colgaba en el armario del portero, la puerta se cerró abruptamente contra él. Eric lanzó un grito en parte por el dolor y en parte por miedo. ¿Quién había cerrado la puerta tras él? ¿Quién se había quedado en la imprenta tan tarde? Con cautela, sacó la cabeza alrededor de la puerta. Mirándole fijamente estaba un joven de piel obscura, y grandes ojos marrones. Era el primer esclavo que Eric había conocido ¡tan cerca! Había visto algunos en la ciudad de Alabama cerca de la universidad donde había ido a comprar sus útiles para el año escolar.

"Oh, es usted, señor Eric. Soy Benjamín."

El señor Benson, el dueño de la imprenta, había dicho a Eric que Benjamín vivía en un cuarto arriba del negocio, pero Eric no esperaba que éste ¡apareciera de repente y por la noche!

Benjamín rió fuerte por un momento. "¡Le di un gran susto! Debió haber visto la expresión en su cara. Lamento haberle asustado, señor Eric. Pensé que quizás era un ladrón."

Eric sonrió a medias. Desde ese momento, los dos hombres comenzaron a desarrollar una fuerte amistad, pero Eric no tenía idea cuánto le costaría su afiliación con Benjamín.

A medida que los meses pasaban, Eric estaba más intrigado por Benjamín. Charlaba con el esclavo cada noche mientras limpiaba la imprenta. Poco después, se convirtió en un tutor de este joven amable y brillante. Benjamín era un experto en aprender a leer, escribir y hacer matemáticas. Sin embargo, cuando trataban de historia, Eric notaba que rápidamente Benjamín quedaba callado.

Gradualmente, Eric trató el tema de la esclavitud con Benjamín. El joven relataba a Eric lo difícil que sería para un esclavo en el sur, y Eric fácilmente podía notar cómo este joven amigable y aparentemente feliz deseaba abrirse camino por sí mismo en la vida; ciertamente Benjamín tenía las dotes para lograrlo.

"¿Qué puedo hacer por ti Ben?" Preguntó Eric a su amigo una noche.

"No puede hacer nada por mí, señor Eric. Nada sino el bien que ya está haciendo. Y ese bien es muy bueno."

Las historias y relatos personales de Benjamín eran muy preocupantes, pero Eric reconoció que era exactamente lo que Asa describía en sus cartas. Además de los turbadores pensamientos de Eric estaba la explicación por cartas de papá de cuán radical era la posición de Asa contra la esclavitud. Las cartas entre su padre y su hermano continuaron repitiéndose en su mente. Asa escribía cuán vergonzoso era para una persona ser tratada como propiedad, como bestias, solamente por ser de piel oscura. En respuesta, papá escribía cuán equivocado era quebrantar las leyes acerca de la esclavitud.

Los padres de Eric lo criaron para que sea honesto y amable. Amaba con ternura a su mamá y admiraba a su papá. Natán Edgington, era un pastor en la Primera iglesia Congregación cerca de

Arlington, Virginia. El reverendo Edgington se preocupaba de su gente; conocía la Biblia; predicaba con vigor. Eric también quería ser un pastor; esa era la causa por la que había elegido estudiar en Byerly.

El papá de Eric enseñaba que los altibajos de la vida debían aceptarse como provenientes de la mano del Dios soberano. La esclavitud era solo una institución social. Después de todo, no había razón para deshacer toda la estructura de la sociedad americana. Además, muchos señores trataban a sus esclavos amablemente. Incluso en la Biblia no había una demanda estricta para deshacerse de la esclavitud. El papá de Eric creía que la esclavitud era el juicio de Dios por el paganismo o un instrumento para la evangelización de África. Cualquiera que se opusiera a la esclavitud era un busca problemas, incluso cuando esa persona era el mismo ¡Asa Edgington!

Pero Asa fue persistente en su posición que la esclavitud era mala. Eric se preguntaba cuánto de las ideas de su hermano eran nutridas por la iglesia de Asa, cuyo pastor era un hombre llamado Finney. Eric sabía que Finney creía que todo cristiano verdadero estaba obligado a hacer algo para liberar a los esclavos.

Aunque Eric escribió a su papá con frecuencia, guardó para sí mismo muchas de sus ideas acerca de la esclavitud. No contó a su padre que enseñaba a Benjamín y cómo la tarea de tutor a menudo le tomaba hasta tempranas horas de la mañana. Tomarse el tiempo para enseñar a Ben incluso hizo que las notas de Eric sufrieran.

Esto continuó por seis meses, cuando muy tarde una noche el dueño del negocio, Oliver Benson, sorprendió a Eric enseñando a Benjamín. Aunque el señor Benson siempre había sido amable con Benjamín, Eric notó lo irritado que su jefe estaba. "¡Nunca más hagas eso Eric, nunca!"

"Solo creo…", Eric trató de responder.

"¡No pienses!" dijo Benson girando sobre sus talones y marchándose.

Eric estaba confundido. Al sentarse en su cama esa noche, tomó un folleto escrito por Carlos Finney que Asa había enviado por correo. Leía: "Podemos eliminar la esclavitud, un esclavo a la vez. ¿Hará usted su parte?" Eric casi no podía pararse. Su amistad y preocupación por

Ben estaba creciendo, y el hecho que Ben era un esclavo molestaba a Eric cada vez más. El martes por la noche, Eric y cuatro de sus amigos más cercanos se reunieron para la oración semanal. Ellos comenzaron a hablar acerca de Benjamín, y las implicaciones de la enseñanza de Finney. "Dios", uno de ellos oró, "creemos en Ti. Queremos servirte, pero necesitamos tu ayuda. Si no quieres que hagamos algo por Benjamín, calma nuestro espíritu. Pero si deseas que lo ayudemos, aliéntanos". Al decir estas palabras, fue como si una electricidad corriera a través de los cinco jóvenes. Ellos abrieron los ojos y se miraron. Sin decir palabra, todos lo sintieron: "¡Ahora es el tiempo!"

Rápidamente sacaron sus ahorros, pero solo tenían siete dólares con treinta y dos centavos, no era suficiente para comprar un esclavo ni siquiera para ayudarlo a escapar y que empezara una vida nueva. Uno de los estudiantes suspiró y metió la mano en su bolsillo. "En vez de ir a la escuela el próximo semestre, trabajaré." El amigo de Eric sacó la increíble suma de veinte dólares, algo que Eric nunca antes había visto. A partir de allí, los amigos comenzaron a trazar el plan para liberar a Ben. Eric sería la primera persona que se acercaría a Ben, le explicaría el plan, y le ayudaría a salir del condado.

Eric fue a su casa contento esa noche. Tomó dos camisas de su armario para dárselas a Ben cuando notó que había una carta de su padre sin abrir sobre la mesita de noche. Hizo una pausa y la abrió lentamente. El sudor comenzó a brotar de su frente mientras leía las palabras de su padre. "He oído que quieres seguir el ejemplo de tu hermano respecto al asunto de la esclavitud. Solo tengo una cosa que decirte Eric: si escoges quebrantar la ley de esta tierra para ayudar a liberar esclavos, me veré forzado a desheredarte también. Hijo, esta es una advertencia."

Eric quedó mudo. *¿Fue esto lo que Asa sintió?* Por varios minutos se sentó en la oscuridad, mientras una guerra se libraba en su alma. Entonces, lentamente se puso de pie, puso la carta de su padre sobre el armario, y tomó las camisas. *Todo hombre debería tener su libertad.*

UN TIPO DIFERENTE DE AVIVAMIENTO

La idea de no continuar dependiente del Estado (recibir contribuciones privadas para la iglesia en vez del sostén del gobierno) eventualmente causó que muchas iglesias y la asistencia florecieran, aunque los resultados no fueron inmediatos. Según Franklin Littell, la membresía de la iglesia bajó de entre cinco y siete por ciento de la población. No fue sino hasta 1926 que la membresía de la iglesia alcanzó un nivel de 50 por ciento de la población. ¿Qué provocó esta subida? Fue el resultado de lo que se conoce como el Segundo Gran Avivamiento.

El Segundo Gran Avivamiento no era un movimiento singular sino una convergencia de varios movimientos independientes cuyo impacto fue tan significativo que se los considera como un todo. El movimiento contiene tales corrientes divergentes como prestigiosos estudiantes de Nueva Inglaterra en Yale, granjeros de los campos de Kentucky, sofisticados residentes de las ciudades de Rochester y miembros del ferrocarril clandestino, que trasportaban esclavos del sur al norte. Estos, y otros movimientos, hizo de la primera mitad del siglo diecinueve una época fascinante y vibrante para la iglesia en los Estados Unidos.

El Primer Gran Avivamiento, en contraste con el Segundo Avivamiento, parece tener un mover soberano inexplicable de Dios. Incluso la obra de Jonatán Edwards titulada *Una narrativa sorprendente* refleja su sorpresa personal cuando la mano de Dios se movió, y muchos otros líderes del Primer Gran Avivamiento parecen estar de acuerdo. Ellos no lo planearon. Ellos no lo organizaron. El avivamiento y la renovación simplemente sucedieron.

El Segundo Gran Avivamiento no fue tanto un mover inexplicable de Dios sino una reacción a técnicas de renovación planeadas con cuidado. ¿La convierte esto en un error? Por supuesto que no. Simplemente la hace diferente. Dios ha obrado a través de ambos. Hay ocasiones cuando la mano de Dios se mueve y llega el avivamiento a la comunidad, a la iglesia, o a una ciudad, y nadie sabe cómo llegó o porqué se fue. Sin embargo, otros movimientos de renovación se calculan y organizan con cuidado. Una campaña de Billy Graham, por ejemplo, incluye equipos de personas que llegan con anticipación para "preparar el terrero" para el "sembrador" (véase Marcos 4:1-20). Estos tiempos de renovación están saturados de comités y estructuras administrativas. Se las planea con oración, se visionan, y finalmente se llevan a cabo. Esto no las hace erróneas. Simplemente las hace diferentes del Primer Gran Avivamiento.

A través del Segundo Gran Avivamiento observaremos las estructuras administrativas que ayudaron a lograr los resultados deseados. Sin embargo, lo inexplicable es que hizo que las personas se inclinen tanto a organizar todo con mucho vigor espiritual. En esta dedicación inexplicable, vemos de nuevo lo que observamos en el Primer Gran Avivamiento: el misterioso mover de Dios en el corazón humano.

CAMPAÑAS

Un fenómeno importante del Segundo Gran Avivamiento fue el reavivamiento. A fines de los 1700, dos formas opositoras de protestantismo emergieron. Un extremo favoreció el método racional de la fe cristiana. El racionalismo extremo resultó en Deísmo, que enseñaba que Dios existe como el gran Arquitecto de la naturaleza, pero que no interviene en los asuntos humanos. Se le puede considerar el Dios de la naturaleza, por ejemplo, pero Jesús no pudo haber nacido de una virgen, Dios encarnado. El Deísmo intelectualizó tanto a Dios que excluyó todo lo sobrenatural. El racionalismo del siglo dieciocho puso tanto énfasis en los aspectos intelectuales de la fe, que la fe fue reducida a un asentimiento intelectual de las declaraciones doctrinales.

El reavivamiento surgió a la par, y a veces, en respuesta al extremo racionalismo de la época. El reavivamiento enfatizó la necesidad del corazón humano de tener un encuentro emocional con Dios. No estaba en contra de lo racional; era, en efecto, claramente basado en la experiencia. La gente quería *experimentar* a Dios. Ellos no querían limitar la fe a una mera repetición de declaraciones teológicas.

Tal era el sentir en las fronteras del Condado de Logan, Kentucky, cerca de Tennesse, en 1796 cuando el ministro presbiteriano Santiago McGready (d.C. 1758-1817), se convirtió en el pastor de tres congregaciones de la frontera. McGready había predicado fuertemente el arrepentimiento en Carolina del Norte, despertando tanto el fuego del avivamiento como también una vigorosa oposición. Uno de sus más destacados convertidos fue un hombre llamado Barton W. Stone, que luego llegó a ser una figura prominente del Segundo Gran Avivamiento. En 1800, Santiago McGready y dos compañeros evangelistas, William Hodges y Juan Rankin, iniciaron lo que luego sería uno de los elementos más profundos de la vida religiosa de América a través de los 1800; las campañas evangelísticas. Las campañas eran reuniones al aire libre, generalmente en campos que puedan proveer sombra, donde la gente pueda reunirse por dos o tres semanas (o más) para participar de vigorosos cantos y predicaciones. Antes de la venida del sistema de comunicación pública, las reuniones de campañas presentaban múltiples estaciones de mensaje, de modo que la multitud pudiera ir de una estación a otra.

LAS REUNIONES DE CANE RIDGE

En agosto del 1801, Barton Stone dirigió una reunión de campaña en el condado de Borbón, Kentucky, cerca del límite del condado, París. La campaña de Cane Ridge fue llamada así en honor de la casa iglesia presbiteriana Stone Cane Ridge. Lo que pasó ese cálido verano cambiaría para siempre el curso del cristianismo protestante en América.

Aproximadamente 25 mil personas llegaron un viernes por la tarde. Rápidamente se construyó una primitiva plataforma para acomodar los predicadores presbiterianos, bautistas, metodistas que para esa ocasión habían dejado de lado sus diferencias de denominación. Expresamente la predicación continuaba durante el día y la noche a la luz de una gran fogata. Lo que ocurrió algunos lo consideran como el mayor derramamiento del Espíritu Santo desde el Pentecostés.[150]

MANIFESTACIONES

Miles de personas escucharon el Evangelio, y también hubo manifestaciones físicas de la presencia del Espíritu. Algunos se caían, otros experimentaban temblores, ladridos, corrían sin poder parar. Aunque es difícil defender algunas de las extrañas incluso ofensivas manifestaciones, una cosa es clara, Dios estaba presente. Su presencia no fue confirmada por las manifestaciones extrañas. Su presencia fue confirmada por cientos y quizás miles de vidas cambiadas. Y las reuniones de campañas se convirtieron en un instrumento regular de los protestantes para ganar de vuelta las masas que se habían alejado de la iglesia, y para alcanzar aquellos que nunca han conocido la vida de la iglesia debido a que las fronteras del país se habían expandido más rápidamente que el número de las congregaciones en las iglesias.

EL ÉXITO DE LAS REUNIONES DE CAMPAÑAS

¿Por qué las reuniones de campañas, cuya influencia continuó más allá de los cien años, tuvieron tanto éxito? Hay una sola razón, los predicadores usaron un lenguaje sencillo. Sus sermones no eran tratados teológicos racionales sino apelaciones emocionales directas. Los predicadores esperaban que las personas tomaran una decisión a favor o en contra de lo que decían. Las decisiones positivas eran consideradas como conversiones. Segundo, las reuniones de campaña encajaban en la cultura en la que se desarrollaba. La gran población rural se extendía sobre grandes áreas. Las reuniones de campañas proveían un centro social. Tercero, había una clara apertura espiritual, afectada sobrenaturalmente por el Espíritu Santo, que causaba que la mente y el corazón de los pobladores de las fronteras respondieran a la apelación directa para arrepentimiento. Los críticos han atribuido la respuesta a la sencillez e ingenuidad de los campesinos, rurales, que eran fácilmente manipulados por un tipo de predicador ardiente, astuto como Elmer Gantry. Pero raramente ese era el caso. Aunque es cierto que estos eran personas sencillas, ellas eran también sensibles a la verdad tal cual es. Sus corazones estaban listos y ellos respondieron. Como resultado, la vida comunitaria y familiar mejoró grandemente. La religión auténtica afecta el tejido social de la cultura, y estas reuniones de avivamiento mejoraron las comunidades una tras otra.

Otro rasgo de las reuniones de campaña fue su practicidad. Los organizadores buscaron un área con sombra, espacio adecuado para estacionar los vagones, y espacio libre para que las personas puedan levantar sus tiendas. Los predicadores podían levantar sus tarimas en los campos, y los encargados de los alimentos arreglaban los servicios para cocinar y alimentar a la multitud. Las grandes tiendas eran comunes, y eventualmente, se construyeron edificios permanentes con puertas plegables. Eran muy parecidas a una tienda, con los lados abiertos para permitir que la brisa enfriara el cálido ambiente.

CRÍTICA

No toda denominación estaba entusiasmada con esta respuesta. Aunque los presbiterianos comenzaron las primeras reuniones de campañas, la iglesia presbiteriana como denominación inmediatamente se dividió a causa de las técnicas de la reunión de campaña. Así como los presbiterianos se habían dividido en partidos de la escuela antigua y la nueva escuela del Primer Gran Avivamiento, se dividieron otra vez por sus ideas acerca del Segundo Gran Avivamiento. Los dos grupos fueron conocidos como la Antigua Luz y la Nueva Luz. Los presbiterianos de la Nueva Luz eventualmente formaron su propia denominación conocida como la Iglesia Presbiteriana Cumberland.

EL MOVIMIENTO DE RESTAURACIÓN

El resultado inesperado del éxito de las reuniones de campañas fue el lanzamiento del movimiento de Restauración. Comenzando aproximadamente en 1800, esta conexión perdida de submovimientos se proponían restaurar las creencias básicas del Nuevo Testamento y la estructura organizativa de la iglesia. Era uno de varios movimientos a través de la historia que apeló al primitivismo, que es el impulso para restaurar… el orden original de las cosas según se revelan en las Escrituras, libre de las acumulaciones de la historia de la iglesia y sus tradiciones".[151] El movimiento de restauración enfatizó la autoridad de la Biblia (principalmente el Nuevo Testamento), y la tarea cristiana de unidad. Las diferencias de denominación y la continua lucha sobre diferencias teológicas triviales entre las denominaciones llegaron a su colmo en la población Americana. Había un clamor del corazón para la unidad en Cristo.

El movimiento de Restauración tuvo dos fuentes:

En 1792, Santiago O'Kelly reaccionó al método autoritario del obispo Francisco Asbury para asignar predicadores. Un grupo de metodistas dejaron el metodismo y se llamaron Metodistas Republicanos en 1793 pero en 1794 cambiaron de vuelta el nombre a Cristianos.

En 1801, los Bautistas se dividieron en Nueva Inglaterra cuando los líderes Abner Jones y Elías Smith tuvieron un desacuerdo sobre el tema de la predestinación (la idea que Dios predetermina si una persona va aceptar o no a Cristo) y la insistencia Bautista de que las nuevas iglesias pertenecen a una asociación (supongo que uno puede argumentar ¡que esa división fue predestinada!).

Barton Stone en Kentucky dejó la iglesia presbiteriana en 1803; sus asociados tomaron para sí el nombre de *cristianos*.

Finalmente, la fuerza dinámica que impulsaba el equipo padre/hijo de Tomás y Alejandro Campbell (sin duda, el brazo más influyente del movimiento de Restauración) en gran manera expandió el crecimiento del movimiento de Restauración.

TOMÁS Y ALEJANDRO CAMPBELL

Tomás Campbell, un ministro presbiteriano escocés, llegó al oeste de Pensilvania desde Irlanda del norte en 1807. Estaba muy sorprendido de las pequeñas celosías que observó acerca de las denominaciones y escribió *La Declaración y el procedimiento*. En 1809 se hizo famoso por la frase "cuando la Biblia habla, hablamos; cuando ella calla, callamos".[152] Pero su hijo, Alejandro, fue la fuerza que impulsó el movimiento de Restauración. Alejandro Campbell consiguió poner porciones significativas de estas cuatro corrientes tempestuosas dentro de un río, usando a veces el nombre de Discípulos de Cristo y otras veces Iglesia Cristiana. El movimiento creció rápidamente pero no conforme a los métodos frecuentes del avivamiento empleados por otros en esa época.

Alejandro Campbell fue un gran argumentador. Viajó no solamente en los Estados Unidos, sino al extranjero, como un defensor elocuente e incansable de la unidad del cuerpo de Cristo y de la autoridad de las Escrituras. Su habilidad para debatir hacia juego con su escritura persuasiva. Produjo dos diarios mensuales, *El Bautista Cristiano* (1823-1830), y *El Milenial Harbinger* (1830-1866). Su manera vigorosa de argüir y proselitismo energético dio como resultado uno de los más rápidos movimientos del siglo. Los Discípulos de Cristo crecieron de 22 mil seguidores en 1832 a casi 200 mil en 1860. En 1827, Alejandro Campbell publicó una traducción en inglés del Nuevo Testamento, usando sus dotes de traductor que adquirió mientras estudiaba el Nuevo Testamento en griego en la Universidad de Glasgow, Escocia. (Alejandro y su familia se habían quedado sin poder salir de Escocia, primero al intentar sin éxito para llegar a América y después a causa de un naufragio en 1808). En 1834 había publicado *Salmos, Himnos y Cantos Espirituales*, y en 1839 y 1854, respectivamente, escribió *El sistema cristiano* y el *Bautismo cristiano*.

USO DE INSTRUMENTOS

Uno quisiera creer que cualquier movimiento fundado en la autoridad de las Escrituras y un llamado a la unidad cristiana estaría unido. Pero, según ha sido el caso en toda la historia de la iglesia, tuvo lugar la división. En 1906, la oficina de censos de los Estados Unidos registró las iglesias de Cristo, las que no usan instrumentos, separadamente de las iglesias cristianas o los Discípulos de Cristo, mostrando que el movimiento ya se había dividido en dos grupos distintos. El debate respecto del uso o no de instrumentos en la adoración surgió en 1859 en Midway, Kentucky, cuando una iglesia cristiana se opuso a las prácticas de la Iglesia Cristiana y usó instrumentos de música para acompañar los cantos de la congregación. A pesar de sus afirmaciones de *no* hablar donde la Biblia guarda silencio, todos los del movimiento de Restauración parecían tener ideas respecto a este asunto. Estas ideas eran tan intensas que el “movimiento de unidad”, se dividió en grupos que emplean instrumentos y los que no. A finales del siglo, el liberalismo tomó una porción de la Iglesia Cristiana, dividiéndola en la iglesia Cristiana liberal y la iglesia Cristiana conservadora. Consecuentemente, lo que comenzó como un intento de unificar a todos los creyentes en los principios muy sencillos de la autoridad de las Escrituras había fracasado (si la unidad fue la única prueba). Los cuatro grupos que se habían convertido en uno ahora eran tres.

¿QUÉ PODEMOS APRENDER?

¿Cómo uno considera el movimiento de Restauración? Es fácil desde nuestro punto de vista considerar sin sentido la lucha sobre asuntos como los instrumentos musicales y desechar la relevancia del movimiento. Pero esa no ha sido mi práctica en este libro. Yo busco las influencias positivas que cada movimiento trajo, y acepto sus debilidades respectivas. Creo que cada movimiento, cada denominación, cada iglesia local, y cada líder cristiano es como una moneda de dos caras. Un lado revela las fortalezas y lo bueno, las cualidades positivas. El otro lado muestra las debilidades. Todo ser humano desde la caída de Adán, con la única excepción de Jesucristo, está manchado por el impacto del pecado original, no debería sorprendernos que estos movimientos tengan problemas y divisiones. En vez de condenar los movimientos por sus evidentes fallas, es bueno que notáramos las contribuciones positivas de un movimiento por la causa de Cristo. En realidad, Dios no lleva a cabo su voluntad *a causa de* nosotros, nuestras iglesias, o denominaciones. Francamente, Él hace su voluntad *a pesar de* nosotros. Hay momentos cuando parece que estamos en plena armonía con la voluntad de Dios y entonces algo muy significativo sucede, con su agrado y bendición plena. Pero estos momentos son excepcionales. Con frecuencia, la falta de la verdad plena parece diluir el poder y la pureza del mensaje de Dios. Pero Él no se da por vencido con nosotros tan rápido según es nuestra tendencia de hacer los unos con los otros; Él no parece encontrar tantas faltas en nosotros como encontramos los unos en los otros (lector, ¡este es uno de los principios clave de este libro!). Es como si Él sonriera asintiendo y dice, "trabajaré con ellos de todos modos, a pesar de sí mismos". Y eso es precisamente lo que Él hace. Esta es la razón por la cual no soy un crítico del llamado movimiento de unidad que claramente fracasó en unificar. Fue un noble intento que, claramente, falló. Sin embargo, se logró mucho bien.

¿Qué fue el bien que se logró? Bien, incluso en las iglesias más legalistas y súper conservadoras que no creen en el uso de instrumentos musicales, miles de personas llegaron al conocimiento de Cristo. Claramente, uno puede encontrar lo bueno, incluso en un estilo de adoración que parece inhibido (sin instrumentos) o limitado. En ambientes así, la gente aprende a cantar *a capella* y ¡cantan bien! Por cierto, la voz humana es el instrumento más hermoso que se haya creado. El sonido de cientos, o incluso miles de personas que cantan sin instrumentos musicales puede ser una experiencia excepcional de adoración.

Y, ¿qué de las iglesias que emplean instrumentos musicales? Ellas también de la misma manera han tenido un impacto profundo en

América, y están creciendo a un ritmo acelerado. Aunque a los fundadores iniciales del movimiento no les gustarían ser conocidos como denominaciones, de hecho, ellos eran una, y una muy influyente.

Mi evaluación de los Discípulos de Cristo es menos compasiva. Según notaremos en próximos capítulos, el movimiento hacia el liberalismo teológico contiene pocos avances cristianos auténticos. El liberalismo destruyó la iglesia de Jesucristo, quitando a un Jesús auténtico, una crucifixión auténtica, y una resurrección auténtica. De modo que la influencia de los liberales Discípulos de Cristo como "portador contagioso" del Evangelio da menos razones para confirmaciones. Al mismo tiempo, uno tiene que aplaudir el liderazgo de Alejandro Campbell, Tomás Campbell, Barton Stone, James O'kelly, Abner Jones, y Elías Smith que visionaron la iglesia de Jesucristo libre de rótulos, y conocida solamente por el nombre de Cristo.

EL AVIVAMIENTO EN LA UNIVERSIDAD DE YALE

El Segundo Gran Avivamiento no se trató solamente de reuniones en la frontera o de vigorosos argüidores que trataban de esbozar las razones para la unidad cristiana. Una de las primeras evidencias de un Segundo Gran Avivamiento ocurrió en la Universidad de Yale en Nueva Haven, Connecticut.

En 1795, Timoteo Dwight (1752-1817), nieto del famoso Jonatán Edwards (y bisnieto de Salomón Stoddard de Northampton, Massachusetts, un predicador por sesenta años), comenzó a guiar a la fe a los estudiantes de la Universidad de Yale, poco después de asumir la presidencia. Dwight enfatizó la importancia de la lógica, pero era rápido en señalar que la razón, si no va acompañada de la fe, puede producir una distorsión teológica. Apelando al corazón y a la mente, Timoteo Dwight desafió a los estudiantes con la pregunta, ¿es la Biblia la Palabra de Dios? El resultado fue que muchos estudiantes declararon afirmativamente, "sí, la Biblia *es* la Palabra de Dios".

Uno de los estudiantes más prometedores, Lyman Beecher, ganó esta posición durante las discusiones del presidente Timoteo Dwight, y Beecher luego se volvería un líder relevante en el Segundo Gran Avivamiento. Dwight, según la tradición de su abuelo, consideró el avivamiento como una técnica efectiva para reducir la infidelidad (falta de fe) entre los estudiantes de Yale. Tan persuasivo fue este presidente que en 1802, ¡un tercio del cuerpo estudiantil se convirtió bajo su prédica en los servicios de la capilla de la Universidad!

Pero el presidente Timoteo Dwight produjo más que una serie impresionante de avivamientos en la Universidad de Yale. Sus enseñanzas y estilo de enseñar produjeron algunos desafíos a la teología básica de su muy conocido abuelo, Jonatán Edwards. Los seguidores de Jonatán Edwards teológicamente fueron conocidos como parte del movimiento de la Nueva Divinidad. Aunque Timoteo Dwight se adhirió mucho a la creencia de su abuelo, Jonatán Edwards, comenzó a cuestionar algunas de las declaraciones del Calvinismo, especialmente el asunto de la capacidad de una persona para responder al Evangelio (recuerde, Calvino creía que el corazón humano únicamente era incapaz de responder al Evangelio). Según Calvino Dios preseleccionaba al individuo. Jonatán Edwards se adhirió a esta creencia. Pero su nieto Timoteo Dwight no estaba muy convencido. El creía que el individuo podía ejercitar su voluntad humana para escoger o no responder al Evangelio. Si un individuo tuviera la capacidad de responder de modo positivo o negativo al Evangelio, entonces eso reforzaba el énfasis en la necesidad de proclamar persuasivamente el Evangelio. Los predicadores debían emplear todas las herramientas posibles para convencer y persuadir.

LYMAN BEECHER

Este fervor fue transferido al discípulo de Dwight, Lyman Beecher (1775-1863). Como joven estudiante universitario, Beecher fue "avivado" por la apelación de Dwight. Ellos permanecieron buenos amigos hasta el fallecimiento de Dwight en 1817. Beecher era un avivador, un reformador social, y un observador político. En Conneticut, la iglesia Congregacional había sido establecida oficialmente por el Estado, con apoyo económico pleno del Estado. Beecher luchó duro contra el desestablecimiento, que ocurrió en 1817. Creía que era un cambio trágico y que el "daño causado a la causa de Cristo… [sería] irreparable". Sin embargo, pronto Beecher notó que al no depender más del Estado trajo desarrollos positivos. Y afirmó, "liberó a las iglesias de su dependencia del sostén del Estado. Las empujó a depender plenamente de sus propios recursos y de Dios".[153] Mientras servía como presidente del Seminario Lane y era el pastor de la Segunda Iglesia Presbiteriana en Cincinnati, Ohio, en 1832, Beecher descubrió lo que produjo realmente la separación de la iglesia del Estado: el voluntarismo (un concepto que se explica en un capítulo más adelante).

CARLOS FINNEY

Otro componente principal del Segundo Avivamiento fueron las habilidades de Carlos Finney (1792-1875). En 1794, la familia Finney se mudó de Conneticut al condado de Oneida, Nueva York. Carlos recibió su educación temprana en esa comunidad y después eventualmente regresó a la Academia Warren en Connecticut en 1812. Alrededor de 1818 su madre se enfermó, y el regresó a Nueva York para estudiar leyes. Es incierto si Finney fue formalmente admitido a la Academia. Sin embargo, se desempeñó como abogado, defendiendo argumentos regularmente en la corte. En sus experiencias de la corte, escuchó mencionar con frecuencia la Biblia. Finalmente, por curiosidad, compró su propia Biblia y la leyó ávidamente. El visitó una iglesia presbiteriana donde una de las jóvenes había organizado un grupo para orar por la conversión de Carlos. Finalmente, rindió su voluntad a Dios. La joven que organizó las reuniones de oración comenzó a salir con él y luego se convirtió en su esposa. Desde su conversión, Carlos quiso predicar, pero los ancianos de la iglesia cuestionaban su conversión.

Para resolver el asunto, Finney fue al campo para estar a solas con Dios el 10 de octubre de 1821. Mientras estaba allí, recibió un "bautismo poderoso del Espíritu Santo" que pasó por su cuerpo "como una ola de electricidad". Al día siguiente proclamó que había recibido un "anticipo del Señor Jesucristo para apelar por su causa". En el lapso de dos años dejó de ejercer las leyes y se convirtió en un evangelista con licencia de la iglesia Presbiteriana. Como misionero fue a los que se habían establecido al norte de Nueva York en 1824. De inmediato, comenzaron los avivamientos en las pequeñas comunidades y alrededor de 1825 la noticia de sus cruzadas se había propagado. Se volvió muy reconocido por las medidas que adoptó. Estas medidas incluían reuniones consecutivas (noche tras noche) y equipos preparados con antelación, que en su mayoría integraban mujeres de oración, estos grupos precedían a sus cruzadas para preparar el clima espiritual para su llegada. Una de sus prácticas más inusuales fue la "banca de ansiedad", en la que se sentaban aquellos que luchaban con la decisión de seguir a Cristo. Los que estaban sentados en la 'banca de ansiedad' eran tratados como si fueran un jurado, que debían ser persuadidos por el abogado de Dios que argüía por la causa de Cristo.

Los críticos de la nuevas técnicas evangelísticas de Finney incluían a Lyman Beecher, alumno de Timoteo Dwight, que luego conoció a Finney y comenzó a abrazar los métodos de Finney. Sin embargo, no todos fueron fácilmente convencidos. Muchos denunciaban su estilo vigoroso y exuberante de predicar, decían que era muy emocional. Pero eso no paró a Carlos Finney. Sus avivamientos comenzaron a ser incluso más influyentes.

EXPANSIÓN DE LAS CRUZADAS

Entre los años 1827 y 1832, los avivamientos barrieron la ciudad de Nueva Yord, Filadelfia, Boston, y Rochester. El avivamiento ahora había cambiado de solamente las áreas rurales de la frontera de Kentucky y Tennesse a las grandes áreas metropolitanas. En este aspecto, Finney fue un precursor de posteriores avivadores como D.L. Moody y Billy Graham. Aunque en los avivamientos de Finney había pocos excesos emotivos como los que se veían en las reuniones de las campañas, en sus reuniones también había expresiones emocionales como gritos, lamentos, y tiempos de intensa lucha, cuando la gente tenía que decidir si aceptaba o no las declaraciones del Evangelio. Eran frecuentes las reuniones, que duraban toda la noche, para orar por cada uno de los pecadores. Y lo más controversial es que se permitía que las mujeres oraran en público. Esta y otras actividades de las cruzadas de Finney serían un indicativo de su segunda carrera, la cual trataremos abajo.

La famosa cruzada de Finney en Rochester, que algunos dicen haber visto una multitud de más de 100 mil (aunque el número es probablemente exagerado), marcó el final del intenso avivamiento de Finney. En 1832 algunas preocupaciones de salud lo forzaron a parar radicalmente sus viajes. Se convirtió en el pastor de la Iglesia Presbiteriana en la ciudad de Nueva York, El Tabernáculo Broadway de Nueva York y finalmente la Primera Iglesia Congregacional de Oberlin, Ohio (1837-1872), donde había dejado otro profundo impacto en el Cristianismo Americano.

REFORMA SOCIAL: LA SEGUNDA CARRERA DE FINNEY

Mientras servía en Oberlin, Finney comenzó a renunciar a su antigua escuela calvinista (la idea que Dios predestina a los que serán salvos) y dio a conocer su nueva escuela calvinista, que era más una teología armeniana que calvinista. Además, su predicación comenzó a tomar una confianza radical en la "imperfección de la naturaleza humana y la sociedad", que resultaría en el establecimiento [del] reinado milenario de Dios en la tierra mediante la ganancia de convertidos… [y] la reforma social. Su idea optimista de la naturaleza del carácter humano le ubicó teológicamente cerca del 'movimiento de santidad' del siglo diecinueve".[154]

Pero Finney creyó también en la reforma social donde los individuos convertidos podían tener una profunda influencia en la cultura en general. A medida que la gente llegaba a Cristo, simplemente no podían quedarse de brazos cruzados con su reciente salvación. Ellas debían invertir sus energías en la transformación de la cultura, y parar las cosas que quebrantaban los principios de las Escrituras. Es precisamente en este punto que la segunda carrera de Finney tuvo una increíble influencia. Se encontró muy envuelto en el movimiento contra la esclavitud, los derechos de las mujeres, y el movimiento de abstención o temperancia. Donald Dayton escribe:

> Finney mismo hizo que las conversiones sea lo principal y nunca estuvo dispuesto a sustituir la reforma por el avivamiento, pero hizo de las reformas un 'apéndice' del avivamiento. Al tratar el asunto de la esclavitud, por ejemplo, el evangelista deseaba hacer de la "abolición un apéndice, así como hizo de la temperancia un apéndice del avivamiento en Rochester". Con esta conexión, Finney

preservó la centralidad de los avivamientos mientras seguía promoviendo reformas e impulsando a sus convertidos a nuevas posiciones respecto de los asuntos sociales.[155]

SU IMPACTO

Es imposible exagerar la contribución de Finney al Segundo Gran Avivamiento. Primero, fue un brillante orador, predicador, organizador, y argüidor. Segundo, fue un administrador muy hábil. En 1835, en sus publicación titulada *Conferencias sobre avivamientos de la religión*, Finney declaró que el "avivamiento no es un milagro, o de ninguna manera dependiente de milagros. Es el resultado del uso correcto de los medios constituidos".[156] Todo lo que se ha referido anteriormente vale repetir. Finney, y de hecho, todo el Segundo Gran Avivamiento, fue construido en torno al genio organizativo y administrativo de muchos líderes humanos. Ellos planearon la renovación. Ellos oraron por avivamiento. Y ellos lo experimentaron.

Otra marca de la bendición de Dios sobre Carlos Finney fue el hecho que ciudades enteras fueron alteradas por el avivamiento. Se reportó en Rochester, Nueva York, que "el lugar tembló hasta sus cimientos".[157] Más de 1200 nuevos convertidos se unieron a las iglesias en Rochester. Cada prominente abogado, doctor, y hombre de negocios fue salvo. Cuarenta personas entraron al ministerio en esa época, y como resultado de lo sucedido en Rochester, surgieron avivamientos en otras 1500 ciudades y pueblos.[158] ¡Eso es verdadero avivamiento!

Finalmente, Finney trajo una peculiar unión de avivamiento radical con una agresiva reforma social. El creía que las malas instituciones podían ser radicalmente transformadas si los cristianos comenzaran a infiltrarse en el mundo a su alrededor. De este modo, él y sus alumnos de la Universidad de Oberlin donde sirvió primero como profesor de teología y después como presidente, continuó no solamente sus avivamientos, sino su envolvimiento radical en el movimiento contra la esclavitud, el movimiento de abstención o temperancia, y causas feministas. Finney, al igual que su antecesor Wesley, pudo afirmar que la verdadera santidad es la santidad *social*.

Finney murió en 1875. El probó ser el único evangelista más influyente hasta la época de D.L. Moody (1837-1899). Por cierto, es muy probable que durante los últimos dos años de vida de Finney pudiera haber oído reportes de las sensacionales cruzadas de predicación dirigidas por Moody en las Islas Británicas desde 1873 a 1875.

Este periodo caracterizado por el desestablecimiento reflejaba una iglesia desanimada. El apoyo financiero se había terminado para muchas iglesias; el prestigio había desaparecido; la incredulidad iba en aumento. La asistencia a la iglesia estaba en su punto mínimo con un cinco por ciento de la población. Sin embargo la iglesia, bajo la guía del Espíritu Santo, se levantó. Empleando metodologías nuevas mientras proclamaba un Evangelio incambiable, la iglesia ganó de vuelta a las masas que se habían apartado. ¿Cómo? Como siempre, se logró con la sabiduría, la gracia, y el poder de Dios que obró a través de frágiles y débiles seres humanos para proclamar el Evangelio al mundo. Y fue, y todavía es, mediante la resistencia de la iglesia que Dios salva a la civilización.

CAPÍTULO 14

LA CONTINUACIÓN DEL SEGUNDO GRAN AVIVAMIENTO

Fecha de expansión: d.C. 1830-1860

Personas clave: Personas comunes no conocidas en la obra de la historia.

A Delia le gustaba tanto hablar como también vivir. Y principalmente, le gustaba hablar acerca de Dios. Cuando tenía cinco años de edad, se paraba sobre una caja de leche en el patio trasero y predicaba a sus hermanos pequeños. Su madre siempre sonreía del otro lado de la ventana y escuchaba maravillada el mensaje apasionado de la pequeña Delia. Pero un día, la madre de Delia la tomó en sus brazos. "Delia", dijo ella. "Me gusta oírte hablar de Dios. Pero la Biblia dice que los hombres son los que deben predicar. Así que no dejes de amar a Dios pero nunca podrás predicar cuando seas grande."

Un día cuando Delia tenia dieciséis años, oyó predicar a B.T. Roberts, y su vida se volvió muy emocionante de una manera completamente diferente. Afirmó además que Dios derramó su Espíritu sobre hombres y mujeres. Ella nunca antes oyó las palabras "y mujeres". El dijo que los hombres y las mujeres profetizarían, incluso predicarían. *Una mujer*, pensó ella, y su corazón dio un vuelco. Ella nunca conoció una mujer que profetizara o predicara.

Cada noche de esa primavera en 1886, Delia oraba a Dios privadamente. *Querido Dios, tú sabes que me gustaría predicar.* Ella no se atrevía a preguntar respecto de este tema a los de la iglesia. Parecía muy extraño. Cuando llegó el verano, la familia completa de Delia en un vagón emprendió su viaje anual de tres horas a una reunión de campaña al norte de Nueva York. Era un viaje que ella siempre disfrutaba.

Cuando llegaron, cientos de tiendas ya estaban levantadas. Las reuniones de campaña a veces duraban una semana entera. Se recordó a Delia que debía ayudar a levantar la tienda familiar pero cada vez que ella veía a una amiga, dejaba de golpear clavos en el suelo y comenzaba una conversación. Pero no pasó mucho y la madre de Delia le dio permiso para unirse a sus amigas que andaban por el campo.

Cuando pasó cerca de la tienda principal, recibió un tratado donde se anunciaban los predicadores de la semana. Delia le dio un vistazo y luego quedó muy sorprendida. ¡Entre los predicadores había una mujer! De repente, Delia recordó su niñez en el patio trasero de su casa y la caja naranjada de leche donde se paraba para predicar. Ella pensó, *¿es esto posible? ¿Podría yo predicar alguna vez?*

Los jóvenes de su propia iglesia sabían cómo a ella le gustaba hablar de Dios y de la Biblia. Aunque ella era la única mujer interesada, los miembros de su iglesia sabían que cuando Delia hablaba, sabiduría salía. Delia conocía la Biblia mejor que la mayoría de los pastores locales; su celosa pasión por el Señor era contagiosa. A medida que se volvía una señorita, se preguntaba cómo podía servir a Dios. Ese era su único deseo verdadero en la vida.

Ella escuchó cuidadosamente a cada predicador, incluyendo a la mujer. Algunas personas parecían ofendidas; por cierto, algunas rehusaron ir a esas reuniones. Pero al final de la semana, Delia había decidido. Y anunció a sus padres, "¡seré una predicadora!" El papá la miró con una leve sonrisa y dijo con una voz casi inaudible, "lo sabía". Su sobria aprobación significaba mucho para Delia. Su madre, sin embargo, la miró con mucha preocupación y dijo, "no lo cuentes a nadie… no todavía, de todos modos".

Pero, aunque trató, Delia no podía guardarse para sí tan gran noticia. Ella propagó la noticia tan pronto llegó a la casa. Los cinco ancianos de su pequeña iglesia rural, de aproximadamente 50 personas, inmediatamente se dividieron a causa de este asunto. Delia no podía haberse imaginado la intensa discusión que surgió.

El más joven de los ancianos declaró, 'Pablo claramente afirma que la mujer no debe enseñar a un hombre. Si ella tanto quiere enseñar, que la permitan enseñar a sus propios hijos algún día".

Otro anciano replicó, "Pero Pablo dice también que no hay distinción entre un hombre y una mujer. En la primera carta a los Corintios

11, dice a las mujeres que se cubran con un velo la cabeza cuando profetizan. Así que pienso que ella puede profetizar con tal que lleve un sombrero".

"Incluso en el Antiguo Testamento", un tercer anciano de hablar suave, irrumpió, "claramente Débora fue usada por Dios. Ella fue juez de su pueblo".

"Sí", respondió el más anciano, un caballero con voz de mando, "Dios usó a Débora, pero el libro de Jueces muestra lo que sucedió al pueblo de Dios cuando ellos no obedecieron a su pacto. ¡No creo que quieras que imitemos esa conducta en Jueces! Además, los principios son más profundos que eso. Dios puso al marido como cabeza de su esposa, y pide que ella se someta a él en todas las cosas".

"Pero Delia no está casada", el anciano de hablar suave continuó. "¿Acaso no podría ella predicar si queda bajo nuestra autoridad?"

El quinto anciano agregó, "todos somos iguales ante Dios, ya sea esclavo o libre, hombre o mujer. La profecía de Joel claramente declara que ambos, hombres y mujeres profetizarán. Esto se repite en el libro de los Hechos. Todos conocemos el corazón entregado de Delia y su deseo de servir al Señor. Si le negamos la oportunidad de usar sus dones, estamos apagando el Espíritu".

"Por supuesto", arguyó el más anciano, "Dios obra en el corazón de los creyentes pero eso no significa que debemos de dejar las estructuras ordenadas por Dios. Amo a Delia tanto como ustedes, Pero Pablo apela a las estructuras de la creación cuando habla de este asunto".

Por dieciocho meses, los ancianos lucharon con este asunto, pero lo que comenzó como una discusión amable motivada por un deseo genuino de entender la Palabra de Dios, pronto se volvió un explosivo debate caracterizado por un lenguaje cada vez más divisorio.

Finalmente, pocos días antes que Delia cumpliera los diecinueve años, la pequeña iglesia rural se dividió, dos ancianos apoyaban el llamado al ministerio de Delia y tres de ellos decían que no era bíblico.

Delia sintió mucho dolor y culpa por la división. Ella conocía y amaba a esta gente tanto como podía recordar. Incluso sus hermanos que la amaban tanto decidieron quedarse con los ancianos y los miembros de la iglesia que se oponían al llamado de Delia a predicar.

Ahora ella entendía porqué su madre le había dicho, "no lo digas a nadie". Sin embargo, Delia se sentía impulsada a llevar adelante su plan de ser una predicadora. Dentro de su propia denominación, las puertas se abrieron prontamente a ella. Ella fue ordenada al ministerio, y predicó durante los siguientes cuarenta y cinco años.

VOLUNTARIOS

En el capítulo anterior, examinamos las cuatro corrientes que coinciden en el "gran río" llamado el Segundo Gran Avivamiento:

* las reuniones de campaña,
* el Movimiento de Restauración,
* el avivamiento de la universidad de Yale bajo la presidencia de Timoteo Dwight, y
* las cruzadas urbanas de Carlos Finney

Quizás el aspecto más significativo, sin embargo, no eran las figuras públicas y los eventos sino la base de la historia de la iglesia, los innumerables individuos que nunca serán registrados en ningún diccionario de la historia de la iglesia. Con frecuencia se los llama voluntarios, pero son mucho más que eso. Eran realmente conscriptos en el ejército de Dios. En simples palabras, ellos sentían que Dios los había llamado al servicio del Reino. Una característica de la iglesia a través de las edades es la esperanza y la fe de personas sencillas que creen que sus vidas tiene un propósito y que su obediencia a Cristo hace la diferencia. Aunque esto siempre ha sido un principio del Evangelio, tal fe a menudo casi está extinta de los sistemas que eran muy controlados por una fuerte jerarquía. Pero en este periodo de vigor espiritual, los creyentes individuales abrazaron su papel en la iglesia. A diferencia de los cristianos de otros siglos que tenían la tendencia de creer que ellos no podían hacer la diferencia, los cristianos americanos a mediados del final de los 1800 sirvieron con confianza.

Los voluntarios no son tanto un movimiento sino una colección de individuos que se juntaron para varias causas a fin de transformar la cultura. Hubo cinco principales apelaciones de los voluntarios.

* Las sociedades de abstención o temperancia
* Los asuntos de los derechos de las mujeres

* El movimiento contra la esclavitud
* El movimiento de la Escuela Dominical
* El avivamiento del laicado

TEMPERANCIA

El movimiento de abstención o temperancia se propagó no tanto mediante la voz de un líder carismático sino debido que en Francia del norte en 1700 el licor era barato. Tan extendida y perniciosa era la borrachera que en 1743 Wesley abiertamente se opuso a su venta y a que se bebiera licor. En 1784, un doctor muy reconocido, Benjamín Rush, publicó una obra titulada *Una investigación de los efectos de los licores en el cuerpo y la mente humana*. En 1800, el movimiento de temperancia estaba en marcha en América, popularizada en el estado de Virginia por una promesa de abstinencia. En 1826, la Sociedad Americana de Temperancia fue fundada en Boston con el propósito de alentar a cada persona a comprometerse a la abstinencia total. Siete de los dieciséis fundadores del movimiento eran pastores.

¿Por qué tanto énfasis en la abstinencia? Lyman Beecher, el pastor/avivador que había entrenado a Timoteo Dwight, predicó sus *Seis sermones sobre la falta de temperancia*, que resumía la amenaza del alcohol a la democracia, especialmente la democracia cristiana. El uso del alcohol estaba arruinando las vidas, destruyendo las familias, y amenazando el mismo tejido de la sociedad.

Pero la Sociedad Americana de Temperancia no era la única organización. Seis alcohólicos reformados de Baltimore fundaron el movimiento de Washington en 1840, que reportaba testimonios públicos de personas liberadas del alcohol y apoyaban actividades en grupos para disuadir a los individuos de ir a las tabernas. Aunque la organización no se mantuvo por mucho tiempo, en 1850 su homólogo, los Hijos de la Temperancia, tenía 238 mil miembros en los Estados Unidos, Canadá, e Inglaterra. Cada miembro seguía un estricto código personal de abstinencia total.

PROHIBICIÓN

La primera ley de prohibición fue propuesta en Maine en 1850. Varios otros estados siguieron el juicio. Tanto éxito tuvo el Partido de

Abstinencia que se formó un movimiento político conocido como el Partido de Prohibición, fundada en 1869. En 1874 la Unión de Mujeres Cristianas por la Temperancia fue fundada en 1874. En 102, cada Estado requería que cada escuela proveyera una enseñanza sobre la temperancia. En 1920, la Enmienda dieciocho prohibía oficialmente el uso de bebidas intoxicantes. Sin embargo, fue revocada en 1933. La mayoría de los historiadores contemporáneos resumen la prohibición con la lógica siguiente: se revocó porque la prohibición fue un fracaso. Fracasó en el sentido que muchos quebrantaron la ley. Simplemente no era posible cumplirla.

Esa es una lógica muy pobre. Cada ley, en alguna medida, es quebrantada. Los asesinatos han aumentado por años en la mayoría de las comunidades, pero eso no hace que revoquemos la ley contra el asesinato. El número de personas que violan el límite de velocidad es alto (¡y sigue subiendo!), pero no pedimos que los policías dejen de tener radares. En algunas áreas de la nación muchos ilegales están entrando al país, pero no cerramos el Servicio de inmigración. Las leyes que han sido violadas ampliamente no es la causa de que la prohibición se revocara. Las leyes contra la bebidas fuertes cambió debido al clima social, entre el clero y dentro de la iglesia. Además, se cambiaron las leyes debido al alto beneficio económico de la industria de elaboración y su poder de presión política. En realidad, el consumo de alcohol absolutamente no trajo ningún beneficio a la cultura. Hasta la fecha es la única fuerza más destructora en la cultura Americana. Los efectos de la heroína y la cocaína palidecen en comparación con los efectos ampliamente dañinos del alcohol. El ministerio pastoral en América en la actualidad sería más fácil si no fuera por el galopante consumo del alcohol. Aunque muchos cristianos hoy aceptan el beber socialmente, la dolorosa realidad es que uno de cada ocho de los bebedores sociales, se vuelve un alcohólico. El impacto económico, pérdida de productividad, seguros más caros, subsidios del estado, y gente sin hogar, es catastrófico. Pero ese costo palidece cuando se compara con la dureza espiritual y emocional que causa la bebida.

En la actualidad requiere coraje mantenerse firme contra el flujo de alcohol en nuestra cultura. Y tomó el mismo coraje para los que lo prohibieron. Fueron brillantes, valientes, y arrojados al confrontar el problema social del alcoholismo. Fueron políticamente incorrectos. Y es una vergüenza que no haya más personas como ellos hoy. El fracaso de la iglesia de producir más personas dispuestas a tratar los males socialmente aceptables de nuestra cultura es una de las razones por la que algunos se preguntan si podemos afirmar que la iglesia realmente está viva y sana. En este asunto (y otros) la iglesia es conformista, transgresora, y está consumida con una política de complacencia al hombre. Los extraordinarios líderes del movimiento de temperancia nada tienen en común con los pastores contemporáneos que temen usar la palabra *a* (aborto), la palabra *h* (homosexualidad) y la palabra *j* (juegos de azar).

PRINCIPIOS DEL FEMINISMO

Cuando uno oye el término "feminismo" puede pensar en las feministas radicales de la actualidad, que atacan la familia tradicional y abogan por los homosexuales y las lesbianas. Ese no es el tipo de feminismo al que me refiero. Tal asunto se podría titular feminismo *radical*. Lo que aquí se refiere es el feminismo *bíblico*; lo cual es el tratamiento apropiado de las mujeres de manera que honra el nombre de Cristo. Nuestra historia comienza en la universidad Oberlin en Ohio, que se convirtió en la primera universidad co-educativa en el mundo. Donald Dayton en su libro *Descubriendo una herencia evangélica*, observa que Asa Mahan, que sirvió como el primer presidente de Oberlin, estaba tan orgulloso de su postura respecto de los derechos de las mujeres que deseaba que el epitafio sobre su tumba leyera que fue el primero en dar la bienvenida y en alentar a las mujeres, juntamente con los hombres, a recibir plena educación universitaria.

Sería extraño para nosotros pensar que no se les permitiera a las mujeres recibir una educación universitaria, o al menos no seguir tal educación juntamente con el hombre. Pero tal era el caso. El llamado para que las mujeres reciban una educación universitaria y sean incluidas en el ministerio (una causa más radical) fue el resultado directo del surgimiento de voluntarios del Segundo Gran Avivamiento. La primera mujer en recibir la ordenación como predicara del Evangelio fue Antonieta Brown. Su sermón de ordenación, titulado "el derecho de las mujeres de predicar el Evangelio", basado en Gálatas 3:28, fue predicado por Lutero Lee, uno de los fundadores de la iglesia Wesleyana. Esta era una nueva enseñanza radical.

Aunque el cristiano humanista Desiderio Erasmo (d.C. 1469-1536) enfatizó el derecho de las mujeres a la educación y al estudio de la Biblia en el periodo de la Reforma, los Reformadores Protestantes en gran manera no permitieron que la mujer tome ninguna parte en la adoración pública. Algunas mujeres de la iglesia Congregación se les permitía votar en sus iglesias en Nueva Inglaterra, y las mujeres Bautistas podían anunciar su fe públicamente. Pero a pocas mujeres se les permitía predicar. Una de las excepciones fueron los Cuáqueros. Uno de los primeros argumentos que permitió que las mujeres predicaran fue escrito por la cuáquera Margarita Fell.

En el siglo diecinueve en América, el derecho de una mujer de votar y de poder envolverse en el ministerio surgió con gran intensidad. Angelina (1805-1879) y Sara Grimke (1792-1873) hijas de un prominente juez de Carolina del Sur, comenzaron a pronunciarse contra la esclavitud, el racismo, y el sexismo. En 1837, las *Cartas sobre la igualdad de los sexos* por Sara Grimke trató de exponer el abuso y el mal uso de las Escrituras por las que se negaba a las mujeres la expresión que deseaban.

La Escritura principal apelada fue Gálatas 3:28 donde Pablo dice “Ya no hay… varón ni mujer, porque todos vosotros sois uno en Cristo”. Los grupos como Santidad y Pentecostal más adelante apelarían a Joel 2:28 y Hechos 2:17. En Joel la profecía se declara. En Hechos la profecía se cumple. En ambos pasajes, Dios usa a las mujeres. Estos pasajes declaran: “tus hijos y tus hijas profetizarán” (énfasis agregado).

VOTO Y ORDENACIÓN

Donald Dayton nota el desempeño que la denominación wesleyana (previamente llamada iglesia Metodista Wesleyana) tuvo en el lanzamiento del movimiento del derecho de la mujer a votar:

> La reunión en Séneca Fall en 1848 que lanzó el movimiento y la primera llamada para la franquicia de las mujeres se realizó en un iglesia Metodista Wesleyana, aparentemente

debido que solo la denominación a favor de la abolición era receptiva a tales ideas radicales. (Incluso aquí hubo equivocaciones). Cuando las mujeres llegaron para la reunión, encontraron el edificio cerrado y ¡tuvieron que subir y entrar por las ventanas![159]

En 1860 los Metodistas Wesleyanos comenzaron a ordenar mujeres, cien años después de esa fecha la iglesia Metodista Unida siguió esa práctica. En 1891, B.T. Roberts, fundador de la Iglesia Metodista Libre, una denominación hermana de las Wesleyanas, escribió un libro persuasivo titulado *La ordenación de las mujeres*. La postura fue más arraigada en la herencia de los Metodistas Libres en 1894 cuando el obispo W.A. Sellow escribió una obra titulada, *¿Por qué no?* Incluso Jonatán Blanchard, el presidente presbiteriano y congregacional de la Universidad Wheaton, anunció su compromiso al feminismo cristiano en un debate en Cincinnati con N.L. Rice; Blanchard proclamó que "la primera alteración que el cristianismo hizo en la política del judaísmo fue abdicar esta opresiva distinción de los sexos", que dejaba a las mujeres "casi sin derechos".[160]

Quizás el ejemplo más sobresaliente de una mujer envuelta en un equipo de ministerio fue el de Catarina Booth (1829-1890), que en 1850 fundó el Ejercito de Salvación en Inglaterra juntamente con su marido, William (1829-1912). Catarina rápidamente superó a William. Por cierto, cuando ellos predicaban en el mismo día pero en lugares diferentes, ella atraía mayor multitud. Su defensa por estar envuelta en el ministerio se registra en un folleto de 32 páginas bajo el título *Ministerio Femenino*.

Ana Whitall Smith, autora del clásico *El secreto del cristiano de una vida feliz*, escribió en uno de sus estudios bíblicos (titulado el "secreto al descubierto") que en "muchas… maneras…Dios es como una madre". Ella no estaba abogando por una traducción libre de género (que hoy es una controversia) sino que intentaba explicar el panorama pleno de los atributos de Dios. Su meta no fue feminizar radicalmente la Biblia. Ella simplemente estaba señalando que Dios es libre de género, aunque usemos pronombres masculinos como "Él". Dios tiene la fortaleza tradicionalmente asociada con la masculinidad y la ternura tradicionalmente asociada con la feminidad. Dios ha unido ambas cualidades en uno.

LIDERAZGO Y PREDICAS

El liderazgo femenino se evidenció en más asuntos que solos los asociados con los derechos de las mujeres o de su envolvimiento en el ministerio. Era evidente que otros movimientos de voluntarios permitieron que la mujer asumiera altos puestos de liderazgo. Un ejemplo fue la Unión de mujeres cristianas por la temperancia (un grupo a favor de la abstinencia) que ubicó a personas como Frances Willard (1839-1898) en un papel altamente visible, incluyendo que predicara desde el púlpito. En 1877, Willard estaba comenzando a acortar su trabajo de temperancia y a animar a las mujeres a envolverse en las cruzadas de D.L. Moody. Cuando la Iglesia Metodista, de la cual ella era parte, se negó a ordenarla, Willard escribió *Mujeres en el púlpito* en 1889. Ambos, el movimiento de temperancia y el movimiento contra la esclavitud proveyeron oportunidades para el liderazgo de las mujeres, que anteriormente se les había negado.

Quizás el envolvimiento más impresionante de mujeres en altos niveles del liderazgo fue en el movimiento de Santidad, y luego en el Pentecostal. La más influyente en este movimiento en la ciudad de Nueva York y en varias causas cristianas, incluso la expansión de la enseñanza de Santidad, fue Febe Palmer (1807-1874). Palmer fue una avivadora incansable, feminista, humanitaria, una editor, y estaba envuelta de modo significativo en el avivamiento de 1857-1858 (el Avivamiento del laicado) que había impactado a toda la ciudad de Nueva York. Una escritora prolífica, Palmer fue autora de un libro de 421 páginas en defensa de los derechos de las mujeres a predicar, *La promesa del Padre*. Además, fue editora de la revista, *Guía a la Santidad* (1864-1874), y diez libros, incluido uno titulado *El camino a la Santidad* (1845).

Además, una denominación tras otra de Santidad o Pentecostal abrazó la creencia en el derecho de las mujeres de predicar. Los siguientes son solo unos ejemplos:

* La Iglesia Nazarena trató específicamente el asunto en su constitución fundamental en 1894 en los Ángeles.
* La iglesia Santidad del Peregrino, fundada por Set Cook Rees, abrazó el concepto cuando la esposa de Rees sirvió como pastora y evangelista en sociedad con él.

* La fundadora de la denominación Pilar de Fuego, Alma White, esposa del ministro metodista, afirmó ser la primera mujer obispo en la historia de la iglesia.
* La Iglesia Internacional del Evangelio Cuadrangular, normalmente conocida hoy como la Iglesia Cuadrangular, fue fundada por una extravagante predicadora llamada Aimee Semple MacPherson.

Aunque todavía es un asunto de controversia en muchas denominaciones hoy, el derecho de la mujer para predicar en al menos algunas denominaciones esta claramente establecido. Es una ironía que en estas mismas denominaciones el número de pastoras haya disminuido. Sin embargo, algo se ha establecido, algo que fue parte de ola de avivamiento, el voluntariado femenino del Segundo Gran Avivamiento.

EL MOVIMIENTO CONTRA LA ESCLAVITUD

En el periodo previo a la Guerra Civil, las iglesias estaban divididas entre la emancipación (la liberación gradual de esclavos para no socavar económicamente las comunidades) y la abolición radical (liberación inmediata de esclavos). Uno de los primeros críticos de la esclavitud fue Jonatán Blanchard, el presidente fundador de la universidad Wheaton en Illinois. La universidad Wheaton originalmente fue fundada como una institución Metodista Wesleyana en 1848 y fue reprogramada en 1860 como una universidad de la Congregación. La iglesia Wesleyana aprendió una dura lección con la pérdida de esta universidad y reprogramó sus escuelas futuras de manera diferente. Carlos Finney, presidente de la universidad Oberlin en 1851, fue el primero en admitir a las mujeres y también a los negros. Esto era considerado un concepto radical. La admisión de negros en una escuela de blancos precede al movimiento de los derechos civiles por más de cien años. En 1840, un sentimiento contra la esclavitud era muy fuerte que Teodoro Weld ayudó a organizar la Sociedad Americana contra la Esclavitud. Muchos negociantes acaudalados se unieron a la causa de una reforma, juntamente con los conocidos hombres de negocios como Arturo y Lewis Tappan. Agregándose al impulso contra la esclavitud fue Orange Scott

(1800-1847), que juntamente con Lutero Lee, fue sacado de la Iglesia Metodista Episcopal (ahora llamada Iglesia Metodista Unida) por no quedarse callado respecto al asunto de la esclavitud. Consecuentemente, Scott formó una denominación llamada Metodista Wesleyana (luego llamada iglesia Wesleyana) en 1843.

ORANGE SCOTT

Scott nació en Brookfield, Vermont, y a los 21 años de edad se convirtió en una reunión de campaña y se volvió un predicador metodista con solo un año de educación formal. Juan S. O'Malley observó, que Orange Scott estaba "convencido de la relación vital entre la santidad personal y social". Él "consideró la abolición una consecuencia inevitable de la doctrina Wesleyana de la entera santificación". La "entera santificación"[161] Wesleyana era un llamado a llevar una vida santa y justa. Orange Scott percibió apropiadamente esta doctrina como un llamado a cambiar la sociedad. La esclavitud era un mal despreciable. Orange Scott creía que ningún cristiano podía participar en ella. Comenzó a distribuir copias del *Libertador*, un tratado contra la esclavitud, escrito por William Lloyd Garrison. En 1836, en la Conferencia Metodista General, presentó una legislación abolicionista. Fue un fracaso. Al año siguiente continuó como conferencista de la Sociedad Americana Contra la Esclavitud. Debido a su postura contraria a la esclavitud, se le negó expresar sus opiniones en varias revistas, así que en 1838 organizó su propia, *La reseña trimestral Wesleyana*, que cambió de nombre después de un año a *El observador Americano Wesleyano*. Después de no poder conseguir que la Conferencia Metodista General de la iglesia estuviera de acuerdo con él respecto al asunto de la esclavitud en 1840, Orange y Lucio Matlock organizaron en Nueva York una convención contra la esclavitud. En 1842 se retiró de la iglesia Metodista Episcopal. Al año siguiente, en Utica, Nueva York, fundó la iglesia Wesleyana y se convirtió en su presidente. Documento que en 1843 marcó una división a punto de ocurrir en la iglesia Metodista. El cuarto principio de este documento simplemente declaraba que la esclavitud es un pecado.

Exhausto y con una salud quebrantada, Orange Scott murió a los 47 años de edad en 1847.

DIVISIONES SOBRE LA ESCLAVITUD

Sin embargo, Nueva Inglaterra no era el epicentro del movimiento contra la esclavitud. El centro era el Seminario Lane en Cincinnati. En 1833, un movimiento estudiantil dirigido por Teodoro Weld fue activo en la liberación de esclavos. Cuando las autoridades intentaron parar a los estudiantes, éstos dejaron el Seminario Lane y fueron a la universidad de Oberlin. Allí, bajo la presidencia de Carlos Finney, el movimiento contra la esclavitud floreció. Uno de los eventos más celebrados ocurrió a principios de 1858 cuando un fugitivo de nombre Juan Price fue tomado de Oberlin y enviado de vuelta al Sur. Las campanadas de la capilla de Oberlin alertaron a la ciudad que algo andaba mal. Cientos de residentes de Oberlin fueron a Wellington e invadieron el hotel donde Price era retenido hasta que llegara el tren. El agradecido esclavo fue llevado de vuelta a Oberlin y hospedado por J.H. Fairchild, el hombre que sucedió a Finney como presidente.[162]

El movimiento contra la esclavitud dividió más que solo seminarios y comunidades; dividió denominaciones enteras. En 1845 la Convención Bautista del Sur se organizó debido a la oposición contra la esclavitud entre los Bautistas del Norte. En el mismo año, la Iglesia Metodista Episcopal del sur se fundó separada de la del Norte. Los grupos de Presbiterianos de la nueva escuela y la vieja escuela se dividieron en 1858 y 1851, respectivamente. También los episcopales se dividieron. Con la excepción de los Bautistas, estas denominaciones emergieron de nuevo después de la Guerra Civil.

Fue una trágica cicatriz en la conciencia cristiana que muchos líderes de la iglesia hayan ignorado los males de la esclavitud. Muchos de la cristiandad institucional, por razones que son vergonzosas de mencionar como el alivio económico y la aceptación social, transigieron sus valores en el altar de los beneficios. Sin embargo, Dios es mayor que cualquier mal social o institución equivocada; Dios siempre tiene un remanente de creyentes en cada época que se pronuncie y luche contra la injusticia moral y social. Ya sea una persona o miles que escojan hablar la verdad de Dios, el hecho innegable permanece: no se puede limitar ni disminuir la justicia de Dios. Incluso aunque sea un pequeño remanente no dispuesto a hacer concesiones, ellos todavía son la iglesia. Y ellos, (la iglesia) es la única estrategia de Dios para mantener la civilización de una autodestrucción.

Este es un tributo a la tenacidad de la iglesia por la verdad que, a pesar de aquellos que abrazaron la abolición radical, sufrieron el desdén en ese tiempo, para nosotros son héroes. Quizás futuros historiadores sentirán lo mismo acerca de aquellos que pelearon muy valientemente para erradicar el aborto. Así como la historia ha sido muy dura con aquellos que estuvieron a favor de la esclavitud, algún día será duro para aquellos que están a favor del aborto. La verdad tiene su modo propio de emerger, casualmente.

EL MOVIMIENTO DE LA ESCUELA DOMINICAL

El fuerte voluntariado en el Segundo Gran Avivamiento fue incentivado por la creencia de que los laicos podían enseñar la Biblia a otros cristianos. Hoy la Escuela Dominical parece un lugar común. Pero no fue así para Roberto Raikes (1773-1811). La Escuela Dominical era una idea radical que despertó gran controversia. Mientras caminaba por las calles de Gloucester, Inglaterra, Roberto inquirió respecto de los niños que jugaban en las calles. Porque no tenían otra cosa que hacer, fue la respuesta, y además se metían en problemas. Roberto contrató un maestro para los alumnos entre seis y catorce años de edad y abrió una escuela los domingos en 1780. La escuela dominical no se realizaba los domingos simplemente porque coincidía con los servicios de la iglesia. Se realizaba los domingos porque era el único día que los niños no trabajaban, debido a que esto precede a las leyes del niño trabajador. Los temas incluían no solamente historias bíblicas sino también lectura, escritura, y religión. Las primeras clases se realizaron en la iglesia Santa María de Crypt, en Gloucester, la misma iglesia donde medio siglo antes Jorge Whitefield predicó por primera vez.

La idea fue tan popular que cruzó el Atlántico. Se fundaron escuelas en Virginia en 1785, y en 1790 el movimiento de la escuela dominical se propagó a Boston, Nueva York, y Filadelfia. Debido a que las primeras escuelas fueron diseñadas para ayudar a las familias de escasos recursos, algunas escuelas dominicales se establecieron en las fábricas donde había niños empleados. Con la llegada de la secularización durante la era de la iluminación (que comenzó a barrer Nueva Inglaterra), la escuela dominical parecía una manera práctica de compensar por la pérdida de los valores cristianos en las instituciones educativas comunes.

Pero no todos aceptaron la escuela dominical. Era muy controversial. ¿Qué, se preguntará, era tan controversial respecto de algo tan inocente como la escuela dominical? Era controversial porque los laicos enseñaban en la escuela dominical. ¡Quién pensaría que se permitiría que los laicos enseñaran la Biblia! Pero los críticos no tuvieron éxito en silenciar el explosivo movimiento.

En 1824, se fundó la Unión de la Escuela Dominical Americana. Y las casas publicadoras comenzaron a producir literatura para el movimiento. En 1869, las convenciones de la Escuela dominical se hicieron prominentes. Las denominaciones rápidamente notaron cuán popular era el movimiento que comenzaron a abrir sus propios departamentos de escuela dominical. Aunque uno debe reconocer que las escuelas dominicales han perdido algo de su prominencia desde 1970, permanece el hecho que éste fue un movimiento masivo con resultados igualmente impresionantes. Cuando uno considera que muchos laicos enseñan la escuela dominical en aproximadamente 400 mil iglesias Americanas, sin percibir salario, uno puede notar cuánta flexibilidad ha demostrado el movimiento. Como instrumento de instrucción y de evangelismo, virtualmente no tiene paralelos en la historia del cristianismo.

AVIVAMIENTO DE LOS LAICOS

A medida que nos acercamos al final del Segundo Gran Avivamiento, debemos incluir un avivamiento más. El Avivamiento de los Laicos (1857-1858) es uno de los más difíciles de explicar. La mayoría de las personas envueltas en ella son desconocidas, y los historiadores poco saben de este avivamiento, lo cual dificulta la investigación. Pero lo que sabemos es tan poco común que debemos incluirla. Nuestra historia comienza con Jeremías Lamphier, que comenzó una reunión de oración en una pieza de la iglesia Holandesa Reformada en Manhattan. Aunque hizo el anuncio entre una población de un millón de personas, solo seis asistieron. A la semana siguiente, sin embargo, estuvo muy alentado cuando catorce asistieron. La semana después asistieron unos veinte y tres. A partir de allí, decidieron reunirse todos los días. Pronto la iglesia Holandesa Reformada se llenó, y tuvieron que mudarse a la iglesia Metodista sobre la calle John. Luego se mudaron a un edificio público en el centro de Nueva York. Un reportero del periódico, tratando de asistir a varias reuniones de oración que celebraban durante el mediodía, contó más de seis mil cien personas en las doce reuniones de oración que pudo asistir durante el mediodía.

El Avivamiento de los laicos, que duró aproximadamente dieciocho meses durante 1857 y 1858, logró también hacer una obra increíble de evangelismo. Llegó el momento cuando 10 mil personas por semana se convertían solo en la ciudad de Nueva York. A medida que la noticia se propagaba por toda Nueva Inglaterra, allí también comenzaron a imitar el ejemplo. La gente comenzó a asistir a las reuniones de oración no solamente al mediodía, sino también a las ocho de las mañana y a las seis de la tarde. A medida que el Avivamiento de los Laicos se propagaba, se mudó al Atlántico a las Islas Británicas y eventualmente a África del Sur y al Sur de la India. En un año, se cree que más de un millón de personas fueron evangelizadas; y los efectos del avivamiento se sintieron en las siguientes cuatro décadas.[163]

EL MOVIMIENTO MISIONERO MODERNO

Los convertidos y afectados por el evangelio se preocuparon por la condición espiritual de otras naciones. El movimiento misionero moderno traza sus raíces a un evento muy inusual en 1806. Los estudiantes de la Universidad Williams en Massachusetts celebraban una pequeña reunión de oración. Cuando temerosos por la llegada de una tormenta, se refugiaron bajo un atado de heno. Este evento se conoce como "la reunión de oración en el pajar" de 1806 durante la cual siete jóvenes prometieron devoción a Dios para apoyar las misiones al mundo. De este grupo en 1808 nació una organización conocida como "La Sociedad de los Hermanos" cuyo lema era "podemos hacerlo si queremos". En el Seminario Andover, varios otros estudiantes se unieron al grupo, el más conocido fue Adoniran Judson. En 1810, Judson y otros tres estudiantes hicieron un llamado para apoyar las misiones a la Asociación de Ministros de la iglesia Congregacional en Massachusetts. Y en ese año se formó La Comisión Directiva Americana de Misiones Foráneas. El movimiento misionero moderno, que eventualmente enviaría miles de misioneros a cada parte del mundo, había comenzado.

CONCLUSIÓN

Caminar a través de sesenta años de historia norteamericana del 1800 al 1860 revela un periodo complejo y vigoroso. ¿Cómo puede uno explicar todo el disturbio que resultó de los cambios tan profundos? Fue así porque la mano de Dios estaba sobre su iglesia. Es una iglesia con muchas imperfecciones. Es una iglesia con una conciencia propia inexacta. Es una iglesia que fracasó en deshacer por sí misma la esclavitud. Es una iglesia que se aprovechó de las mujeres. Es una iglesia que no fue suficientemente firme contra el alcohol. Es una iglesia que no captó la función del movimiento misionero lo antes posible. De esta manera y en otras maneras era imperfecta.

Pero fue una iglesia que puso fin a estos y otros asuntos. ¡El impulso de los primeros sesenta años de los 1800 fue increíble! Todos los creyentes deberían levantar la cabeza en alto a medida que ven desarrollarse los caminos y la voluntad de Dios, a veces lentamente, pero no obstante, segura.

CAPÍTULO 15

El PERIODO POSTERIOR A LA GUERRA CIVIL

Fecha de Expansión: d.C. 1856-1900

Personas clave: D.L. Moody, Russell Conwell, Washington Gladden, Walter Rauschenbusch

Arlo tomó una vara de hierro de la chimenea y gritó a su tío Leno: "¡Te odio! ¡Te odio!"

El tío replicó al jovencito de 14 años con un el puño apretado y mascullando maldiciones. "¡Enano debilucho!"

Arlo giró alrededor de su tío y levantó la vara de hierro como si fuera un bate hacia la cabeza de Leno. El tío esquivó la bateada y respondió empujando a Arlo contra la repisa. Luego tomó a su joven sobrino del cuello, y arrastrándolo hacia la puerta, lo empujó al mojado pavimento. Con voz suave pero amenazante dijo, "Arlo, si te vuelvo a ver, te mataré".

Esa noche, Arlo lloró. Hacía frío y las calles de Manhattan estaban muy mojadas. Si tan solo su padre y su madre estuvieran aquí. Arlo comenzó a soñar de su pasado. Podía recordar cuando tenía seis años de edad y sus padres habían dejado Italia por el Nuevo Mundo. Su padre había llegado con un gran sueño. Pero el sueño se tornó en una pesadilla. Después de 10 días de salir de Italia, la madre de Arlo murió a bordo del barco. Cuando él y su padre llegaron a la ciudad de Nueva York, hallaron la casa del primo Leno, pero no fueron muy bienvenidos. Cuando el padre de Arlo finalmente encontró trabajo en la fábrica de curtiembre, el bajo salario le forzó a buscar un segundo trabajo como asistente de cocina en un restaurante pequeño. Debido a la combinación de ambos trabajos por largas horas, Arlo notó como la salud de su padre disminuía.

Arlo hizo una mueca de dolor; las memorias eran dolorosas. Dos días antes de cumplir los siete años de edad, su tío lo recibió en la puerta con voz seca y una mirada severa. "Tu padre regresó temprano a la casa. Y está escupiendo sangre."

"Déjame verlo."

Leno dio media vuelta y replicó: "¡Él está descansando!"

"Pero", comenzó Arlo.

Leno giró de inmediato, tomó a Arlo del cuello y empujó al niño al sofá de la sala, "¡descansa también! Estamos ocupados tratando de atender a tu viejo. No quiero verte hasta mañana, ¿entendido?" Después de horas de dar vueltas, finalmente Arlo quedó dormido esa noche.

A la mañana siguiente estaba nublado, y voces extrañas provenían de la sala. Un hombre vestido de negro y con sombrero alto preguntó, "¿a qué hora falleció?"

Arlo se arrastró por el piso y dio un vistazo alrededor de la sala. La pregunta le penetró el corazón. Quedó tieso y entonces comenzó a gritar enojado, "¡papá!" El sollozo llenó toda la casa, "¡papá!" Antes de darse cuenta de lo que había sucedido, Arlo comenzó a golpearse la cabeza contra la chimenea.

Después de ese incidente, guardó silencio. Durante los siguientes siete años rara vez hablaba con alguien. Solamente sus explosiones de rabia salían a la luz de vez en cuando. Ahora a los 14 años de edad se encontraba solo, caminando bajo la lluvia. Incluso su tío Leno estaba harto de él.

Por tres meses, Arlo sobrevivió haciendo pequeños trabajos y robando alimento. Con nada más que ocasionalmente una botella de vino, un pedazo de pan, y un huevo o dos que se los comía crudos, vivió en un mundo de sombras.

Una noche fría en 1892, su hambre era más de lo que podía soportar. Sin dinero y sin posibilidades de trabajar, rogó a una mujer de una pastelería a que le diera un poco de pan. La mujer replicó, "mi jefe no me permitirá darte. Pero vete a Rauschenbusch".

Arlo se preguntaba, *¿Rauschenbusch? ¿Qué clase de nombre es ese?*

Nunca antes había oído ese nombre. Se dirigió camino abajo donde la mujer le había indicado. Por varias horas, observó a la gente entrar y salir. *¿Qué hacían ellos allí?,* pensó. *¿Qué tipo de lugar es ese?*

Un caballero anciano salió del edificio y cruzó la calle. Arlo estaba recostado contra la muralla de ladrillo de uno de los callejones cuando el anciano lo vio. Este preguntó, "¿tienes hambre?"

Arlo bajó la cabeza.

"Venga conmigo, señor", dijo el hombre con gentileza. Tomó por el codo a Arlo pero éste se apartó.

Arlo miró fijamente al hombre. *¿Señor? Este hombre me llamó ¿"señor"? ¿Significa esto que él sabe quién soy y cómo vivo? ¿Por qué me llamó señor?*

El tono del anciano era suave e invitador. "Nos gustaría darte una buena comida. Hay suficiente alimento del otro lado de la calle. Debo ir a visitar a alguien en el hospital, así que no puedo hablar contigo ahora, pero espero que tengas una buena comida y estés cómodo esta noche. Eres bienvenido a dormir en nuestro edificio. Tenemos sábanas limpias y frazadas calientes."

El hombre apenas tocó a Arlo en el hombro. "Eres bienvenido, señor." El hombre se fue.

Ahora, Arlo tenía tanta hambre y mucho frío que no le importó por qué el hombre era tan extraño. Cruzó la calle y empujó la puerta para abrirla. Una mujer de mediana edad le sonrió cálidamente y Arlo recordó a su madre. Arlo podía sentir que le brotaban lágrimas. "Estamos contentos de tenerte. Por favor, entra. Tenemos comida suficiente si tienes hambre."

Él la siguió cautelosamente a un salón amplio. Arlo se sentó a la larga mesa, donde todos estaban comiendo y bebiendo. La mujer le trajo una taza grande de sopa de carne. Sin esperar por una cuchara, levantó la taza y se la tomó toda. La mujer no estaba para nada sorprendida. "Déjame darte más", dijo ella.

Arlo comió más esa noche que las tres semanas anteriores. Una mujer italiana le mostró el cuarto de los varones, y esa noche descansó su cabeza sobre almohadas. Arlo casi susurra fuerte su incredulidad, "¿quiénes son estas personas?"

Un anciano en la cama de al lado, le susurró, "ellos dicen que lo hacen porque Jesús lo haría".

¿Jesús? Desde que su madre murió, Arlo solo escuchó el nombre como una palabra de maldición. *Jesús,* reflexionaba, mientras se quedaba dormido. *Jesús, ¿quién será? Debe ser un buen hombre. Me gustaría conocerlo. Quizá venga aquí mañana.*

EL FIN DE LA GUERRA

El 9 de abril de 1865 un Domingo de Palmas, el general Lee rindió el ejército de Virginia del Norte. Cinco días después, un Viernes Santo, el presidente Abraham Lincoln fue asesinado; murió al día siguiente. El término oficial de la rebelión fue proclamado el 20 de agosto de 1866 por el nuevo presidente instalado, Andrew Johnson. La Guerra Civil había terminado finalmente. Pero, ¿qué significaba esta guerra? Seiscientos habían muerto y alrededor de un millón estaban heridos.[164] Y la gran animosidad que obscurecía las relaciones entre el Norte y el Sur duraría por más de un siglo. El evento conocido como la Guerra Civil costó gran precio al pueblo Americano. Y lamentablemente, el resentimiento había irrumpido en la iglesia.

IMPACTO EN LAS DENOMINACIONES

Entre 1861 y 1865, una tras otra las iglesias se dividían. Denominaciones enteras, Metodistas, Bautistas, Episcopales y Presbiterianas, ¡habían sufrido una división respecto al asunto del Norte y el Sur de la esclavitud! Además, las iglesias cristianas estaban casi completamente segregadas. En 1816, Richard Allen (1760-1831), un brillante predicador de color que compró su libertad de un dueño de esclavos, estableció como denominación la iglesia Africana Metodista Episcopal. En 1794, alrededor de 22 años antes, el obispo Francisco Asbury, un hombre blanco, había dirigido el servicio de dedicación formal del inicio de la congregación local ubicada en Filadelfia. Del 1856 al 1876 la iglesia A.M.E. creció diez veces más, de 20 mil a 200 mil miembros. La segunda denominación Americana de negros más grande, la iglesia Africana Metodista Episcopal Zion, también comenzó con el incentivo del obispo Asbury, debido a la discriminación en la iglesia Metodista Episcopal de Zion de la calle John en Nueva York en 1796. La primera conferencia anual no se realizó hasta 1821, pero esta iglesia experimentó un crecimiento fenomenal.

¿Cómo describimos el principio de la Guerra Civil? La ironía es que el Segundo gran Avivamiento, con todo su vigor, de hecho había empeorado la Guerra Civil (1861-1865). El incremento radical de voluntarios, y específicamente el foco abolicionista, habían causado que la gente común sintiera que podía hacer la diferencia. Muchos presionaron por la liberación inmediata de muchos esclavos (que fue abogado por la Sociedad Americana contra la Esclavitud en 1833). Otros presionaron por una emancipación gradual. Otros, con ideas radicales, se unieron a la Sociedad Americana de Colonización, que fue fundada en 1817 con la meta de restablecer a los esclavos libres en Liberia, África. Estas tres posiciones, todas no reconciliables, crearon una fuerte fricción que finalmente terminó en guerra.

Los predicadores tronaban desde el púlpito sus opiniones respecto de la esclavitud, algunos fabricaban una defensa bíblica para ella. Un estudio fascinante de oposiciones se puede leer en el libro de Lefferts A. Loestscher titulado "Abolicionismo irreprensible" aunque el capítulo siguiente se titula "Una defensa bíblica de la esclavitud". "El abolicionismo irreprensible" contiene las resoluciones aprobadas por la convención Metodista contra la esclavitud en Boston, el 18 de enero de 1843.

En contraste con estas resoluciones estaba la defensa de la esclavitud preparada por el elocuente obispo Juan England (1786-1842), de la Diócesis Charleston de la iglesia Católica Romana. Era un predicador elocuente, provocativo, que arguyó en el estilo más persuasivo, los fundamentos legales y morales de ser dueños de esclavos conforme a su entendimiento del Nuevo Testamento. Su lógica fue preservada en las iglesias protestantes y católicas en todo el Sur.

El impacto de la guerra fue horrendo en todas las instituciones en América, incluida la iglesia. La guerra, "costó billones de dólares" e infligió "más víctimas americanas" que ninguna otra guerra en la historia de los Estados Unidos de América.[165] Quizás igualmente serio fue la desconfianza racial y seccional que continuaría por más de 100 años. El desempeño de la iglesia fue muy pobre durante este tiempo. No solamente perdió miembros por causa de sus muertes, pero su conciencia colectiva parecía también dañada por los años de derramamiento de sangre. Durante lo años de la Guerra Civil de 1861 al 1865, y también en los años siguientes la membresía y la asistencia a la iglesia declinó seriamente.[166]

VARIAS OPINIONES DE LA GUERRA CIVIL

Roberto Lewis Dabney (1820-1898) fue un profesor presbiteriano del Sur, que sirvió en la guerra bajo el mando de Stonewall Jackson. Sus opiniones claramente se exponían en sus predicaciones y escritos, en los cuales declaró que el Norte trató de eliminar al Sur de pura malicia. "No perdono… ¡aquellos que han invadido nuestro país, quemado nuestras ciudades, destruido nuestros hogares, asesinado a nuestros jóvenes, y sembrado la desolación y la ruina en nuestra tierra! No, yo no los perdono".[167] Henry Ward Beecher, hijo del famoso Lyman Beecher (mencionado en un capítulo anterior) reveló la intensidad del sentimiento de algunos Norteños cuando declaró que "toda la culpa de esta guerra [está] sobre los ambiciosos… líderes políticos del Sur…. Un día vendrá cuando Dios enviará juicio. … Y entonces los culpables y traidores sin conciencia… serán sacudidos y sumergidos para siempre en las obscuridades en retribución eterna".[168] ¡Con desesperación se necesitaba la sanidad!

El famoso predicador Horacio Bushnell fue uno de los que consideró la guerra como un tipo de crucifixión nacional donde la conciencia corporal de América era castigada para que de alguna manera ellos pudieran experimentar la expiación. En su libro *El sacrificio vicario*, Bushnell sugiere que la guerra podía ser buena de la misma manera que el Viernes Santo era bueno. Ella abría la puerta para algo mucho mejor. Y lo mejor de todo, después de la crucifixión vendría un tipo de resurrección nacional.[169]

Philip Schaff (1819-1893) consideró la guerra como un tipo de juicio divino por los pecados de la esclavitud, cuyo resultado final podía proveer un sentido de redención. ¿De qué otra manera podía uno dar sentido al momento más doloroso de América? ¿Cómo el sueño pudo haberse desviado tanto? ¿Cómo el sueño Americano de ser la Nueva Israel y la ciudad asentada sobre un monte, como los primeros predicadores de Nueva Inglaterra lo habían declarado, había sido destruido por cinco años de lucha cataclísmica que dejó tantos muertos, tantos heridos, y personas en una parte de la nación que aborrecían aquellos de otros estados y cerca de la frontera?

SANIDAD

La sanidad se necesitaba con urgencia después de la Guerra Civil. Lamentablemente, las iglesias no estaban preparadas para ayudar. Las principales denominaciones que se habían dividido antes de la guerra no se reunieron rápidamente y por ende no podían dirigir a la nación en arrepentimiento y perdón. Las calamidades que siguieron a la Guerra Civil también acentuaron la polarización entre el Norte y el Sur y varias iglesias: el asesinato del presidente Lincoln, la destitución de Andrew Johnson, la corrupción severa durante la Gran Administración, la codicia excesiva y explotadora de las corporaciones y los negocios en expansión, el fracaso de la Reconstrucción nacional para el Sur del 1855-1877.[170] ¿Cómo la iglesia alcanzaría a las grandes masas de las ciudades?

Los críticos de la iglesia podrían tener un día cumbre respecto a este periodo. La iglesia se muestra lamentablemente deficiente para las necesidades de una nación que necesita sanidad con urgencia. Pero, la fuerza común que hemos visto a través de todos los siglos de la historia de la iglesia es la gracia de Dios obrando en medio de seres humanos imperfectos. Otra vez, en un tiempo cuando la iglesia se enfrentó con la tarea desalentadora de ayudar a la nación, Dios ya estaba preparando hombres y mujeres para enfrentar los desafíos. La respuesta más espectacular es la que se encuentra en la vida y obra de un hombre llamado Dwight L. Moody.

AVIVAMIENTO: AMÉRICA NECESITA RESPUESTA

No debe sorprender que en este periodo de cambio radical, la iglesia retornara a un método de evangelismo con la que tuvo éxito en ocasiones previas. El evangelismo, hizo un llamado agresivo a las personas a ser serios con Dios, ha obrado en Nueva Inglaterra en los 1600 y a principios del 1700. Funcionó en las fronteras de Kentucky y Tennessee a principios de los 1800. Y podría funcionar otra vez.

Si hubiera una montaña del evangelismo, una de las caras grabadas en ella sería la de Dwight L. Moody (1837-1899). Nacido en Northampton, Massachusetts, Moody recibió muy poca información formal y virtualmente ningún entrenamiento religioso. Como joven, fue un vendedor de éxito para la zapatería de su tío en Boston en 1854. Un día, al visitar la zapatería, su maestro de la escuela dominical, Edward Kimball, le dirigió a repetir la oración de arrepentimiento de pecados. Dos años después, Moody, cansado de Boston y en busca de entusiasmo se mudó a Chicago donde se puso la meta de ganar $100 mil dólares. Esa meta temprana describió el espíritu comercial del evangelista a lo largo de toda su vida.

D.L. MOODY: EL EVANGELISTA DE LOS GRANDES SUEÑOS

Una vez en Chicago, comenzó una Escuela Dominical en los barrios bajos del norte de Chicago. Pronto cientos de niños estaban llegando, y la escuela dominical se convirtió en la Iglesia de la calle de Illinois. Durante el periodo de la Guerra Civil, se involucró con la Misión Juvenil Cristiana. La Misión Juvenil Cristiana (en inglés YMCA) fue fundada en Londres en 1844 por George William para tratar de combatir el pecado de la vida de la ciudad y proveyó a los jóvenes un ambiente cristiano. (Daremos una descripción completa de la Misión Juvenil Cristiana más adelante.) Alrededor de 1866, Moody ya era presidente de la Misión Juvenil Cristiana y conocido en la ciudad como el "loco Moody" debido a su extrema exuberancia y estilo de predicar totalmente impredecible.

Moody soñaba grande. Atraía a la multitud. El tenía ministerios. Ahora necesitaba edificios para establecer los ministerios. Un domingo del 29 de setiembre de 1867, se realizó el sueño de Moody de levantar un edificio grande para propósitos múltiples para la Misión Juvenil, la primera en América. Con gran capacidad para la multitud se dedicó el edificio Farwell Hall. Aunque recibió el nombre del principal filántropo, John V. Farwell, otro hombre proveyó muchos de los fondos de Moody a lo largo de su ministerio, el proveedor de equipos de granjas, Cyrus H. McCormick. Ese día D. L. Moody declaró: Este edificio será un lugar donde "la fortaleza del pecado" será quebrantada.[171]

Pero Moody no llegó a disfrutar mucho tiempo de su nuevo edificio. El 7 de enero de 1868, se propagó un fuego que devastó el centro de Chicago, incluida la Sala Farwell". Pero, "antes que los carbones se enfriaran, Moody y muchos amigos de la Misión Cristiana Juvenil comenzaron a llamar las puertas de los hombres de negocios para conseguir los fondos para reedificar la estructura asegurada parcialmente. La gente respondió con una generosidad extraordinaria… el 19 de enero del 1869, las puertas se abrieron de la Sala Farwell No.2".[172] Sin embargo, Moody enfrentaría otra tragedia en su nuevo auditorio con capacidad para 2500 sillas. El domingo por la noche del 8 de octubre de 1871, el gran fuego de Chicago tuvo lugar, quemando más de 18 mil edificios y dejando a más de 100 mil personas sin casa. La pérdida total se estimaba en 200 millones de dólares, una impresionante fortuna cuando uno considera esa suma en la época del 1871. Cincuenta y siete compañías de seguros fueron declaradas en bancarrota, juntamente con otros cientos de negocios. Al menos mil personas perecieron, aunque fue difícil tener una cifra exacta debido a la muy variable población de Chicago. Cuando el fuego finalmente terminó de arder un martes 10 de octubre, "solamente una casa permaneció débilmente en pie en un espacio de tres tercios y medio de milla de la ciudad".[173] Los edificios que D. L. Moody había construido habían desaparecido: la Iglesia de la calle Illinois, la segunda Sala Farwell y su propia casa sobre la calle State. El fuego de Chicago de 1871 no pudo haber llegado en peor momento para Moody. El estaba severamente exhausto y fatigado. El mantenía un horario de predica y enseñanza que era muy extenuante.

LA EXPERIENCIA QUE LE CAMBIÓ LA VIDA A MOODY

Un mes después del fuego, Moody fue a Nueva York y Filadelfia y varias otras ciudades con el fin de levantar fondos otra vez para reconstruir su misión. Mientras caminaba por las calles de Nueva York, escribió, "Mi corazón no tenía intención de rogar a nadie. No podía rogar. Clamaba todo el tiempo que Dios me llenara de su Espíritu".[174] Esta experiencia profunda llegó cuatro meses después de intensa lucha, durante la cual D. L. Moody se sentía vacío y paralizado. Al examinar su ministerio, según su propio comentario, sintió que predicaba respecto de las cosas por las razones equivocadas. Se consideró a sí mismo un miserable. Pero, ese día, en las calles de la ciudad de Nueva York, Dios se manifestó a Moody de tal manera que ya no fue el mismo. Exclamó: "¡Oh, qué día!, no lo puedo describir, raras veces me refiero a ese día, es casi una experiencia tan sagrada para mencionarla, Pablo tuvo una experiencia de la cual no mencionó por catorce años, solo puedo decir que Dios se revelo a sí mismo a mí dándome una experiencia de su amor que tuve que pedirle que aparte su mano."[175]

Tan saturado estaba Moody por esta experiencia que pasó gran parte de su tiempo llorando ante Dios. Su amigo D. W. Whittle escribió, "Moody perdió interés en todo excepto el predicar de Cristo y trabajar por las almas perdidas. Había determinado ir a Inglaterra para ser libre de todo compromiso en la reedificación de su edificio y la Sala Farwell".[176]

GRANDES CRUZADAS Y UN MOVIMIENTO ENTRE LOS JÓVENES

Moody viajó a Inglaterra con su amiga y corista Ira Sankey (1840-1908). Después de varios meses, finalmente recibió una invitación oficial para celebrar un avivamiento en Edimburgo. Los servicios del avivamiento fueron de gran éxito. Como resultado, Moody permaneció en Gran Bretaña por dos años más, 1873-1875, y predicó a una gran multitud en Escocia, Inglaterra, e Irlanda. Con el auge de la "alta crítica' Alemana (un estudio de la Biblia que erradicaba la autoridad de la Biblia), muchos creyentes sentían alivio al ver la profunda respuesta al llamado de Moody al avivamiento. Sin tener un entrenamiento teológico, los sermones de Moody eran teológicamente libres, y apelaban de una manera transdenominacional al entendimiento popular. Cuando regresó a los Estados Unidos de América, se había vuelto famoso y comenzó a conducir cruzadas desde 1875 a 1879 en Brooklyn, Filadelfia, Nueva York, Chicago, y Boston. En 1881, regresó por tres años a realizar una jornada de evangelización que tuvo mucho éxito en Gran Bretaña y volvió para una rápida gira por los Estados Unidos y Canadá desde 1884 hasta 1891. Predicó a una gran multitud en la Feria Mundial de Chicago en 1893.

Además de comenzar dos escuelas en su ciudad natal en Massachusetts (Northfield), Moody estableció las Conferencias de Northfield en 1880, que luego se convirtió en el Movimiento Estudiantil Voluntario en 1886, un precursor de la actual Cruzada para Cristo. Es muy interesante notar que ambas organizaciones tienen un lema similar. El lema del Movimiento Estudiantil Voluntario de Moody dice: "La evangelización del mundo en la próxima generación." En 1889, Moody ayudó a comenzar el Instituto Bíblico, y después de su muerte cambió el nombre a Instituto Bíblico Moody que hasta hoy continúa como poderosa influencia en Chicago.

MOODY: EL HOMBRE

El amado Moody desarrolló amigos muy cercanos de ambos lados del Atlántico entre cristianos con puntos de vista bien diferentes. Incluso aquellos que no eran simpatizantes de su estilo de predicación parecían quererlo como persona. Moody fue modesto y agradable. Sus sermones eran directos y al punto. Tuvo éxito en lograr que la comunidad acaudalada solventara sus actividades. Su energía sin límites le permitió seguir ministrando con un horario muy ocupado cuando falleció a los sesenta y dos años de edad mientras regresaba de su última campaña de avivamiento en la ciudad de Kansas.

Moody predicó durante un tiempo de inquietud social. Nubes negras indicaban que se avecinaba una eminente tormenta de desequilibrio laboral. En mayo de 1886, El Mercado de Chicago experimentó una revuelta. Moody permaneció en silencio respecto de los asuntos sociales que causaron esta revuelta y, en vez, habló solamente de la solución espiritual. Una segunda erupción ocurrió en 1894 en numerosas ciudades además de Chicago. Una huelga laboral a nivel nacional provocó que el presidente Grover Cleveland enviara tropas federales. Moody guardaba silencio de nuevo en tanto que predicaba continuamente a los pobres (como siempre lo había hecho) y a pesar de que su ministerio estaba fundado por los dueños de la acaudalada corporación. Sus críticos objetaron su silencio, pero Moody afirmaba que él era un evangelista y que mantendría su enfoque. El creía que lo único que podía traer justicia genuina a los pobres era el evangelio de Cristo. Argüía que la rectitud precedía la justicia. Solo entonces se podría tratar la pobreza adecuadamente para que la paz pueda volver a las ciudades.

EL LEGADO DE MOODY

El impacto de Moody fue enorme. Su predicación produjo grandes ministerios sin paralelos anteriores. Además, dejó tras sí iglesias independientes que surgieron como resultado de sus convertidos. La gente que era atraída por sus predicaciones no podía tolerar el tradicionalismo de las principales iglesias. Ellas querían algo fresco y poderoso, como una cruzada de Moody. También, aunque Moody no se interesaba mucho en los detalles de la teología, afectó profundamente la teología de la iglesia. El Calvinismo estricto disminuyó grandemente y fue reemplazado por el entendimiento arminiano que Moody tenía de Dios. La preocupación principal de Moody fue transmitir el mensaje de un Dios de amor a la mayoría de las personas que fuera posible. Fue uno de los primeros americanos del avivamiento que adoptó un concepto pre-milenial, que enseña el regreso de Cristo antes de los mil años de su reinado de paz en la tierra. El concepto de Moody respecto de su trabajo era simple: "Veo este mundo como una vasija quebrada. Dios me ha dado un salvavidas y me dijo, 'Moody, salva a todos los que puedas'."[177] ¡Eso es precisamente lo que hizo! Y esa es la razón por la cual Moody es la figura más influyente de este periodo. No fue sino hasta la predicación del jugador de béisbol convertido en un evangelista, Billy Sunday (1862-19350, para que América viera otro evangelista de esta magnitud.

EL HOMÓLOGO INGLÉS DE MOODY

Aunque nuestro enfoque es D.L. Moody y América, es importante reconocer la predicación de Carlos Spurgeon (1843-1892) en Bretaña. Pocos predicadores en toda la historia de la iglesia merecen el respeto de este predicador/orador inglés que semanalmente llenaba el auditorio de Londres con capacidad para 6 mil personas y conocido como el Tabernáculo Metropolitano. Sus servicios eran más que una experiencia. Los sermones eran de rico contenido. Y fueron muy significativos que actualmente sigue siendo popular su lectura. Juntamente con la construcción de su iglesia, estaba la del colegio, un orfanatorio y una agencia de ayuda social. Spurgeon, con su Tabernáculo Metropolitano, era un adelantado de su tiempo, un precursor de las mega-iglesias de la actualidad. Su estilo de predicación ha sido un modelo del último siglo, una combinación de contenido sólido, expresión, entusiasmo, y humor.

LAS CIUDADES

En numerosas ocasiones estuve frente a los alumnos para enseñarles historia de la iglesia. A medida que ellos consideran la cronología de mi iglesia, les indico que en 1844, Jorge William comenzó la Misión Juvenil Cristiana en Inglaterra. En 1878, William Booth fundó el Ejército de Salvación en Inglaterra. Ambos movimientos rápidamente llegaron a América. "¿Qué indica esto respeto de lo que estaba ocurriendo en Inglaterra y América?", pregunté. Siempre recibo como respuesta un silencio. Luego pregunto de nuevo, "en Inglaterra, cuando Jorge Williams comenzó la Misión Juvenil Cristiana y William Booth fundó el Ejército de Salvación, ¿qué dice esto acerca de las condiciones entre Inglaterra y los Estados Unidos de América?" Más silencio. Para ayudarles, pregunto después, "¿qué hacen estas organizaciones?"

En este punto, puedo notar que se les ilumina la mente. "Ah", dicen, "seguro que había problemas, problemas en sus ciudades".

"Correcto", contesté.

Y problemas tenían.

Y problemas había. Tan significativo era la fundación de una de estas organizaciones en el desarrollo general de la historia de la iglesia que cuando Kenneth Curtis, el anterior editor de la revista Historia de la Iglesia, publicó *Fechas con el destino: las 100 fechas más importantes en la Historia de la iglesia*, incluyó la fundación del Ejército de Salvación. La inclusión de este grupo tiene mucho que ver con el clima social de la organización cuando ésta se estableció como tal.

DISPARIDADES

El cierre de los 1800 fue un tiempo complejo y perturbador. América ya no buscaba ni obraba como si estuviera unida. La unidad había desaparecido. Era un tiempo de gran divergencia. Las pequeñas iglesias rurales ya comenzaban a experimentar los dolores del éxodo a medida que un número creciente de personas salían de las ciudades en busca de trabajo y la comodidad de la vida en la ciudad. Pero la ciudad no siempre era buena con sus habitantes, especialmente si éstos eran recién llegados, no podían hablar el idioma y económicamente carenciados. Si uno leyera solo los titulares de los periódicos en 1896, pensaría que los protestantes tenían la razón para estar gozosos, porque ambos candidatos a la presidencia eran cristianos nacidos de nuevo: el Republicano William McKlenley, un metodista, y el demócrata William Jennings Bryan, un presbiteriano. Pero en las ciudades la brecha entre la clase media protestante establecida y la clase obrera pobre crecía rápidamente. Y esa brecha llevó a una división más profunda entre los que abrazaban el "evangelio de la prosperidad" y aquellos que abogaban por la aplicación del "evangelio social".

EL EVANGELIO DE LA PROSPERIDAD

Los intelectuales dentro de la iglesia protestante reaccionaron de diferentes maneras a las crisis de las ciudades. A un lado del asunto estaba Russell H. Conwell (1843-1925). Del otro lado estaba Walter Rauschenbusch (1861-1918). Conwell se convirtió en el principal precursor del llamado evangelio de la prosperidad, y abogó esta posición en su famoso sermón titulado "Acres de diamantes", ¡el cual predicó seis mil veces! Pastor de una de las más grandes congregaciones en América y fundador del Templo Universidad en Filadelfia en 1888, Conwell afirmó que así como Jesús había provisto salvación, América proveía una oportunidad y el exhortó a todos a tratar de alcanzar el sueño americano. Y honestamente creía que estaba al alcance de todos los que lo deseaban.

EL EVANGELIO SOCIAL

Sin embargo, no todos eran optimistas. En 1900, diez por ciento de las familias americanas controlaban el 90 por ciento de la riqueza de la nación. Los disturbios laborales y las protestas rápidamente se volvieron una realidad. En un intento de satisfacer las necesidades inmediatas, muchos cristianos ayudaron a formar misiones de rescate, como la Misión Juvenil Cristiana, el Ejército de Salvación y otras organizaciones. Pero el desarrollo teológico más profundo para tratar la falta de equidad de la clase media y la clase obrera se llamó el evangelio social, conocido después como Cristianismo social y en algunas ocasiones referido como Cristianismo socialista.

Para hombres como Walter Rauschenbusch, proclamar el evangelio a una persona no salva no era adecuado. El pobre debía ser quitado de su condición económica deplorable mediante la transformación de estructuras sociales de ese entonces. La buena noticia era que había pastores elocuentes que se interesaban profundamente por el pobre. La mala noticia era que en su preocupación por el pobre, cometían el grave error de no enfatizar la importancia de la conversión personal.

WALTER RAUSCHENBUSCH Y WASHINGTON GLADDEN

Cuando Walter Rauschenbusch pastoreó en la *Cocina del infierno* en la ciudad de Nueva York, notó que las conversiones individuales y la disciplina cristiana normal fracasaron en resolver las heridas y los dolores de la ciudad. Entonces se volvió al evangelio social, y continuó refinándola como profesor en el Seminario Teológico Rochester desde 1897 a 1918. Era tan poderoso como profesor y predicador que fue considerado juntamente con Jonatán Edwards y Horacio Bushnell, uno de los más influyentes pensadores en el cristianismo americano. Ganó atención internacional en 1907 cuando publicó *El cristianismo y la crisis social.* Aunque parcialmente sordo, viajó a cientos de lugares para hablar sobre los temas que se describen en los títulos de los libros que dejó como legado:

* *Para Dios y el pueblo: oraciones del despertamiento social*
* *La cristianización del orden social*
* *¿Nos atrevemos a ser cristianos?*
* *Los principios sociales de Jesús*
* *Una teología para el evangelio social*

Aunque era claramente liberal en sus percepciones teológicas Rauschenbusch era un genio en analizar la cultura y tratar de hacer aplicaciones bíblicas. En lugar de la salvación individual, predicó la salvación social. En lugar del pecado personal, predicó contra el pecado social. El pecado social, definido por Rauschenbusch, eran aquellas estructuras contrarias a la Biblia y no conformes a Cristo, cuyas culturas privan a las personas de las necesidades básicas fundamentales como alimento, abrigo, y refugio. El volvió a definir la frase "Reino de Dios". El abogaba que Dios y el hombre de alguna manera obraban juntos contra las fuerzas del mal para traer justicia, democracia, y hermandad y, de esta manera, traer el Reino de Dios.

Varios pastores compartían las mismas ideas de Rauschenbusch. Uno de los más elocuentes del evangelio social fue Washington Gladden (1856-1918). Gladden pastoreó sus años más fructíferos en Colombia, Ohio, donde sirvió en el Concilio de la ciudad de Columbia de 1900 a 1902 a fin de servir como de ejemplo de sus creencias a otros que los cristianos deben participar en los asuntos de la ciudad. Gladden publicó más de 38 libros. Los títulos de estos libros evidencian la pasión de su corazón:

* *Cristianismo aplicado (1886)*
* *Salvación social (1902)*
* *El pastor cristiano y la iglesia obrera (1907)*
* *La iglesia en la vida moderna (1908)*

Gladden estaba plenamente comprometido en aplicar la teología cristiana a los problemas de una cultura urbana e industrial. La practicidad de sus preocupaciones se evidencian en el himno que escribió, "Oh Maestro, yo quiero andar contigo", que hoy se encuentra en algunos himnos protestantes. En sus sermones y escritos, Gladden ruega a las personas a integrar la fe cristiana con entereza moral y justicia en sus lugares de trabajo y de labores, y en todas las decisiones que tomen incluidas las de negocios.

Aunque algunas de las decisiones de Rauschenbusch eran equivocadas, es importante recordar que el interés urgente de Rauschenbusch, de Gladden y otros como ellos era corregir el galopante egoísmo, a la que Mark Twain en 1873 llamó la *Edad dorada*. Al evaluar el pensamiento de Rauschenbusch, en particular respecto a la venida del Reino de Dios, es importante recordar que él vivió en una época de optimismo. La perfección del hombre y la cultura era considerada alcanzable. Conforme a la mayoría de los pensadores, las cosas comenzaban a mejorar cada vez más. Después, la primera guerra mundial (1914-1917) apagó ese optimismo nacional.

EVALUANDO A RAUSCHENBUSCH

Aunque estoy tentado, como evangélico conservador, de atacar el obvio liberalismo de Rauschenbusch, siento que sería de mayor beneficio para mí y para el lector hacer una pausa para contemplar sus obras y sus palabras, lo cual necesitamos atender. Su ministerio pastoral comenzó en las partes más desagradables de Nueva York. Vivió cada día con la disolución de un sueño nacional perdido. Como joven pastor y después como experimentado profesor, Rauschenbusch trató desesperadamente de encontrar la manera de tratar el quebrantamiento de la humanidad. Aunque sus interpretaciones bíblicas dejan mucho que desear, uno debe respetar el intrépido intento (aunque completamente inadecuado) de dar aplicaciones bíblicas a los asuntos sociales. Cuando examinamos las ciudades y la aparente inhabilidad del evangelio para penetrar ambos, el corazón del obrero individual y las estructuras donde laboraban, era necesaria una inmediata solución. Rauschenbusch resueltamente ofreció una.

EN LA BÚSQUEDA DE "AMBOS/Y" EL BALANCE

Habiendo dicho que los intentos de Rauschenbusch fueron nobles, debo agregar que aparentemente había rechazado los temas bíblicos fundamentales del pecado personal, arrepentimiento personal, y salvación personal. La gran tragedia del evangelio social no fue lo que hizo sino lo que no hizo. Como aprendiz de la historia de la iglesia, cómodamente separado de este evento por 100 años, puedo fácilmente ver las fallas. Estas son mis interrogantes: ¿Por qué uno que aboga por las necesidades de cambiar malas estructuras no puede abogar también por la necesidad de la conversión personal? ¿Por qué una persona que llama al dueño a limpiar su edificio, no puede llamar también a los ocupantes a conocer a Cristo de una manera personal? ¿Por qué el líder de la unión de obreros que los organiza para llevar adelante una huelga no puede enseñarles también acerca de la sumisión bíblica a la autoridad? ¿Por qué no puede el evangelio de los predicadores de la prosperidad (como Russell Conwell) hacer un llamado a los dueños de corporaciones a andar en humildad, justicia, y equidad económica? ¿Por qué tiene que ser lo uno o el otro? ¿Por qué no pueden ser ambos?

La respuesta no se encuentra en un lado u otro, del evangelio de la prosperidad o el evangelio social, porque si miramos de ambos lados, concluiremos que la iglesia no tiene balance. Cuando se ubica a la iglesia en un mismo "recipiente y se la revuelve vigorosamente por diez minutos" se logra una "mezcla", que es la iglesia verdadera. ¿Tenía razón Walter Rauschenbusch? ¿Tenía razón Washington Gladden? ¿Tenía razón Russell Conwell? No. porque ni uno ni otro tenía balance. Pero, al juntarlos con D.L. Moody, hacen una labor espectacular para representar la iglesia. Es en ese sentido, que afirmo con mucho entusiasmo que aunque la civilización misma no tiene esperanza, la iglesia, cuando refleja todo lo que Cristo es, preserva todo lo que vale preservar en la civilización. De esta manera, Dios, a través de su iglesia, salva a la civilización.

Reconozco que este capítulo comienza con una división (la Guerra Civil) y termina con una división (el evangelio de la prosperidad y el evangelio social). La oración de Jesús, "para que sean uno" (Juan 17:11) no se realizó. Entonces, usted podría decir, "¿por qué no se da por vencido respecto de la iglesia?" No puedo darme por vencido porque Dios no se da por vencido de la iglesia. ¿Y por qué no se da por vencido? ¿Por qué Él sigue tratando con nosotros? Esta es la respuesta. Él no se da por vencido cuando hay enemistad entre sus hijos de la misma manera que un padre terrenal no deja de creer en sus hijos cuando éstos se pelean entre sí. Así como un buen padre terrenal, Dios espera. Espera. Espera por la completa unidad y restauración. Él no deja de creer en sus hijos, la iglesia. Al contrario, permanece al lado de la iglesia con paciencia, tratando de cambiarla y reformarla, para que pueda ser usada por Él para salvar la civilización.

CAPÍTULO 16

CULTOS, CIUDADES, Y ATAQUES A LA BIBLIA

Fecha de expansión: d.C. 1865-1918

Personas clave: José Smith, William Miller, Ellen White, Mary Baker Eddy, Charles Russell, George Williams, William y Catalina Booth, Julio Wellbausen, Rodolfo Bultmann

En un costado del desván en el granero, como un emparedado entre la paja y una gran cobija de lana blanca, Lino se encontraba mirando por las aberturas de madera del granero. Esperaba a que el sol saliera y disipara el rocío de la mañana, un placer que solo podía disfrutar en sus días libres cuando la señora Elton ordeñaba las vacas. Incluso, aunque era un empleado, la familia Elton no pedía ayuda de él los domingos por la mañana.

Lino tenía doce años de edad y ya conocía el ritual de la madrugada, arrastrándose medio dormido de la cálida cama de pajas y cobijas y descendía por las escaleras hasta la vasija de agua fría para lavarse la cara. Este era su horario de rutina durante seis días de la semana, y uno que no le importaba debido a la naturaleza de la familia Elton: dos cuartos pequeños, seis niños, y gran bullicio, peor del que había en un gallinero. Lino estaba contento en su ambiente, al menos el granero le pertenecía solamente a él.

Cada tanto Lino asistía a la iglesia con los Elton, aunque no entendía mucho lo que el predicador decía. La gente era amable. Le gustaba observar a las muchachas con sus sombreros sofisticados, y tímidas risas. Pero él no tenía el tiempo suficiente para hacer amigos. Además, era tímido y no tenía mucha educación, y la mayoría de las muchachas siquiera le darían otra mirada, especialmente Graciela Furton.

Sin embargo, Lino se puso contento cuando Janet Elton de once años de edad le pidió que le acompañara a la iglesia. Ella era la hija mayor de los Elton, una niña dulce que le gustaba ordeñar las vacas con Lino. Janet con frecuencia pedía a Lino que la llevara a la iglesia donde asistía su mejor amiga, entonces Lino preparaba la carroza y la llevaba.

Un domingo por la tarde, ellos entraron a la iglesia llena de gente donde un granjero local, convertido ahora en predicador llamado William Miller exclamaba apasionadamente, "Cristo vuelve en las nubes".

Lino escuchaba el sermón con mucho cuidado. Él había observado las nubes y se preguntaba, *¿cómo uno puede transportarse en las nubes?*

La voz del predicador captó la atención de Lino otra vez. "Jesús volverá. Él se fue, pero regresará porque lo prometió, y el Señor me ha revelado cuando será su regreso. ¿Estás listo para reunirte con Él?"

¿Listo?, pensó Lino. *¿Cómo me preparo exactamente?*

Miller señaló a la congregación, "¿estás listo para reunirte con el Juez de la tierra, que puede ver lo que hay en tu alma?"

¿Ver dentro de mi alma? No quiero que nadie mire mi alma. No todo en mi alma está limpio ni recto.

Lino estaba muy quieto mientras el granjero predicador continuaba por casi dos horas explicando cómo Jesucristo creó el mundo; cómo Jesús vino a salvar al mundo, pero el mundo le aborreció y lo mató; cómo resucitó y regresó a su hogar celestial y espera que la gente lo acepte y ame. Pero ahora, ya era suficiente; Jesús terminó de esperar; Jesús regresará y juzgará a cada persona. Miller levantó el dedo y declaró con confianza, "El regresará el 22 de octubre de 1844, ¡en ocho meses!

La congregación dio un grito apagado. El granjero predicador parecía tan confidente, tan seguro. Lino admiró al predicador por tener tanto denuedo y confianza; ¿por qué?, Miller al menos había terminado la secundaria. Después del sermón, Lino decidió que iría a la iglesia todos los domingos hasta que Jesús volviera. Janet estaba de acuerdo y pronto toda la familia Elton continuamente asistía a la iglesia.

Fue un tiempo maravilloso para Lino. Los miembros de la iglesia eran amables con él; Graciela Furton le sonrió al menos dos veces. Finalmente, comenzó a sentirse menos solo. A medida que octubre se aproximaba, el señor Elton, muy escéptico al principio, quedó convencido que lo mejor sería que él y su familia estuvieran preparados para el retorno de Jesús también. A medida que el cálido septiembre cambiaba de temperatura y las hojas de los árboles empezaban a caer, la familia Elton vendió su granja. También Lino dio sus pocas pertenencias a la iglesia. Después de todo, él no las necesitaría porque Jesús pronto regresaría.

La noche anterior al retorno de Jesús, la atmósfera estaba impregnada con sentimientos de anticipación. Los miembros de la iglesia se reunieron en los campos, cantaron himnos hasta pasada la medianoche, y oraron con fervor. Los niños corrían a las colinas cercanas en la noche fría para mirar una y otra vez a los cielos mientras otros hablaban quietamente entre ellos.

Lino estaba contento que estaba con otras personas. Por primera vez no sentía temor ni soledad. Ahora que sabía acerca de Jesús, Lino le amaba, y sabía que Jesús lo llevaría a su hogar perfecto. Sin embargo, a medida que la noche avanzaba, Lino comenzó a sentirse soñoliento. Por lo general se acostaba a las 8 de la noche. Ahora ya eran las 2 de la madrugada. ¡Qué difícil era mantenerse despierto! Pero de todas las noches, ¡en esta debía mantenerse despierto! ¿Qué pasaría si él se quedaba dormido? ¿Acaso Jesús olvidaría llevarlo? Se esperezó y bebió más jugo de manzana. Caminó solo un momento observando a la luna y las estrellas que titilaban. ¿Acaso Jesús aparecería primero desde lejos y muy pequeño? ¿Se agrandaría más y más a medida que se aproximaba hasta llenar los cielos? ¿Vendrían los ángeles primero? Se sentó sobre una roca y observó. Cuando Lino sintió mucho frío, regresó junto al grupo y se calentó al calor del fuego.

Todos trataban de mantenerse despiertos mientras se reunían en grupos pequeños. Después, a medida que los rayos del sol reflejaban desde las colinas, el pastor comenzó a predicar. "Sed paciente, pueblo de Dios. ¡Jesús viene!"

La esperanza de Lino aumentó, pero otra voz desafió al predicador. "Eres un embaucador, William Miller! ¡Y he perdido mi granja por tu culpa!" Lino observó con sorpresa como el señor Elton sacudía enojado el puño contra Miller. A llegar la nueva mañana, algunos esperaron un poco más el regreso de Jesús, otros murmuraban frustrados, y unos pocos gritaban al predicador. Lino esperó una pocas horas más pero nada ocurrió. *Nada*, pensó. *Nada sucedió. El predicador estaba equivocado.*

Esa mañana, Lino dejó la iglesia juntamente con la familia Elton. Mientras Lino subía a la carroza, el señor Elton le dijo, "Lino, lo lamento mucho pero ya no tengo trabajo para ti. La pérdida de mi granja me fuerza a mudar a mi familia con mis padres. Te deseo lo mejor, jovencito".

La familia Elton le despidió y Janet lloró. Se marcharon a la luz del día. Lino nunca olvidó esa noche que Jesús no volvió; nunca asistió a la iglesia otra vez.

SECTAS

La última mitad de los 1800 trajo cambios que serían inimaginables para los creyentes de la primera mitad del siglo: 1) el surgimiento de sectas, que perturbó la teología aceptada por la America primitiva; 2) el crecimiento explosivo de áreas urbanas; y 3) el ataque a la autoridad de la Biblia (el más serio desafío). Este periodo inusual de optimismo y transición desconcertante produjo cuatro movimientos sectarios, tres de los cuales son denominadas como sectas hasta hoy.

LOS ADVENTISTAS DEL SÉPTIMO DIA

Un grupo sectario que surgió durante este periodo fue el de los Adventistas del Séptimo Día. Este grupo, del estado de Nueva York, enfatiza la adoración en el sábado (según su interpretación del cuarto mandamiento de guardar el sábado, que se describe en Éxodo 20:8) en oposición al domingo. El grupo se originó de la predicción de William Miller (1782-1849) que Cristo retornaría el 22 de octubre de 1844. Cuando Jesús no regresó el día que Miller predijo, él y algunos de sus seguidores sencillamente volvieron a definir lo que supuestamente significaba. Los Adventistas del Séptimo Día no habrían sobrevivido como grupo a no ser por la influencia de Ellen G. White (1827-1915).

LAS ENSEÑANZAS DE ELLEN WHITE

Aunque criada en una familia metodista, Ellen y su familia abrazó las enseñanzas de William Miller. Debido a su adherencia a la predicción de Miller acerca del retorno de Cristo 1844, la familia fue expulsada de la iglesia metodista. Aunque con solo 17 años de edad, Ellen, recibió una visión, su primera de entre más de 2 mil. Sus problemas de salud la impulsaron a mostrar gran interés en temas de la salud. En 1863, el énfasis respecto a la salud se convirtió en una parte muy significativa de la recientemente formada iglesia de los Adventistas del Séptimo Día. White fue una vegetariana, ella enfatizó varios remedios, incluidos los tratamientos de agua, y estableció un hospital y una universidad en Battle Creek, Michigan. Este fue el inicio de un sistema hospitalario que luego se expandiría por todo el globo. Además, su énfasis de vivir sanamente fue tan prevalente que influyó en un hombre de apellido Kellogg que desarrolló un cereal saludable. (Supuestamente un empleado robó la receta, un tal señor Post que desarrolló su propia marca de cereales. De este modo, los cereales de los señores Kellogg y Post provienen de Battle Creek, Michigan.) El extensivo viaje de la señora White en 1872 a California y luego a Europa y Australia preparó el camino para el rápido crecimiento de la iglesia Adventista del Séptimo Día.

¿Pero qué acerca de la iglesia Adventista del Séptimo Día en la actualidad? ¿Son ellos un movimiento sectario fuera de la fe cristiana, o están dentro de la verdad del cristianismo? ¿Acaso son diferentes solo porque adoran los sábados o hay otras diferencias? Una de las mayores diferencias de las principales diferencias entre los adventistas del séptimo día y el cristianismo histórico ortodoxo es el tema de la salvación por fe. A principios de 1888, Ellen White arguyó el asunto de la justicia por la fe. Históricamente, el grupo tenía una definición legalista de la fe cristiana, minimizando cualquier énfasis en las históricas enseñanzas de la gracia y la fe que es básico para el entendimiento protestante de la fe cristiana. Sin embargo, con el correr del tiempo, el énfasis en la salvación por la fe se ha vuelto muy fuerte dentro del movimiento. Aunque la adoración sabatina (a partir del ocaso del viernes hasta el ocaso del sábado) todavía es un principio cardinal de los Adventistas del Séptimo Día, la emergente y evolutiva denominación parece acercarse más a la doctrina cristiana cardinal de la gracia y la fe. Esto separa a los Adventistas del Séptimo Día de los otros tres movimientos sectarios mencionados aquí. No hay evidencia de ser un movimiento conforme a la Biblia entre los Mormones, Testigos de Jehová, o la Ciencia Cristiana.

MORMONISMO

Es uno de los principales grupos sectarios fundado alrededor del 1830 por José Smith y conocido como la Iglesia de Jesucristo de los Santos de los Últimos días, o los mormones. Conforme a la historia de los mormones, José Smith descubrió y tradujo el Libro Mormón, considerado en la misma categoría de la Biblia, de los platos dorados que supuestamente descubrió con la ayuda del ángel Moroni.

Smith afirmaba que los platos dorados tenían una escritura egipcia reformada y que él pudo traducirlas mirando a través de dos piedras que consideraba como dispositivos de interpretación. Los seguidores de Smith, los mormones, pronto se convirtieron en una fuerte comunidad económica, lo cual es una característica común de los mormones en la actualidad. Pero la crítica a Smith aumentó cuando él comenzó a enseñar y a abogar por la poligamia. A principios de 1836, Smith comenzó la práctica, y se casó con aproximadamente 49 mujeres, incluidas algunas de las esposas de sus discípulos. Con el aumento de la crítica, Smith y sus seguidores se mudaron de Kirtland, Ohio, a Missouri, y eventualmente a Nauvoo, Illinois en 1843, la principal ciudad en el Estado. La crítica a la poligamia resultó en una revuelta y el señor Smith fue encarcelado en Carthage, Illinois. Unas pocas horas después, el 17 de junio de 1844, fue baleado y asesinado en su celda, por unos hombres enmascarados.

La obra de Smith comenzó a florecer después de su martirio. Después de la muerte de Smith, Brigham Young surgió como líder de los mormones a lo largo de la gran planicie hasta la ciudad del *Lago Salado* (en inglés Salt Lake), que ellos fundaron. Aunque hay cinco grupos diferentes de mormones, el más grande tiene su base en Utah. Otro brazo grande del mormonismo se conoce como la Iglesia Reformada de Jesucristo de los Santos de los Últimos días, con su central en Independencia, Missouri. Este grupo fue seguidor de la esposa legal de José Smith, y afirmaba que solo entre ellos estaban los verdaderos descendientes de José Smith.

CIENCIA CRISTIANA

El tercer desarrollo que surgió del optimismo radical a fines del 1800 fue la Iglesia de la Ciencia Cristiana. Esta iglesia surgió en 1866 cuando Mary Baker Eddy (1821-1910) se recuperó espontáneamente de una herida severa. Ella concluyó que la realidad es totalmente espiritual. El mal, que incluye la enfermedad y la muerte es solo una ilusión mental. Enseña que solo la mente y el espíritu son en realidad verdaderos, la Ciencia Cristiana niega la esfera de lo material, de esta manera niega la doctrina de la creación, la caída del hombre, y la redención. En 1875, Eddy publicó la primera edición de *Ciencia y Salud*, un libro de texto que usa mucho de los escritos de Phineas Parkherst Quimby (1802-1866), un relojero que experimentó con el control mental que enfatizaba la aplicación de una actitud mental positiva sobre la enfermedad.

Al principio, la Iglesia de la Ciencia Cristiana creció lentamente. Durante estos años, Eddy se defendió contra acusaciones de plagio e inmoralidad. En 1879, ella y sus seguidores organizaron la primera Iglesia de Cristo, científica, en Lynn, Massachusetts, y luego se mudó a Boston donde su iglesia fue conocida como la iglesia madre. En 1908, ella fundó *El Monitor de la Ciencia Cristiana*, que desarrolló hasta convertirse en un periódico respetado.

En Boston, Baker enfrentó desafíos respecto a la originalidad de sus escritos y la autoridad con la que dirigía. Después, desde 1890 a 1906, su iglesia experimentó un crecimiento pleno. En ese tiempo, conforme a las estadísticas, 72 por ciento de los miembros del grupo de la Ciencia Cristiana eran mujeres. Estas seguían el camino de Ellen White, eran las ministros (cada una comparable a una pastor).

TESTIGOS DE JEHOVÁ

El último de los cuatro grupos que surgió del optimismo radical a fines del 1800 fueron los Testigos de Jehová, fundado por Charles Taze Russel (1852-1916). Russell nació en una familia presbiteriana devota y era muy entusiasta de su fe hasta aproximadamente los 16 años de edad, cuando experimentó una pérdida de su fe. Después de eso, se renovó y comenzó a asistir a la iglesia congregación. Después se mudó a una iglesia Adventista antes de iniciar finalmente su propio estudio bíblico, donde rechazaba la doctrina de la Trinidad y el hecho que Jesús era Dios encarnado. Russell creía que Cristo había venido aunque de modo espiritual a la tierra en 1874, y en su experiencia Russell fue designado el mensajero de los últimos tiempos. En 1884 fundó El Atalaya y la Sociedad de Tratados (una serie de folletos para difundir sus enseñanzas, nota del traductor), que creció rápidamente por sus incansables esfuerzos.

Después de la muerte de Russell, J.F. Weatherford se convirtió en el líder del grupo que cambió su nombre en 1931 a Testigos de Jehová. Teológicamente, las creencias de los Testigos de Jehová es difícil de clasificar. Una obvia singularidad es su cristología no bíblica, que afirma que Jesús era sencillamente "un dios" (note la d minúscula) que murió "torturado en el madero". Sus enseñanzas acerca de Jesús son similares al Arrianismo, que surgió en el segundo siglo y que abogaba que Jesús era meramente un hombre perfecto, no divino. Ellos no aceptan el bautismo ni la Santa Cena como sacramentos. Pero, son mas conocidos por su maneras de obtener la salvación por obras, que incluye ir de puerta en puerta, que probablemente ha experimentado el lector de este libro. Sin embargo, esa visita de puerta en puerta ha resultado en un gran fruto de evangelización.[178]

EVALUACIÓN

¿Qué debemos decir de estos cuatro grupos?

* Los adventistas del séptimo día cambiaron consistentemente hacia una ortodoxia cristiana, de una salvación por obras hacia una postura bíblica apropiada de salvación por la fe.

* El Mormonismo ha ganado gran respeto en las comunidades debido a su firme moral (estilo de vida disciplinado), su intenso énfasis en la vida familiar, su programa de asistencia para los miembros de la iglesia (los alimentos enlatados) y su evangelismo persistente (los misioneros mormones montados en

bicicletas). Aunque los métodos de los mormones son correctos, en su teología están equivocados. Su sistema de creencias está fuera de la ortodoxia cristiana histórica.

* La Ciencia Cristiana es un ejemplo clásico de peligrosa espiritualidad superficial que resulta en una seria teología no bíblica. La Ciencia Cristiana es otra forma de la clásica idea de la Nueva Era respecto a la materia, y que no es cristiana ni científica. La Nueva Era y todos sus precursores son esotéricos e históricamente no verificable, es resultado de ejercicios mentales hechos sobre bases dudosas. En contraste, el cristianismo ortodoxo está fundado en eventos reales, históricamente verificables y geográficamente basados.
* Los Testigos de Jehová continúan evidenciando intenso celo evangelístico pero, al igual que los mormones, están fuera de la ortodoxia cristiana, y rechazan las doctrinas cardinales como la Trinidad.

A excepción de la Ciencia Cristiana, estos grupos tienen sus raíces en Nueva York, al que algunos han llamado el "distrito requemado"[179] debido a los muchos avivamientos que ocurrieron durante y desde los tiempos de Finney. Aunque también mucho bien ha salido de Nueva York, uno se preguntará por qué esta área es tan propensa a las sectas. La popularidad de grupos aberrantes siempre está directamente conectada a la falta de un discipulado bíblico fuerte y apropiado. En otras palabras, los avivamientos han producido convertidos sin fundamentados apropiados, vulnerables a interpretaciones múltiples y distorsionadas, como las afirmaciones del retorno de Jesús en un tiempo y lugar establecido. Movimientos como estos desacreditan la autenticidad e integridad del cristianismo.

Es difícil mejorar la base cristiana: Dios creó y amó este mundo pero el hombre fracasó; Dios proveyó salvación a través de Jesús, que es Dios y hombre. Cuando un maestro o grupo sale, aunque en lo más mínimo, de estos principios bíblicos, se vuelve vulnerable al engaño.

El CRECIMIENTO URBANO Y LOS INMIGRANTES

El capítulo anterior mencionó el crecimiento explosivo de las ciudades a mediados del 1800. En el periodo posterior a la Guerra Civil, América no fue la misma a la del periodo previo de la Guerra Civil. Un escritor afirmó que "la Guerra Civil fue un derramamiento de agua entre la vieja y la nueva América".[180] Aunque habría mucho más intentos de mantener la homogeneidad americana, América se volvería considerablemente más heterogénea en religión y perspectiva.

Varios factores contribuyeron a este cambio radical en el panorama Americano. Primero, el cambio de vida rural a la urbana. La gente dejaba las granjas y llenaban las ciudades. Desde 1840 a 1850, la población de las ciudades creció aproximadamente 90 por ciento mientras que en el campo, el crecimiento total, fue solo del 36 por ciento. Alrededor de 1860, el capital que se había invertido en la industria, las vías de trenes, y las propiedades comerciales y urbanas era mayor al valor de todas las granjas del Atlántico al Pacífico. La influencia había cambiado de los granjeros a la ciudad.[181] Sydney E. Ahlstrom da este ejemplo gráfico del cambio de América:

> Cuando se incorporó el Fuerte Dearbon como la villa de Chicago en 1833, era un puesto horrible de solo diecisiete casas. En 1900, aunque todavía muy fea, era una creciente metrópoli del oeste de 1698.575 personas, la quinta ciudad más grande en el mundo. Chicago se convirtió en el más dramático símbolo de la principal moda de la sociedad después de la era de la Guerra Civil: el surgimiento de la ciudad.[182]

Pero hubo un segundo cambio radical que ocurrió después de la guerra, el gran influjo de inmigrantes, que nunca se adaptaron plenamente en el aspecto religioso de América. Los números son increíbles:

* En 1882, más de 800 mil inmigrantes llegaron a las playas de América.
* En 1907, un alto número de 1285.349 inmigrantes llegaron, más del número total de inmigrantes que llegaron en las trece

colonias en los 169 años entre 1606 (la llegada de los peregrinos en Jamestown, Virginia) y 1776 (la firma de la Declaración de la Independencia).

* Entre 1860 y 1900, llegaron 14 millones de inmigrantes.
* Entre 1900 y 1920, llegaron 14 millones más.[183]
* En 1900, un tercio de la población de América de 75 millones eran nacidos en el extranjero o hijos de padres extranjeros. De estos 25 millones nuevos Americanos:

8 millones eran de Alemania;
5 millones de Irlanda;
2.5 millones de Austria, Hungría, Polonia, e Italia;
2.5 millones de los países escandinavos;
850 mil eran franceses canadienses;
774 mil vinieron de Rusia.[184]

Las técnicas previas de exitosa asimilación de América estaban agotadas. La olla donde se derretía las diferencias se convirtió en algo parecido a la sopa de Mulligan (grupos separados que naturalmente no asimilan el uno del otro), y América nunca volvería a ser la misma.

MINISTERIOS URBANOS

Nuestro enfoque no está en las ciudades en sí, sino en los ministerios que se desarrollaron en ellas a fines del 1800. Los grandes ministerios de este periodo de tiempo no estaban limitados a las grandes cruzadas de D.L. Moody, o el variante teológico de Washington Gladden y Walter Rauschenbush. Había preocupaciones más urgentes como "¿qué comeré hoy?" Y eso nos lleva a las historias de la Asociación Cristiana de Jóvenes y el Ejército de Salvación.

LA ASOCIACIÓN CRISTIANA DE JÓVENES

George William (1821-1905) era un empleado de 23 años de edad de la tienda de vestimentas para caballeros cuando comenzó a reunirse con un grupo de compañeros empleados para tener un estudio bíblico y oración. Estando reunidos en su pequeño apartamento y mientras observaban el patio trasero de la Catedral de San Pablo, William y sus diez compañeros decidieron el 6 de junio de 1844 fundar un grupo con el propósito de compartir el Evangelio: La Asociación Cristiana de Jóvenes. En breve tiempo, increíblemente el concepto de tal asociación desarrolló y alrededor de 1851 ya había cruzado el Atlántico y se abrieron sucursales en Montreal, Quebec, Canadá, y Boston, Massachusetts. En 1894, la Asociación Cristiana de Jóvenes ya tenía más de 5 mil sucursales alrededor del mundo. Su estrategia fue una muy simple: Proveer un lugar saludable para los jóvenes a fin de que se reúnan en las ciudades para ser edificados en temas del Evangelio y recibir interés personal. La Asociación Cristiana de Jóvenes fue abiertamente evangelística, mientras que al mismo tiempo cuidó del enfermo, alimentó al pobre, organizó escuelas dominicales, trabajó con paciencia y distribuyó Biblias.[185] Además de cuidar el aspecto espiritual y humanitario, la Asociación Cristiana de Jóvenes levantó edificios para juegos de básquetbol, voley, y campamentos y también dormitorios sencillos donde los jóvenes podían quedarse. En 1980, la Asociación Cristiana de Jóvenes se convirtió en la mayor agencia de servicio social y de la salud en los Estados Unidos, con casi 2200 organizaciones que alcanzan a más de 12 millones de personas. Esta organización global ahora se expande a 92 naciones, sirviendo aproximadamente 26 millones de personas.

CAMBIO (PERDIDA) DE LA MISIÓN

Sin embargo, en la actualidad la Asociación Cristiana de Jóvenes ha sido radicalmente alterada. En época contemporánea las siglas (en inglés) YMCA (Young Men's Cristian Association) evocan una canción de los años 1970 que con frecuencia se asocia con el homosexualismo. George William y los diez varones que ayudaron en la fundación de esta organización a fin de proclamar el Evangelio estarían que la organización estuviera asociada con tal canción. Pero la canción es solo la punta del témpano. Según C.V. Anderson apropiadamente observa, aquellos que asisten la "Y" hoy no se entiende necesariamente como joven, hombres o cristiano.[186] El muy familiar logo triangular original de la asociación representaba Espíritu, Mente, y Cuerpo en referencia a Juan 12:21. Pocos, si es que hay, alguna Asociación Cristiana de Jóvenes a nivel local, se les enseña los fundamentos de un conocimiento personal de Jesucristo por el que George

William laboro arduamente toda su vida. En algunos casos, la Asociación Cristiana de Jóvenes ha abrazado una posición obviamente contraria a la Biblia.[187]

Y lo que pasó en la Asociación Cristiana de Jóvenes es una descripción de lo que ocurrió en cientos, quizás miles de organizaciones que comenzaron con un claro compromiso con las verdades bíblicas básicas. Pero, en el transcurso de varias generaciones esa autenticidad se esfumó y la organización perdió su enfoque original. En un libro acerca de la historia de la salud de la iglesia, es desilusionador analizar cada uno de los distintos grupos que han perdido su enfoque bíblico. Pero sería menos honesto no reconocer que tal patrón se ha repetido a sí mismo a través de la historia. Mis propios hijos se han beneficiado del programa de atletismo de la Asociación Cristiana de Jóvenes. Pero cada vez que entro por las puertas de nuestra Asociación, me pregunto cómo sentiría George Williams, sabiendo que ésta ahora ofrece sólo instrucciones para jugar al futbol y no hace ningún llamado a tener una relación personal con Cristo. Es una gran tragedia que esta masiva organización ya no sea un faro que alumbre el Evangelio de Jesucristo. En este sentido, hay una sola causa por la que podemos decir que la iglesia está viva y sana, cuando consideramos las muchas organizaciones que han perdido su claro enfoque cristiano. Por cierto podemos afirmar que por cada organización que espiritualmente ha tomado otro rumbo, nuevas organizaciones se han formado que avientan las llamas del sueño del fundador original. Aunque la Asociación Cristiana de Jóvenes tenga poco impacto actual, en sus principios fue una de las grandes fuerzas para Cristo en las ciudades alrededor del globo.

EL EJÉRCITO DE SALVACIÓN

William Booth (1829-1912) nació en una familia extremadamente pobre, y quizá ha sido la causa principal de su llamado a cuidar de los pobres. Se convirtió a los 15 años de edad, se volvió un ministro metodista en 1852, y continuó como metodista hasta 1861. La segunda influencia importante en su vida fue su matrimonio en 1855 con Catalina, que le dio ocho hijos. Catalina y William formaron un equipo espectacular cuya abundante energía se demostró cuando abrieron una misión cristiana en al este de Londres en 1865. Quizás por impulso, William Booth cambió las palabras de su informe anual de la misión en 1878 y registró su labor como un ejército de salvación. El concepto fue acertado. William y Catalina comenzaron a formar una organización en la cual cada uno de sus ocho hijos tenía un rango.

El movimiento rápidamente se expandió a través de toda Bretaña, los Estados Unidos, Canadá, Australia, y toda Europa. Los hijos de Booth y también los demás se referían a él como "general", Booth y su "ejército" con Catarina como "madre del ejército" comenzaron a marchar. Firmemente arraigado en la postura Wesleyana respecto de la santificación (una experiencia espiritual más profunda después de la conversión), el general Booth y su muy talentosa esposa se propusieron transformar las ciudades de adentro para fuera. En 1890, anunció en su libro [In Darkest England and the Way out] *En la Obscura Inglaterra y su liberación* la estrategia para satisfacer las necesidades del pobre y los desamparados. El ejército de Booth rápidamente experimentó el éxito de alcanzar esa parte de la población que las tradicionales iglesias cristianas no podían tocar. Aunque profundas grietas se desarrollaron entre Booth y el movimiento del grupo Americano, Booth continuó floreciendo como una combinación de misión social y fuerza evangelizadora.

Parte del poder del ejército de Booth provenía de las habilidades de liderazgo de Catalina y su tremenda habilidad para predicar. Esto tiene que ver con el rol de la mujer en el ministerio, que ya hemos tratado. Es dudoso que por sí mismo, Booth hubiera guiado al ejército de Salvación al nivel que había alcanzado. Catalina tenía mucha habilidad para resolver conflictos y poseía firmes convicciones morales. Si se pudiera medir el buen desempeño de los padres según el desempeño de los hijos en el ministerio, entonces los Booth deben contarse entre ¡los mejores padres del mundo! Sus ocho hijos permanecieron en obras religiosas hasta llegar a la ancianidad, cinco de ellos como oficiales del Ejército de Salvación, y dos como generales. El estudio de su familia es una actividad intrigante y beneficiosa.

MÁS QUE UNA MISIÓN DE RESCATE

El Ejército de Salvación, para sorpresa de muchos que lo consideran como una misión de rescate, es una denominación protestante que afirma tener una membresía a nivel global de 1.2 millones, de los cuales 117 mil son de los Estados Unidos.[188] Esta denominación se caracteriza por su doctrina de la santidad y tiene sus propias iglesias y estructura de membresía. Sin embargo, es mejor conocida por su amplia labor de ayuda social. Opera en más de 86 países y en todas partes es considerada por el público en general como uno de los ejemplos más destacados de caridad cristiana. Su influencia mundial es sorprendente, debido a que solo hay alrededor de 1100 iglesias a nivel local en los Estados Unidos. Por su labor social el fondo de recaudación del Ejército de Salvación es el recipiente principal de las contribuciones de caridad, recibiendo 1.2 billones de dólares en 1998.[189]

El Ejército de Salvación provee un ejemplo único de la mezcla entre piedad personal y obra de ayuda social. Un oficial del Ejercito de Salvación consideraría un enigma si uno le pidiera escoger entre la presentación de una lección del Evangelio de cómo recibir a Cristo y alimentar al hambriento. El consideraría cruel la predica de un sermón si antes no se alimentara a un estómago vacío. Y alimentar un estómago vacío sin mostrar el camino de la salvación eterna sería de igual manera cruel. El Ejército de Salvación ha suplido ampliamente ambas necesidades.

MANTENIENDO EL ENFOQUE

Contrario a la Asociación Cristiana de Jóvenes, el Ejército de Salvación mantiene su enfoque.[190] El Ejército de Salvación enfrenta "el incremento de las complejas demandas para proveer ayuda humanitaria… mientras que retiene un énfasis espiritual". Según la maestra de la Universidad de Nueva York, Diana Winston, el grupo ha cambiado de "religiosos a una fuerza social respetada".[191] Elegido el 15 de mayo de 1999, el general John Gowan afirmó que su "intención es recordar [al Ejército de Salvación] de no desviarse... y no permitir que ningún camino aunque atractivo les desvíe."[192] Ellos no se han desviado a la derecha ni a la izquierda sino que continúan siguiendo el camino que visionaron William y Caterina Booth. Respondieron con coraje a los clamores desesperados de los pobres de la ciudad y los desamparados y, hasta hoy, el emblema del Ejército de Salvación es una vista que alegra el corazón de cualquiera sin techo y con hambre. Cuando leemos la historia del Ejército de Salvación, podemos decir con mayor confianza: no importa las circunstancias, Dios está siempre obrando para traer su gracia a un mundo perdido.

EL AVIVAMIENTO EN GALES

La Asociación Cristiana de Jóvenes y el Ejército de Salvación tienen sus raíces en Inglaterra. Aunque nuestro enfoque aquí es lo que ocurre en América, no podemos ignorar los eventos increíbles que han ocurrido en las Islas Británicas, específicamente en Gales. A principios de 1904, comenzó un avivamiento bajo el liderazgo de Evan Roberts (1878-1947), un minero que se volvió un herrero y ¡convertido en evangelista! Algunos sostienen que Roberts no era conocido por su gran intelecto o su elocuencia, pero estos comentarios no cambian el impacto del avivamiento que ayudó a guiar. Las iglesias estaban abiertas las 24 horas al día. En un lapso de cinco meses 100 mil se convirtieron en cristianos. El avivamiento incluyó "una hora de cantos, énfasis en la predica, oraciones en concierto, e interrupciones de los adoradores."[193]

Este derramamiento tuvo tal impacto que se cerraron las cárceles y los bares, y a consecuencia los policías y jueces quedaron sin trabajo. Si alguna vez un avivamiento tuvo todos los componentes de la reforma social, entonces fue el Avivamiento de Gales. Los relatos del avivamiento llenan de expectación los corazones en América. Y los creyentes llenos de esperanza no tuvieron que esperar mucho. Solo un año después de terminar el Avivamiento de Gales, otro comenzó en la calle Azusa en los Ángeles. Pero, para una descripción de ese avivamiento tendremos que esperar a otro capítulo.

LA EROSIÓN DE LA AUTORIDAD BÍBLICA

Los cambios radicales que enfrentaron América y la iglesia no estaban limitados a la conmoción social causada por la gente que se mudaba de las granjas a las ciudades o por la inmigración masiva. Hubo un tercer cambio, uno intelectual, que amenazó con deshacer la iglesia. Este ataque fue multifacético e insidioso; y de las tres causas principales de cambio en la segunda mitad de los 1800, la urbanización, la inmigración, y el intelectualismo, este último fue el que más cambió el impacto de la iglesia en la cultura.

Cuando la herida de los 1800 sanaba, el cristianismo sufría un ataque intelectual "de tres direcciones; de la *ciencia* por las teorías de la evolución, de la *filosofía* en forma de ideas alternativas con el fin de hacer obsoleta la creencia en Dios, y en forma de *historia* bajo la apariencia de crítica bíblica. Si se pudiera demostrar dudosa la verdad de la Biblia, entonces no quedaría nada sobre la cual pueda permanecer la fe cristiana" (énfasis agregado).[194]

UN ATAQUE DE TRES DIRECCIONES: LA CIENCIA, LA FILOSOFÍA, Y LA HISTORIA

El ataque a las creencias conservadoras de los cristianos comenzó en el campo de la biología. Herber Spencer (1820-1903) resumió la doctrina de la evolución y la aplicó en todos los aspectos de la vida en una serie de escritos influyentes:

* Progreso, su ley y causa (1857)
* Primer principio (1862)
* Principios de Biología (1864-1867)
* Principios de Sicología (1870-1872)
* Principios de Sociología (1876-1896)
* Principios de Ética (1892-1893)

Sin embargo, Charles Darwin, el padre de la evolución, aún tenía que hacer su presentación. El escrito de Darwin (1809-1882) *Origen de las Especies* (1859) se convirtió en el símbolo de la revolución del pensamiento acerca de la biología y del lugar del hombre en el mundo.

Empero, el cambio radical en las creencias se notó de modo más drástico en la filosofía. El filósofo Friedrich Nietzsche (1844-1900) se unió al ataque y proclamó la muerte de Dios. El abogaba que debido a que Dios está muerto, el hombre debía desenvolverse por sí solo. Según Nietzsche, el hombre define sus propios valores y normas conforme a su situación. Las tradiciones cristianas ya no tienen ningún valor.

Sin embargo, esta radical reorientación del pensamiento ocurrió no solamente en el campo de la biología y la filosofía sino también en la teología. ¿Como deberíamos entender e interpretar las Escrituras?

Un movimiento llamado "alta crítica" comenzó en Alemania, se expandió a Bretaña y llegó a América. Esta única influencia intelectual crearía la principal divisoria que vemos hoy entre las iglesias liberales y conservadoras.

Antes de la llegada del año 1900, hubo muchos ataques a la Biblia. Una teoría sostenía que Jesús, como lo conocemos, ni siquiera existió. Otra sostenía que aunque Jesús vivió y murió, sus discípulos simplemente inventaron una historia que Jesús resucitó de entre los muertos. En su libro La vida de Jesús (1835-36), D.F. Strauss afirmaba que los evangelios: Mateo, Marcos, Lucas, Juan eran mitos y que las historias sobrenaturales fueron inventos de la imaginación.

JULIO WELLHAUSEN

El más influyente crítico bíblico fue Julio Wellhausen (1844-1918). En su libro, 1878, titulado *Historia de Israel*, indicó que el Antiguo Testamento era una colección de historias primitivas exageradas para justificar el ritualismo de los judíos. El creía que Moisés no fue el escritor de los primeros cinco libros de la Biblia, que eran, según su argumento, una labor de compilación de un grupo de escritores desconocidos. La Biblia no era la historia sobrenatural del trato de Dios con la nación de Israel, sino la creación humana de un grupo de escritores que estaban tratando de justificar su existencia histórica mediante la fabricación de relatos de intervención divina singular y su inserción en su historia nacional.

Wellhausen negó todo concepto de la interacción sobrenatural de Dios con su pueblo y la revelación de sí mismo a ellos. Así que Abraham, Isaac, y Jacob eran individuos míticos que a través del proceso del tiempo, fueron descritos como verdaderos por los que relataban la historia de una generación a otra. Los pensamientos de Julio Wellhausen no fueron bien recibidos, lo cual provocó su salida como profesor en Griesswald, Alemania en 1882. Se fue a la Universidad de Halle, luego a la de Marburg, y finalmente se estableció en Gottingen en 1892. Pero su popularidad no estaba limitada a aquellos que apreciaban sus enseñanzas en varias universidades alemanas. Su pensamiento se expandió a Inglaterra y a los Estados Unidos, a través de sus libros, infiltrándose uno tras otro en los principales seminarios.

Su impacto se sintió en una denominación tras otra en las décadas siguientes inmediatamente después de su muerte.

Otro alemán enseñó un paralelo parecido respecto de las Escrituras, Rudolfo Bultmann (1884-1976). Aunque dejaremos el argumento de Bultmann acerca de la "mito-teología" de las Escrituras para un capítulo posterior, lo mismo se puede afirmar: las principales denominaciones fueron infectadas por el liberalismo en sus seminarios, que significaba, por supuesto, que los pastores allí entrenados eventualmente llevarían este pensamiento a los púlpitos de sus iglesias locales. La creencia en la autoridad de la Biblia, fuertemente sostenida por todas las denominaciones protestantes, estaba seriamente deteriorada. Este ataque, más que cualquiera de los cambios sociales, destruyó el fundamento mismo de la iglesia. Porque si se abandona la creencia en las Escrituras como la máxima autoridad de fe y práctica, entonces la iglesia pierde su contacto con la Palabra de Dios y no será más reformada por su poder.

LA PROFUNDA DIFERENCIAS ENTRE LAS DENOMINACIONES

¿Qué importancia tienen Julio Wellhausen y Rodolfo Bultman para los cristianos americanos contemporáneos? Estos hombres han tenido tanto impacto en nuestras iglesias que no podemos relatar la historia de las principales denominaciones (presbiteriana, metodista, bautista, episcopal, y discípulos de Cristo) sin notar su influencia. Los nuevos cristianos deben sentirse confundidos cuando descubren que hay tantas denominaciones. Incluso el creyente maduro se pregunta cómo ciertas denominaciones pueden tener ambas iglesias tanto liberales como conservadoras. ¿Cómo puede usted explicarse que una iglesia presbiteriana ordena homosexuales mientras que la iglesia presbiteriana del otro lado de la calle se adhiere firmemente a la Biblia sobre este tema? ¿Por qué una iglesia metodista aboga por el aborto mientras que la otra metodista del otro lado de la ciudad está envuelta en el movimiento a favor de la vida? Estas divisiones conservadoras/liberales fueron provocadas cuando teólogos como Wellhausen abogaron por una idea de las Escrituras que efectivamente destruye la autoridad bíblica. Jóvenes seminaristas que aceptan tales teorías durante sus años de estudio llevaron esta teología liberal a la iglesia, donde cristianos ingenuos fueron influenciados por ella. Gradualmente, a medida que el liberalismo se abría camino entre las denominaciones, algunas se (y todavía algunos están) separaron y otras se dividieron. Los que amaban las Escrituras no podían permanecer en compañerismo con aquellos que enseñaban que la Biblia era un mito.

LA RESILIENCIA DE LA VERDAD

Es inexcusable que un supuesto seguidor de Jesucristo pudiera destruir los fundamentos de la verdad bíblica. Como conservador y evangélico, considero una abominación la enseñanza de estos pensadores alemanes y sus homólogos americanos que abrazaron estas enseñanzas. Sin embargo, es bueno notar que hay resiliencia en la iglesia de Jesucristo.

En muchas de estas denominaciones divididas, los cristianos tienen que tener más discernimiento a fin de resistir los insidiosos ataques de la teología liberal. Su resistencia ha mantenido que tales enseñanzas contrarias a la Biblia tengan mayor impacto de lo que ya tienen. Aunque estoy molesto por el liberalismo militante que ha infiltrado porciones de los sistemas presbiteriano y metodista, alabo a Dios por los muchos pastores metodistas y presbiterianos que permanecen firmes en las verdades bíblicas que predican sin transigir la poderosa verdad del Evangelio. Los conservadores en las denominaciones uno tras otro han sido ridiculizados, burlados, y deshonrados. A muchos se les ha privado del favor de la denominación, y sin embargo el Espíritu de Dios sigue obrando en estas denominaciones y en el corazón de pastores valientes que se levantan firmes contra la burocracia de la denominación a pesar de que se les ataca como "ardientes fundamentalistas", debido a su profunda confianza en la Palabra de Dios. R.D. Linder observa,

> Cada vez más se gasto la energía de las iglesias protestantes, al menos internamente, en defender la ortodoxia y la herejía desviadora. Aunque sería la ultima vez, los protestantes se unieron en gran cantidad para apoyar el esfuerzo de América en la Primera Guerra Mundial; pero incluso cuando esto sucedió, muchos líderes sabían que una

> importante confrontación teológica entre las fuerzas de la antigua América teológicamente conservadora, representada por los evangélicos, y las fuerzas de la reciente América teológicamente liberal, representada por los modernistas se esperaba en el futuro.[195]

Esta gran división sucedió y estableció la plataforma para el próximo gran desafío de la fe cristiana, la controversia fundamentalista/modernista. Esta sería una prueba a la iglesia, sometiéndola a ardientes debates teológicos y la agitación interna. Sin embargo, ya sea a través de controversias o sufrimientos, la verdad de Jesucristo siempre emergerá triunfante. Y mientras asoma, su verdad crea un pueblo de Dios, su iglesia verdadera, sin la cual la civilización va a la autodestrucción. Aunque la iglesia a veces es maltratada, todavía es el plan de Dios salvar la civilización.

CAPÍTULO 17

EL SURGIMIENTO DE LOS EVANGÉLICOS

Fecha de Expansión: d.C. 1918-1970

Personas clave: Billy Sunday, Phineas Bresee, Charles Fuller, Billy Graham, Bill Bright, Martin Luther King Jr.

Todos sabían que pronto Tomás y Bradley graduarían como los mejores de su clase. Efectivamente, ellos fueron los mejores alumnos de su clase. Corría el año 1920, solo dos años después del término de la Primera Guerra Mundial. Todos sabían que los mellizos irían a la universidad. Ese día de la graduación, ninguno podía diferenciar a los mellizos. Todos sabían también algo más: que los mellizos del reverendo Matlack serían predicadores metodistas, al igual que su padre.

Después de todo, ambos se sentaban en la primera fila todos los domingos, aunque su padre nunca requirió esto de ellos. Él estaba sorprendido. Él nunca antes se había sentado en la primera fila ¡siendo niño! El reverendo Matlack estaba complacido. Tomás y Bradley tenían muchas interrogantes; les encantaba sentarse muy tarde en la noche frente al fuego y conversar con su padre de asuntos espirituales. Ambos amaban la iglesia y asistían a los campamentos de verano. El reverendo Matlack estaba asombrado del fervor de sus hijos. Por el contrario, el hermano mayor, David, y la hermana menor, Enriqueta, mostraban poco interés en los temas espirituales.

Cuatro años pasaron rápidamente para los mellizos en la pequeña Universidad Metodista. Las materias que estudiaron solo sirvieron para profundizar el deseo de ellos por la teología. Durante sus años en la escuela secundaria, los mellizos conversaban acerca del seminario. El reverendo Matlack se mostraba dudoso. La universidad era cara y él no había necesitado el seminario. Después de todo, su entrenamiento había consistido en estudios caseros. El reverendo Matlack se había convertido a los 23 años de edad como joven granjero. Él no tuvo la oportunidad de una educación de la que ahora sus hijos gozaban.

Tomás y Bradley habían intentado asistir a diferentes seminarios. Ambos prometieron que cada uno decidiría por sí mismo al seminario que asistirían. Se rieron mucho cuando ambos descubrieron que habían escogido asistir ¡al mismo seminario! Juntos otra vez. Quizá los mellizos están destinados a estar juntos siempre.

Durante su primer semestre en el seminario, Tomás estaba cautivado por el profesor de teología. ¡Qué intensa pasión este hombre tenía por Cristo y su Iglesia! Bradley nunca dejó de mostrar entusiasmo acerca del nuevo maestro del Nuevo Testamento. ¡Este era un gran estudioso! Podía citar exactamente la página de cualquier tema que había leído sin siquiera mirar a sus notas.

Al principio, Tomás y Bradley cenaban juntos. Pero gradualmente hicieron sus propios amigos y pasaban juntos cada vez menos tiempo. Tomás se envolvió en la ayuda para plantar una nueva iglesia en el interior de la ciudad mientras que Bradley regularmente visitaba la casa de su profesor del Nuevo Testamento para conversar al calor de la chimenea. El maestro era muy profundo de pensamiento y provocaba la reflexión. El profesor desafió a Bradley a ir más allá de su fe de niño. "No pienses en los milagros como un tipo de magia", decía él. "Dios usó medios naturales para llevar adelante su voluntad. Además, ¿acaso cada día no es un milagro?

Bradley se quedaba levantado hasta muy tarde durante la semana, discutiendo teología con sus amigos. Ellos consideraban la autoría de varios libros del Nuevo Testamento y argüían si Moisés era el autor del Pentateuco. ¿Había evidencias de otros escritores en estos libros? El maestro del Nuevo Testamento preguntó, "¿cómo podría Moisés escribir estos libros si en ellos había descripciones que sucedieron después de su muerte?" Bradley no había antes considerado estas interrogantes.

El maestro del Nuevo Testamento agregaba, "no debemos creer en la Resurrección de la misma manera como algunas personas primitivas. Jesús en realidad no resucitó en cuerpo. La Resurrección es un mito, una historia con un propósito espiritual. Los discípulos sabían que Jesús realmente no había resucitado de entre los muertos.

Pero su influencia era tan grande que los discípulos estaban persuadidos que Jesús había resucitado. Veamos la alimentación de los cinco mil. ¿Fue alimento verdadero lo que comió la gente hambrienta? Claro que no. La historia procura mostrarnos que la gente fue alimentada espiritualmente. ¿Y la calma del mar de Galilea? ¿Acaso fue físicamente, literalmente en calma? Claro que no. Al igual que las parábolas de Jesús, esta historia significa que Jesús calma las turbulencias de la vida espiritual de las personas".

Cuando Bradley entró al dormitorio esa noche, estaba contento que no tenía de compañero de cuarto a Tomás. Sería muy difícil discutir este tema con él. Últimamente, sus discusiones eran menos frecuentes pero más fuertes. Un día con mucho enojo, Tomás preguntó, "¿qué piensas predicar en la Pascua? ¿Acaso dirás que Jesús está todavía en la tumba?"

"No", dijo Bradley, tratando de recordar las palabras que su maestro usó que sonaban muy convincentes. "Les diré que Cristo ha resucitado." Bradley imitó a su maestro, "mira, Tomás, hay una diferencia entre el 'Jesús de la historia' y el 'Cristo de la fe'".

"Entonces ¿acaso Jesús no es Cristo? ¿Es esto lo que crees Bradley?" Preguntó Tomás muy exasperado. Bradley abrió la boca para responder pero no tuvo la oportunidad.

"Entonces durante la Pascua", dijo Tomás, "¿predicarás que el cuerpo de Jesús se ha podrido en la tumba pero que el espíritu de Cristo está con nosotros? ¿Acaso Jesús es diferente de Cristo? ¿Sabes Bradley? No tienes nada para predicar. ¡Nada!"

Hubo un largo silencio. Los mellizos ya no eran idénticos. Es más, eran contrarios.

EL LÍMITE

Lo que América era antes de la primera Guerra Mundial, ya no era más después de la guerra. Todo había cambiado. Tan significativa fue esta guerra en la redefinición de América que incluso los libros de historia de la iglesia Americana usan la primera Guerra Mundial como punto de partida. El cambio en América se define en el título del libro de Henry May, *El fin de la inocencia Americana*, 1912-1917. Robert Handy, un profesor de historia de la iglesia Americana la consideró como el final de una "América cristiana".[196] Aunque los estudiosos arguyen si el fin técnico de la inocencia ocurrió en 1917 ó 1918, eso es irrelevante. El punto es que la Primera Guerra Mundial cambió todo.

POSTERIOR AL CRISTIANISMO

Para dramatizar esta gran diferencia, Sidney Ahlstrom escribió en las primeras líneas de un capítulo titulado "La guerra pequeña y la guerra grande":

> La Guerra Grande de 1914-1918 dejó Europa destrozada. La mejor parte de su virilidad se "perdió en combate". ...la antigua orden desapareció.... Para los americanos, la Primera Guerra Mundial estaba "allá", en Europa, muy lejos de los Estados Unidos. Solo muy pocos parecían comprender las trágicas dimensiones del holocausto. Durante los 1920 el número aumentó, cuando participantes y observadores comenzaron a exponer la realidad de sus consecuencias. Pero solo con la venida de la Gran Depresión un buen grupo de pensadores comenzaron a notar que esa burguesa civilización estaba en profunda crisis. Y no fue sino un cuarto de siglo después que la idea de un mundo "posterior al cristianismo" comenzó a surgir en la conciencia popular".[197]

Qué asombrosa idea. ¿Cómo podrían los Puritanos visionar que su ciudad asentada sobre un monte, su Nueva Israel, alguna vez sería llamada post-cristiana? ¿Cuál fue el error?

PERSPECTIVA: 1918-1965

El periodo posterior a la Primera Guerra Mundial siguió un itinerario progresivo de 1918 a 1965:

El optimismo a finales del 1800 y principios del 1900 se borró para siempre; el mundo no estaba mejorando.

Debido al ataque a la autoridad de la Biblia, se desató una guerra teológica entre los fundamentalistas y los modernistas.

Los modernistas ganaron, y resultó en el establecimiento Protestante.

La victoria de los modernistas fue de corto plazo. El liberalismo protestante era vacío y sin capacidad para contribuir a la cultura. Y pronto una parte de la iglesia fue reemplazada por un cristianismo evangélico más agresivo, celoso, y conservador.

En las cuatro declaraciones de arriba, hemos trazado el periodo de 1918 a 1965. Ahora volvamos para entender mejor este viaje. ¿Podemos encontrar la mano de Dios obrando en este desastre? Dos palabras de aliento al principio: la mano de Dios es más obvia de lo que uno pueda creer; la situación no estaba tan deplorable como uno se imagina.

LA CONTROVERSIA FUNDAMENTALISTA-MODERNISTA

La controversia teológica que desarrolló a continuación de la Guerra Grande se midió entre dos campos. Los fundamentalistas que estaban a un lado. Estos eran, según R.D. Linder, las "alas militantes conservadoras del cristianismo evangélico americano" y los "campeones de la antigua ortodoxia protestante". Del otro lado, los modernistas, que representaban 'el ala militante liberal de la Nueva Teología", y los "campeones del nuevo naturalismo protestante".[198] Se describía a los fundamentalistas como un grupo de personas que luchaban por volver a ganar una América que ya no existía. Se describía a los modernistas, en contraste, como un grupo que guiaban en la nueva América. Aunque nuestro enfoque aquí es el periodo después de la Primera Guerra Mundial, las condiciones para esta intensa división existieron antes de la guerra por varias décadas. La revolución en el patrón de pensamiento americano fue influenciada por el surgimiento de varias cosas:

* la publicación de Charles Darwin, *Origen de las especies* en 1859;
* ataques históricos y sociológicos respecto a la veracidad de la Biblia;
* desafíos sicológicos de verdades religiosas absolutas y verdades morales, que implicaban que la fe cristiana no puede afirmar ser la única religión verdadera en el mundo.

Al mismo tiempo, se creó el caos cultural debido a la masiva inmigración, la rápida urbanización, y acelerada industrialización. La iglesia y sus predicadores perdieron influencia en la sociedad. Con excepción de algunos pobladores rurales, la cultura americana estaba secularizada.

EN LA ENCRUCIJADA

Los protestantes se encontraban en una encrucijada. Ellos podían escoger uno de los dos caminos. Los modernistas, escogieron la teología liberal para acomodar la cultura mediante el desarrollo de una nueva teología. Esta teología enfatizaba la evolución del pensamiento e implicaba que creer una revelación absoluta y eterna de Dios era una noción obsoleta. La Biblia, para ellos, era solamente un registro histórico de la *percepción* de la verdad de una nación, no necesariamente la verdad en sí misma. El Jesús divino fue derrocado por un Jesús agradable, que defendió a los débiles de la sociedad. Para los modernistas, las iglesias debían transformar y mejorar la sociedad, para que sea el reino de Dios aquí y ahora. Con tal énfasis en esta vida, su interés en el cielo, la vida eterna, o lo sobrenatural rápidamente se perdió.

El otro camino a tomar era el fundamentalismo. El término "fundamentalista" presuntamente no fue usado antes de 1920, cuando Curtis L. Laws empleó el término para describir aquellos que estaban dispuestos "a pelear una verdadera batalla por los fundamentalistas".[199] Pero el término "fundamentalistas" fue usado a cabalidad una década antes de eso. *Lo fundamental* fue el título de un volumen de una serie de 12 publicado en 1910 y 1915 que contenía la base de un cristianismo conservador. El proyecto de publicación fue la idea de un acaudalado petrolero de California llamado Lyman Stewart, que contaba con la asistencia de su hermano Milton.[200] Los hermanos Stewart enviaron tres millones de volúmenes ¡gratis a los obreros religiosos en toda la nación! Un tercio de los noventa artículos en estos doce volúmenes defendía la autoridad de la Biblia. Otro tercio era de tono apologético; lo cual es la defensa de las doctrinas básicas. El último tercio trataba de temas prácticos como las misiones y el evangelismo. La serie de doce volúmenes no solamente era una clara declaración que marcaban las líneas de batalla teológicamente, sino también era una declaración de guerra, que fueron enviados para el uso de tres millones de líderes cristianos. No tenía la intención de convencer a los liberales sino alentar a los conservadores a que permanezcan firmes. Según Kenneth Curtis observa: "Probablemente *Lo fundamental* logró más en unir y educar a los que ya estaban de acuerdo con ellos, en vez de persuadir y convertir a sus lectores."[201]

¿Y cuáles fueron los fundamentos de las creencias de los fundamentalistas? Los puntos doctrinales incluidos en esta serie se han decidido en la Conferencia Bíblica de Niágara en 1895. Lo base de la fe cristiana es una creencia en:

* la inerrancia de las Escrituras;
* el nacimiento virginal y la deidad de Jesucristo;
* la expiación sustituidora;
* la resurrección física de Cristo;
* Su retorno físico.[202]

Además, los fundamentalistas respondieron a la acentuada controversia teológica en una de las cuatro maneras distintas, según la "corriente" en la que se encontraban. Enfatizaron:

* una defensa intelectual;
* el avivamiento;
* un llamado a la santidad personal;
* en las doctrinas escatológicas o del fin de los tiempos.

DEFENSA INTELECTUAL

El principal defensor de la fe en la batalla intelectual fue J. Gresham Machen (1881-1937). Machen fue un brillante defensor de la teología conservadora, según se describe en su clásico de 1923 titulado *Cristianismo y Liberalismo*. En éste, Machen afirma que "a pesar del… uso de fraseologías tradicionales, el liberalismo moderno no solamente es una religión diferente del cristianismo sino que pertenece a una clase totalmente diferente de religiones".[203] Sin embargo, a pesar de la lucidez de Machen y otros como él, eventualmente se perdió la batalla por la denominación presbiteriana y el Seminario Teológico de Princeton. Los conservadores fueron forzados a salir o despedidos, y en 1929 formaron el Seminario Teológico de Westminster en Filadelfia. Luego, estos líderes, formaron eventualmente en 1936 una denominación totalmente nueva, la iglesia Presbiteriana Ortodoxa.

BILLY SUNDAY Y EL AVIVAMIENTO

En tiempos de conmoción social, los americanos cristianos volvieron a sus fieles métodos de avivamiento. El evangelista de la hora era Billy Sunday (1862-1935), un jugador jubilado de béisbol, que predicaba como si todavía estuviera en un campo de juego. Su estilo de predicación era extravagante que incluía declaraciones teatrales y gestos exagerados que fascinaba a su auditorio y provocaban severas críticas de los predicadores liberales y de la prensa. Con su estilo doméstico y "vocabulario campestre", atacó los sermones "perfumados y desinfectados" de los "ministros asalariados" de las iglesias liberales. Criticó con severidad a los que proyectaban una religión pero dejaban fuera a Cristo. Él anunciaba sus avivamientos como "limpieza cívica", declarando que el cristianismo era una fe masculina "muscular", que llamaba a la decencia y a la verdadera masculinidad. La masculinidad para Billy Sunday era "el hombre que tiene sangre real y rica en sus venas en lugar de té de rosa y agua fría".[204]

Billy Sunday predicó a más personas que ningún otro evangelista, al menos hasta la época de Billy Graham. Su éxito no se debía solamente a su personalidad y estilo de predicación. Se debía también a las grandes habilidades de organización de su esposa, Helen Thompson, con quien se casó en 1888. Ella organizó con antelación equipos para la preparación de cada ciudad para que puedan recibir el estilo de predicación confrontador de de su marido.

EL MOVIMIENTO DE SANTIDAD

Pero los fundamentalistas pelearon de nuevo no solo a través de la defensa intelectual y el avivamiento; sino que muchos escogieron enfatizar la búsqueda de una vida interior más profunda y se envolvieron en lo que hoy se conoce como el Movimiento de Santidad. El Movimiento de Santidad traza sus raíces hasta John Wesley en Inglaterra, la cual enseña que una persona puede vivir victoriosamente sobre el pecado. Los primeros metodistas comprendieron la santidad como una parte de la razón de la existencia de la iglesia Metodista. Sin embargo, a fines del siglo diecinueve, los metodistas mostraron poco interés en la enseñanza de la Santidad. El tema ha sido enfatizado por Orange Scott y la iglesia Metodista Wesleyana, un grupo que se había separado de los metodistas en 1843, debido a su posición radical sobre la abolición. Después de la Guerra Civil, los wesleyanos quedaron sin una causa. Sin embargo, se dieron cuenta, que aunque el pecado de la esclavitud había terminado, la causa de la santidad estaba lejos de ganarse; y ellos dieron nueva vitalidad a la denominación haciendo un nuevo llamado a la vida de justicia y santidad.

Pero el movimiento de Santidad era mayor que la pequeña denominación wesleyana metodista. En 1800 hubo un resurgimiento de las enseñanzas sobre la Santidad en muchas denominaciones (presbiteriana, metodista, bautista, holandesa reformada, la congregación y la cuáquera). La "experiencia oficial" fue la santificación (una experiencia luego de la conversión) y el instrumento que se usó para que las personas puedan experimentar la santificación[205] fueron las reuniones en carpas.[206]

* En julio de 1867, en Vineland, Nueva Jersey, cerca de 10 mil personas asistieron a la reunión, que resultó en la formación de la Asociación Nacional de Reuniones para la promoción de la Santidad.
* En 1868, 25 mil asistieron a la reunión en Manheim, Pensilvania.
* En 1869, 20 mil asistieron a la reunión en Round Lake, Nueva York.[207]

El movimiento de Santidad avanzaba a todo vapor. A fines del siglo diecinueve, la mayoría de las personas del movimiento de Santidad, fueron ya sea forzados a salir o sacados de las denominaciones que ya no se interesaban por las enseñanzas sobre la santidad, formando de esta manera una plétora de pequeñas denominaciones y organizaciones.

IGLESIA DE LOS NAZARENOS

Aunque el énfasis en la santidad ha sido ya por largo tiempo, el verdadero despertar de un hambre por la santidad personal no sucedió inmediatamente después de la Guerra Civil. El hambre surgió al final de los 1800 y a principios de los 1900. La búsqueda vigorosa de la santidad se evidenció poderosamente en la formación de una denominación conocida hoy como la Iglesia de los Nazarenos. Fhineas F. Bresee, un pastor metodista en Los Ángeles, fue el primero en usar el nombre "Iglesia de los Nazarenos" en 1895. Su separación de los metodistas se debía no solamente a su compromiso por la santidad sino también por su compromiso con la adoración y predicación empírica. Además, se identificó con los pobres y desamparados de la sociedad, escogiendo de esta manera el nombre "Nazareno" para identificarse con el pueblo pobre e insignificante de Nazaret. La historia de la Iglesia Nazarena es un relato asombroso de mezclas y fusiones. ¿Pero cómo nació esta colección de iglesias de santidad?

A principios del nuevo siglo surgió un hambre de Dios, un deseo de llevar una vida cristiana más profunda. Todos los cristianos saben que Dios está haciendo una obra de santificación en ellos, conformándoles cada vez más a la imagen de Cristo. En algunas de las iglesias de los fundamentalistas, un énfasis en este proceso llegó a ser el foco principal de la iglesia. Algunos enseñaban que los cristianos pueden ser perfectos (según una definición específica de la perfección) mientras todavía están aquí en la tierra. Los testimonios eran frecuentes en las reuniones de avivamiento, lo cual revelaba que las personas habían aprendido a llevar una vida de victoria sobre el pecado.

El resultado fue una colección de pequeñas denominaciones de Santidad, que eventualmente comenzó a emerger. El grupo de Phineas Bresee's que se estableció en California se unió en 1907 con el grupo de Chicago conocido como la Asociación Pentecostal de Iglesias en América, a fin de formar la Iglesia Pentecostal de los Nazarenos. En 1908, la Iglesia de Cristo de la Santidad se unió con la iglesia Nazarena de Pilot Point, Texas.[208] Del término "Pentecostal" derivó el título de la Iglesia Pentecostal de los Nazarenos en 1919, a fin de evitar que se los confunda con los pentecostales; lo cuales creían en el hablar en lenguas. Las fusiones continuaron a un ritmo increíble, y causó que la iglesia de los Nazarenos eclipsara a la Metodista Wesleyana y a los Metodistas Libres y se convirtiera en una de las más grandes de las denominaciones de la santidad.

Debido a que las iglesias de los nazarenos fueron fundadas al principio del siglo al principio de la urbanización, muchas de sus iglesias se establecieron cerca de áreas urbanas. Por el otro lado, la iglesia wesleyana, los metodistas libres, y los grupos como los santos peregrinos se establecieron más en áreas rurales. A media que los feligreses de la iglesia de la santidad se mudaban a la ciudad, buscaban las iglesias hermanas de la santidad y con frecuencia terminaban en las iglesias de los nazarenos. Además, la iglesia nazarena tenía un programa muy agresivo de evangelismo y misiones que se propagó hasta llegar a ser un movimiento mundial, y en la actualidad cuenta con más de un millón de miembros. La central general estaba en la ciudad de Kansas, Missouri, y la denominación se jacta de tener nueve universidades respetables, un seminario, y una gran casa publicadora a nivel de denominación y un programa misionero muy agresivo.

ESCATOLOGÍA

Muchos fundamentalistas desarrollaron también un fuerte énfasis en la escatología, la segunda venida de Cristo. El término que se usa para estos movimientos es "Milenarios" el cual se refiere al milenio, o los mil años del reino de paz en la tierra que menciona el libro de Apocalipsis. Algunos creen que el periodo de mil años de paz traerá un avivamiento religioso, que impactará las estructuras sociales de la cultura. Estos individuos creen que debido a la eficacia de la proclamación del evangelio de Jesucristo, la sociedad se volverá cada vez mejor. Luego a fines del periodo de los mil años de paz, Cristo retornará. Este periodo se conoce como el post-milenio, indicando que Jesús volvería después del periodo de mil años. Sin embargo, no todos los grupos aceptan este punto de vista. Con la urbanización, la inmigración, los ataques a la Biblia, y la devastación de la Primera Guerra Mundial, muchos han dejado de ser optimistas respecto al estado del mundo. Cambiaron su opinión acerca de los últimos tiempos y adoptaron una posición pre-milenio. Los del pre-milenio enseñan que las cosas empeorarán hasta que Jesús aparezca repentinamente, y Él, no la iglesia, nos guiará en los mil años del reino de paz.

JOHN NELSON DARBY Y LA DISPENSACIÓN

Muy mencionado principalmente a fines del 1800 y a principio de 1900 fue la expansión de un tipo de pre-milenial conocido como la dispensación. Este tiene su base en la idea de John Nelson Darby de Inglaterra quien enseñaba que luego del rapto de la iglesia aparecería el anticristo y que vendría una gran tribulación. Tan popular fue la dispensación pre-milenarista que surgieron masivas conferencias de profecías. El principal instrumento educativo de los que enseñaban la dispensación fue la Referencia Bíblica de Scofield, publicada en 1909. Mientras los post-milenaristas trabajaban arduamente para mejorar el mundo en el que vivían, los pre-milenaristas trataban de encontrar una manera de escapar. Aunque se puede acusar a los post-milenaristas de ser inocentes porque las cosas simplemente no mejoraban, con justa razón se puede acusar a los pre-milenaristas de mostrar poca confianza en el poder del Evangelio para transformar la sociedad en la cual se encontraban. El asunto aquí no es tratar de decidir qué grupo tenía la razón, sino más bien, notar la intensidad del interés en la segunda venida de Cristo que era el énfasis durante este tiempo. Aunque ni por un momento restamos el papel sobrenatural del Espíritu Santo en crear este interés, es muy importante señalar, desde el punto de vista histórico, que en casi cada periodo de la historia de la iglesia cuando hay gran turbulencia y cambios, el interés en la Segunda Venida aumenta dramáticamente.

Quizás una palabra de cautela sería apropiada en este punto. Para el que ama verdaderamente a Jesús, la Segunda Venida es un asunto glorioso. Cada discípulo de Cristo espera su regreso. Pero un mero estudio de la historia revela que tratar de establecer una fecha es absolutamente infructuoso. Aunque uno admire el celo de los cristianos en épocas anteriores que deseaban la segunda venida de Cristo, uno no deja de preguntarse cuánta energía algunos han gastado especulando respecto del retorno de Cristo. Si algo nos enseña la historia acerca de este asunto, es que debemos estar preparados, ya sea que Cristo regrese hoy o en un millón de años. Al final, no debe hacer diferencia a la fidelidad de nuestro andar cristiano. No es malo para los cristianos analizar los tiempos, pero deben ser obedientes a Cristo, listos para que Cristo los encuentre fieles si él regresara hoy. La meta es caminar en el espectacular desarrollo del plan de Dios.

PÉRDIDAS DEL FUNDAMENTALISMO

Uno puede suponer, basado en los movimientos intelectual y cultural del fundamentalismo que se describen arriba, que los conservadores ganaron el día. Tal no es el caso. Ellos perdieron, pero no por mucho tiempo. Su día de resurgimiento todavía estaba por llegar. Aunque no lucía muy alentador para ellos a fines de 1920. R.D. Linder, observa:

> Alrededor de 1930 el antiguo consenso evangélico había sido reemplazado por un nuevo pluralismo, el viejo establecimiento protestante fue reemplazado por el nuevo establecimiento liberal…. Los años a continuación vieron a los evangélicos en general, y fundamentalistas en particular, volverse una sub-cultura despreciada a medida que el establecimiento liberal se introducía en los medios de comunicación y en las universidades, en las escuelas teológicas, y en las jerarquías de las denominaciones que existían.
>
> Los metodistas, los episcopales, las congregaciones, y los discípulos fueron los más influenciados por el nuevo liberalismo teológico, con los presbiterianos y los bautistas del norte que se habían dividido debido a estos asuntos… Lo más importante, las instituciones de educación superior de las denominaciones protestantes líderes… se convirtieron en puntos de atención de la dominación liberal de las iglesias protestantes americanas y del periodo.[209]

Es imposible poner más énfasis en la cita de arriba cuando se trata de comprender las iglesias cristianas contemporáneas. La separación provocada por la batalla entre el liberalismo y el fundamentalismo es la clave para que podamos comprender la iglesia americana de hoy. Aunque la terminología y las personalidades se han alterado, el asunto fundamental que separa a los conservadores de los liberales permanece intacto en gran manera.

NEO-ORTODOXIA

¿Qué hay en el futuro del establecimiento del protestante liberal que ha tomado control de la vida religiosa americana? Sus días de gloria fueron de corto plazo. La depresión que duró del 1929 hasta 1933 apagó el optimismo de los que abogaban por el evangelio social. Además, la carencia de la teología liberal dejó un gran vacío para los teólogos que vendrían después. Karl Barth y Emil Brunner de Alemania, juntamente con dos influyentes hermanos del lado americano del océano, Reinhold y H. Richard Niebuhr, introducirían un entendimiento de la teología conocida como neo-ortodoxia.

La neo-ortodoxia borró el optimismo inocente que creía que la condición humana se podía mejorar solamente a través del evangelio social. Regresó a los temas más familiares y espirituales de Martín Lutero y Juan Calvino, mientras se trataba de integrarla con la idea científica moderna. La creencia del liberalismo que la sociedad puede mejorar por sí misma a través de un proceso evolutivo colapsó, y el entendimiento neo-ortodoxo de la escoria humana comenzó a prevalecer. Claramente la neo-ortodoxia era una reacción al fracaso teológico del liberalismo. Sin embargo, ésta no era idéntica al fundamentalismo, aunque era evidente que había tomado principios benéficos de la historia protestante, estaba llena de nuevos significados sutiles que socavaron su verdadera fuente de poder, el Dios de las Escrituras revelado a sí mismo. Por ejemplo, la Biblia, en su totalidad, no fue percibida como la Palabra de Dios sino que "contenía" la palabra de Dios o que podría "convertirse" en la palabra de Dios.

DEL FUNDAMENTALISMO AL EVANGELISMO

Mientras tanto el fundamentalismo creció y produjo un hijo adoptivo conocido como evangelismo. El fundamentalismo, alrededor de 1940 y 1950, fue referido más como un grupo sociológico que teológico. Los fundamentalistas tenían la tendencia de aislarse en sus ideas. Por otro lado, los evangélicos, mientras afirmaban los fundamentos de la fe, no se aislaban en sus ideas. Ellos no querían separarse de la ciudad sino que deseaban evangelizarla. Los fundamentalistas parecían menos inclinados a infiltrarse en las ciudades, las cuales eran consideradas lugares malos. Ellos ponían gran valor en los asuntos externos y abrazaban una idea legalista de la vida cristiana (estilo de corte de pelo, maquillaje, el largo de las vestimentas, y otros). Los evangélicos estaban más interesados en tener conformidad teológica, específicamente acerca de la centralidad de la Biblia, la Cruz, la resurrección de Cristo, y la conversión personal.[210]

CUATRO HÁBITOS DIFERENTES DE LECTURA

Una buena manera de explicar los diferentes métodos durante este periodo es la reexaminación de algunos títulos de revistas. Una revista fundada en 1884, vuelta a titular como el *Christian Century* [Siglo Cristiano] en el año 1900. El mismo título evidencia el profundo optimismo con el cual los editores consideraban el siglo venidero. Debía ser verdaderamente el siglo Cristiano, según los liberales. Qué desilusión descubrir que el siglo era cualquier cosa menos cristiano.

En reacción a esa revista se fundó muchos años atrás, a través de la influencia del famoso evangelista Billy Graham y su suegro, L. Nelson Bell, *Christianity Today* [Cristianismo Hoy], publicada en 1956. Con la guía teológica del editor Carl F. H. Henry (1913-2003), la revista evangélica rápidamente eclipsó al *Christian Century* como la publicación más influyente de su tipo. La popularidad de la revista es paralela al rápido surgimiento del evangelismo. Otra revista fue la que ayudó a describir el clima teológico de ese tiempo.

Sword of the Lord [Espada del Señor] fue fundada en 1934 por el evangelista fundamentalista John R. Rice (1895-1980) y publicada en Murfreesboro, Tennessee. El título de la revista da una clave de su agudo, casi militante punto de vista. Sus lectores fundamentalistas consideraban que los evangélicos (lectores de *Christianity Today*) iban cuesta abajo hacia los liberales (lectores del *Christian Century*). Juntamente con estas tres revistas, debemos citar un cuarto grupo de lectores. Aquellos que abrazaban la neo-ortodoxia eran lectores de los escritos de Karl Barth. Los cuatro tipos habituales de lectura oportunamente revelan los cuatro campos teológicos.

EL CONCILIO DE IGLESIAS NACIONAL Y MUNDIAL

Si los hábitos de lectura se consideraban como una indicación de la persuasión teológica, ciertamente la membresía en ciertas organizaciones califica como otra. A través de los siglos diecinueve y veinte, el interés creció en la unidad de las iglesias y las denominaciones. Ese deseo resultó en la fundación del Concilio Mundial de Iglesias, que unió a casi todos los cristianos de cada continente. Aunque las reuniones preliminares tuvieron lugar en 1933 y otra vez en 1938, el inicio actual de la organización ocurrió en 1939. El comienzo de la Segunda Guerra Mundial demoró la primera reunión hasta 1948. La meta era proveer a los cristianos una unidad visible y mejorar el testimonio de la iglesia, que había visto tanta división.

Solo dos años después de la Primera Asamblea del Concilio Mundial de Iglesias, se formó el Concilio Nacional de Iglesias el 1 de diciembre de 1950, en Cleveland, Ohio. Esta logró unificar las denominaciones con una membresía colectiva de 33 millones. Con su central en la ciudad de Nueva York, el Concilio Nacional de Iglesias se convirtió en un símbolo, considerado positivo para algunos y negativo para otros. Las principales denominaciones se juntaron en gran cantidad, considerando esta oportunidad para que la oración de Jesús por la unidad finalmente se evidenciara. Para ellos, la palabra "ecuménico" tenía un sonido hermoso. Sin embargo, los evangélicos, permanecieron con sospechas y no se unieron, convencidos de que la organización representaba un "silenciamiento teológico" que ponía a la iglesia en línea con el más mínimo denominador común. Ellos sentían que los fundamentos de la fe fueron sacrificados. Además, ellos ya habían formado la Asociación Nacional de Evangélicos en 1943. Los fundamentalistas tuvieron gran apogeo con la fundación del Concilio Nacional de Iglesias, estaban convencidos de que ella era la "ramera de Babilonia". Aunque el Concilio Nacional de Iglesias tuvo una enorme influencia en 1960, en la década de los 80 decayó, y en el 2000 su influencia era mínima.

LOS CUATRO PASTORES

Rob Staples, un antiguo profesor del Seminario Teológico Nazaret, explica la diferencia entre fundamentalismo, evangelismo, modernismo (liberalismo), y post-modernismo en su "Shepherd's Story" [Historia del pastor]. En su ilustración, el pesebre representa la Biblia:

> En mi historia hay cuatro pastores, un modernista, un fundamentalista, un post-modernista, y un evangélico. Uno a uno estos pastores llegan hasta el pesebre en busca de Cristo.
>
> El pastor modernista viene al pesebre y dice: "Este es un pesebre débil; algunas de las maderas tienen agujeros." Entonces se dispone a mejorarlo quitando la madera del "milagro", la madera del "nacimiento virginal", la madera de la "resurrección", pero pronto debilita tanto el pesebre que ¡Cristo cae sobre la paja en el suelo del establo!
>
> Entonces el pastor fundamentalista prontamente dice, "voy a defender el pesebre", "lucharé contra cualquiera que trate de reparar el pesebre. No dejaré que nadie le ponga una mano". Y gasta casi toda su energía defendiendo el pesebre, y prácticamente idolatrando las maderas (las palabras escritas), dejando poco tiempo para adorar a Cristo (la Palabra viviente) que reposa en el pesebre.
>
> El pastor post-modernista probablemente nunca se preocupó de encontrar el pesebre. Él piensa que la enunciación del ángel respecto del recién nacido rey es una linda historia, pero una más entre muchas. Para algunas personas esta historia tiene sentido. Otras historias son significativas para otros, y ¿quién puede decir cuál historia es la más importante? Cada uno de nosotros puede crear su propia historia, y una es tan cierta como la otra.
>
> Sin embargo, el pastor evangélico difiere de todos ellos. Contrariamente al post-modernista, él sabe que debe ir al pesebre (la Biblia) para aprender acerca de Cristo. Hay muchos

> pesebres (libros) en el mundo, pero solo éste tiene las palabras de vida eterna. Pero, habiendo llegado al pesebre, difiere del modernista que desea reconstruirlo. El evangélico sabe que su pesebre es verdaderamente único. De todos los pesebres (libros) en el mundo, este es el más importante. Él lo respeta, lo ama, lo trata con cuidado, pero no le adora. Habiendo ido al pesebre, el evangélico, contrario al fundamentalista, no se queda allí adorando al pesebre mismo. Ni siquiera lo defiende, creyendo que la verdad que contiene es lo suficientemente fuerte para defenderse por sí misma. Él rápidamente se pone a adorar al Cristo que reposa allí, y luego va y proclama de Él.[211]

Cuando los modernistas entraron a las iglesias, ellos crearon el establecimiento liberal. Pero unos años después, el liberalismo se apagó, y le reemplazó una neo-ortodoxia. Pero la neo-ortodoxia nunca podrá influenciar la cultura de la misma manera que los evangélicos.

Alrededor de 1960, los evangélicos habían ganado. Dos "Bills" dominarían el evangelismo de los 1960, 1970, y 1980: Billy Graham (1918-) y Bill Bright (1921-2003). Los ministerios de ambos continúan siendo canales de Dios que guían a la iglesia en la expansión del evangelio por todo el mundo.

BILLY GRAHAM

Sin dudas, Billy Graham ha sido el evangelista mejor conocido en todo el mundo. Sus cruzadas legendarias, atrayeron a miles a estadios, parques, y otras localidades alrededor del mundo. Él ha sido uno de los líderes cristianos a nivel mundial más efectivo en usar la radio y la televisión para promover el evangelio de la redención a la humanidad.

Nacido cerca de Charlotte, Carolina del Norte, Graham fue salvo bajo la predicación evangelística de Mordecai F. Ham (1877-1961). Unos años después comenzó a tomar clases en la Universidad Bob Jones, y en enero 1937 se trasladó al Instituto Bíblico Florida, en Tampa. En marzo de 1938, Graham sintió un llamado a predicar. Entre 1940 y 1943, asistió a la Universidad Wheaton cerca de Chicago, donde se casó con Ruth Bell, cuyos padres habían sido misioneros a la China. Después de un periodo con la prominente organización Juventud para Cristo, Graham condujo una cruzada en Los Ángeles en 1949 que lo lanzó a la fama a nivel nacional. En California, en el lugar de retiros Forest Home Camp, Graham tuvo una experiencia con Dios donde se comprometió a la autoridad de la Biblia. Por consiguiente, su predicación siempre resalta la frase, "la Biblia dice". El esfuerzo evangelístico de Billy Graham creció a lo largo de la segunda mitad del siglo XX. Graham, al igual que el muy popular evangelista, Charles Fuller, que le precedió en Los Ángeles, California (1887-1969), captó el poder de la radio. Igual que Fuller, que transmitió desde siete estaciones en el sur de California y que en 1937 captaría un público a nivel nacional con su programa la "Hora del Evangelio Antiguo" (una transmisión en vivo desde el auditorio en Long Beach, que alcanzaba a 10 millones de oyentes los domingos por la noche), Graham auspiciaría también un exitoso programa de radio en 1951, "La hora de la decisión". Ese mismo año se fundó La Asociación Evangelística de Billy Graham.

Desde Dwight Eisenhower hasta la actualidad, cada presidente norteamericano ha fomentado una relación y buscado un consejo espiritual de Billy Graham. Predicó el Evangelio a más personas que ningún otro en la historia. Personalmente ha predicado a más de 100 millones de individuos, sin incluir las predicas hechas por la radio, la televisión, y las conexiones por satélite. Graham permanece como uno de los líderes cristianos más influyentes en el mundo hoy, segundo en influencia sólo después del Papa.

BILL BRIGHT

El segundo Bill de ese periodo fue Bill Bright, fundador y presidente de la Cruzada Internacional para Cristo. Nacido en una pequeña ciudad de Oklahoma, Bright se mudó después a Los Ángeles donde estableció una compañía que comerciaba alimentos apetecibles. Fue allí que estuvo bajo la profunda influencia de la muy dotada maestra de la Biblia, Henrietta Mears, en la Primera Iglesia Presbiteriana de Hollywood. (Mears fue la maestra de Escuela Dominical más conocida del mundo, que tuvo gran influencia en algunos de los principales líderes espirituales.)

En 1945, Bright hizo la promesa de seguir a Cristo. Aunque previamente había asistido brevemente al Seminario Teológico Princeton, nunca terminó sus estudios teológicos. Después de su conversión, se inscribió en el Seminario Teológico Fuller, pero nunca terminó sus estudios allí. Formó un ministerio a los estudiantes en la Universidad de California en los Ángeles, y así nació Cruzada Estudiantil para Cristo en 1951. En breve tiempo, 250 estudiantes comprometieron sus vidas a Cristo, y el movimiento comenzó a crecer hasta explotar. Ahora es uno de los movimientos misioneros más grande en el mundo.

Con su sede en Orlando, Florida, Cruzada Estudiantil para Cristo tiene miles de obreros de tiempo completo, propagados en cada nación del mundo. Además, tradujo la película *Jesús* en 600 lenguajes, y tiene 235 proyectos más de traducción en proceso. Mediante el uso de pequeños generadores, proyectores ajustados para soportar condiciones primitivas, y pantallas portables, la película *Jesús* se ha proyectado aproximadamente a la mitad de la población mundial. Cerca de 3.4 billones de personas[212] han visto la película y 90 millones han indicado haber tomado una ¡decisión por Cristo! No solamente es la película "más vista" en el mundo, sino que también es el instrumento de reevangelización más efectivo en la historia de la humanidad. Pocas organizaciones han impactado tanto el curso del evangelismo como Cruzada para Cristo.

En la actualidad, a medida que el evangelismo tiene gran impacto en el mundo compartiendo el poder de redención del Evangelio, el legado de otro hombre, cuya vida personifica el mensaje del evangelio de la libertad y la dignidad humana, emergería para desafiar la injusticia en todas partes. El es un héroe por su coraje y sabiduría en derechos civiles: Martín Luther King Jr. (1929-1968).

MARTÍN LUTHER KING JR.

A fines del 1950 y a principios del 1960, a medida que el esfuerzo de evangelización cobraba impulso compartiendo el evangelio con millones en América y en el extranjero, rugía en la nación una batalla política y espiritual. Los afroamericanos estaban experimentando una desigualdad política y social a gran escala debido a las reglas de discriminación racial.

En el periodo posterior a la Guerra Civil, el establecimiento de la esclavitud fue disuelto pero no las raíces de la esclavitud, la idea que permite que el color de la piel sea la medida para que la discriminación dicte dónde uno puede comer, dónde sentarse en un ómnibus, cómo votar, a qué escuelas puede asistir, y qué tipo de préstamo puede recibir, el abuso continuó. Lamentablemente, el fracaso del gobierno americano después de la Guerra Civil para reconstruir una recuperación política y una estructura económica fuerte en el Sur, contribuyó a los abusos raciales. Incluso más lamentable, por casi cien años a continuación de la Guerra Civil, la iglesia debilitada también fracasó en promover una reforma política y social que honra a Dios. A principios de 1960, la nación estaba madura para el desafío a la discriminación racial y los abusos que provocó. Martín Luther Jr. Entró en medio de esta tensa situación. Aunque muchos evangélicos blancos consideraban la teología de King como sospechosa durante el movimiento de los derechos civiles, muchos de estos evangélicos después se arrepintieron de guardar silencio respecto a la injusticia civil.

Este líder carismático era hijo y nieto de pastores bautistas. Recibió sus diplomas en 1948 y 1951, obtuvo su doctorado en filosofía en 1955 de la Universidad de Boston. En 1954, regresó al sur para convertirse en el pastor de la Iglesia Bautista de la Avenida Dexter, en Montgomery, Alabama. Fue allí que Martín Luther King Jr., movilizó a los negros para que provocaran un incidente en el ómnibus a fin de terminar la segregación. Esto le lanzó a la notoriedad nacional. Al año siguiente, Martín ayudó en la organización de una Conferencia de Líderes Cristianos del Sur, la cual guió en la batalla por los derechos civiles.

Se recordará siempre al doctor King por su famoso discurso "Tengo un sueño", que no solamente captó la atención de la muchedumbre de 200 mil en Washington, DC. en aquel agosto del 1964, sino que desde entonces mantuvo también cautivada a una nación. En 1964, atestiguó la aprobación del Acto de Derechos Civiles y fue galardonado con el premio Nobel de la paz. En 1965, Martín Luther King Jr. vio también la aprobación del Congreso del Acto de los Derechos al Voto. Entonces, un asesino le disparó el 4 de abril de 1968 en Memphis, y en consecuencia surgieron algunas revueltas y la nación estuvo de luto. En 1986 se proclamó el cumpleaños de Martín Luther feriado nacional, que se celebra el tercer lunes de enero.

LA GUERRA DE VALORES

Aunque nuestro periodo de tiempo comienza en 1918 con una vigorosa batalla entre los fundamentalistas y los modernistas (la que los fundamentalistas perdieron), éste termina con el surgimiento del neo-fundamentalista (o los evangélicos) que aprovecharon el día. Durante este periodo, la influencia de las iglesias liberales disminuyó de modo consistente. A mediados del 1960, la membresía de las iglesias liberales había iniciado una fase, que indicaba que días difíciles se acercaban.

La batalla por la iglesia no es una lucha meramente sobre teología. Eso es muy cerebral. La batalla por la iglesia, que he bosquejado en el periodo entre la Primera Guerra Mundial y 1965, es una de pasiones y valores humanos. Es una batalla para ganar el corazón y la mente. ¿Los valores de quiénes ganarán?

La buena noticia es que este periodo termina, alrededor del 1965, ya el juicio estaba decretado: la influencia liberal no bíblica iba en rápida decadencia. Por el contrario, los evangélicos y su declaración de fundamentos bíblicos, comenzó a ganar notoriedad. Esto no quiere decir que hemos ganado el mundo. Cada generación debe pelear su propia batalla por el alma de la iglesia y la verdad del Evangelio. Pero la iglesia, aunque probada durante este periodo, seguía viva y sana.

CAPÍTULO 18

El SURGIMIENTO DE LOS BAUTISTAS DEL SUR

Fecha de expansión: d.C. 1960-2000

Personas claves: Diez mil laicos bautistas transmisores entusiastas del Evangelio

En la sala hacía calor y el aire acondicionado estaba descompuesto. Aproximadamente cincuenta personas se acumulaban en una pieza con capacidad para treinta. Al frente de la clase, uno de los diáconos de la iglesia presentó a David y a su esposa, Lindy, con un hermoso cuadro de su hogar ubicada en la calle Elm.

"Esta es nuestra manera de agradecerles por los diez años de maravillosa enseñanza en nuestra iglesia", sonrió el diácono.

David esbozó una sonrisa y se volvió a la clase para agradecer el regalo y el amor de la iglesia. Mientras expresaba su profunda gratitud, Lindy permaneció al lado de él observando el cuadro. *Diez años enseñando la Escuela Dominical*, pensó, *y dieciséis años en total desde que nos hicimos miembros. ¡Cómo pasa el tiempo!*

El cuadro le trajo un montón de viejas memorias. Dieciséis años atrás, durante el verano del 54 en un día claro de Georgia, un sencillo evento cambiaría sus vidas. Lindy recordó que estaba parada cerca de la ventana frente al lavadero de la cocina; ella observaba a sus dos hijas, Sherry y Elly, que andaban en sus triciclos fuera de su casa de dos habitaciones sobre la calle Elm.

El video mental de Lindy acerca del pasado estaba en pleno retroceso. Ella pudo recordar a una pareja que se acercaba a la esquina. Ellos llegaron hasta la acera donde Sherry y Elly jugaban. Sonrieron juntos, se inclinaron, y saludaron a Sherry primero. Lindy podía ver a Elly, que era la mayor de las niñas, pedaleando tan rápido como podía para llegar junto a Sherry. Su hermana menor de tres años parecía cautivada por el hombre que trataba de actuar como una morsa.

Lindy se limpió las manos con una toalla y salió para ver lo que el extraño quería, pero no tardó en notar que eran personas amables.

Lindy meditó, *igual que ayer. Lo veo todo y todavía puedo oír sus voces.*

El caballero saludó a Lindy con una sonrisa. "Buenos días, señora. Permítame presentarme. Soy Bob Turner; esta es mi esposa Elizabet. Vamos a inaugurar una nueva iglesia Bautista en la escuela primaria Hoover. Allí tendremos una buena Escuela Dominical para los niños por la mañana. Si usted todavía no tiene una iglesia, nos encantaría que pudiera venir y traer a su familia."

Sherry rogó, "oh, por favor mami, vamos. Ellos tienen un títere morsa en la iglesia".

Lindy reflexionó. *Así comenzó todo. Así comenzamos a asistir a la iglesia, pero David no estaba muy entusiasmado. Eso también fue algo que tú hiciste, Señor.* La mente de Lindy recordó el pasado otra vez. Recordó que había pedido a su marido que fuera a la iglesia con ella después de que el pastor Turner les invitara a asistir. Sin embargo, David no estaba interesado en asistir.

Lindy recordó lo nerviosa que se sentía el primer domingo al entrar a la Escuela Primaria Hoover, y cómo la pareja Turner la reconoció, ellos la ayudaron para que los niños fueran a la escuela dominical, y de inmediato la hicieron sentirse cómoda a unirse al grupo de 20 personas en el pequeño auditorio. Lindy se sintió especial por estar presente en lo que obviamente era un momento feliz para todos. A medida que el pastor predicaba de la Biblia, las historias, las palabras que empleaba, provocaban en ella una extraña sensación.

De regreso a la casa ella no podía hacer que Elly y Sherry dejaran de charlar con entusiasmo de la morsa Walter y toda clase de otras historias, canciones y juegos en la Escuela Dominical. Las niñas estaban tan felices. Mientras ella caminaba a la casa tomada de las manos con Elly y Sherry, en esas pocas cuadras Lindy reconoció cuánto ella, las niñas, y David necesitaban una iglesia local.

Esa noche, mientras Lindy y David se metían a la cama, ella aludió el tema. "David, creo que necesitamos estar en la iglesia. Cuando niño tú eras un presbiteriano; yo era una metodista. Así que quizás debemos comprometernos ahora", sonrió a medias, "y asistir a la iglesia Bautista".

"¿Por qué?"

"Bueno, las niñas y yo hemos pasado un buen tiempo allí."

"Pero esa no es la única razón, ¿verdad?"

"Sí, tienes razón, David. Hay algo más. Yo sentí algo cuando el pastor predicaba de la Biblia. No estoy muy segura que fue. Pero quiero regresar. Y por cierto quiero que todos nosotros podamos ir, y tú también."

David dio media vuelta y respondió soñoliento. "Muy bien, lo haré por ti."

El domingo siguiente, a regañadientes se fue, y al igual que Lindy, las palabras del pastor tocaron su corazón. El pastor habló cómo uno puede convertirse en cristiano. David oyó, pero también susurró unas protestas a Lindy. "Esto es extraño, cariño. "¿Qué quiere decir el pastor con 'volverse cristiano?' Ya soy un cristiano. Todos en América somos cristianos, ¿acaso no es cierto?"

En sintonía perfecta, parecía que el pastor sabía lo que David estaba pensando y dijo a la congregación, "muchas personas piensan que son cristianas, solamente porque son americanos, pero no lo son. Jesús murió en la cruz por nuestros pecados. Pero debemos recibir a Cristo personalmente. Por esto quiero dar una invitación".

David comentó a Lindy, "¿una invitación? ¿Qué es eso?"

Pero el pastor gentilmente elaboró, "si quieres recibir a Cristo, tienes que abrir tu corazón a Él. Debes decir que estás listo para que Él entre y tome control. El limpiará los pensamientos impuros de tu mente y hará que tu vida sea mucho más hermosa de lo que imaginas. Si no entiendes todo, estoy dispuesto a explicar más. Además, la Palabra de Dios promete que Él vendrá y se revelará a ti. Invito a todos aquí a pasar al frente conmigo y a tomar la decisión de seguir a Jesús. Sé que puede ser un poco intimidante, pero créame, ¡vale la pena!"

Los ojos de David estaban fijos en el pastor. Su corazón latía fuerte. Una extraña fuerza, casi fuera de sí mismo, le había sobrecogido.

Lindy quedó maravillada cuando David de repente se paró y avanzó hacia el frente. Lindy, entusiasmada con la respuesta de su marido, estaba sintiendo la misma cosa. Ella tomó a Sherry y Elly y caminando detrás de David, pasaron al frente. Juntos, David, Lindy, y las niñas ese día hicieron una profesión de fe en Cristo.

Lindy suspiró. El recuerdo de ese momento era dulce. *Ese fue el momento que llegamos a conocerte Señor. Nunca hubiera imaginado que seis años después darías a David la oportunidad de enseñar la Escuela Dominical y que él continuaría enseñando fielmente acerca de ti los siguientes diez años. Señor, has sido tan bueno con nosotros.*

Un repentino aplauso del auditorio trajo de vuelta a Lindy a la realidad del momento. David estaba compartiendo con la clase. "Y nuestra hija Sherry acaba de cumplir diecinueve años; ella irá a México con la misión juvenil para pintar una iglesia. Y Elly, por supuesto, está casada con un joven ministro Bautista de la ciudad."

Lindy estaba contenta por dentro, pero a su costado notó, por el rabillo del ojo, a Elizabet Turner, a la que deseaba agradecer mucho. Y lentamente se apartó hacia Elizabet que oía a David hablar.

"Quiero agradecer a usted y a Bob."

Algo sobresaltada, la esposa del pastor dijo suavemente, "es solo un cuadro, Lindy. Además, es de toda la clase".

Lindy apretó la mano de Elizabet con afecto, "no, no es el cuadro. Quiero dar las gracias a ti y a Bob por ese día que decidieron caminar por la calle Elm".

LA TENACIDAD BAUTISTA: EL EVANGELISMO Y LAS ESCRITURAS

Después del 1960, dos poderosos grupos salieron a la prominencia nacional casi simultáneamente: los Bautistas y los Carismáticos. Los Bautistas (que tratamos en este capítulo) comenzaron en el 1600 y han crecido gradualmente en número. Comprender esta increíble jornada del 1609 al 1960 es la clave para explicar las influencias significativas de los Bautistas (particularmente los Bautistas de la Convención del Sur) desde 1960 hasta el presente.

Anterior a la Guerra Revolucionaria, los de las Congregaciones tuvieron la mayor influencia en la experiencia cristiana Americana, seguida muy de cerca por la iglesia Anglicana (conocida también como la iglesia Episcopal). Pero, después de la guerra de la independencia, dos denominaciones eclipsaron todos los otros grupos de denominaciones: los metodistas y los bautistas. Compare estas cifras:

* En 1820, los metodistas tuvieron 2700 iglesias; los bautistas tienen igual número.
* En 1860, los metodistas tuvieron alrededor de 20 mil iglesias, mientras que los bautistas un poco más de 12 mil.
* En 1900, los metodistas tuvieron 54 mil iglesias; los bautistas tenían 50 mil iglesias.
* En 1950, había 77 mil iglesias bautistas mientras que los metodistas han mantenido sus 54 mil iglesias.[213]

Es importante notar que incluso los Católicos Romanos experimentaron mayor crecimiento que los Bautistas en los últimos 200 años de historia Americana. Sin embargo, este crecimiento se atribuye al gran influjo de inmigrantes europeos que provenían de familias católicas romanas o de antecedentes y no por esfuerzos de evangelización. En el tiempo de la revolución había solamente 20 mil católicos romanos de una población americana total de 3.6 millones. En 1970, el número de adherentes Católicos Romanos en los Estados Unidos había crecido a 48 millones.[214]

Los Bautistas y los Católicos Romanos son muy diferentes en ciertas áreas de la adoración, del evangelismo, y la teología, pero comparten una habilidad para soportar los fracasos. Por cientos de años, los Católicos Romanos han soportado un conflicto interno y ataque externo. Un folleto popular acerca de Roma dice:

> Nerón quemó y crucificó a los cristianos aquí en el 64 d.C. Los piratas Sarracenos atacaron y robaron en el 312. Carlos V invadió en el 1527, y Hitler amenazó con iniciar la Segunda Guerra Mundial. Pero el Vaticano ha sobrevivido a todos sus enemigos. Y después de 2 mil años de historia sediciosa, ella permanece como centro del mayor cuerpo religioso del mundo, la iglesia Católica Romana.[215]

En comparación, los Bautistas, aunque eran un brazo mayor del cristianismo, parecían también perseverar y crecer a pesar de las rudas divisiones entre las iglesias y los miembros. Su crecimiento y perseverancia proviene del profundo reconocimiento de que cada cristiano debe personalmente conocer las Escrituras y que el evangelismo personal (particularmente la Escuela Dominical) es una prioridad.

Entonces, ¿quiénes son los Bautistas, estas personas que parecen triunfar sobre los obstáculos?

RAÍCES BAUTISTAS, JOHN SMITH

La historia de los Bautistas es más difícil de relatar que la de los Metodistas, que tiene un claro comienzo con John Wesley. La historia del movimiento Bautista no es una historia de la obra evangelística de un hombre en un periodo de más de 50 años y sus frutos. Los Bautistas tienen un comienzo más complejo con varias facetas.

La historia bautista comienza con un inglés, John Smyth (1570-1612), que bautizó a los primeros conocidos como Bautistas en 1608 ó 1609 en una pequeña congregación que había huido a Ámsterdam, Holanda. Smyth era un Separatista. Contrariamente a los Puritanos que trataron de limpiar la iglesia Anglicana por dentro, Smyth y los Separatistas como él, creían que tal causa era sin esperanza. Por consiguiente, se separaron para formar sus propias iglesias.

Aproximadamente en 1606, John Smyth fundó una iglesia separatista en Gainsborough, Lincolnshire, Inglaterra. Para ganar libertad religiosa, su congregación (juntamente con otra) fue forzada a huir de Inglaterra a Holanda. Mientras estaba en Holanda, Smyth recibió la influencia de los menonitas, que eran los seguidores de Menno Simons, el alemán Anabaptista. Se convenció que el único bautismo según la Biblia era el de los creyentes adultos. Una vez persuadido de esto, Smyth se rebautizó a sí mismo derramando agua sobre su cabeza[216] y luego bautizó acerca de 40 personas que aceptaron las mismas enseñanzas. Aunque la idea del bautismo del creyente es totalmente normal en la cultura americana actual, la iglesia de Smyth "fue la primera iglesia inglesa (que practicó) el principio de bautizar solamente a los creyentes".[217]

DIVISIONES DE LA IGLESIA

En su libro, Kenneth Curtis, *Dates with Destiny* [Citas con el destino], centra en la congregación de Smyth en Holanda y afirma: "Quizás considera que este es el principio de la iglesia Bautista. Pero por poco no sucedió de esa manera. El nacimiento de una iglesia Bautista requirió el inicio de otra tradición bautista, la división de la iglesia."[218]

Smyth estaba muy impresionado con los menonitas y les pidió que reciban a su congregación dentro de la organización. Pero su amigo Tomás Helwys (1550-1660) no estaba a favor de la unión del grupo; y Helwys dirigió la primera división de la iglesia Bautista, llevando 10 miembros de vuelta a Londres donde estableció la primera Iglesia Bautista en toda Inglaterra.[219]

Finalmente John Smyth fue admitido dentro de la iglesia Menonita en 1615, y tres años después murió de ¡tuberculosis! Mientras tanto, Helwys, conocido como el fundador del movimiento Bautista, fue arrestado y encarcelado en la prisión de Newgate por tener la audacia de informar al Rey que, en efecto, él no era Dios. No se supo de Helwys nunca más y se cree que murió en 1616. Pero como Kenneth Curtis refiere en su libro *Citas con el Destino*, "el movimiento Bautista creció".[220] ¡Se quedó corto en su afirmación!

Los Bautistas tienden a superar la separación, o al menos tienen el poder de vencerlas. Muchas iglesias quedan devastadas al enfrentar dificultades, ya sea a causa del pecado o por fuerzas externas que causan la división de una iglesia. Pero los Bautistas tienen cierta resistencia, y cuando ocurre una división, simplemente ellos comienzan otras iglesias. En el año 2000, la Alianza Mundial Bautista tenía la impresionante suma de 100 millones de miembros.[221]

Desde la fundación de la denominación, la característica del individuo bautista de poder interpretar las Escrituras por sí mismo les ha causado la división sobre varios temas. Los Bautistas han peleado o pelean sobre lo siguiente:

*¿Cómo obra la salvación en la vida del incrédulo (1600-1700)?

Divisiones entre los bautistas regulares (Calvinistas) contra los bautistas generales (Arminios).

¿Qué métodos usamos para evangelizar (1820)?

Divisiones de los Pro-Misioneros Bautistas contra los Anti-Misioneros Bautistas (conocidos como los Bautistas Primitivos).

¿Cuál es la función de la esclavitud (1840)?

Divisiones entre la Asociación de Bautistas del Norte (posteriormente llamados la Convención Bautista Americana) y la Convención Bautista del Sur.

¿Cómo entendemos la teología (a principios del 1900)?

Divisiones entre los Bautistas Fundamentalistas y los Bautistas Modernistas.

¿Qué significa cuando afirmamos la veracidad de las Escrituras (1980-1990)

División entre los conservadores y los moderados.

Hay iguales variaciones de posiciones Bautistas después de una división inicial. Proveniente de una posición Bautista general, con tendencia calvinista, Henry Jessey, William Kiffin, y John Spilsbury fundaron el movimiento Bautista Particular a fines del 1630, llamado así porque Cristo, según el Calvinismo, murió solo por algunas personas en particular.[222]

EVANGELISMO Y BAUTISMO

Las divisiones de la iglesia no son características únicas de los Bautistas. Muchas otras denominaciones también tienen fama por sus divisiones. Sin embargo, a medida que consideramos el movimiento Bautista de hoy, podemos notar claramente la bendición de Dios. La única fuerza más poderosa que impulsó a los Bautistas a tener una cosecha fenomenal ha sido su compromiso inalterable de proclamar el Evangelio y un llamado a que la gente responda. Su pasión por el evangelismo ha sido el ingrediente clave para hacer discípulos en todo el mundo. Esta pasión ha sido la envidia de muchas otras denominaciones.

En el tema que los identifica como el bautismo, los Bautistas siempre han sido firmes. Ellos comenzaron como una reacción contra una formalidad de la iglesia que bautizaba a sus niños sin enfatizar que primero deben creer y convertirse. Las iglesias del Estado como las anglicanas, luteranas, y la Católica Romana han supuesto o parecen suponer, que el mero rito religioso que los padres hayan realizado en la iglesia cuando estos eran infantes, les aseguraba la salvación. El bautismo de infantes es contrario a la convicción fundamental del Bautista, según la cual la persona no debe ser bautizada hasta que comprenda las implicaciones de su compromiso espiritual con Cristo.

Otro aspecto del bautismo que distinguió a los Bautistas de las iglesias del Estado fue la práctica de la inmersión. A ellos no solamente les preocupaba quién debía recibir el bautismo, sino también el modo del bautismo. Ellos concluyeron que el bautismo debía ser administrado por inmersión. Por cierto, el bautismo por inmersión no era nuevo. La iglesia primitiva lo había practicado de manera consistente, a lo largo de la Edad Media. Pero los Bautistas argumentan que la misma palabra para bautismo en el Nuevo Testamento significa "inmersión". La aplicación consistente de este reconocible acto público por el cual un nuevo cristiano anuncia al mundo su fe en Cristo Jesús, ha dado a los Bautistas su herencia espiritual, y muchos Bautistas pueden argüir que esta obediencia ha contribuido de manera significativa a su crecimiento.

Los primeros críticos dicen que los Bautistas provienen de los Anabaptistas alemanes, auque es un fuerte tema de debate si el Bautista original tenía alguna conexión histórica con los Anabaptistas. A veces se llamaba a los Bautistas, los Hermanos, las Iglesias de los Bautizados, o las Iglesias de los que Bautizan. En 1640, muchos le llamaban Bautistas, y una década después ellos aceptaron el nombre por sí mismos. Sin embargo, solo cien años después el nombre Bautista sería un título oficial, aceptado de modo general para la denominación.[223]

PERSECUCIÓN Y TOLERANCIA DESPUÉS

A través del 1940 rugía una batalla en Inglaterra entre aquellos que querían una monarquía y aquellos que deseaban un gobierno representativo. En 1649, Carlos fue ejecutado, abolida la monarquía, y Oliver Cromwell rigió Inglaterra como el Protector de la Cámara de los Comunes. En los siguientes ocho años se alentó la tolerancia religiosa. Pero en 1658, Oliver Cromwell, líder de la Cámara de los Comunes en Bretaña, murió. En 1660, el joven Carlos II fue instalado en el trono de su padre y tuvo lugar la restauración de la realeza. Se culpó a los Bautistas juntamente con otros grupos independientes de todo el fracaso durante el breve periodo que la monarquía fue abolida, el rey decapitado, y la iglesia de Inglaterra removida de su función prominente. Cuando el rey y la monarquía fueron restablecidos, la persecución de los Bautistas, que se había incrementado, se volvió muy intensa. Sin embargo, los Bautistas no se echaron atrás respecto de sus principios fundamentales de libertad religiosa. Ellos siguieron creyendo, como lo hicieron desde su inicio, que la iglesia y el Estado deben estar separados y que el gobierno no estaba en posición de dictar la conciencia individual de ninguna persona. Los Bautistas ejercieron gran influencia en Inglaterra en 1689 lo cual ayudó para que salga el Acto de Tolerancia, que se necesitaba con urgencia. Finalmente, los Bautistas habían ganado la libertad que por tanto tiempo habían deseado.

ROGER WILLIAMS

Los Bautistas echaron raíces en América a través de Roger Williams. El comenzó una ciudad llamada Providencia (en Isla Rhode), para conmemorar la fidelidad de Dios en proveer para él en tiempo de angustia. De igual manera Ana Hutchinson, quien (como Roger Williams) fue removida de Massachusetts y llegó a ser una importante líder de la vida de los Bautistas en Providencia. Observamos la marca de Roger Williams en los Bautistas al examinar sus compromisos:

Fue un misionero, específicamente a los indios americanos. La actividad misionera de la iglesia Bautista, años más tarde, se convertiría en una de sus principales características.

Williams fue un defensor radical de la libertad religiosa y de los derechos de conciencia del individuo en todos los asuntos religiosos. Esta es la marca de la fe Bautista, que la hace muy sospechosa de cualquier cosa que la meta en control burocrático.

No se doblegó respecto a la separación de la iglesia y el Estado. El gobierno civil, arguyó Williams, trata con todos los ciudadanos. Pero la iglesia es espiritual y trata solamente con aquellos que escogen ser parte de ella.

Williams creyó en la democracia. Aunque esta posición encajaría bien en la nueva América, su rechazo de cualquier autoridad externa que ponga límites sobre su congregación hizo que las iglesias bautistas sean a veces susceptibles a las quejas de sus miembros individuales, que podían reclamar la libertad de conciencia y los derechos de la democracia para justificar muchas expresiones de carnalidad.

Como R. D. Linder observó, "el experimento de Williams de la Isla Rhode era muy similar a lo que América se convertiría en vez de la estricta e inflexible Congregación Calvinista de Nueva Inglaterra."[224]

No debería sorprendernos que Roger Williams, que fundó la primera comunidad Bautista en América, ¡abandonara después su propio movimiento! Se separó de los Bautistas y se volvió un buscador, convencido que la iglesia Bautista no era la verdadera iglesia, él debía seguir buscando hasta encontrarla. Otra vez hubo una división Bautista. Pero, en este caso fue el líder que se apartó de su movimiento. El individualismo de los Bautistas hace muy difícil encontrar un héroe. Sin embargo, la falta de héroes ha provisto el impulso para que miles de individuos ordinarios hagan la obra de la iglesia.

FALTA DE HÉROES

Si buscamos héroes entre los Bautistas, encontramos a John Smyth en Holanda, que dejó a los Bautistas para unirse a los Menonitas; Tomás Helwys, que fue enviado a la cárcel y nunca más se supo de él; y Roger Williams, que dejó el movimiento para ir en busca de ¡la iglesia perfecta!

Por supuesto que mis amigos Bautistas me dicen que ellos no necesitan de un héroe. Jesús fundó su iglesia y Él es el único fundador que ellos necesitan. Pero el hecho es que Jesús siempre empleó personas, como usted y yo, personas que cambian de idea, que no siempre se quedan con el movimiento que fundan. A pesar del abandono de Smyth y Williams y la desaparición (encarcelamiento) de Helwys, suficiente fundamento se ha puesto para que este movimiento sea lo que es en la actualidad.

CRECIMIENTO INICIAL

La denominación destinada a convertirse en el mayor cuerpo Protestante de América tuvo un inicio lento. No fue sino hasta 1648 cuando se fundó una pequeña iglesia Bautista en Filadelfia y los Bautistas penetraron en las colonias del medio oeste. Luego en 1689, los Bautistas tuvieron un comienzo modesto en las colonias del sur, donde eventualmente llegarían a dominar.

El santuario estilo colonial con una gran cruz en la torre no era un lujo que disfrutaron los Bautistas en sus primeros años de la América colonial. La mayoría de los Bautistas no tenían más de una docena de miembros, y pocas congregaciones tenían su propio edificio. Muchas estaban por años sin un pastor. Su estilo de adoración era informal, pero el punto central era la Biblia. Esta tenaz determinación de permanecer fiel a la palabra de Dios, más que ningún otro factor, bien podía ser la clave de su increíble crecimiento.[225] Los Bautistas no parecían muy preocupados por la falta de pastores. Ellos de manera realista y feliz permitían que sus pastores ejerzan doble vocación. Era corriente que un predicador Bautista sea un granjero de lunes a sábado y un predicador los domingos.

El verdadero punto de partida para los Bautistas fue a principios del siglo dieciocho. Durante los 1700 había solamente veinte y cuatro iglesias Bautistas, con una membresía de 839 en total. Tan miserable eran sus iglesias, que "ellos no tenían una asociación organizada, no patrocinaban una sociedad para las misiones o el evangelismo, y probablemente una limitado conocimiento el uno del otro."[226] Pero el Primer Gran Avivamiento de 1740 cambió todo eso. Aunque los Bautistas no iniciaron el avivamiento como las otras iglesias, ellos recogieron gran cantidad en membresía. Irónicamente, originalmente el Primer Gran Avivamiento no fue dirigido por los Bautistas. Los líderes fueron:

* Teodoro Freylinghuysen (1691-1747), Holandesa Reformada;
* Gilbert Tennent (1703-1764), Presbiteriano;
* Jonatán Edwards (1703-1758), de la estricta congregación calvinista de los cinco puntos; y
* George Whitefield (1714-1770), un arminiano británico que se convirtió en un evangelista calvinista.

La democracia Bautista encajó perfectamente en el duro individualismo de los años posteriores al Gran Avivamiento. Esta cualidad en la denominación describió en lo que América se estaba convirtiendo, y la gente comenzó a llenar las iglesias Bautistas. Más de 100 nuevas iglesias de congregaciones Nueva Luz (llamadas así porque abrazaron el avivamiento, en oposición a la Antigua Luz, que criticó el avivamiento), dejaron sus conexiones con la congregación y se volvieron Bautistas. En 1790, las iglesias Bautistas alcanzaron el número de 979 iglesias, con más de 67 mil miembros. Durante los 20 años antes de 1795, el número de congregaciones Bautistas que era de 494 llegó a más de 1152 iglesias. Los Bautistas entraron en los 1880, con el aplomo para convertirse en la mayor influencia en América.[227]

Algunos sociólogos argumentan que el crecimiento de la iglesia Bautista fue un evento meramente político y socio-económico. Como uno que cree sin vergüenza en lo sobrenatural, percibo más que solo conveniencia y conformidad política en el fuerte individualismo de la vida colonial. Veo la mano de Dios que obra en la cultura para preparar una denominación particular que le sirva como profunda fuerza. (Como no soy Bautista, no puedo ser acusado de favoritismo.) Dios estaba obrando, creando una denominación que se convertiría en una fuerza indescriptible para Cristo alrededor del mundo.

Sin embargo, esta influencia no se ganó fácilmente. Recuerde que la mayoría de las colonias originales tenían iglesias establecidas del estado. Lo cual era contrario a la doctrina cardinal Bautista, que aboga por la separación de la iglesia y el Estado. Aunque las del Estado gradualmente privaron a las denominaciones establecidas, este proceso terminó solamente cuando Massachusetts cambió sus leyes en 1833.

Juntamente con otros, los Bautistas lucharon por la idea de que el Estado no debe limitar la libertad religiosa. (Esta importante contribución de los Bautistas a la vida americana tomó un giro extraño en nuestro siglo. La trágica redefinición de los que han revisado la historia Americana, respecto de la "separación de la iglesia y el Estado" a fines del siglo veinte asestó un duro golpe a la libre expresión del cristianismo.) No obstante, los Bautistas con justa razón se dan el crédito por la práctica Americana de separar la iglesia del Estado. Tan significativa es su influencia que Joseph Dawson concluye que "si se preguntara a los investigadores del mundo respecto del responsable por la garantía de la libertad religiosa americana, su inmediata respuesta sería, 'James Madison'. Sin embargo, si James Madison respondiera, rápidamente diría que fue, 'John Leland y los Bautistas'".[228]

A pesar de la terminación del establecimiento, la iglesia floreció. En efecto, muchos historiadores de la iglesia refieren el periodo entre los 1800 y los 1900 como "el gran siglo" para el avance del cristianismo. Lo cual es cierto también para los Bautistas.[229]

LA CONTROVERSIA MISIONERA

Durante su crecimiento sin precedente, la iglesia Bautista estaba plagada de vergonzosas divisiones. La más peculiar de sus divisiones fue el movimiento Anti-Misionero. En la actualidad los Bautistas son conocidos por su agresiva política misionera, pero tal no era el caso en ciertas partes de la iglesia Bautista durante los 1820. La opinión de algunos era que la conversión era solamente la obra de Dios, y que Él obraría sin ningún tipo de envolvimiento de ingenio humano. La actividad misionera era percibida como una afrenta a la soberanía de Dios. Los Bautistas Anti-Misioneros (Bautistas Primitivos) y su estricta doctrina calvinista de cinco puntos fueron titulados "Bautistas de piel dura".

Dentro de este movimiento había en 1840 Bautistas influenciados por Alejandro Campbell y los Restauradores en Kentucky y en los estados vecinos. Uno puede imaginar lo que sucedió, dada la rapidez con la que los Bautistas y sus iglesias pueden moverse dentro y fuera de las estructuras y la teología. Uno de los principales historiadores de este movimiento, expresa de esta manera: "Cientos de iglesias Bautistas dejaron las denominaciones para unirse con los 'reformadores' de Campbell, quién, después de los 1830, formó una nueva denominación conocida como los Discípulos de Cristo o Iglesia de Cristo. Los historiadores estiman, por ejemplo, que una mitad completa de las iglesias Bautistas de Kentucky se cambió al Movimiento de Nuevos Discípulos."[230]

LA DIVISIÓN SOBRE LA ESCLAVITUD

Que las iglesias no puedan estar unidas, o al menos unidas para oponerse a la esclavitud, tiene que ser uno de los momentos más vergonzosos por la causa de Cristo. Las denominaciones siguientes se dividieron sobre el tema y casi todo el Norte se dividió contra el Sur:

* Presbiterianos (1837)
* Metodistas (1843), un grupo formado bajo la guía de Orange Scott, que se llamó a sí mismo la Iglesia Metodista Wesleyana;
* Metodistas (1844), el restante de la principal iglesia Metodista;
* Bautistas (1845)
* Episcopales (1861)

Aunque algunos Bautistas podrían argüir que la división entre el Norte y el Sur envolvía, para su iglesia, temas como la estructura organizadora, el historiador bautista James Sullivan dice que "no podemos ser honestos con nuestra historia y minimizar la prominencia del problema de la esclavitud".[231] McBeth opina con inusual candor, "la esclavitud fue el asunto principal que guió a la división en 1845; que francamente es un hecho histórico. Otros temas provocaron barreras y, a veces, pudo haber llevado a la división, si no del Norte y el Sur, posiblemente la del Este/Oeste. Sin embargo, es cierto que la esclavitud, provocó la división".[232]

Considerando desde nuestro punto de ventaja en la historia, nos preguntamos cómo la gente que ama a Dios y a su Palabra pudo estar a favor de la esclavitud. ¿Cómo ocurrió esto? Es una nota trágica a través de la historia cristiana que los creyentes fueron lentos en reconocer la verdad, algunos a causa de la ignorancia y otros por la simple dureza de corazón.

Robert Baker afirma que efectivamente hubo tres periodos de entendimiento de la esclavitud americana, y la idea acerca de la esclavitud significativamente cambió de un periodo a otro. Antes del 1830, la esclavitud, según Baker, se consideraba un sistema económico. De 1830 a 1840, se percibió la esclavitud como un asunto moral. Después del 1840, se consideró la esclavitud por su aspecto político característico y, finalmente, desembocó en la Guerra Civil.[233] Esta descripción de tres partes de la actitud hacia la esclavitud no excusa a los cristianos, pero al menos explica en parte la ceguera que la mayoría parecía padecer antes del 1830. Aunque es inexcusable que los cristianos hayan participado de tan horrible sistema, es un tributo a la perseverancia de la verdad de Dios que después del 1830 se percibió claramente como realmente era, una práctica completamente inmoral.

LA DIVISIÓN Y LA INCAPACIDAD DE UNIRSE

En mayo del 1845, una delegación de Bautistas se reunió en Augusta, Georgia. El resultado fue la formación de lo que en la actualidad se conoce como la Convención Bautista del Sur. Los Bautistas del Norte y del Sur nunca se volvieron a unir. Por el contrario, los Presbiterianos muchos años después, en 1983, se volvieron a unir.

Los metodistas se reunieron en 1939. Los Episcopales, los últimos en dividirse, fueron los primeros en reunirse, solo cuatro años después en 1865 inmediatamente después de la guerra. Pero el caso no fue el mismo con los Bautistas. Con la reunión de las otras denominaciones se suponía que los Bautistas harían lo mismo. "Pero con cada año de demora parecía que el prospecto del éxito era menos prometedor debido al permanente aumento de la conciencia Regional del Sur."[234]

Los Bautistas del Norte trataron los asuntos de la inmigración y la economía industrial que su hermana del Sur no comprendía. Lo cual resultó en una estrategia diferente de evangelismo y eventualmente en una teología discordante. El evangelio social, que desarrolló a medida que los cristianos trataban con los problemas de las ciudades, comenzó a formarse la teología de los Bautistas del Norte. Los Bautistas del Sur percibían con sospecha el evangelio social. Ellos seguían realizando extensas reuniones al aire libre, que funcionaban bien en las pequeñas ciudades y las áreas rurales, muy características del Sur.

A fines del periodo de la Reconstrucción, las denominaciones Bautistas del Norte y del Sur habían desarrollado distintas entidades culturalmente y teológicamente. Una fusión era imposible. Además, los Bautistas del Sur tenían 4 millones de esclavos recientemente liberados. La mayoría de los afro-americanos que aceptaron el cristianismo se volvieron Bautistas, aunque ellos desarrollaron sus propias formas afro-americanas de expresión.[235] A continuación de la Guerra Civil, los afro-americanos y los anglo-americanos no se juntaban para adorar.

El prejuicio racial entre los miembros de la comunidad anglo-americana combinado con el fuerte deseo de la comunidad afro-americana de disfrutar en sus iglesias sin que los blancos le observen resultó en la separación de denominaciones. Los afro-americanos han permanecido por más de cien años sin sus propias instituciones, restringidos en su adoración bajo el control de los blancos respecto del contenido teológico. En los quince años después que terminara la Guerra Civil aproximadamente un millón de Bautistas afro-americanos adoraron en sus propias iglesias, sin tener afiliación con los blancos.[236]

¿Por qué los hijos de Dios no pueden llevarse bien? ¿Por qué no pueden adorar juntos? Nuestro Padre celestial debe sentirse muy triste cuando observa su Iglesia y ve que sus hijos están separados los unos de los otros. Sin embargo, semejante a un padre sabio con hijos que no están unidos, nuestro Padre celestial sabe cómo obrar dentro de nuestros parámetros limitados. Dios ha escogido bendecir su obra a pesar de nosotros mismos. Es nuestra preferencia pensar que Él obra a través de nosotros por lo que somos, pero la mayoría de las veces, Dios obra a pesar de nuestros obvios defectos. La división no es un punto positivo para ningún grupo. Ciertamente ningún tema vale la pena de la separación, pero el hecho es que los hijos de Dios, lamentablemente, siempre tuvieron desacuerdos y continuarán (hasta que lleguemos al cielo) seguirán separándose a causa de asuntos que, en la eternidad, realmente no son importantes.

LA ESCUELA DOMINICAL

Aunque las iglesias Bautistas crecieron lentamente al principio, más tarde repuntaron. En efecto, el ala más poderosa de la mayor denominación de América, la Convención Bautista del Sur, no se formó sino a fines del 1800. Recién a fines del 1891 se formó la Junta de la Escuela Dominical de la Convención Bautista del Sur. Cada Bautista del Sur sabe que esta organización de gran éxito es uno de los principales componentes de la vida del Bautista del Sur. En los años siguientes a la Guerra Civil, la mayoría de los Bautistas del Sur continuaron comprando materiales de Escuela Dominical de los Bautistas Americanos del Norte. Solo unas pocas de las 500 iglesias Bautistas en el Sur tenían Escuela Dominical a mediados del 1800.[237] Pero eso cambiaría. Tan dominante fue la obra de la Junta de la Escuela Dominical de la Convención Bautista del Sur que McBeth afirma, "ningún Bautista, desde la cuna hasta la tumba, escapa de la influencia de la Junta de la Escuela Dominical".[238] La Junta de la Escuela Dominical es conocida no solamente por influenciar el instrumento de evangelización clave de los Bautistas del Sur, la Escuela Dominical, sino que es responsable por la producción masiva de literatura sin ningún paralelo con otra denominación.

EL MOVIMIENTO RADICAL

A pesar de los grandes avances, los Bautistas no habían terminado con las controversias. El golpe vino de nuevo, esta vez con el movimiento Radical. El radicalismo, muy enfatizado por un influyente pastor bautista llamado James R. Graves (1820-1893), enseñó, entre otras cosas, que:

* Las iglesias bautistas son las únicas iglesias verdaderas en el mundo;
* No debe haber ninguna afiliación con los no Bautistas;
* Solo los Bautistas tienen una sucesión inquebrantable con los primeros seguidores de Jesús.

La mayoría de los Bautistas resistió este movimiento, lo cual evidencia que la verdad del Evangelio ha penetrado los corazones del mayor movimiento Bautista del Sur. Si el radicalismo hubiera ganado, la Convención Bautista del Sur hubiera tenido la arrogancia que muestran los grupos de sectas como los Testigos de Jehová y los mormones. Pero el radicalismo fue en gran manera derrotado, debido a que los Bautistas se consideran como una parte de la gran familia de Dios. Sin embargo, trágicamente, como el historiados Bautista McBeth afirma,

> Los Bautistas del Sur absorbieron y todavía retienen mucho del espíritu y énfasis (del radicalismo). La continuación del legado del radicalismo se puede notar en varios rasgos y prácticas contemporáneos de los Bautistas del Sur. Esto incluye un énfasis exagerado en la autonomía de la iglesia local, continuas tensiones sobre inmersiones foráneas (bautismo que se hace fuera de las iglesias bautistas), fraternidad cerrada, sospechan de otras denominaciones, rechazan de participar en las conferencias ecuménicas organizadas.[239]

Cualquier denominación que se considera a sí misma como la única denominación verdadera hacer una afirmación escandalosa. La familia de Dios se extiende a *todo* aquel que acepte a Jesús como el único Salvador y Señor. La Biblia implica que en el día final, todos tendremos algunas sorpresas cuando averigüemos exactamente quién estará y quién no en el cielo. Solo Dios conoce el corazón. Solamente Él sabe quienes son sus hijos verdaderos. Pero sabemos que su Iglesia está formada de cientos de creyentes, esparcidos por todo el mundo en muchas naciones, de muchas lenguas, y de muchas denominaciones. Cualquiera que afirme que su denominación tiene la verdad exclusiva pone en evidencia la peor arrogancia humana. En realidad, cada uno de nosotros, como denominaciones separadas, tiene una parte de la verdad. Francamente, nos necesitamos los unos a los otros.

ILUSTRACIÓN DE LA UNIVERSIDAD

Permítame ilustrar esto. Imagine un grupo de estudiantes cristianos en la universidad del Estado. ¿Dónde estos estudiantes van para tener una confraternidad cristiana? Depende de su personalidad y manera de ser. Por lo general se dividen en cuatro grupos: Los "conocedores", los que "son", los "hacedores", y los "sentimentales". Los conocedores irán a la fraternidad InterVarsity de los Cristianos y pasan el semestre leyendo libros de C.S. Lewis. Los que "son" irán a los Navigators y pasarán el semestre aprendiendo de memoria el Evangelio de Mateo. Los "hacedores" se unirán a la "Cruzada en el campo universitario" y tratarán de ganar a todo el cuerpo estudiantil para Cristo. Los 'sentimentales" se unirán a cualquier organización carismática que haya en la universidad y adorarán a Dios con una alabanza muy expresiva.

¿Se imagina lo que ocurre cuando estos estudiantes se gradúan? Los conocedores irán a una iglesia conservadora, tipo evangélica presbiteriana o una iglesia bíblica y portarán grandes cuadernos para tomar notas en los servicios. Los que "son" emigrarán hacia las iglesias de santidad, donde la llamada es para llevar una vida de justicia e integridad. Los "hacedores" se unirán a las denominaciones de las iglesias Bautistas del Sur y ganarán a todo su Estado para Cristo. Los "sentimentales" se convertirán en carismáticos y continuarán haciendo lo que hacen mejor, organizar una fiesta para Jesús cada fin de semana con adoración y alabanza extravagante.

Ahora, permítame formular esta pregunta: ¿Cuál grupo tiene la razón? O mejor aún: ¿cuál grupo está equivocado? Respuesta: ninguno de ellos. Ellos se dividieron conforme al temperamento espiritual de cada uno, y eso no es necesariamente malo. Sin embargo, sospecho que Dios preferiría que todos ellos se mezclaran. Esa podría ser su receta ecuménica. Estoy seguro que Él quiere que los "sentimentales" sepan, que los conocedores "sean", que los que "son" hagan, y que los hacedores "sientan". A Él le gustaría mezclar a todos en una iglesia y ayudarnos para que aprendamos los unos de los otros. Pero, nos quedamos en nuestros grupos, divididos sobre estos asuntos. Y Dios lo tolera, y escoge realizar su voluntad a pesar de nuestras divisiones. ¿Está Dios contento con nuestras divisiones? Por supuesto que no. Pero, ¿acaso Él es tan crítico de nosotros como somos nosotros de los otros? Realmente no. En su soberanía, Él puede asentir deliberadamente y decir, "¡de todas maneras voy a obrar con mis hijos!" Y eso es precisamente lo que Él hace.

Afortunadamente, el movimiento radical no tuvo éxito en la iglesia Bautista del Sur. Pero cientos de personas inocentemente suponen que su denominación es la plena expresión de Cristo. Sin embargo, solamente la iglesia plena y completa es la expresión total de Cristo. Y para estar completos, necesitamos los unos de los otros.

DENOMINACIONES

Dios tolera las denominaciones porque cada grupo es fiel en responder en parte a todo el consejo de Dios. Una denominación preserva su comprensión particular de la verdad de Dios hasta que otras denominaciones estén listas. Por ejemplo, los Bautistas, gracias a las compañías discográficas como Integrity Incorporada, están aprendiendo de los carismáticos cómo alabar. El término "santidad", una vez reservada para los tipos nazarenos y wesleyanos, se ha convertido en un punto de atención para otras denominaciones que desean andar en santidad. Muchas denominaciones están aprendiendo de los pentecostales acerca de los dones del Espíritu Santo, la sanidad, y la liberación. Los Bautistas enseñan cómo evangelizar. Y los Episcopales nos instruyen en el valor de la liturgia. Y la mezcla continúa. Sospecho que Dios está complacido.

LOS BAUTISTAS EN EL SIGLO VEINTE

El siglo comenzó con gran anticipación.

Los Bautistas del Norte entraron en el siglo veinte con una ola de optimismo y crecimiento. La palabra *adelante* se emplea en muchos de sus comités y en los informes de planeamientos. Las Escuelas Bautistas del Norte prosperaron, ubicando a sus graduados en posiciones de liderazgo en la vida y la religión Americana. Quizá la esencia del optimismo Bautista se expresó en el nombre dado a la recolección de fondos de los Bautistas del Norte en 1919: "El Movimiento del Nuevo Mundo".[240]

El movimiento del Nuevo Mundo resultó del radical optimismo americano que se extendió a lo largo de la nación durante la Guerra Mundial I, considerada la guerra para terminar todas las guerras. Cada denominación e iglesia local compartió este optimismo radical. La iglesia Bautista del Norte lanzó un Nuevo movimiento Mundial en un esfuerzo de recaudar 100 millones de dólares en un periodo de cinco años del 1919 al 1924. La campaña, aunque con motivos rectos, encontró inmediata resistencia. Los Bautistas eran muy independientes para un esfuerzo coordinado de recolección de fondos. Además, la economía no estaba muy buena según algunos esperaban. En 1924, la denominación había recaudado 45 millones de dólares, un resultado increíble, pero uno que parecía tan miserable para aquellos que esperaban más del doble. La amargura y el resentimiento comenzó a desarrollarse y las nubes más siniestras que se vislumbraban fue la controversia de los fundamentalistas-modernistas que irrumpió la escena de la mayor iglesia americana. El resultado fue predecible.

En 1932, un grupo dejó la Convención Bautista del Norte y formó la Asociación General de Bautistas Regulares. En 1947, otro grupo salió para formar la Asociación Conservadora Bautista de América. La Convención Bautista del Norte, que cambió su nombre en 1950 a Convención Bautista Americana, se dirigió cada vez más hacia el liberalismo.

Mientras tanto, los Bautistas del Sur, para no ser menos que sus vecinos del Norte, lanzaron su propia campaña financiera con la intención de recaudar 75 millones de dólares en el mismo periodo de tiempo del 1919-1924. Este, según se sabe, fue la más ambiciosa recaudación de fondos que se haya intentado. Los Bautistas con mucho gozo prometieron 92 millones de dólares. Toda la denominación estaba asombrada. Sin embargo, como siempre es el caso, 75 millones "probó ser más fácil de prometer que colectar". Cuando todo quedó establecido, los Bautistas del Sur habían recolectado aproximadamente 59 millones de dólares.[241] En lugar de gozarse de que les haya ido tan bien, el fracaso de no lograr la meta engendró críticas que arruinó la ocasión para gozar de lo que Dios había hecho.

Este constante placer de buscar las faltas es común en muchas iglesias locales, escuelas dominicales, e incluso grupos caseros de estudio. Cuando un proyecto no satisface lo que uno espera, tenemos la tendencia de volvernos el uno contra el otro. Esta debilidad común entre los cristianos se ilustra en este incidente, cuando los Bautistas del Norte y los Bautistas del Sur fracasaron en recaudar lo que se propusieron. En vez de gozarse de la bendición de Dios, los miembros de la iglesia criticaron el uno al otro por no lograr la meta específica.

LA ADMINISTRACIÓN PASTORAL

Los Bautistas del Sur afectaron la manera en que las iglesias funcionaban. Ellos comenzaron a emplear más de un pastor para algunas de sus iglesias. Anterior a la Segunda Guerra Mundial,

> La mayoría de las iglesias se consideraban a sí mismas completas en su administración si tenían un pastor y un portero (a veces era la misma persona), pero gradualmente el "director de la educación", o el "ministro de educación" surgía de la Escuela Dominical y otras áreas de la educación de la iglesia. El primer superintendente de la Escuela Dominical que recibió salario fue R. H. Coleman, de la Primera Iglesia Bautista de Dallas en 1910.[242]

Para los que estamos acostumbrados a múltiples empleados, el empleo de un superintendente de la Escuela Dominical parece insignificante. Pero este énfasis en la tarea de la Escuela Dominical, y la disposición Bautista de invertir en su extensión, probablemente fue una de las razones por la que ellos experimentaron un crecimiento sumamente rápido. Los Bautistas fueron precursores en el establecimiento del fenómeno de la iglesia moderna, iglesias dirigidas por múltiples pastores en vez de solamente uno.

INCREÍBLE CRECIMIENTO

En 1960, la Convención Bautista del Sur se convirtió en la principal fuerza a nivel nacional. Una década después, una de las principales revistas de América publicó una historia titulada "El surgimiento de los Bautistas del Sur".[243] En 1992, el presidente y el vicepresidente de los Estados Unidos fueron Bautistas del Sur.

En 1998, solamente los Bautistas del Sur tenían casi 41 mil iglesias en los Estados Unidos, con aproximadamente 10 millones de miembros.[244] En el extranjero, los Bautistas del Sur tenían un adicional de 47 mil iglesias con cuatro millones de miembros.[245] La denominación esta impulsada fuertemente por la Gran Comisión. Ninguna denominación particular ha experimentado semejante fruto de la evangelización.

Pero el movimiento Bautista es mucho más que su mayor denominación, la Convención de los Bautistas del Sur. Alrededor del 1978, la Alianza Bautista Mundial tenía más de 33 millones de miembros, un tercio de los cuales eran miembros de la Convención Bautista del Sur.[246] En el 2000, aproximadamente 100 millones de Bautistas eran parte de la ¡Alianza Bautista del Mundo![247] Los Bautistas han sido la fuerza evangelizadora más grande de los últimos cincuenta años de la historia de América.

LAS ARMAS SECRETAS DE LOS BAUTISTAS DEL SUR

¿Cómo una denominación ha crecido tanto? Creo que hay seis razones clave de su eficacia.

Fuerte liderazgo. Primero, los Bautistas del Sur tienen un fuerte liderazgo al mando de las juntas: la Junta de la Misión Americana del Norte (Atlanta), la Junta de la Misión Internacional (Richmond, Virginia), y los Recursos del Modo de Vida Cristiano (anteriormente la junta de la Escuela Dominical, Nashville). Aunque estas poderosas juntas ejercen una tremenda influencia en proveer los recursos para las iglesias locales, ellas no tienen control de la denominación (un concepto que los Bautistas rechazan rotundamente). Los líderes de las juntas han mostrado gran liderazgo de lo que en realidad son conexiones sueltas o series de asociaciones de iglesias. Solamente un fuerte liderazgo puede mantener junto un grupo de autónomos, con orgullo son autónomas, iglesias locales, que suman más de 40 mil a nivel nacional.

Oratoria simple. Los predicadores Bautistas del Sur son oradores sencillos. La oratoria simple se refiere a su capacidad de conectarse con la persona común. Generalmente hablando, los predicadores Bautistas no ganarían reconocimientos de la universidad del Estado en una competición de oratoria. Pero cuando se habla de su habilidad de atraer a la persona común, su éxito es inigualable. Compárelos con las predicaciones del púlpito de los presbiterianos, episcopales, o metodistas. La predicación de éstos, generalmente hablando, reflejaría una fuerte base académica. Pero los Bautistas simplemente tocan a la población general en maneras que la mayoría de los demás no lo logran. Ellos necesariamente no tendrían gran puntaje en las áreas de homilética o exégesis, pero ellos generan credibilidad en su auditorio que hace que la gente quiera volverse Bautista.

Activación entre los laicos. Históricamente, el laicado bautista ha sido revitalizado. Como un ejemplo, observe el número de maestros de escuela dominical (virtualmente cada iglesia Bautista tiene un escuela dominical muy vigorosa) necesarios para suplir a las 41 mil iglesias locales. A diferencia de muchas otras denominaciones, los Bautistas creen que los adultos como también los niños deberían estar en la escuela dominical. Y, en su mayoría, ellos creen que cuando una clase alcanza veinte asistentes, entonces es necesario otro maestro. Para satisfacer las necesidades solamente de las escuelas dominicales de los Bautistas del Sur, sin incluir todos los demás ministerios, virtualmente se requiere un ejército de laicos activos.

Otro ejemplo de la función del laicado en las iglesias Bautistas es evidente durante las transiciones pastorales. Muchas denominaciones procuran coordinar que las transiciones a nivel pastoral ocurran al mismo tiempo para que una congregación local no esté sin pastor por mucho tiempo. Un periodo de un mes o dos es considerado mucho tiempo para la mayoría de las iglesias locales, que tiene una merma en su asistencia durante este periodo. El caso no es lo mismo con muchas iglesias Bautistas, que podrían continuar por varios meses o incluso todo un año sin un pastor, y experimentar ¡crecimiento durante la transición! Principalmente esto se debe a la fortaleza del equipo de líderes laicos.

Los Bautistas del Sur en particular, y los Bautistas en general, ponen mucho valor en la activación de laicos esforzados. A diferencia de cada capítulo que preceda a éste, el capítulo acerca de los Bautistas casi no contiene biografías. No porque no haya líderes fuertes. Hubo, y son fuertes. Pero no hay personalidades súper estrellas entre los Bautistas. Ellos simplemente hacen relevante la función de la persona común. De alguna manera, los Bautistas, quizás con más éxito que ningún otro grupo, ha entrenado el laicado para que sean entusiastas portadores del Evangelio.

Singularidad de meta. Reconozco que estos párrafos contienen demasiadas generalizaciones, pero ellos son, creo, suficientemente exactos para explicar el tremendo crecimiento de los Bautistas. Su meta singular es la salvación. Los Bautistas históricamente han tenido el denuedo de preguntar, "hermano/hermana, "¿es usted salvo?" Mientras que otras denominaciones han sido tímidas de emplear este método tan directo, los Bautistas terminan sus servicios con un llamado al frente para recibir a Cristo, seguido de un viaje al bautisterio. La eficacia de este método es que los Bautistas proveen a las personas un momento definitorio, un tiempo que siempre indique el momento de la transformación. Si los Bautistas del futuro abandonarán esta estrategia secreta (como lo han hecho la mayoría de las denominaciones) eso todavía está por verse. Sin embargo, esta estrategia ha sido una de las principales razones de su crecimiento.

La Biblia. Las denominaciones se han adherido rigurosamente a una intensa creencia en la Biblia, hasta que una reciente controversia conservadora/modernista plagó a los Bautistas del Sur. El evangelista más reconocido de esta denominación, Billy Graham, ha iniciado sus sermones por cincuenta años con la frase "la Biblia dice". Este es un fuerte lema de los Bautistas del Sur y es un principio que ellos han defendido valientemente.

Celo. Los Bautistas tienen una pasión que evidencia ser muy entusiasta. El entusiasmo, que se evidencia en muchas denominaciones, es una señal de los Bautistas y, como resultado, millones han llegado a tener una relación significativa con Cristo.

La influencia de los Bautistas ha sido profunda. América es mejor a causa de ellos. Por cierto, como parte de la gran iglesia de Dios, los Bautistas continúan siendo el principal componente que Dios emplea para traer salvación a la civilización.

CAPÍTULO 19

PENTECOSTALES, CARISMÁTICOS, Y EL MOVIMIENTO DEL TERCER AVIVAMIENTO

Fecha de expansión: d.C 1900-2000

Personas clave: Charles Parham, William J. Seymour, Tomás Zimmerman, Aimee Semple McPherson, Jack Hayford, Oral Roberts, Gordon y Freda Lindsey, Dennis Bennett, David Du Plessis, C. Peter Wagner, Juan Wimber

Laura deseaba poder dejar de trabajar. Ella no tenía educación, por lo que se dedicaba solo a trabajos domésticos. No le importaba trabajar. Ella era muy buena en lo que hacía. Pero el trabajo le resultaba difícil porque el polio la había dejado con una pierna más corta que la otra. A Ben le hubiera gustado que ella dejara de trabajar. Los niños la necesitaban en la casa, pero no había otra manera de alimentarlos dependiendo solo del salario de Ben como mecánico. Cada noche de vuelta a su casa después de salir del trabajo, ella cojeaba a través del acaudalado vecindario que ocupaban los doctores y los abogados. Ahora ella se encontraba en la esquina de Regencia. Incluso sonaba pudiente. Se veían las enormes casas de tres pisos, con todas las luces prendidas como si la electricidad fuera gratis. Laura cruzó cojeando al otro lado de las vías del tren. Todavía faltaba como una milla más para llegar a su casa de dos cuartos. Al menos ellos tenían una pequeña huerta en el patio trasero, donde ella cosechaba tomates.

La Segunda Guerra Mundial había terminado hacia cinco años atrás. Su pequeño pueblo de Arkansas no había cambiado mucho desde la guerra. Todavía había allí 750 habitantes, según el gastado cartel, al costado de la carretera a una cuadra de su casa.

Ben llegaba a la casa cansado y sucio cada noche, cubierto de aceite y grasa. Él era un marido y padre fiel. Sin embargo, sería lindo tener suficiente dinero para conseguir algunos artículos muy necesarios, unas ropas para los niños, y, un sueño tonto, un par de piernas nuevas para sí misma. Se rió amargamente de sus pensamientos poco realistas. Un par de piernas nuevas. Seguro.

"¡Ven y recibe sanidad!" resonó una voz tras ella. Laura dio un sobresalto y casi se desmaya.

La resonante voz parecía salir de la nada. ¿Acaso era Dios mismo? Dio la vuelta y miró, tratando de calmar su palpitante corazón. Entonces vio un camión con un parlante.

"Venga a la cruzada de sanidad del reverendo Tremble. ¡Venga y reciba su sanidad! Venga a la gran carpa situada en el antiguo camino Filmore esta noche a las 7."

Dos frases resonaron en la mente de Laura toda la tarde: "Un nuevo par de piernas" y "¡venga y reciba su sanidad!" Como deseaba poder tener siquiera la esperanza de una sanidad.

"¿Por qué no?" dijo Ben cuando Laura sugirió asistir a la cruzada. "Les dará a los niños la oportunidad de salir, y yo necesito aire fresco."

Laura cargó a la pequeña de un año Liza, Ben cargó sobre sus hombros al pequeño de tres años, José, y Mandi Lou de cuatro años y medio caminó tomada de la mano de su papá. Un vehículo paró detrás de ellos. Era el jefe de Ben. El viaje fue un descanso para Laura. *Quizá, algún día, seremos dueños de un vehículo*, pensó ella. *Eso sería tan bueno como un par de piernas nuevas.*

Llegaron a la carpa media hora temprano, pero ya casi estaba llena. Parecía que la mitad del pueblo había venido a oír al reverendo Tremble. Un coro espontáneo se había juntado en la plataforma. Varios ayudantes iban y venían, procurando fijar el sistema de sonido. El jefe de Ben estaba allí, riendo. "No puedo esperar hasta ver a todos. Es un verdadero circo cada año con el reverendo Tremble. Se cree que es un apóstol o algo parecido. Esta noche ninguno será sano en este pequeño pueblo de Arkansas. Pero, seguro que el reverendo Tremble se irá con los bolsillos llenos de las canastas de ellos." Y señaló a la pila de canastas para colectar las ofrendas.

Laura escuchó la charla del jefe. Pero sus ojos estaban fijos en el gastado cartel que colgaba del techo de la carpa. Era blanco con grandes letras rojas: "Dios puede sanarte ahora." Ella cerró los ojos fuertemente. *Dios, Tú solías sanar a la gente. ¿Puedes todavía hacerlo*?

Su oración parecía llena de dudas. ¿Escucharía Dios una oración así? ¿Acaso, Él permitió que ella tuviera polio? ¿Acaso era malo desear ser sanada?

El coro comenzó a cantar. "Fija tus ojos en Cristo. Tan lleno de gracia y verdad. Y lo terrenal sin valor será a la luz de su gloria y bondad."

Laura se perdió en la música. Ella ni notó cuánto el sistema de sonido retumbaba. Tampoco se percató que los niños solo jugaban. Otro himno comenzó. "De mis prisiones, y penas, vengo Jesús, vengo Jesús." Ella sintió que Jesús la estaba llamando, a recibir su paz, su amor. ¿Cómo pudo ella estar tanto tiempo sin este amor? Después de un tiempo, ya no parecía importarle sus piernas. La música la estaba invadiendo por dentro, sanando su espíritu herido y enojado. Ella nunca sintió así en esa presuntuosa iglesia a la que asistió un par de veces.

Pero la música parecía poco cuando el reverendo Tremble comenzó a predicar. El habló acerca del mejor doctor en el mundo, Jesús mismo, que podía sanar no solamente el cuerpo sino también el alma. Jesús deseaba que toda persona en esa carpa sea sana.

Laura no podía dejar de mirar al predicador. Él le recordaba a un técnico de futbol, andando de un lugar a otro hasta que se empapaba de sudor. Él urgía, persuadía, exhortaba, animaba, y perspiraba y gritaba. Se podía notar que todo su ser estaba centrado en persuadir a la gente a creer. "¡Jesús quiere tu sanidad! ¡Ten fe! Espera el toque de Dios esta noche."

Quietamente, en su corazón, ella determinó pasar al frente para recibir sanidad. Incluso si Dios no le daba nuevas piernas, Laura sintió que de alguna manera, misteriosamente, Él la había dado un nuevo corazón.

El reverendo Tremble había terminado. Hizo un llamado a que pasaran al frente aquellos que deseaban recibir sanidad. Laura miró a Ben. Ben asintió y puso a Mandi Lou sobre su regazo. Laura pronto se encontró en una fila de aproximadamente quince personas. Ella observó al reverendo Tremble. Ella nunca había visto algo igual. Él ponía las manos sobre la cabeza de las personas y oraba a Dios para que las sanara. A veces nada sucedía, o al menos ella nada notaba. Un hombre que había pasado al frente en muletas, regresó con sus muletas. El anciano, Linder, que no podía oír, volvió a su asiento meneando la cabeza, obviamente todavía no podía oír.

Pero luego ella vio a Mildred Latourneau, su vecina, cuya espalda era jorobada, y parecía que ella solo podía mirar el suelo. Mildred vivía a cuatro casas más abajo. El reverendo Tremble exclamó lo mismo, "fe, fe. Tenga fe. Espérelo esta noche". En ese momento algo pasó en el interior de Laura. Años después, todavía ella no podía describirlo. Ella se encontró mirando el banda, que estaba encima mismo de ella. Notó que estaba muy gastado como si hubiera estado en miles de ciudades. Tenía los bordes raídos y estropeados. Una mancha cubría una esquina y la letra L colgaba suelta de su costura. Pero todavía se podía leer en el cartel: "Dios puede sanarte ahora."

El predicador gritó, "Dios, ¡sana a esta mujer! Sánala ahora". Laura miró la fila donde estaba Mildred. Lo que vio en ese momento cambió su vida. Por la primera vez en los doce años que Laura conocía a Mildred, la anciana lentamente comenzó a enderezar su espalda y se paró firme, en su completa estatura. El corazón de Laura casi dejó de palpitar. Mildred parecía una gigante. La anciana levantaba los brazos en alto, y Laura podía ver las lágrimas que corrían por sus mejillas. "Gracias querido Jesús", susurraba Mildred. Su rostro reflejaba una gran sonrisa y Mildred pasó justo al lado de Laura, todavía susurrando, "gracias, Jesús. Gracias, Jesús".

Laura temblaba. Ella deseaba empujar fuera de su camino a los tres de la fila frente a ella para llegar al reverendo Tremble.

Finalmente, fue su turno. Ella sintió cuando el reverendo puso una mano sobre la cabeza de ella y la otra detrás de su cabeza. Las emociones de Laura comenzaron a paralizarse. El tiempo se detuvo. A medida que el reverendo Tremble oraba, nada pasaba. Absolutamente nada. Ella recién había presenciado el enderezamiento de la espalda de Mildred, pero Laura no podía notar que algo estaba ocurriendo. El reverendo Tremble continuó. Era como si él podía sentir la lucha en el alma de ella, la desilusión, la duda. Él preguntó, "¿cómo te llamas?"

"Laura"

"¿Qué?"

"Laura", dijo ella suavemente.

"No puedo oírte. ¿Cuál es tu nombre?"

"Dije 'Laura'."

Entonces repentinamente, el predicador gritó como si estuviera casi enojado con Dios. "Dios, da a esta joven mujer un nuevo corazón y ¡un nuevo par de piernas!" Suavemente, él susurró al oído de Laura. "Fe. Tenga fe. Dios puede sanarte ahora." En ese momento Laura sintió que un fuego corría por sus piernas. Algo estaba sucediendo. Apenas se podía parar, pero se esforzó para no perder el balance. ¿Acaso estaba Dios haciendo algo a sus piernas?

Repentinamente, notó que estaba parada derecha con ambas piernas, por la primera vez desde que era niña. Dio una exclamación de gozo y comenzó a correr por el pasillo. "¡Ben!" gritó. "¡Dios me dio un corazón nuevo!" Lo que ella quería decir era "piernas nuevas", pero era mucho más que eso, y ella lo sabía. Las piernas fueron un extra.

DEFINIENDO UN NUEVO MOVIMIENTO

En el capítulo anterior, hablamos del movimiento Bautista. El segundo movimiento más fuerte durante los 1900 fue el Tercer avivamiento/Pentecostal/Carismático. Es cierto que algunos pentecostales no quieren que se los asocie con los carismáticos, y algunos pentecostales y carismáticos no están del todo familiarizados con esta frase "tercer avivamiento". Pero, históricamente hay mucha similitud en estos tres movimientos para considerarlos como parte de un todo. Si los Bautistas son conocidos por el evangelismo, los pentecostales son conocidos (juntamente con su primo la Santidad) por su énfasis en una obra más profunda del Espíritu Santo, que ocurre después de la conversión.

LAS RAÍCES DE SANTIDAD

Aquellos que tienen hambre de una vida más profunda en Cristo, conocida como la santificación, fueron ya sea forzados a salir, o escogieron salir, de la iglesia Metodista durante los años de decadencia del siglo diecinueve. A fines del 1800, el Metodismo como una denominación comenzó a desasociarse del énfasis de su fundador de llevar una vida más profunda, Juan Wesley. Muchos de los que salieron debido a que deseaban mantener un énfasis en la santidad, ayudaron a fundar las iglesias de la Santidad y pequeñas denominaciones de la Santidad.

COMIENZO PENTECOSTAL

Unos minutos después de la medianoche del 1 de enero del 1990, un nuevo movimiento comenzó, el movimiento Pentecostal. Un siglo después, llegaría a tener millones de miembros. Esa noche, en una reunión de oración, Agnes Ozman, un estudiante de la Universidad de Charles F. Parham Biblia de Betel en Topeka, Kansas, comenzó a hablar en otras lenguas. Como esta experiencia se propagó por toda la universidad, Parham se convenció que la *glossolalia*, o "lenguas desconocidas", era lo que él llamaba la evidencia bíblica del bautismo en el Espíritu Santo. Esta creencia se convirtió en la doctrina cardinal del emergente movimiento Pentecostal.

William J. Seymour, un predicador afro-americano de la Santidad en Houston, Texas, se conectó con Charles Parham durante la cruzada de Parham in Houston. Después, Seymour se mudó a los Ángeles donde la señora Hutchinson le invitó a hablar en una iglesia Nazarena en la calle Santa Fe. En ese tiempo, la población de Los Ángeles era de 228 mil[248] y consistía de muchos que se habían mudado a California de todas partes de América, personas sin raíces a nivel social y espiritualmente abiertos.

EL INICIO DEL AVIVAMIENTO DE LA CALLE AZUSA

Aunque el mismo Seymour no hablaba en lenguas en ese tiempo, el predicó lo que aprendió de Parham: las lenguas eran la evidencia bíblica de haber recibido el bautismo en el Espíritu Santo. La señora Hutchinson respondió cerrando con llave la puerta de la iglesia para mantener fuera a Seymour y su mensaje. Pero el persistente pastor comenzó a predicar en la sala de una casa en la calle 312 Bonnie Brae en los Ángeles. Cuando se llenó la sala, se mudaron a la entrada de la casa. La multitud era más de lo que el pórtico podía soportar, y el piso cedió. Afortunadamente, ninguno salió lastimado, pero Seymour decidió buscar un edificio más grande para continuar predicando.

Él y sus compañeros encontraron un edificio abandonado de la iglesia Metodista en la calle Azusa 312 y allí continuaron sus reuniones. El viejo edificio necesitaba urgente reparación. Tan pronto Seymour comenzó a predicar, también comenzó el famoso avivamiento de la calle Azusa. Y continuó con tres servicios diarios, los siete días de la semana, durante los siguientes ¡tres años y medio![249] El movimiento Pentecostal, que afirmaba tener 25 mil creyentes en el Medio Oeste, ahora comenzaba a tener mayor visibilidad.[250]

El periódico *Los Angeles Times*, publicó la historia del avivamiento de la calle Azusa el 18 de abril de 1906 con títulos que leían, "Lenguas extrañas e incoherentes; Se desata nueva secta de fanáticos; Escena salvaje anoche en la calle Azusa".[251] Al día siguiente el terremoto masivo en San Francisco sustituyó a los titulares del Avivamiento en la calle Azusa. Los Pentecostales sintieron el alivio porque Dios se movió en los Ángeles antes que tuviera que despertarlos con un terremoto. Años después, en 1972, un maestro de la Universidad Yale, Sidney Ahlstrom, llamó a William Seymour "el líder negro más influyente en la historia religiosa de América".[252] Seymour y Parham son considerados los cofundadores del Pentecostalismo.[253]

DEFENSA DE LAS LENGUAS

La defensa del pentecostalismo de la controversial evidencia de las lenguas se basó en Joel 2:28 y Hechos 2. En Hechos 2, Pedro dice que lo ocurrido durante el Pentecostés, la gran inauguración de la iglesia, fue el cumplimento de Joel 2:28. El Espíritu sería derramado sobre toda carne y los "hijos y las hijas" profetizarían. Además, la experiencia de la iglesia primitiva de hablar en lenguas (Hechos 2:2-4) proveyó el ancla espiritual para la defensa de este fenómeno. Aunque hay evidencia del hablar en lenguas, o expresiones de éxtasis, a través de la historia de la iglesia, la mayoría de estos acontecimientos fue a nivel regional y breve. El avivamiento de la calle Azusa cambió eso. Las lenguas se expandieron a nivel mundial y sin cesar. El énfasis de hablar en otras lenguas era fundamental del movimiento Pentecostal al igual que la intensa convicción de eminente segunda venida de Cristo. Otra característica del comienzo del movimiento fue la fe sanadora, la oración por los enfermos.

El movimiento Pentecostal, al igual que su hermana mayor, el movimiento de la Santidad, es una mezcla compleja de cientos de pequeños grupos que se juntaron. En el centro de estos sub-grupos había algunos organizadores muy talentosos que, aprovechando el momento, guiaron las fuerzas que ayudaron al crecimiento de este movimiento hasta ocupar el lugar de prominencia en la actualidad.

El movimiento Pentecostal no percibió al principio ser una nueva denominación,[254] sino un movimiento que debía funcionar dentro de todas las denominaciones. Sin embargo, su meta, pronto cambió. Después de ser criticada con severidad, especialmente por las iglesias de la Santidad, comenzaron a organizar sus propias denominaciones. Tan prolífico, aunque algo fragmentado, es este masivo movimiento que en la actualidad, cerca de 100 años después de su inicio, ha producido más de 1500 denominaciones solo en los Estados Unidos[255], y 17 mil denominaciones pentecostales a nivel global.[256]

UN FLUIR INCONTROLABLE

Para algunos el movimiento parece fragmentado y no manejable. Sería más correcto verlo de otra manera. Tan fuerte fue el fluir del Espíritu de Dios para producir de manera inexplicable este movimiento, que no se pudo preparar líderes con suficiente rapidez para juntar a sus adherentes en una denominación común. Cuando las aguas suben y se vierten sobre una represa, crean cientos de pequeños afluentes que se unen, se separan, y vuelven a juntarse. Algunos encuentran su propio camino y permanecen separados. El resultado todavía es una fuerte corriente de agua. El movimiento Pentecostal fue como la inundación de aguas. Al contrario del movimiento Bautista que comenzó lentamente en 1609, ¡hubo una explosión de los pentecostales en 1906!

Un ejemplo intrigante de esta fragmentación, unión, y re- fragmentación se demostró con A. J. Tomlinson, líder de una de las denominaciones que usó el título de Iglesia de Dios. La iglesia de Tomlinson comenzó como una iglesia de la Santidad en 1886, pero eventualmente se volvió Pentecostal. En 1943, cuando murió, se había fragmentado en más de dos docenas de organizaciones. Tomlinson había servido como el primer moderador general de la Iglesia de Dios (Cleveland, Tennessee). En 1923, Tomlinson fue liberado de sus tareas, entonces se mudó al otro lado de la ciudad y fundó una denominación rival, conocida originalmente como la Iglesia de Dios de Tomlinson. A su muerte, esta denominación se dividió en dos grupos: la Iglesia de Dios de la profecía, y la Iglesia de Dios de todas las naciones. A pesar de este comienzo de divisiones, todos estos grupos tienen una membresía considerable. La iglesia de Dios (Cleveland, Tennessee) ha experimentado un gran crecimiento y ejerce significativa influencia en la nación y alrededor del mundo. Aunque otras denominaciones, como los bautistas y los metodistas, tienen muchos grupos que resultaron de las divisiones, los pentecostales, debido a la pura fuerza de su cantidad, hace la historia de las nuevas denominaciones particularmente fascinante y compleja.

INTEGRACIÓN

No es insignificativo que el Avivamiento de la calle Azusa lo haya comenzado un predicador afro-americano. Los primeros días del avivamiento de la calle Azusa fueron claramente multirraciales. La gente de toda raza viajó de toda la nación y de muchos otros países para ver lo que estaba sucediendo en la calle Azusa.

Trágicamente, el racismo irrumpió en el espíritu de unidad durante el avivamiento al decidirse que las "manos negras no se deben imponer sobre las cabezas de los blancos" en un servicio de ordenación. Este incidente marcó la separación de blancos y negros en el movimiento Pentecostal que no se sanaría totalmente sino hasta el movimiento de reconciliación en el otoño de 1994, conocido como el Milagro de Memphis.

El grupo más grande afro-americano Pentecostal fue fundado por Charles H. Mason en 1911. Originalmente un Bautista, el fue expulsado debido a su experiencia en el movimiento de la Santidad que abogaba por la completa santificación. En 1895, Mason y Charles P. Jones fundaron la Iglesia de Cristo (Santidad). En 1907, Mason asistió al avivamiento de la calle Azusa y comenzó a hablar en otras lenguas. Cuando regresó a su iglesia en Missisippi para presentar el tema del hablar en otras lenguas, una minoría se apartó, siguiendo a Jones y mantuvieron el nombre de Iglesia de Cristo (Santidad). La mayoría que seguía a Mason, formó la Iglesia de Dios en Cristo, un nombre que Mason usó a principios de 1897. Después Jones se volvió a unir a Mason.

Pero el "padre" de todas las denominaciones pentecostales es las Asambleas de Dios, fundada en 1914 en Hot Springs, Arkansas. Esta notable organización que surgió con 300 miembros en 1914 aumentó a casi 28 millones en 1998 y es la mayor denominación Pentecostal en el mundo. El promedio de crecimiento de las Asambleas de Dios es virtualmente sin precedentes en la historia de la iglesia. Aunque ellos sospechaban de la burocracia de la denominación, los delegados al principio se juntaron con la esperanza de lograr más trabajando juntos en cooperación limitada. ¡Y tuvieron mucho éxito! Al igual que otras denominaciones pentecostales, históricamente las Asambleas de Dios han enfatizado las lenguas como la evidencia inicial del bautismo del Espíritu Santo. Desde mediados del 1970, ha sido la denominación Americana de más rápido crecimiento.

Una de las características de la iglesia de las Asambleas de Dios durante los 1970, y luego, fue su habilidad para relacionarse bien con las organizaciones no pentecostales. Bajo el liderazgo excepcional del superintendente general Tomás F. Zimmerman, que sirvió como el superintendente general de las Asambleas de Dios desde 1959 hasta 1985, y luego de formarse la denominación se unió a la Asociación Nacional de Evangélicos en 1942. Muy buenas relaciones existió entre la particular iglesia Pentecostal de las Asambleas de Dios y las denominaciones no pentecostales.

EL CONFLICTO PENTECOSTAL – SANTIDAD

Sin embargo, los primeros pentecostales, estaban sorprendidos por la respuesta de los predicadores de la Santidad de sus mensajes.[257] Era una regla común que los grupos de las denominaciones sean más mordaces hacia aquellos más cercanos, porque ellos no querían ser confundidos con los de Santidad. Tal fue el caso con los primeros líderes de la Santidad. Aunque debería haber una camaradería cercana entre estos dos grupos, las iglesias de la Santidad se sentían intimidadas por aquellas denominaciones que abogaban por las lenguas. Y los primeros en abogar por las lenguas pudieron ser condescendientes por la manera que abogaron por su don, pero algunos fueron aun más lejos hasta afirmar que uno no podía ser verdaderamente salvo a menos que hablara en lenguas. Esto era particularmente ofensivo a los grupos no pentecostales. Alma White, una líder del grupo de la Santidad conocida por su poco usual nombre de Pillar de Fuego, atacó a los pentecostales con represión, acusándoles de "dejar devastación espiritual en todas partes".[258]

Lejos estaba ella de ser la única líder de la Santidad que adoptara tal posición. Los primeros seguidores de la Iglesia de los Nazarenos enviaron representantes al avivamiento de la calle Azusa y concluyeron que lo que vieron allí obviamente no era de Dios. El exceso era más de lo que podían soportar, y el resultado fue una separación que se extendió por una generación entre la Iglesia de los Nazarenos, la mayor denominación de la Santidad, y cualquier organización Pentecostal. Pero nunca fue plan de Dios que ocurriera tal división, porque cada movimiento necesitaba el uno del otro.

El movimiento Pentecostal nunca debió separarse del movimiento de la Santidad. El movimiento de la Santidad proclamaba pureza. Parte del movimiento Pentecostal enfatizaba poder.[259] Tener poder sin pureza es como tener una locomotora espectacular y andar seguro sobre la vía pero, lamentablemente, sin poder para seguir adelante. Tener poder sin pureza es como tener una locomotora a carbón, que avanza movida a pleno vapor, pero girando sus ruedas en lodo por carecer de vías para andar. Tener pureza y poder es tener una locomotora (poder) que marcha hacia su destino sobre vías firmes (pureza). Debemos afirmar la fusión del Espíritu de Jesús, unción y poder, y verdad, integridad y pureza (véase Juan 4:24). ¡El gran divorcio entre la pureza y el poder debe terminar en una reconciliación y nuevo matrimonio![260]

El movimiento de la Santidad produjo una asombrosa integridad pero mucho menos poder. Los ministerios Pentecostales Independientes en alguna medida, y las personalidades carismáticas independientes en mayor medida, tenían gran poder pero fallaban en su testimonio personal.[261] ¡Los dos movimientos podían haberse casado y producido excelentes hijos!

Pero, no eran solamente los predicadores de la Santidad los que objetaron a los pentecostales. Los evangélicos se unieron al coro de críticos. Rubin A. Torrey, el decano del Instituto Bíblico Moody y pastor de la Iglesia de Moody sobre la avenida Chicago, criticó que el "movimiento de las lenguas" no provenía "de Dios". Los evangélicos por lo general responden a la interrogante "¿es de Dios el actual movimiento de las lenguas?" con un rotundo ¡No![262]

Las organizaciones Pentecostales y las no Pentecostales estuvieron separadas por décadas.[263] Solamente unos pocos, como Tomás Zimmerman, tuvieron el valor de cruzar los límites a nivel de la denominación y teológico para abrazar a otros y crear un clima de confianza mutua. Gracias a él y a personas como David du Plessis (a quién mencionaremos más adelante en la sección del movimiento carismático), los pentecostales y los no pentecostales eventualmente comenzaron a aprender cómo cooperar por la causa de Cristo.

AIMEE SEMPLE MCPHERSON Y JACK HAYFORD

El movimiento Pentecostal produjo algunos de los más extravagantes predicadores que la cristiandad haya conocido. Pocos, sin embargo, fueron tan fascinantes como la predicadora, Aimee Semple McPershon. Llegada a California en 1918 con dos niños, esta joven viuda asociada inicialmente con las iglesias de las Asambleas de Dios y otras denominaciones, predicó con mucho éxito en cruzadas pentecostales. En 1927, después de atraer a miles a sus cruzadas en California, fundó la Iglesia Internacional del Evangelio Cuadrangular. En 1923, esta gran mujer de fe construyó, libre de deudas, un auditorio con capacidad para 5300 personas conocido como el Templo Ángelus. Allí ella entrenó pastores y misioneros en una Escuela Bíblica, y al mismo tiempo también operaba la estación de radio de la iglesia. Aunque el ministerio de McPherson ligeramente se empañó por su repentina desaparición, y rumores de inmoralidad, ella hizo que la Iglesia Cuadrangular se convirtiera una de las fuerzas más profunda de sanidad en América. Las ambulancias hacían fila frente a la iglesia durante los servicios domingo tras domingo. Los actores y las actrices de Hollywood llenaban el lugar para ver a la extravagante predicadora McPherson, que podía mantener fascinado a su público.

La denominación que ella fundó creció rápidamente en influencia. Alrededor del 1990, un conocido líder de su iglesia, Jack Hayford, pastor fundador de la Iglesia del Camino en Van Nuys, California, se convirtió en un "decano no oficial de los pastores de América" por su capacidad espiritual y teológica. Él es el presidente fundador del Seminario del Rey y el editor general de la serie "la Vida llena del Espíritu". También ha escrito docenas de libros, tiene un programa radial y televisivo a nivel nacional y ha compuesto más de 500 himnos, incluso el muy conocido "Majestad", escrito en 1978.

SANIDAD

El movimiento Pentecostal contribuyó de manera significativa al movimiento de sanidad mundial. Sin embargo, la fe sanadora no comenzó con los Pentecostales a principios del 1900. La oración por los enfermos era una práctica usual de Jesús y sus primeros discípulos. En el siglo tercero, Gregory Tahumaturgus (d.C. 213-270) fue conocido como el obrador de milagros, debido a la cantidad de sanidades que a través de él se produjeron. Sin embargo, en el siglo noveno, la oración de sanidad por los enfermos ya no era común.

Los waldesianos, seguidores de Pedro Waldo, practicaron la oración por los enfermos, al igual que Martín Lutero. A través de la Edad Media, los católicos también mantuvieron el sacramento de ungir a los enfermos. La sanidad se enfatizó en Europa en los años siguientes al 1850, y en América después del 1870. Pero fue a través del movimiento Pentecostal que la sanidad ganó gran visibilidad. (Un no Pentecostal, Juan Alejandro Dowie [1847-1907], enseñó que después de la oración de sanidad, la persona, no debe ir a consultar con el doctor. Pero aquellos que oraban por la sanidad no apoyaban esta idea.) Después de la Segunda Guerra Mundial, el predicador Pentecostal William Branham (1909-1965) promovió un nuevo énfasis de la oración por la sanidad. Aunque Branham hizo algunas afirmaciones controversiales, él tenía la manifestación del don de sanidad. El ministerio de Branham llenó algunos de los auditorios más grandes y estadios en todo el mundo.

ORAL ROBERTS

Pero ningún ministerio de sanidad se compara con la muy visible obra de Oral Roberts (1918 -). Convertido en 1935, y unos días después Roberts fue sanado sobrenaturalmente de tuberculosis. En el periodo posterior a la Segunda Guerra Mundial, Roberts condujo grandes avivamientos en carpas y luego lanzó un ministerio de sanidad con una cruzada en Enid, Oklahoma. A medida que su popularidad crecía, Roberts incrementó su influencia mediante la transmisión de sus cruzadas por televisión. En 1965, fundó la Universidad Oral Roberts, un campo lleno de edificios con diseños del futuro. Aunque al principio fue muy criticado, el ministerio de Oral Roberts, ampliamente ha sobrevivido a sus críticos más severos. La Universidad es completa y cuenta con una escuela de estudios superiores, y es muy respetada entre los académicos en diversos círculos. Alrededor del 1970, el Pentecostalismo ya no era un movimiento confinado a pequeños edificios de madera pintados de blanco y ubicados al "otro lado de las vías". Su influencia fue evidente en cada grupo social y económico.

GORDON Y FREDA LINDSEY

Sin embargo, la persona que dio al movimiento de sanidad su influencia fue Gordon Lindsey (1906-1973). El publicó la influyente revista *Voz de sanidad*, de 1940-1967, que sirvió como punto de conexión para todos los evangelistas de la sanidad, Branham, Roberts, T. L. Osborne y muchos más. En 1967, Lindsey fundó el Instituto Cristo para las Naciones en Dallas, Texas. Lindsey fue el historiador y el teólogo del movimiento de sanidad, escribió la increíble cantidad de ¡250 libros! Lindsey murió mientras predicaba en su escuela de Dallas, que llevaba seis años de fundación. Se suponía que la escuela no iba a sobrevivir. Pero su esposa, Freda (1916-), asumió la dirección y en los años siguientes, ella no solamente construyó una universidad libre de deudas en una propiedad de 80 acres sino que también en las dos décadas siguientes recaudó 100 millones de dólares para ¡la misión mundial! Ella fundó treinta Universidades Bíblicas a nivel mundial, ¡y mandó construir 11 mil iglesias! Este tipo de compromiso contumaz con la misión es muy típico del creciente movimiento Pentecostal/carismático.

DIFERENCIAS

Aunque nos hemos referido a los pentecostales /carismáticos como uno, el movimiento Pentecostal/carismático no son sinónimos. Son dos movimientos hermanos distintos, o, según algunos, medios hermanos. Contrario al movimiento Pentecostal que creció de los niveles socioeconómicos bajos de la sociedad, como el movimiento de Santidad, el movimiento carismático surgió de las denominaciones litúrgicas entre la clase media y alta de la sociedad.

PRINCIPIO CARISMÁTICO

A principios del 1953, Demos Shakarian fundó el ministerio de Hombres de Negocios del Evangelio Completo Compañerismo Internacional como un instrumento para presentar la experiencia Pentecostal a los cristianos establecidos. Nacido en 1913, Shakarian era un acaudalado estanciero en California, que en 1959, empezó con éxito una organización mundial de laicos para que la gente reciba la experiencia del Bautismo en el Espíritu Santo durante los bien planeados almuerzos con los hombres de negocios.

Por una década hubo un énfasis carismático: Harald Bredesen, en la Luterana (1949); Tommy Tyson, en la Metodista en Carolina del Norte (1951); en la Episcopal Agnes Sanford (1956); James Brown, en la Presbiteriana en Pensilvania; y finalmente con el Pastor Don Basham (1957). El énfasis aumentó cuando, en 1952, Robert Walker escribió un provocativo artículo en la revista *Vida Cristiana* titulado: "¿Nos estamos perdiendo?"

La formal "explosión" de las manifestaciones del movimiento carismático ocurrió en la iglesia Episcopal San Marcos en Van Nuys, California, en 1959. El pastor de la iglesia, Dennis Bennett, comenzó a hablar en lenguas, y durante el transcurso del año siguiente, fue una influencia para más de cien personas que recibieron la misma experiencia. Un domingo 3 de abril del 1960, Bennett decidió hablar abiertamente, durante los tres servicios de ese día, de su experiencia de hablar en lenguas. La reacción fue tanta que después del segundo servicio Bennett anunció su renuncia durante el tercer servicio. Las revistas *Newsweek* y *Time* publicaron historias acerca del evento y así nació el movimiento carismático, con Dennis Bennett como el precursor no oficial.

Saliendo de Van Nuys, Dennis Bennett fue transferido a la iglesia Episcopal Luke en Seattle, que se convirtió en una de las iglesias líderes carismáticas en los Estados Unidos. Durante los dos años siguientes, la experiencia carismática pasó de los Episcopales a los Católicos, con los primeros católicos carismáticos entre los profesores de la Universidad Duquesne en Pittsburgh, Pensilvania, y en la Universidad Notre Dame en Sur Bend Indiana, en febrero del 1967. Contrario al movimiento Pentecostal, que marcadamente fue un fenómeno protestante, el movimiento carismático prosperó entre las principales denominaciones litúrgicas y entre los Católicos Romanos, especialmente los católicos muy educados. La renovación fue tan profunda que en 1969 produjo una red a nivel nacional conocida como Servicios de Renovación Católica.

En 1963, Russell Hitt, editor de la revista Eternidad, publicó un artículo titulado "El Nuevo Pentecostalismo". Haral Bredesen y Jean Stone Objetaron el término "neo-Pentecostalismo" y afirmaron que la frase apropiada era "renovación carismática". El término quedó. Durante los 1970, el movimiento produjo una explosión de iglesias y agresivos ministerios de comunicación que tenía como líder a Pat Robertson de la Red Cristiana de televisión, Paul Crouch de la Red de Televisora Trinity, y Jim Bakker de la Red Praise the Lord (Gloria a Dios, PTL).

Además, gran cantidad de la publicación carismática ganó respetabilidad para el movimiento. En líneas generales, la cultura quedó profundamente impactada por el libro de David Wilkerson, "La Cruz y el puñal" (1963) y el de John Sherrill "Ellos hablaron en otras lenguas" (1964). Los libros carismáticos, las revistas, y las enseñanzas en cintas, abundaron. Las investigaciones muestran que los carismáticos leen más libros que los protestantes de las principales denominaciones o católicos no carismáticos. Los carismáticos eran alumnos ávidos. La creciente popularidad de la revista *Carisma*, Stephen Strang y *Ministerios de Hoy* es un indicativo del increíble apetito del movimiento carismático.

REACCIÓN DE LAS DENOMINACIONES

Denominación tras denominación comenzaron a desarrollar una posición hacia el movimiento carismático. Algunos, se abrían con cautela; muchos eran negativos; y otros eran muy hostiles. La iglesia Luterana Americana publicó una declaración contra la promoción del hablar en lenguas. De la misma manera el movimiento carismático era polémico entre los Presbiterianos. Sin embargo, la Comunión Carismática de Ministros Presbiterianos fue la primera organización en formarse a nivel de denominación. La Convención Bautista del Sur tomó una firme posición cuando las convenciones de su estado expulsaron a varias congregaciones de bautistas carismáticos. De la misma manera la Iglesia de los Nazarenos tomó una firme posición, privando de credenciales a cualquier pastor que profesara estar asociado con el movimiento. Con el paso del tiempo, el movimiento se introdujo en casi cada denominación.

Algunos de los primeros carismáticos atrajeron bastante sobre sí la crítica inicial que recibieron. En su loable celo y exageración, fueron muchas veces inmaduros y detestables, virtualmente despojando de su cristiandad a cualquiera que no tuviera la experiencia particular de ellos. Con tiempo y madurez, el movimiento evidentemente se calmó y fue adaptándose mucho más a los cristianos *fuera* del movimiento carismático. Al mismo tiempo muchos de los no carismáticos reaccionaron al celo excesivo de sus vecinos carismáticos y criticaron innecesariamente con malas intenciones, y en muchos casos rompían relaciones con ellos. Pero recientemente, muchas denominaciones han bajado un poco sus barreras y han permitido que las reuniones carismáticas y los pastores funcionen dentro de numerosas estructuras a nivel denominacional. La abierta hostilidad que caracterizó los 1970 y a principios del 1980 en esencia se había desvanecido en 1990.

DAVID DU PLESSIS

El movimiento carismático debe mucha de su aceptación a la favorable influencia de David Du Plessis (1905-1987), que llegó a ser conocido como el "Señor Pentecostés". Contrario a muchos de sus compañeros que se apartaron de las principales denominaciones u organizaciones liberales, Du Plessis parece prosperar en el contacto ecuménico. El asistió al Concilio Mundial de Iglesias a partir de su segunda reunión en 1954 hasta su muerte. Él fue el único Pentecostal invitado para asistir a la tercera sesión del II Vaticano en 1964. El sirvió como sub director en el diálogo Internacional Católico Romano/Pentecostal desde 1977 hasta 1982. En 1983, Du Plessis recibió del Papa Juan Pablo II la Medalla del Buen Mérito, fue el primer no católico que alguna vez haya recibido este honor. Aunque no es una sorpresa, sus últimos años lo pasó en una institución no Pentecostal/carismática, el Seminario Teológico Fuller en Pasadena California, donde se encuentra su biblioteca personal. Él, más que ningún otro, hizo que no se temiera el término "carismático".

Cuando se le interroga acerca del Pentecostalismo, su respuesta fascinaba y desarmaba a los críticos del pentecostalismo. Cuando se le preguntaba, por ejemplo, por qué los pentecostales caen (caerse en el Espíritu) cuando reciben la oración, respondió sin mucha emoción, "¡porque les gusta de esa manera!"[264]

AUMENTO DE LAS TENSIONES

Aunque parezca sorprendente, no todos los pentecostales estaban entusiasmados respecto del movimiento carismático. Uno esperaría que estén muy entusiasmados de que su doctrina principal del hablar en otras lenguas se practique con tanta frecuencia. Pero muchos pentecostales tenían sospechas del nuevo movimiento, creían que los que recibían el don de lenguas eran menos auténticos porque con frecuencia ellos se quedaban dentro de las denominaciones liberales y no compartían el mismo estilo sociológico de adoración como los pentecostales clásicos.

Otros pentecostales rápidamente abrazaron el nuevo movimiento. Por ejemplo, Oral Roberts, inmediatamente se convirtió en un líder clave de la rápida expansión del nuevo movimiento carismático. Ralph Wilkerson, pastor de la iglesia Melodyland en Anaheim, California, fue otro que prontamente se unió al movimiento carismático como lo hizo el pastor de la iglesia cuadrangular Jack Hayford (Van Nuys, California). Las congregaciones de las Asambleas de Dios que abrazaron la nueva ola explotaron en medida e influencia. Aquellos que no participaron de esta ola parecen estar atrapados en un espiral de tiempo cultural y sociológico.

LA CONTROVERSIA DEL DISCIPULADO Y EL PASTOREO

Sin embargo, el movimiento experimentó algunos problemas severos. En 1969, un equipo de cuatro hombres se reunió para proveer aliento y discipulado para la rápida expansión del movimiento. Derek Prince de África del Sur, Dom Basham de los Discípulos de Cristo, Charles Simpson de los Bautistas del Sur, y Bob Mumford, un Pentecostal, a los que luego se unió Vern Baxter y formar un equipo de cinco que editaron la revista Vino Nuevo como parte de su ministerio. El movimiento rápidamente recibió severas críticas y vino a ser conocido como la controversia del discipulado y el pastorado, debido a sus enseñanzas excesivas sobre la autoridad y la sumisión. Alrededor de 1975 y 76, los carismáticos se dividieron respecto a este asunto. A fines del 1980 el daño del movimiento fue tan significativo y obvio que los líderes tuvieron que disculparse públicamente por el daño que habían causado en el ejercicio de su autoridad. El movimiento del pastoreado comenzó con buenas razones y motivaciones, pero perdió la coherencia de su entendimiento del balance cristiano. Los cinco de estos maestros eran excelentes comunicadores. Sus escritos están entre los distinguidos. Sin embargo, el movimiento es un ejemplo que advierte contrariamente del peligro cuando se presenta una buena enseñanza desprovista de balance. Es un tributo al movimiento carismático más grande que tuvo líderes lo suficientemente fuertes para confrontar la crisis de los pastores. Y es un tributo a los líderes actuales del movimiento de pastores que se han arrepentido públicamente. Una principal revista carismática publicó como título en la cubierta de tapa dos palabras en mayúsculas de uno de los líderes: “Lo siento”.

Y OTRAS CONTROVERSIAS

El movimiento del Pastoreado parecía identificable y manejable. Aunque más difíciles de resolver fueron las excesivas afirmaciones y el estilo de vida extravagante evidentes en el movimiento Palabra de Fe, las enseñanzas de riqueza y prosperidad, y lo que algunos han denominado como movimientos de fe radicales. Aunque cada uno de estos movimientos ha contribuido con una semilla de verdad bíblica, hay que notar también que fracasaron en respetar plenamente todo el consejo de Dios y de mantener en balance todas las enseñanzas de las Escrituras. Estos movimientos identificaron correctamente el deseo de Dios de otorgar sanidad y prosperidad a sus hijos, un énfasis muy necesario en la cristiandad de América. Sin embargo, algunos de los más prominentes promotores de la prosperidad fracasaron en balancear este énfasis con las claras enseñanzas de Cristo de que su iglesia sufriría y tendría persecución por causa de su nombre. Los promotores de la sanidad por fe y del hablar la Palabra dio énfasis a importantes verdades, pero fracasaron en contextualizar esas enseñanzas en las realidades de un mundo perdido.

REUNIONES

Además de producir grandes cantidades de iglesias independientes, construir Universidades Bíblicas y varias universidades excelentes (por ejemplo, la Universidad Oral Roberts, Evangel, Lee, y la Universidad Regents) y el establecimiento de tres principales canales de televisión, el movimiento carismático realizó multitudinarias reuniones. 50 mil personas asistieron a la conferencia en la ciudad de Kansas en 1977. En 1978, 55 mil personas asistieron a la "reunión Jesús" un domingo de Pentecostés en Meadowlands, Nueva Jersey, y una de las muchas realizadas en toda la nación. En 1980 se realizaron más de 100 reuniones denominadas "Jesús". Pero después de la conferencia en la ciudad de Kansas, las cosas cambiaron. Los asistentes a las reuniones comenzaron a disminuir. En 1987, la Conferencia en Nueva Orleans atrajo solamente 35 mil personas. El movimiento carismático, aunque muy amplio, comenzaba a moverse a un paso diferente.

EL TERCER AVIVAMIENTO

Es muy difícil especificar el movimiento que evolucionó en la era posterior a los 1980. C. Peter Wagner, un antiguo profesor del

Seminario Teológico Fuller, y ahora director del Centro Mundial de Oración en Colorado Springs, fue el primero en usar la frase "Tercer avivamiento", en contraste al Primer Avivamiento (Pentecostal) y el Segundo Avivamiento (carismático). Las iglesias del tercer avivamiento eran similares, aunque distintas en forma, a las iglesias pentecostales principio del siglo o las iglesias carismáticas durante los años 1960 y 1970.

WAGNER Y WIMBER

La frase "Tercer Avivamiento" se introdujo debido en parte a las enseñanzas de Juan Wimber, pastor fundador de la red en expansión de las iglesias Vineyard, con su central en Anaheim, California. Wimber fue invitado por C. Peter Wagner para enseñar en el Seminario Fuller el curso titulado "Señales y milagros, y el crecimiento de la iglesia". Wimber y su congregación estaban experimentando un derramamiento de señales y milagros en reuniones en Yorba Linda, California (y después en Anaheim), a principios del 1978. En 1983, Wimber comenzó a enseñar la clase en el Seminario Fuller y la aceptación de "señales y milagros" se expandió a una nueva generación de pastores evangélicos receptivos al fresco mover del Espíritu aunque no estaban muy cómodos con el término "carismáticos".

CARACTERÍSTICAS

Los pastores del tercer avivamiento principalmente dirigían las iglesias que comenzaron después de 1980 y que comúnmente permanecían dentro de sus propias iglesias a nivel de denominación. Las iglesias del tercer avivamiento por lo general tienen una idea optativa del uso de las lenguas; mientras que las pentecostales requerían las lenguas como evidencia del bautismo en el Espíritu Santo y los carismáticos insistían en ella como una expresión normativa, los pastores del tercer avivamiento por lo general la consideraban simplemente uno de los muchos dones del Espíritu Santo que quizá el cristiano pueda recibirlo o no. En esencia los pastores del tercer avivamiento son carismáticos pero ponen mayor énfasis en la doctrina básica evangélica, en contraste con el movimiento carismático inicial, que a veces tendía a enfatizar la experiencia a expensas de la doctrina.

Otro componente de las iglesias del tercer avivamiento fue el llamado "estilo hogareño y falta de auto promoción" de Wimber en oposición con algunos de los extravagantes ministerios (carismáticos).[265] Los promotores del tercer avivamiento oraban por los enfermos igual que los carismáticos pero sin mucha propaganda y usualmente sin la fe que afirma que se ha recibido la sanidad aunque no se haya manifestado.

La última característica del tercer avivamiento fue el énfasis en el estudio académico, debido a que el tercer avivamiento emerge de las clases del Seminario Fuller asociados con C. Peter Wagner y Juan Wimber.

FRACASO MORAL EN LOS MINISTERIOS INDEPENDIENTES

Uno de los más decepcionantes aspectos de los tres avivamientos es una serie de fracasos a nivel moral de parte de los líderes, cuya fama por los medios de comunicación causó que sus pecados sean expuestos en todo el país y alrededor del mundo. Jim y Tamy Bakker de la Red PTL (Praise the Lord [gloria a Dios]) se convirtieron en nombres conocidos en los hogares mientras la red televisiva y su matrimonio sufrían un vergonzoso colapso. Jimmy Swaggart, un Pentecostal clásico, se rebajó a sí mismo en dos encuentros con prostitutas. Estos dos escándalos hicieron que la nación retrocediera a fines del 1980, y fue la causa que muchos americanos desconfían de los televangelistas en general.

La historia de estos tres movimientos refleja a gente ordinaria, falible y ¡con pies de barro! Sin embargo, son personas con pasión y celo. Lo cual es consistente con la Biblia, que es claramente transparente respecto a las debilidades de sus personajes principales. En ambos casos, la gracia de Dios obra a través de las deficiencias y los fracasos humanos. La Biblia es completamente honesta acerca de líderes reacios con lengua de tartamudos (Moisés), temperamento impulsivo (David y Pedro), ataques de depresión (Elías), inquietantes dudas (Tomás), aguijones en la carne (Pablo), y débiles de salud (Timoteo). Tropezaron de manera muy humana. Pero a pesar de sus debilidades, limitaciones, y fracasos, Dios llamó y usó estos siervos para bendecir las naciones y reconstruir su Iglesia. Él sigue obrando hoy. Por consiguiente, oramos con fervor por tales hombres y mujeres, no héroes, sino personas dispuestas a permanecer en la brecha del liderazgo para arriesgar todo y servir.[266]

Y esta es su historia, en efecto, a eso se refiere toda la historia de la iglesia.

CRECIMIENTO SORPRENDENTE

Sin embargo, a pesar de estos casos aislados de fracaso moral y algunos excesos vergonzosos de unos pocos, reconocidos líderes pentecostales y carismáticos, el número de creyentes envueltos en estos movimientos siguió creciendo en gran manera. Esencialmente no se trata de resaltar en estos movimientos los defectos de los líderes. Se trata de una obra profunda del Espíritu Santo.

En 1945, se estimaba que los pentecostales alrededor del mundo eran de 16 millones;

1955, 27 millones;
1965, 50 millones;
1975, 96 millones;
1985, 247 millones

Estas son las evaluaciones por avivamientos:

*Primer Avivamiento (Pentecostal), 150 millones
*Segundo Avivamiento (carismático), 98 millones
*Tercer Avivamiento, 21 millones

En un artículo del semestre julio/agosto del 1999 de la revista *Ministries today* [Ministerios en la actualidad], David Barrett y Todd Johnson informaron que de los dos billones de personas en el mundo actual que se identifica con Cristo intencionalmente o al menos nominalmente, un billón son católicos romanos. Entre ambos católicos y protestantes, hay ¡449 millones de creyentes carismáticos y protestantes! Las principales denominaciones protestantes se estiman en 321 millones. Las iglesias ortodoxas (del Este) tienen un total de 220 millones. Las iglesias anglicanas afirman tener 75 millones. Es sorprendente imaginar que un movimiento que se había iniciado en una escuela bíblica en Topeka, Kansas, en 1901, tendría alrededor de

450 millones de adherentes a nivel mundial en menos de 100 años. Aunque estos números parezcan algo exagerado, las estadísticas son increíbles. ¡El mundo nunca había experimentado una explosión de esta magnitud! Tal como Vinson Synan afirmó: "Desde el primer siglo el Espíritu Santo no se había movido tan poderosamente como en la actualidad."[267]

CAPÍTULO 20

EL EVANGELIO SE EXPANDE AL MUNDO

Fecha de expansión: d.C. 1980-2000

Personas clave: los fieles misioneros desconocidos, la primera generación de cristianos en cada país, los cristianos perseguidos

A Xing Pedro Ho le gustaba su nombre y siempre usaba "Pedro" en la escuela, aunque sus amigos se mofaban de él. Pedro era el nombre que su abuela cristiana le había puesto. Ella le había relatado del Pedro que se menciona en el precioso libro, la Biblia, éste caminó sobre las aguas porque Jesús le dio el poder.

Pedro meditó mucho acerca de la Biblia mientras vadeaba a través de los charcos de regreso de la escuela a su casa. Hoy sería una noche especial. El visitante secreto estaría allí con páginas de la Biblia. Miró por encima de sus hombros mientras giraba hacia la calle donde había almacenes de alimentos. Pero nadie lo seguía. Luego de la cena, él, mamá, papá, y la tía Lee Won llevarían al visitante secreto por las oscuras calles hasta la casa del tío Wang.

Cuando llegó a su casa, se dio prisa a terminar la tarea escolar, comió el puñado de arroz y la sopa y luego se acostó a dormir; pero Pedro no podía conciliar el sueño. En medio de la noche, oyó un ruido apagado en la puerta y luego pisadas. Curioso, se levantó y se dirigió al cuarto donde sus padres estaban a la mesa, tomando té, y hablando casi en susurros con el visitante secreto. Se sorprendió de ver a una bella dama, de cabellos negro, largo y sedoso. No era vieja. Ella parecía de más edad que la hermana mayor de Pedro, que estaba en la universidad.

El se inclinó levemente para saludarla.

"¿Cuál es tu nombre, joven Ho?" preguntó ella.

"Pedro", respondió con orgullo. "Soy muy valiente."

La hermosa mujer sonrió. Pero era una sonrisa triste.

"Soy Chin-Lu Sang, una hija del Dios verdadero. Mi nombre bíblico es Judith. Pedro, tendrás que ser muy valiente."

Sí, valiente, repitió Pedro en su mente. El comprendía. Cada vez que los cristianos se reunían, Pedro sabía que alguno de ellos podría ser arrestado y llevado lejos. Todas las noches, él oraba por cada uno del grupo. Solo la semana pasada su pastor desapareció mientras caminaba al lado de la rivera. Y ahora el padre de Pedro era el líder del grupo. Pedro observó el rostro calmo de su bien parecido padre y se preguntaba, *¿Qué te pasará a ti, papá, si eres arrestado?*

Chin-Lu susurró, "es tiempo de comenzar a irnos. Los otros cristianos estarán allí".

Entonces para no atraer la atención, cada persona debía salir de la casa en diferentes horarios. El papá de Pedro salió primero; Chin-Lu se retiró diez minutos después; Pedro y su madre saldrían quince minutos después de ella. Pedro no tenía permiso de hablar mientras andaba por el camino. Cuando finalmente entraron a la oscura tienda del carnicero, se dirigieron calladamente al fondo donde esperaba un grupo de creyentes de la villa.

Chin-Lu sonrió y dio la bienvenida a los presentes. Después, la hermosa mujer, sacó un pequeño anotador del bolsillo de su chaqueta. En este anotador, dijo Chin-Lu, están los primeros capítulos del evangelio de Juan. Cuidadosamente, y con ternura lo abrió y leyó a la luz de la vela: "En el principio era el Verbo, y el Verbo era con Dios, y el Verbo era Dios." Ninguno deseaba que dejara de leer. Ella leyó acerca de 20 minutos. Después paró. Ya no tenía más páginas.

La mujer explicó que si tuviera el libro completo, le tomaría varias semanas leerlo completamente a ellos. La Biblia era un libro muy extenso. Pero cuando terminó de leer las pocas páginas que tenía, las palabras persistían en la mente de Pedro. *Gracia. Verdad. Amor. Creer. Oscuridad. Luz.*

Una oración resaltó en su mente. La Biblia decía que Dios le amaba a él y al mundo, y tan grande es el amor de Dios, que permitió que su único y amado Hijo muriera para que la gente pecadora pudiera aceptar y creer en Dios y vivir para siempre. Pedro no entendía. Pensaba que sería más sensato que Dios amara a su Hijo y le diera el mundo como regalo. Era muy triste que el maravilloso Hijo tuviera que morir.

"Entonces, ¿estás feliz, pequeño Pedro, que has oído las verdaderas palabras de la Biblia?", preguntó la visitante.

"Es triste que el Hijo tenga que morir."

La mujer extendió la mano y tocó el mechón de Pedro. "Sí, Pedro, pero ese no es el final de la historia. El Hijo vive para siempre, porque la muerte no le puede sujetar. Él volvió a la vida y está hoy en el cielo. Él cuida y ora por ti al Padre celestial."

Por cinco días consecutivos, cada noche Pedro regresaba a la tienda del carnicero. La mujer cada noche leía una y otra vez las páginas de la Biblia. Ellos cantaban juntos pero bien bajito. Un sábado por la noche, la hermosa mujer no se presentó. Sus padres y sus amigos oraron por ella esa noche, y leyeron en voz alta las páginas de la Biblia, para aprenderlas de memoria. El joven Pablo Xi sostenía una de las hojas y repetía al unísono, "para que todo aquel que cree en Él no perezca".

Repentinamente se oyó un portazo. La madre de Pedro gritó y le atrajo hacia sí. Mientras Pedro vio que las preciosas páginas bíblicas se desparramaban. Rápidamente las recogió. En la esquina obscura, metió las páginas entre su cinto y las cubrió con su camisa. Luego corrió de vuelta junto a su madre. La policía había irrumpido simultáneamente en la sala por la puerta del frente y la de fondo. Ellos no permitirían a ninguno que saliera. Patearon a la mamá y al papá de Pedro. Cuando Pedro trató de evitar que un policía golpeara a su madre, éste volteó y le propinó un puñetazo en la cara. Tomaron a la madre de Pedro, a su padre y a su tía, y a todos los adultos. Cuando se llevaron a todos, la candela se apagó, y Pedro quedó en medio de la noche juntamente con un grupo de otros cuatro niños, todos llorando por sus padres.

"Debemos ser valientes", dijo Pedro. "Mira", casi en susurros dijo a los niños, "Dios me permitió salvar las Palabras de Vida. Jesús prometió que siempre estaría con nosotros. "Veremos a nuestras madres y padres y tías y tíos." Pero, desde esa noche, Xing Pedro nunca más volvió a ver u oír de sus padres o de los otros adultos.

NO SOLAMENTE NÚMEROS

El 4 de julio de 1999, el evangelista Greg Laurie hizo una invitación en la Cruzada de la Cosecha en el estadio Qualcom en San Diego. Unos días después, recibí un informe enviado a los líderes cristianos en el Condado de San Diego, afirmando que durante los tres días de cruzada hubo un total de 4513 decisiones para aceptar a Cristo. La mayoría de los pastores probablemente vieron la cantidad de decisiones, se gozaron, y luego la tiraron en la papelera. Yo hubiera hecho lo mismo. Pero esta vez, guardé el informe. ¿Por qué? Porque el número 4513 no es solamente una estadística; uno de los 4513 fue mi hija de siete años de edad.

Esa noche cuando Grega Laurie dio la invitación, Josie volteó hacia mí y dijo, “papi, quiero pasar adelante y aceptar a Cristo”. Le hice dos o más preguntas para asegurarme que ella entendía esta decisión y luego comenzamos a bajar desde las gradas superiores del estadio hasta el campo de juego para reunirnos con un consejero. (¡Qué irónico, qué oportuno, que la consejera designada para mi hija de siete años fuera mi hija Janie de 22 años de edad!)

Relato esta historia para recordarle que las ¡estadísticas no son solamente números! No son números *cuando se trata de tu hija*. Estoy tan agradecido que esa noche el total de las decisiones fue 4513 en lugar de 4512. Ese sólo dígito es más importante para mí que el resto de todo el mundo. ¡Ese dígito *era mi hija*!

Este capítulo contiene cientos de números. Si usted piensa que los números no son importantes, considerará este capítulo aburrido. Pero si entiende que los números representan personas, el hijo de alguien, entonces se gozará o llorará a medida que avanza en la lectura de las estadísticas de las páginas siguientes.

EXPANSIÓN GLOBAL

A principios del Evangelio, la iglesia estaba localizada en Jerusalén. Dentro de unos años se había extendido a Asia Menor y África del Norte. Después de un crecimiento muy rápido en las primeras tres décadas, abarcó la mayoría del Imperio Romano. Veamos el siguiente resumen del crecimiento del cristianismo:

*En el primer siglo el Evangelio se expandió a Egipto, Sudan, Armenia, Francia, Italia, Alemania, Bretaña, Irak, Irán, India, Grecia, Yugoslavia, Bosnia, Croacia, Asia Menor, Albania, Algeria, Libia, y Tunicia.

*En los 100, el cristianismo se expandió a Marruecos, Bulgaria, Portugal, Austria, y continuó la expansión en África del Norte.

*En los 200, el cristianismo avanzó a Suiza, Sahara, Bélgica, Edesa, Qatar, Bahrain, Hungría, y Luxemburgo.

*En los 300, el cristianismo se expandió a Afganistán y Etiopía.

*En los 400, el cristianismo se expandió al África del Noroeste, la Isla de Mane, San Marino, Liechtenstein, Los Caucazos, Irlanda, y Asia Central.

*En los 500, se expandió a Yemen del Norte, Ceilán, Malabar, Nubia, Islas Canal y Andorra.

*En los 600, el cristianismo alcanzó China, Países Bajos, Indonesia, Nigeria, y Mongolia.

*En los 700 se expandió a Islandia, Pakistán, y Alemania Oriental.

*En los 800 la expansión del cristianismo llegó al Tíbet, Birmania, Dinamarca, Checoslovaquia, Suecia, y Noruega.

*En los 900, el Evangelio llegó a Hungría, Rusia, Groenlandia, Bohemia, Polonia.

*En los 100 se expandió a Finlandia.[268]

Aunque hubo periódicos contratiempos provocados principalmente por los avances de militares islamistas que masacraron cristianos y quemaron iglesias, ¡la lista de las naciones a continuación es más impresionante![269]

El paso de veinte siglos enseña que el cristianismo no es simplemente un fenómeno del Medio Oriente (donde comenzó) o la propiedad de asiáticos (donde creció rápidamente en Asia Menor). Ni pertenece solamente a los de piel oscura (aunque creció extremadamente rápido en África del Norte en los tres primeros siglos). No es simplemente la religión del hombre blanco (aunque se extendió explosivamente a través de Europa y América). No es meramente un resultado de la cultura hispana (aunque se introdujo en España, América del Sur, y América Central con explosiva fuerza). El

Evangelio se expandió mundialmente. El Evangelio toca el mundo entero.

AVIVAMIENTO GLOBAL

El progreso del Evangelio en el mundo hoy no tiene precedentes. Según el promedio más conservador, 70 mil personas aceptan a Cristo cada día.[270] Algunos afirman que el promedio diario es más de 100 mil personas. Del 1600 al 3500 ¡nuevas iglesias se abren cada semana![271]

El escritor Nate Krupp cree que este es el Quinto (y último) Avivamiento.[272] En contraste con los primeros cuatro avivamientos de los capítulos previos:

* El Primer Gran Avivamiento (1727-1780 entre los moravos en Alemania, y del 1734 al 1769 en las trece colonias) trajo del 10 al 20 por ciento de la población a Cristo.
* El Segundo Gran Avivamiento (1792-1842) alcanzó gran parte de Europa y Norteamérica y provocó la explosión del movimiento misionero.
* El Tercer Gran Avivamiento (1857-1859), conocido como el Avivamiento de Laicos, tocó no solamente los Estados Unidos de Norteamérica si no también Canadá, Gran Bretaña, África del Sur, Nueva Zelandia, Australia, y la India.
* El Cuarto Gran Avivamiento (1900-1930) comenzó con el avivamiento wesleyano del 1904 al 1906, y se extendió a casi toda nación, produciendo un poco más de 5 millones de nuevos convertidos a Cristo.

Krupp además explica cuatro movimientos diferentes de Salvación a través de los siglos provenientes del Imperio Romano para el resto del entonces mundo conocido. Se identifican estos movimientos según las fechas siguientes:

* D.C. 30-500, el evangelio invade el Imperio Romano;
* D.C. 500-1300, Europa Occidental y Asia Central son evangelizados;
* D.C. 1300-1700, el cristianismo continúa expandiéndose globalmente a través de los misioneros protestantes.
* Al llegar al 2000, la quinta ola de evangelismo se materia-

liza.[273] Los más conservadores estiman que 29 mil conversiones ocurrían diariamente en China. En partes de África, el número diario es de 20 mil conversiones y en América del Sur más de 10 mil.[274] ¡Algo está ocurriendo!

PORCENTAJE DE CREYENTES

En el año 1000, la población del mundo era de 269 millones (aproximadamente la cantidad de personas que actualmente viven en los Estados Unidos de Norteamérica.) El número de cristianos era alrededor de 50 millones o aproximadamente 19 por ciento de la población del mundo. Antes del año 2000, la población mundial cruzó el límite de los 6 billones. El porcentaje de cristianos es alrededor de 32.4 por ciento. Aunque es buena noticia que casi una tercera parte de la población mundial se identifica con la causa de Cristo, en 1900 el porcentaje ha disminuido un poco de su nivel. El mayor crecimiento en la historia del cristianismo ocurrió en el siglo 19, o según algunos lo llaman el siglo misionero. En 1900, el porcentaje de cristianos alcanzó el mayor número que se registra con 34.2 por ciento.[275] Según Patrick Johnstone, 30 por ciento de la población mundial se identifica de alguna manera con el cristianismo. Pero solo nueve por ciento son protestantes, y seis por ciento son evangélicos.[276] Recuerde, estas estadísticas representan al hijo de alguno, en este caso, a los de Dios.

Actualmente, el segmento del cristianismo de mayor crecimiento son los pentecostales y sus respectivos movimientos. El pentecostalismo comenzó a principios del 1900, que cuenta con un crecimiento anual de más de 19 millones de miembros.[277]

REGISTRO DEL CRECIMIENTO

En 1993 las estadísticas del equipo de estadísticas de Lausanne afirmaron que el cristianismo era la religión de más rápido crecimiento en el mundo,[278] pero aducía a la vez que las estadísticas eran mucho más conservadoras que los números mencionados anteriormente. Las discrepancias en el análisis del crecimiento cristiano se deben en parte a las definiciones. Algunos números incluyen a cristianos nominales, mientras que otros tratan de identificar solamente a los, cristianos evangélicos, nacidos de nuevo. La evaluación del equipo son porcentajes de la población mundial *reconocidos como cristianos* durante diferentes periodos de tiempo:

*0.2 por ciento en DC. 100;
*0.45 por ciento en 1000;
*1.4 por ciento en 1500;
*3.7 por ciento en 1900;
*4.8 por ciento en 1950;
*9.1 por ciento en 1980;
*14.7 por ciento en 1992.[279]

Recuerde estas estadísticas son los hijos de alguna persona.

PORCENTAJE

Algunos contadores han registrado el crecimiento del cristianismo mediante la comparación de porcentajes de años particulares. Según la Misión Fronteras en noviembre del 1990, el cristianismo había crecido de la manera siguiente:

*En 100, había 360 incrédulos por cada cristiano
*En 1000, había 220 incrédulos por cada cristiano
*En 1500, había 69 incrédulos por cada cristiano
*En 1900, había 20 incrédulos por cada cristiano
*En 1950, había 21 incrédulos por cada cristiano
*En 1980, había 11 incrédulos por cada cristiano
*En 1989, había 7 incrédulos por cada cristiano[280]
¡Note el avance impresionante del cristianismo!

El porcentaje de crecimiento se puede declarar al observar la fecha que por cada uno incrementa el porcentaje de cristianos de la población mundial. A continuación se cita el número de cristianos en comparación con el número total de personas en el mundo:

1 por 100 en 1430
2 por 100 en 1790
3 por 100 en 1940

4 por 100 en 1960
5 por 100 en 1970
6 por 100 en 1980
7 por 100 en 1983
8 por 100 en 1986
9 por cien en 1993[281]

Note cuán rápido este número ha aumentado en años recientes. Para llegar de uno a dos tomó 300 años, sin embargo para llegar de ocho a nueve ¡tomó solamente tres! ¡Este es un incremento alentador y espectacular! *Recuerde, estos números representan personas..*

MISIONEROS

Sin embargo, un crecimiento rápido no es fácil. Según Patrick Johnstone, hay 140 mil misioneros cristianos. El incremento se evidencia en que el cristianismo evangélico llega a 500 millones de adherentes y es la única religión principal en el mundo que aumenta debido a las conversiones.[282]

Para el año 200, hubo más cristianos evangélicos afuera que dentro de Europa y Norteamérica. Por cierto, más cristianos hablan español que ningún otro lenguaje. Para el año 2025, 70 por ciento de todos los cristianos evangélicos serán de los países menos desarrollados. Para el 2025, 50 por ciento de los misioneros que ministran a tiempo completo saldrán de países menos desarrollados.[283] ¡Esta es verdaderamente una época espectacular para vivir!

Sin embargo, el desafío, es grande. En la actualidad, dos de las ciudades más grandes son 97 por ciento no cristianas (Tokio y Shangai). Para el 2050, cuatro de las cinco ciudades más grandes podrían ser hostiles al cristianismo (Shangai, Beijing, Bombay, y Calcuta). Además, se estima que para el año 2050 habría cada día en el mundo un promedio diario de 160 mil infantes no cristianos. En 2050, se espera que la población mundial aumente por encima de los 14 billones, de la cual los pobres serán la abrumadora cantidad. Más de 50 por ciento de la población mundial vivirá en las megaciudades.[284]

UNA REVOLUCIÓN DE ORACIÓN

En el centro de este avivamiento global está un movimiento explosivo de oración. A principios del 1748, Jonatán Edwards predijo que esta fuerza ¡ocurriría alrededor del año 2000![285] En un libro que gana el premio por llevar el titulo más largo [Un humilde intento para promocionar un acuerdo explicito y una unión visible del pueblo de Dios en extraordinaria oración, para el avivamiento de la Iglesia y el avance del reino de Cristo en la tierra] Jonatán Edwards "predijo que los movimientos de oración incrementarán en las próximas generaciones, alcanzando un clímax juntamente con el mayor movimiento alrededor del 2000". David Bryant, un líder sobresaliente de un movimiento de oración, afirmó que "quizá estamos en el umbral del más significativo movimiento de oración en la historia de la iglesia.... Ninguna generación ha visto jamás semejante aceleración e intensificación de oración a nivel mundial".[286] En cuanto a la afirmación de Bryant, el renombrado promotor de la oración C. Peter Wagner dice, "no conozco a ningún líder de oración que esté en desacuerdo con Bryant".[287]

Esta revolución de oración se puede notar en la cantidad de libros de oración, manuales, grabaciones, y conferencias que inundan el escenario de la iglesia. Quizás el símbolo más visible de esta revolución es el uso de alta tecnología en la construcción del Centro de Oración Mundial, con un costo de 5 millones de dólares, en Colorado Springs en 1998. Además de movilizar millones de personas para orar las 24 horas del día, los 365 días del año, el Centro de Oración Mundial conecta 50 millones de cristianos que oran alrededor del mundo mediante la unión de centros de oración en 120 países y 5 mil iglesias en Norteamérica. La meta de C. Peter Wagner, líder del Ministerio de la Cosecha Mundial, es movilizar alrededor de 160 millones de personas que oran por la salvación de los no cristianos en el mundo.[288]

La oración extensiva, como casi todo cristiano sabe, es la razón del explosivo crecimiento en la iglesia más grande del mundo, la del Dr. Yonggi Cho, que tiene más de 750 mil miembros. La oración intensa, acompañada de una red pastoral que nutre los 25 mil grupos o células, ha causado el florecimiento de esta iglesia. La iglesia que sigue el mismo patrón es la del pastor Dion Robert de Cote d'Ivoire, África del Oeste, que cuenta con más de 120 mil miembros y 8 mil grupos o células.[289] Es increíble que en Corea, Sudamérica, o África, las iglesias sean ¡diez, veinte, e incluso cincuenta veces más grandes que las mayores iglesias en los Estados Unidos de Norteamérica! Es global, y la oración es el ingrediente clave en todas estas iglesias.

UNA REVOLUCIÓN DE ALABANZA

Además de la explosión de oración, el mundo ha visto una explosión de alabanza, que parece haber comenzado con el movimiento Jesús, y después se propagó al creciente movimiento carismático. Sin embargo, no fue sino hasta 1980 que este movimiento comenzó a tener una influencia dominante. El lanzamiento de la ¡Música Hosanna! Fue con el propósito de introducir la alabanza en las iglesias americanas y vino a ser la base para la Música Integridad. Aunque ninguna otra compañía de música había promocionado con éxito las grabaciones sin contar con un artista reconocido, la Sociedad Integridad fundada en 1987 en Mobile, Alabama, presentó la alabanza sin contar con músicos reconocidos. La respuesta fue fenomenal. La gente de toda denominación inmediatamente comenzó a comprar las grabaciones de la colección de música ¡Hosanna Integridad! En 1998 las ventas de Integridad en el mercado se incrementaron a un 48 por ciento, alcanzando una venta de 40 millones de unidades en 140 países. Dieciséis de los álbumes y videos alcanzaron el premio de álbum de oro. (Oro es la designación que se da a los álbumes que han vendido 500 mil copias, mientras que un video debe vender más de 50 mil para recibir el premio Oro.) La compañía claramente reconoce que "este éxito que han alcanzado significa un gran hambre del pueblo de Dios a nivel mundial de… Su presencia".[290]

Además de la música de alabanza, se publicó una gran cantidad de libros respecto al tópico, y se dictaron una variedad de conferencias sobre la adoración.[291] En 1980, casi nadie había oído de conferencias sobre la adoración, pero diez años después hubo cientos para escoger en toda Norteamérica.

La transición en el estilo de música no vino sin controversias. Elmer Towns identifica el problema en su libro "Putting an End to Worship Wars" [Poniendo un fin a la guerra de la alabanza].[292] Las iglesias se dieron cuenta que dos generaciones distintas tenían su propia preferencia de música: la generación de constructores, que optaban por los himnos tradicionales, y la generación después de la Segunda Guerra Mundial, que prefería la alabanza de la música contemporánea. La iglesia podría haber anticipado que la guerra de la alabanza pronto enfrentaría una tercera generación, los *desbaratadores*, que siempre insisten en su propio estilo de música.[293] Muchas iglesias simplemente se dieron por vencidas en tratar de mantener a las personas con el mismo estilo en el servicio de adoración y ahora permiten una gran variedad de alabanzas para acomodar las diversas preferencias de los diferentes grupos de edad. Aunque los grandes himnos tradicionales de la iglesia siempre tendrán un lugar importante, el hecho es que, según el artículo principal de la revista *Cristianismo hoy*, titulado "El triunfo de los cantos de alabanza: como el ritmo de las guitarras predominaron al del órgano en la guerra de la alabanza", afirma que la música contemporánea ha reemplazado a la música tradicional de manera abrumadora en las iglesias de Norteamérica.[294]

UNA REVOLUCIÓN DE RECONCILIACIÓN

Al avivamiento de la oración y al de la alabanza se unió el avivamiento de la reconciliación. Al frente de este movimiento estaba el entrenador Bill McCartney de Cumplidores de Promesa, en Boulder, Colorado. A principios de 1991, el movimiento de Cumplidores de Promesa se convirtió en un fenómeno nacional, llegando su punto más alto en 1996. En ocho años, 3.2 millones de varones asistieron a ochenta y tres eventos en estadios. En 1997, los Cumplidores de Promesa comenzaron a experimentar desafíos en su economía, y la asistencia en sus reuniones disminuyó. Sin embargo, el entrenador McCartney continúo en la búsqueda de su sueño de animar y unir a los varones, de toda raza, para que sean seguidores fervientes de Jesucristo.

A un nivel mayor, John Dawson[295] fundó un ministerio de reconciliación a fin de enseñar a una cultura cómo afirmar la particularidad de la otra. El movimiento de reconciliación alienta a que un grupo discierna qué males se han infligido sobre otro grupo y a pedir perdón por estas atrocidades, incluso cuando el mal ha sido hecho muchos años atrás por previas generaciones. Quizá el ejemplo más intrigante de este método fue el grupo de cristianos, exactamente 900 años después, que visitó las villas de los musulmanes que las Cruzadas atacaron en 1099, para pedir perdón por sus acciones. En Norteamérica, el movimiento de reconciliación por lo general reúne a los norteamericanos descendientes de los europeos con los nativos norteamericanos con el fin de pedir perdón. Una importante reunión de reconciliación fue la celebración de alabanza de las Primeras Naciones en setiembre de 1999 en San Diego. "La iglesia de Cristo no será completamente restaurada hasta (que la reconciliación) suceda entre las personas que habitaron originalmente la tierra donde Dios las puso", afirma Richard Twiss, un Sioux/Lacota de Vancouver, Washington.[296] La revolución de Reconciliación, cuando es impulsada genuinamente por el Espíritu Santo, puede resultar en un cese dramático de las tensiones entre los grupos culturales que han guardado resentimiento por años.

AVIVAMIENTOS ALREDEDOR DEL MUNDO

Alrededor del mundo está ocurriendo una explosión de avivamientos. Afortunadamente, algunas de estas grandes obras de Dios están ocurriendo también en los Estados Unidos. Una obra poco común del Espíritu comenzó en un servicio diario en la Universidad Asbury en Wilmore, Kentucky, en febrero de 1970. Al final de servicio de una hora en el auditorio Hugs, los estudiantes pasaron al altar a pedir perdón. Las clases fueron canceladas por administradores espiritualmente sensibles que percibieron que algo significativo estaba ocurriendo. Cancelaron las clases durante todo el día, y el día siguiente. Al final, esa reunión en la capilla continuó sin parar por ocho días y noches, 185 horas consecutivas sin interrupción. En pocas horas los estudiantes del otro lado de la calle del Seminario Teológico Asbury comenzaron a asistir. La noticia se propagó a, Lexington. Para el segundo día, la gente comenzó a llegar de otras ciudades e incluso otros Estados. A medida que el avivamiento progresaba, la gente comenzó a llegar de otros países.

Tan poco habitual fue el avivamiento que el periodista Billy Thompson, en su programa regular nocturno de las principales cadenas de comunicación en Lexington, recomendó que la gente pusiera a un lado el periódico y atendiera con cuidado a la inusitada historia.

Ese febrero de 1970 quedó grabado en el corazón de cientos de miles de personas afectadas por este avivamiento, y que eventualmente se propagó a otras universidades evangélicas y a un número de comunidades a nivel local. Realmente, el Dr. Robert Coleman, entonces profesor del Seminario Teológico de Asbury, tenía razón al afirmar que este "era un momento divino".[297]

Mientras que el avivamiento de Asbury tocaba los campos universitarios cristianos, el movimiento Jesús comenzó en un segmento diferente de la cultura. Increíblemente, el Espíritu comenzó a tocar a jóvenes, que rechazaban los valores sociales y políticos y proclamaban una creencia en la paz y el amor universal, ¡que no eran en absoluto los candidatos ideales según las normas de la mayoría de las iglesias! A fines de los años 60 y principios del 70, el movimiento se propagó a través de Norteamérica, comenzando en California, y alrededor del mundo. Ninguna persona iba al frente del avivamiento que tocó a miles de los desechados de la sociedad, a causa de sus largas cabelleras, barbas, guitarras, drogas, y una actitud contra las reglas.

Sin embargo, en 1965, Chuck Smith se convirtió en el pastor de dos docenas de cristianos desalentados que se reunían en una iglesia denominada Capilla Calvario. La excepcional habilidad para enseñar de Chuck atrajo cada vez más a las personas, y la iglesia tuvo que mudarse en repetidas ocasiones. Durante este tiempo de crecimiento, Chuck y su esposa habían recibido a algunos de los convertidos del movimiento Jesús a los que su hija conocía. En mayo del 1968, alquilaron la primera casa de las muchas que albergarían a los jóvenes del movimiento Jesús que estaban en el proceso de desintoxicación de las drogas, después de que aceptaran a Cristo. Pronto la tienda, con asientos para 300 personas, que usaban para los estudios bíblicos y las reuniones de adoración, resultó inadecuada para abarcar el incremento de asistencia. Hoy, la Capilla Calvario con una alabanza moderada y franca enseñanza bíblica ha establecido más de 600 Capillas Calvario alrededor del mundo. Donald Miller, profesor de religión de la Universidad del Sur de California, afirma en unos escritos que la Capilla Calvario, el movimiento Vyneyard, y el movimiento Capilla de la Esperanza han "reinventado el protestantismo norteamericano".[298]

El 24 de agosto de 1999, 16 mil personas del movimiento Jesús se juntó en Arrowhead Pond en Anaheim, California, para celebrar el aniversario de treinta años del movimiento Jesús. Esta reunión de las personas del movimiento Jesús incluía no solamente a Chuck Smith, que fue presentado como el "padre de la gente del movimiento Jesús", sino también a sus "hijos en el Señor", como Mike MacIntosh del movimiento Capilla del Horizonte (San Diego, California) y Greg Laurie del movimiento Compañerismo Cristiano de la Cosecha (Riverside, California).[299]

AVIVAMIENTO EN 1995

Un avivamiento menos reconocido impactó a muchas universidades cristianas en la primavera de 1995. El crecimiento de este avivamiento puede notarse a través de la doble publicación semanal del *Informe Religioso Nacional e internacional*. El IRNI publicó por primera vez el avivamiento el 20 de marzo de 1995. El 3 de abril, el avivamiento se propagó a múltiples universidades en diferentes Estados;

* En Kentucky, la Universidad Moorhead del Estado y la Universidad Murray del Estado
* En Illinois, la Universidad Wheaton y la Universidad Olivet Nazarena
* In Texas, la Universidad Howard Payne en Brownwood; la Universidad Criswell en Dallas; la Universidad Bautista Houston en Houston; el Seminario Teológico Bautista del Suroeste en Fort Worth (el seminario más grande en el mundo).[300]

  Alrededor del 17 de abril, el avivamiento se propagó a más universidades en toda la nación:

* En Massachusetts, la Universidad Gordon y la Universidad Nazarena del Este
* En Kentucky, la Universidad Asbury
* En Indiana, la Universidad Taylor
* En Illinois, la Universidad Trinidad y la Universidad Evangélica de Divinidad y la Universidad Bautista de Illinois
* En Michigan, la Universidad Cornerstone
* En Minnesota, la Universidad Northwest y la Universidad de San Bonifacio[301]

El 1 de mayo, *el Informe Religioso Nacional e Internacional* publicó otras universidades que fueron alcanzadas por este avivamiento:

* En Massachusetts, el Seminario Teológico Conwell
* En Kentucky, el Seminario Teológico Bautista del Sur
* En Indiana, la Universidad Wesleyana de Indiana
* En Illinois, la Universidad Judson
* En Iowa, la Universidad del Estado de Iowa
* En Colorado, la Universidad Cristiana de Colorado
* En Oregón, la Universidad George Fox y la Escuela Bíblica Multnomah[302]

Para el 10 de julio, el avivamiento ya había tocado al menos 50 universidades incluidas las ligas de universidades: la Universidad Yale en Connecticut, la Universidad Dartmouth en Nueva Hampshire, y la Universidad Columbia en la ciudad de Nueva York.

Un historiador de la Escuela Trinidad Evangélica Divina, afirmó que "en veinte y cinco años de enseñanza nunca antes había experimentado nada semejante". En varias universidades los estudiantes formaban fila para confesar pecados que habían guardado por muchos años como la amargura, la pereza, la inmoralidad sexual, la pornografía, el alcohol y las drogas, la hipocresía, y el materialismo. Pidieron el perdón y la liberación de Dios.[303]

Gary Stratton, el decano de la capilla de la Universidad Gordon en Wenham, Massachusetts, advirtió que "unos días de reuniones no hace un avivamiento". Prosiguió, "espero ver un crecimiento del movimiento del Espíritu que toque a miles de estudiantes". Algunos consideraron este despertar en 1995 como una renovación en vez de un avivamiento, según Stratton, sin embargo, fueron alentados a creer que "era la advertencia de Dios que decía prepárate".[304]

LA BENDICIÓN DE TORONTO

En enero del 1994, un avivamiento comenzó en la iglesia Viñedo de Toronto y ha continuado por casi seis años. La mayoría de los eventos de renovación son controversiales, pero el movimiento de Toronto ha sido excepcional. Entre enero del 1994 y diciembre del 1998, más de dos millones y medio de personas asistieron a las reuniones de la iglesia Viñedo. Muchos se trasladaron desde Alemania, Wales, Japón, Bélgica, y Hungría. Aunque la mayoría de los movimientos carismáticos van acompañados de señales como caerse en el Espíritu, las profecías, y las lenguas, la bendición de Toronto incluía una conducta más peculiar. Algunos se reían fuertemente por horas o ladraban como perros, rugían como león, y cacareaban como gallinas. En nuestro andar por la historia, he tratado de andar sobre la "cuerda floja", declarando lo que Dios estaba haciendo, incluso en los movimientos más inusuales cuyos líderes obviamente eran imperfectos. La bendición de Toronto ha provocado reacciones muy distintas. Algunos la consideran como uno de los grandes derramamientos del Espíritu nunca visto en la historia, mientras que otros lo condenan severamente como un instrumento usado por el diablo para engañar a cristianos débiles. Cualquiera sea la opinión de la gente respecto de la bendición de Toronto, cuyo pastor John Arnott prefiere llamar la Bendición del Padre, se debe reconocer dos cosas: 1) varios millones de personas creen que fueron tocadas profundamente por Dios y renovadas por su Espíritu; 2) Pudo haberse controlado mejor el avivamiento para evitar los excesos. Aunque el mover de Dios es difícil de dirigir, es lamentable cuando no se controla los excesos.

En diciembre de 1995, John Wimber, el líder carismático del movimiento de la iglesia Viñedo, informó a John Arnott que su iglesia fue excluida de la comunión de las iglesias Viñedo debido a los excesos. Algunos pastores de Viñedo no estuvieron de acuerdo con Wimber. De las aproximadamente 700 congregaciones afiliadas, 31 congregaciones de Viñedo dejaron el movimiento. En noviembre de 1997, John Wimber, que ha sido un importante líder a nivel global de la sanidad y guerra espiritual falleció de una masiva hemorragia cerebral. Tres mil adoradores se reunieron en la iglesia Viñedo de Anaheim para la celebración de un servicio funerario de tres horas, que incluía horas de alabanza y adoración, y duelo. La conclusión del evento en Toronto todavía está por escribirse.

EL AVIVAMIENTO EN BROWNSVILLE

El 18 de junio de 1995, el Día del Padre, un similar avivamiento comenzó en la iglesia Brownsville de las Asambleas de Dios en

Pensacola, Florida. Aunque incluía las señales carismáticas como el caerse en el Espíritu y las profecías, este avivamiento fue dirigido con habilidad inusual. En el cuarto año, millones de personas desde los seis continentes habían asistido al avivamiento. La gente se reunía todos los días, y esperaba poder entrar. Cuando las puertas se abrían, la iglesia se llenaba en sesenta segundos. Grandes pasillos con cámaras de televisión albergaban una multitud de 5 mil personas, y cada semana había como 2 mil personas que aceptaban a Cristo.

LA CONDICIÓN ESPIRITUAL DE AMÉRICA

Juntamente con las buenas noticias del avivamiento viene la trágica noticia del declive moral en América.[305] El lector honesto se pregunta cómo no he mencionado la caída moral de América. Nuestro país está al borde de una bancarrota espiritual. Un conocido escolar Robert Bork ha escrito un libro que ha sido el más vendido, acerca de la caída moral de América, titulada: *Slouching Toward Gomorrah* [Camino hacia Gomorra]. Bork escribe:

> Treinta años atrás, (el presidente Bill) la conducta de Clinton le hubiera descalificado absolutamente. Desde la elección en 1992, el público ha sabido mucho más acerca de lo que se conoce como, eufemísticamente, "asunto del carácter". Sin embargo, nada de esto parece afectar la popularidad de Clinton. Es difícil no concluir que algo respecto a nuestras percepciones y reacciones ha cambiado profundamente. Si ese cambio es permanente, las implicaciones para nuestro futuro son desoladoras.[306]

A fines de 1980, el escándalo de los tele-evangelistas Jim Bakker y Jimmy Swaggart se transmitió por todos los canales de televisión de nuestra nación. Las encuestas tomadas por la organización Gallup mostraron que el número de americanos que opinaban que el clero tenía altas normas de ética bajó del 67 por ciento en 1985 a solamente 55 por ciento en 1990.[307] El precio de estos escándalos ha sido un duro golpe a los esfuerzos de los cristianos de esta nación.

REDUCCIÓN DE MISIONEROS

Desde 1996 a 1997 el porcentaje de norteamericanos que asistían regularmente a la iglesia bajó a 5 por ciento. Además, la función de Norteamérica como la principal nación que envía misioneros estaba en seria decadencia. Según *World Pulse* [latido Mundial] "por la primera vez en cinco décadas, el número registrado de misioneros norteamericanos en el extranjero ha bajado de cincuenta mil quinientos en 1988 a cuarenta y un mil ciento cuarenta y dos en 1992".[308]

AUMENTO DE LAS RELIGIONES DEL ORIENTE

Durante esta decadencia en la moral y en las misiones, Norteamérica ha visto un dramático incremento de las religiones del Oriente. A principios de 1990 había más de 500 mil hindúes y 3.5 millones de musulmanes en los Estados Unidos (en el 2000, se estimaba que el número se acercaba a los 15 millones). Además, es obvio que el Budismo va en aumento, lo cual solo se puede medir por los que viajan para ver a Dalai Lama. En 1991, 5 mil personas se juntaron para oírlo en el Parque Central en la ciudad de Nueva York. En agosto de 1999, una multitud de 40 mil se reunió en el mismo parque para oírlo. En la ciudad del medio oeste de Bloomington, Indiana, 5 mil personas vinieron cada día para oír su conferencia a fines de agosto de 1999. Entre la multitud se encontraban actores reconocidos como Richard Gere, Steven Sagal, y Harrison Ford. El ritual del día incluía la creación de una pintura hecha de colores que representa a un dios de cuatro caras con veinticuatro brazos.[309]

AUMENTO DE PERSONAS QUE NO ASISTEN A LA IGLESIA

Una reciente encuesta concluyó que de los 1900 que respondieron, el 70 por ciento cree que no se debe exhibir los Diez Mandamientos en las paredes de las escuelas norteamericanas.[310] Considerablemente, el Grupo de Investigación Barna además indicó que aunque Norteamérica está llena de nuevas iglesias y el crecimiento de mega iglesias, una nueva encuesta nacional muestra que el número de adultos que no asisten a las iglesias va en aumento. Se considera que casi un tercio de los adultos de la nación (31 por ciento) no asiste a la iglesia. Esto representa un 60 a 65 millones de adultos que no asisten a la iglesia. Para ser clasificado sin iglesia, una persona debe declarar que no ha asistido a la iglesia en los últimos seis meses.[311]

Al comentar respecto de la rápida decadencia de América, el cantante Carman afirma:

> Si nota las estadísticas de crimen violento, abuso sexual, aborto, homicidio juvenil, suicidio, alcoholismo, abuso de drogas, u otra cosa con respecto a la moral nacional, notará que en 1962 las estadísticas comenzaron a evidenciarse. El único suceso en 1962 que explica esto es la prohibición de la oración en las escuelas públicas. No se permitió que los estudiantes oraran en Norteamérica. Fue la primera vez en la historia de América que se tomó una posición verbal pública contra Dios.[312]

AUMENTO DEL CRIMEN, NACIMIENTOS ILEGÍTIMOS, Y ABORTOS

El periodista Allan C. Brownfield afirma que, "desde 1960 hemos observado un incremento de 560 por ciento de crimen violento y un 400 por ciento en nacimientos no legítimos". Lamentablemente, Estados Unidos va a la cabeza del mundo industrializado en asesinatos y abuso sexual. El senador de Nueva York Daniel Moynihan afirma que "en 1943 solamente el 3 por ciento de niños nacían de madres solteras, en comparación al promedio de toda la ciudad del año pasado del 45 por ciento. En algunos vecindarios de las minorías el número es alrededor del 80 por ciento". El secretario de Educación William Bennett observa que "en muchas ciudades el aborto es mayor a los nacimientos".[313]

LA SITUACIÓN DE LAS UNIVERSIDADES CRISTIANAS

Harvard, Yale, y Princeton eran solamente unos pocos de la liga de instituciones fundadas con el propósito de enseñar a los estudiantes los fundamentos del Evangelio. Durante el Primer Gran Avivamiento se fundaron quince nuevas universidades. Qué difícil sería ahora encontrar que una de estas universidades todavía desea exaltar el nombre de Cristo. Incluso sería más sorprendente para el observador casual saber que la Universidad de Michigan y la universidad de California, Berkeley, fueron cristianas. En su obra inicial, *El alma de la Universidad Norteamericana*, el profesor de historia de la Universidad Notre Dame, George M. Marden aparentemente sigue el inevitable cambio sociológico de las universidades del "establecimiento protestante" a la "incredulidad establecida".[314] Como si el relato de Marsden de 450 páginas no fuera suficientemente doloroso, James Tunstead Burtchaell publicó un libro de 850 páginas, *La cesación de la luz: la desvinculación de los colegios y las universidades de sus iglesias cristianas*,[315] en el que afirma que las universidades cristianas continúan perdiendo sus características cristianas.

Una vez hablé en una conferencia para presidentes, administradores, líderes de la universidad, y miembros de la junta de cinco diferentes universidades. Uno anunció con mucho entusiasmo "nunca tomaremos el camino de aquellas universidades que han perdido sus características cristianas". Lamentablemente, yo era el siguiente orador y pregunté, "¿qué nos hace pensar que las universidades aquí representadas no se convertirán en 'instituciones liberales' en 25 años a partir de ahora? Personas como nosotros, reunidos en un lugar como este, representando a las mismas universidades a las que nos hemos referido, y afirmamos, '¡esto nunca no pasará!' Pero, sí ha sucedido." Parece una imposibilidad cultural evitar que las universidades cristianas, las denominaciones, y las iglesias a nivel local se desvíen hacia una posición liberal, y pierdan el propósito por el cual fueron creados. Quisiera elevar la voz con mis compañeros, "no, no es imposible; ¡es posible pararlo!"[316] Sin embargo, la historia no apoya tal optimismo. Requiere firme decisión mantener la iglesia, la denominación, o las escuelas cristianas para que no pueda transigir de su propósito cristiano.

El CRECIMIENTO DE LAS MEGA-IGLESIAS

Sin embargo, hay muchas razones para gozarnos. A principios de la década de los 90, los líderes oficiales de treinta denominaciones se reunieron para planificar una estrategia de 10 años para plantar 50 mil nuevas iglesias para el año 2000. La meta se logró.

Una mega-iglesia es aquella cuya asistencia durante un servicio de fin de semana pasa las 2 mil personas. A principios del nuevo milenio, había 500 mega-iglesias en Norteamérica. Una nueva mega-iglesia (con una asistencia de más de 2 mil) ¡nace cada dos semanas y media!

En 1990, había cuarenta iglesias en el mundo con una asistencia durante los fines de semana de 10 mil personas o más. Solamente tres de estas iglesias eran de los Estados Unidos. Una década después, el número ha aumentado cinco veces más en los Estados Unidos. Y con la entrada del nuevo milenio, los Estados Unidos contaba con 75 mega-iglesias ¡con más de 10 mil o más asistentes![317]

LA PERSECUCIÓN

La decadencia moral de Norteamérica es solamente una de las serias realidades de la vida cristiana contemporánea a principios del nuevo milenio. El segundo mayor desafío es la persecución a nivel global. Aproximadamente 160 mil cristianos son asesinados cada año por causa de su fe en Cristo, según el misionólogo David Barret.[318] Cada tres minutos, en algún lugar del mundo, un cristiano es asesinado por su fe. Según un resumen de las *Misiones del Mundo*, hay aproximadamente 100 millones de mártires en este supuestamente humano siglo XX.[319] En un libro titulado *By their Blood* [Por la sangre de ellos], James y Marti Hefley afirman que hubo más mártires por su fe en Cristo en el siglo veinte que en todos los siglos anteriores combinados.[320] En efecto, "más personas han muerto en circunstancias relacionadas con su fe en este siglo que en todas las guerras juntas del siglo veinte".[321]

Los cristianos se gozan que el Congreso aprobó el Acto de Libertad en octubre de 1998. Sin embargo, fue frustrante para muchos activistas de los derechos humanos que se retiraran las sanciones económicas contra las cincuenta o sesenta naciones que continúan acosando a 200 millones de cristianos.[322] Aunque es cierto que la "sangre de los mártires es la semilla de la iglesia,"[323] la persecución severa puede ser devastadora a la obra del Reino. El cristianismo prácticamente ha sido exterminado en varias naciones musulmanas como resultado de una extendida exterminación de cristianos. Alemania del Este es un ejemplo moderno del impacto de la opresión y persecución. Se estima que el 80 por ciento de la población en la anterior Republica Democrática Alemana no asiste a la iglesia. En una encuesta en abril de 1999, 73 por ciento de los alemanes occidentales indicaron que creían en Dios. Pero, en la Alemania Oriental, donde el comunismo ha oprimido el cristianismo, 65 por ciento afirma que no creen en Dios. Solamente 10 por ciento de ellos actualmente asisten a la iglesia cada semana. En una encuesta tomada por el Instituto Emnid, y publicada en mayo por *Der Spiegel*, "cuarenta y tres por ciento de los alemanes del este y 27 por ciento de los alemanes del oeste respondieron, "para mí Jesús ya no significa nada". Solo diez por ciento de los alemanes del este y 27 por ciento de los alemanes del oeste creen que "Jesús es el hijo de Dios, que vino como Salvador, y que resucitó de entre los muertos".[324] Además, 79 por ciento de los alemanes del este y 51 por ciento de los alemanes del oeste creen que 'no hay vida después de la muerte'". En la Alemania oriental hay casi 1500 iglesias en deplorable condición que requerirá un mínimo de siete millones de dólares para repararlas y habilitarlas.

El riesgo de la persecución alrededor del mundo es grande. Durante la hostilidad Tutsi/Hutu en 1994, "la Iglesia Católica, que afirmaba la lealtad del 60 por ciento de la población [Ruanda], perdió a su arzobispo, cuatro de sus ocho obispos, 103 sacerdotes, y 10 por ciento de sus miembros en el genocidio".[325] En China, de 40 a 115 millones de cristianos adoran en casas-iglesias, las cuales están fuera del control del gobierno. "Los creyentes saben que cada vez que se reúnen podría ser la ultima vez que oyen predicar a su pastor o ven a la hermana que adora con las manos levantadas con ellos".[326]

En agosto de 1998, los líderes de las casas-iglesias hicieron un pedido sin precedentes al gobierno Chino. Este pedido de alto riesgo, solicitaba "que el gobierno cambiara las regulaciones religiosas represivas y liberan a todos los líderes de las casas-iglesias detenidos en campos de trabajo".[327] En una película de propaganda un periodista de la agencia del Noticiario de China explicó porqué era muy importante la persecución a los cristianos. El periodista afirmaba que el cristianismo había desarrollado un papel importante en los cambios de la Europa oriental a fines de los años 80. “Si China no desea que tal escena se repita en su tierra” arguyó, “debe estrangular al niño [el cristianismo] mientras está en el pesebre”.[328]

En marzo de 1993, la Asociación Cóptica Americana/Cristianos de Egipto escribió al presidente Bill Clinton esta increíble afirmación: “Ningún mes durante los últimos veinte años ha pasado sin el asesinato, golpes, o torturas de los cristianos, o sin que sus propiedades o iglesias sean quemadas. En todos los casos, sin excepción, los criminales [que cometieron estos abusos] han sido liberados”.[329] Uno de los ejemplos más extraños de violación de los derechos humanos ocurrió el 14 de agosto de 1998 en Kesk, una villa en la región Dar AsSalaam de Egipto. Un obispo local informó que dos cristianos habían sido asesinados. En lugar de que las autoridades egipcias arrestaran a los musulmanes acusados del asesinato, ellos detuvieron a mil cristianos, incluidos las mujeres y los niños, que fueron severamente torturados. Un niño de once años de edad fue atado a un ventilador de techo. A otros les dieron golpes de electricidad, colgados boca abajo, en algunos casos durante toda la noche, y muchos fueron lacerados. Aunque se solicitó que el Centro Egipcio de los derechos humanos investigara el caso, nada se hizo al respecto.[330]

En Sudán, la persecución continua bajo la apariencia de limpieza cultural, en la cual los soldados tomaban a los niños de los hogares cristianos. En el verano de 1994, dos cristianos sudaneses “fueron sentenciados a cien latigazos y a la crucifixión (énfasis agregado). Los hombres, de sesenta y cinco y cuarenta y tres años de edad respectivamente recibieron una suspensión de la ejecución.[331] En Perú más de 400 pastores y líderes de las iglesias han muerto en manos de las guerrillas comunistas.[332]

Quizás solamente hemos descubierto que no se había notado la persecución hasta que la facilidad de la comunicación la expuso, pero difícilmente parece que hay un área en el mundo libre de la tortura y la persecución de cristianos. Más de sesenta naciones son culpables de serias atrocidades contra los derechos humanos, y por lo general contra los cristianos evangélicos. Más de 200 millones de cristianos en la actualidad son perseguidos o torturados por su fe cristiana. Pero aquellos que han muerto no ha sido en vano. Todavía es verdad que la sangre de los mártires es la semilla de la iglesia. La iglesia ha florecido bajo las circunstancias más difíciles. Si el espacio permitiera podríamos hacer un llamado de naciones en la expansión del reino de Dios. Pero por supuesto, Dios mismo es el único que puede hacer tal llamado final. En vez, todavía trataremos brevemente sobre algunos de los escenarios representativos a nivel internacional.

ALREDEDOR DEL MUNDO
AMÉRICA DEL SUR

En 1980, los evangélicos consideraban Argentina como suelo espiritualmente no fértil. Pero poco después, "fue como si un momento invisible alcanzó su clímax", dice Stephen Wike.[333] Desde 1980 a 1990, las iglesias protestantes crecieron ¡cerca del 70 por ciento! A principios del 1990 se afirmó, que hubiera sido imposible 10 años antes, que los evangélicos ahora constituían el 10 por ciento de la población Argentina.[334] En la ciudad de Resistencia cerca de la frontera con el Paraguay (con una población de más de un tercio de millón), los evangélicos han aumentado ¡al 90 por ciento en solo dos años![335] Tres líderes clave habían emergido en Sudamérica: Héctor A. Jiménez, que sirve en una congregación de 70 mil miembros en el centro de Buenos Aires; Omar Cabrera, cuya iglesia tiene más de 90 mil; y Carlos Annacondia. Una iglesia creció tan rápidamente a través de la influencia de Anacondia que realiza diecisiete servicios cada semana y alquila cinco salas de cine simplemente para ¡acomodar el crecimiento![336] La Iglesia Metodista Pentecostal de Chile construye un nuevo edificio cada tres días. La Iglesia Pentecostal Jotabeche en Santiago, bajo la dirección del pastor Javier Vásquez, cuenta con una membresía de 350 mil y bien podría ser la segunda iglesia más grande en el mundo.[337] En Brasil, cinco nuevas iglesias se funda cada semana en la ciudad de Río de Janeiro, y aproximadamente 90 por ciento de estas son pentecostales.[338]

Algunos han sugerido que estas estadísticas son muy altas. Cuando la revista *Time* informó que a fines del 1960 el número de los evangélicos en América Latina había aumentado de 15 a 40 millones, muchos cuestionaron. Cuarenta millones representan casi el 10 por ciento de la población. ¿Son estos números exactos? ¿Cómo han sido determinados? Por ejemplo, se afirmó que 16 por ciento de la población de Costa Rica es evangélica. Charles Spicer, Jr., presidente del Concilio Internacional de la Educación Teológica, señala que la estadística indica aproximadamente el 9 por ciento. Una dificultad para contar a los cristianos es que el proceso de tabulación se distorsiona en las iglesias grandes. ¿Cómo puede uno estar seguro que hay 100 mil asistentes, en vez de 80 mil? Algunas iglesias cuentan los miembros adultos de la iglesia y lo multiplican por un factor de tres o cuatro para contar por los niños, que de otra manera no son incluidos. Algunos creen que este método y otros aumentan el porcentaje y resulta en una distorsión en las estadísticas. Sin embargo, los números son suficientemente fuertes para apoyar la conclusión que América Latina está experimentando un crecimiento explosivo.[339]

Algunos han llamado a la explosión de las iglesias cristianas evangélicas en Sudamérica durante los 1980, "la década de la Reforma Protestante", debido a que las iglesias evangélicas han aumentado de 17 mil a más de 59 mil. Brasil es la nación católica más grande en el mundo pero la membresía católica en esa misma década bajó del 89 por ciento al 78 por ciento. Se cree que la membresía en las iglesias no católicas ha aumentado a 35 millones, resultando en la mayor asistencia en las iglesias pentecostales.

Sin embargo, Martín T. Marti, profesor en la Universidad de Divinidad de Chicago, advierte que "las pérdidas por la puerta trasera no se incluyen en estos números. Por tanto, hay distorsiones y con frecuencia llevan a 'contar de más'".[340] Pero, aunque si dividiéramos los números por dos, tres, o incluso cinco, el crecimiento de la iglesia continuaría sorprendente. Los cristianos de América Latina (incluidos todos aquellos que se identifican nominalmente con la causa de Cristo) sumaban a 62 millones en 1900, en 1985 a 392 millones, y en el año 2000 a 571 millones.[341]

EUROPA

En Bretaña solamente 11 por ciento de la población adulta (4 por ciento de toda la población) asiste regularmente a la iglesia, en comparación con el 25 por ciento en América. Mientras América Latina experimentaba un crecimiento explosivo, la iglesia en Inglaterra mostraba un declive de 100 mil al año. Tan solo los anglicanos perdieron casi 4 mil clérigos en un espacio de veinte años desde 1970 a 1990. En la década entre 1975 y 1985 tres mil iglesias como la metodista, anglicana, presbiteriana, y bautista cerraron en Bretaña. Sin embargo, el número de iglesias independientes había aumentado dramáticamente.[342] En un minucioso análisis del cristianismo a nivel global, Peter Brierley traza un gráfico de la desaparición de una denominación de Bretaña en los años 70, 80, y 90, mientras que al mismo tiempo demostraba que las pequeñas, nuevas iglesias independientes se triplicaban entre los años 1980 y 1985.[343] Quizás el más formal análisis de todo el continente se puede resumir en esta frase: "Europa es el único continente donde la iglesia está en decadencia."[344]

Quizás la afirmación más alentadora sobre la falta de crecimiento del cristianismo en Europa proviene de Linus Morris, director de la Asociación Cristiana Internacional en Thousand Oaks, California. "Europa no es post-cristiana", arguye Morris, "sino *pre*-cristiana". Hay "poca evidencia de que la actual generación de pobladores de Europea haya oído suficiente del Evangelio para rechazarlo".[345] Aunque algunos arguyen que la actitud de Morris es un "método avestruz" frente al aumento del paganismo de Europa, estoy de acuerdo con Morris que Europa es un campo misionero de suprema importancia. Ya sea que la generación europea de mayor edad pueda ser apóstata (que oyó el evangelio y lo rechazó), la generación más joven es tan pagana que nunca entendió la esencia del Evangelio. Sin embargo, en mayo del 1992, más de 250 mil creyentes "marcharon por Cristo" en Belfast, Viena, Praga, Copenhague, y París para mostrar su amor por Cristo.[346]

Debido a que la Unión Soviética y varios países controlados por comunistas se extendieron a través de Europa y Asia, el crecimiento en estos países se citaría bajo Asia y Eurasia. Sin embargo, es necesario mencionar aquí el profundo crecimiento de Bulgaria. A pesar del hecho que Pavel Ignatov pasó seis meses en un campo de labores por rechazar registrar su denominación, la denominación de la Iglesia de Dios en Bulgaria creció de 4 mil a 20 mil miembros en un espacio de cinco años del 1987 al 1993.[347]

En Dinamarca, Finlandia, Noruega, y Suecia casi 90 por ciento de la población pertenece a la iglesia Luterana. ¡Qué buena noticia!

La mala noticia es que menos del 5 por ciento de ellos nunca asisten al servicio dominical. Sin embargo, el señor Atle Sommerfeldt de la iglesia de Noruega, se consuela debido a que el total de asistencia a la iglesia (por el año 1987) fue mucho más que la asistencia a los partidos de futbol. Seis millones y medio asistieron a la iglesia, mientras que solamente 800 mil asistieron a los partidos de futbol.[348] Ya sea que esta sea una buena noticia para la iglesia o mala noticia para el equipo de futbol de Noruega, dejaré que el lector decida. Pero la energía de la fe cristiana ha cambiado de Europa a otros países. "En 1900 dos-tercios de los 558 millones de cristianos del mundo vivieron en Europa y Norteamérica. Para el año 2000 dos tercios de los dos billones de cristianos del mundo vivirán en otro sitio."[349]

ASIA DEL ESTE

A medida que cambiamos nuestro enfoque hacia Asia del Este, entraremos en el área conocido como la Ventana 10/40, situada desde el Oeste del África a lo largo de Asia, que se extiende desde 10 grados del norte a 40 grados al norte del Ecuador. Aunque incluye solamente un tercio del total de terreno del mundo, los sesenta y cuatro países situados en sus límites alojan a dos tercios de la población mundial.[350] Se puede dividir el mundo en tres segmentos:

*El mundo cristiano, el cual ha oído el Evangelio y está influenciado por éste (un poco menos de dos billones de personas);

*el mundo incrédulo no evangelizado, donde al menos 50 por ciento de la población ha oído el Evangelio pero lo resiste (2.5 billones de personas);

*el mundo no evangelizado, donde la gente nunca ha oído del Evangelio (un poco menos de 2 billones de personas). Noventa y cinco por ciento de personas que no han sido evangelizadas viven en la Ventana 10/40.[351]

Debido al costo y a las leyes locales que no son hospitalarias a los cristianos, la Ventana 10/40 es un área difícil de evangelizar, pero la iglesia de Jesucristo marcha adelante.

Durante la guerra del Golfo Pérsico en 1991, el Espíritu de Dios abrió oportunidades para ministrar en esta difícil región. De alguna manera la invasión de Kuwait de Saddam Hussein en 1990 ayudó para que el mundo musulmán se abriera al evangelio de Cristo. La campaña de genocidio de Irak contra los Kurdos fue la oportunidad para que los cristianos cuidaran de este devastado grupo de personas. Los cristianos constituyeron el 90 por ciento del equipo de ayuda a los kurdos y han construido más de 4 mil casas para los kurdos víctimas de la guerra durante 1992.[352] Según la revista *Carisma*, "los Kurdos están rechazando el Islam porque no quieren una religión capaz de producir un tirano como Saddam Hussein".[353] Según Greg Livingston, director internacional de la Organización Frontera con base en Londres, los musulmanes han estado "convirtiéndose al cristianismo con una rapidez sin precedentes. ... Treinta años atrás nadie sabía de los musulmanes. Hoy, las iglesias como nunca antes se están preparando para alcanzarles".[354]

Sin embargo, el número de conversiones en los países musulmanes todavía es extremadamente pequeño. Por ejemplo, en Turquía, donde la población suma 68 millones, hay solo de 500 a 1000 creyentes nacidos de nuevo. Aunque el ministerio en Turquía es restringido y difícil, todo el tiempo los cristianos viajan hasta allí a través de sus oraciones para derribar fortalezas y liberar la convicción del poder del Espíritu Santo. En octubre de 1999, en el mismo estadio de Efeso donde 2 mil años atrás se exaltó a la diosa Diana, los cristianos se reunieron para exaltar el nombre de Jesús. El servicio de adoración continúo por cuatro horas, intencionalmente doblando el tiempo que se empleó en exaltar a Diana en ese mismo estadio 2 mil años atrás. Cinco mil personas de sesenta naciones se reunieron para proclamar el nombre de Jesús en esta histórica ocasión.[355]

ASIA

Hay más personas en Asia que ningún otro continente. La población mundial actualmente está distribuida de la siguiente manera: Asia, 61 por ciento; África, 13 por ciento; Europa, 12 por ciento; América del Sur, 9 por ciento; Norteamérica, 5 por ciento. Aunque solamente de tres a cinco por ciento de la población de Asia es cristiana, el crecimiento de la iglesia allí es significativo. En su última publicación del siglo y del milenio, el editor de *Ministries Today* [Ministerios en la actualidad] Larry Keefauver, afirmó que aunque el fuego del avivamiento barrió a través de Norteamérica y América Latina en el siglo veinte, el cuarto avivamiento del Espíritu Santo en el siglo veinte y uno sería en Asia.[356]

Cada día, en Corea del Sur se forman seis nuevas iglesias. Muchas de las iglesias más grandes del mundo se encuentran en este país, que solo pocos años atrás no tenían iglesias evangélicas. En 1900, Corea no tenía ni una sola iglesia protestante. Se percibía al país como "imposible de penetrar". Sin embargo, muchos misioneros presbiterianos fieles, al igual que otros, han persistido en vez de dejar Corea. Dios bendijo la fidelidad de estos misioneros, porque en la actualidad la población cristiana de Corea es más del 30 por ciento y cuenta con más de 4 mil iglesias en Seúl Corea solamente, incluida la iglesia más grande del mundo.[357] El doctor David Cho es pastor de una congregación de 750 mil miembros. Esta iglesia ha fundado más de 100 iglesias hijas, dos de las cuales tuvo 5 mil asistentes al primer servicio. Una tuvo 10 mil asistentes su primer domingo.[358]

En Indonesia, donde es ilegal seguir a Cristo, se cree que el número de cristianos es tan alto que el gobierno se resiste a publicar estadísticas. La población cristiana puede llegar ¡al 25 por ciento![359]

En la más poblada de todas las naciones, China, en 1992 cada día 28 personas aceptaban a Cristo.[360] Ese número ha aumentado dramáticamente desde entonces. Sin embargo, el desafío todavía es muy grande. En Asia, hay aproximadamente 700 millones de hindúes, 300 millones de musulmanes, y un billón que cree en el Confusionismo o Taoísmo.[361] China estaba políticamente cerrada por más de 40 años. Nadie supo qué pasó con el millón de cristianos cuando China experimentó su cierre político. Si China se abriera otra vez, ¿habría todavía algunos cristianos? Cuando China finalmente se abrió, se rumoreaba que ¡había 25 millones, 50 millones, y tanto como cien millones de cristianos! El gobierno chino anunció que había de 10 a 12 millones de cristianos (incluso ese número aunque más bajo es impresionante): ¡un aumento de 10 veces más en cuarenta años! El 22 de octubre de 1992, el *Matutino de China del Sur* publicó una encuesta de la oficina de estadísticas del Estado, en la que afirmaba que los miembros de la iglesia protestante en China sumaban ¡63 millones! Esto significa que bajo las circunstancias más difíciles, el número de cristianos chinos había incrementado sesenta y tres veces en un espacio de 40 años, aunque se amenazaban a los cristianos ¡de ser ejecutados! Y esto es según las estadísticas de un gobierno hostil. El número real quizás sea mayor. [362]

Con frecuencia las principales catástrofes políticas Dios las usa, en su infinita sabiduría, para cumplir los propósitos de su Reino. Desde la masacre de la Plaza Tiananmen el 4 de junio de 1989, un número sin precedentes de chinos intelectuales han acepatado a Cristo. Según Leslie Francis de Hong Kong, este despertar espiritual "no tiene paralelo histórico en la historia de China".[363] En la provincia de Hennan, el número de cristianos ha aumento de 260 mil a 600 mil entre 1983 y 1993. Una de cuatro personas del mundo vive en la provincia de Szechwan, donde se han plantado aproximadamente 2 mil nuevas iglesias entre 1990 y 1993, a pesar de la fiera resistencia del gobierno.[364] Con frecuencia el Evangelio prospera en el ambiente más hostil, como la iglesia de Laos. En un espacio de cinco años de 1987 a 1993, la iglesia de Laos creció de 5 mil a 20 miembros.[365]

En la India, alrededor de 15 mil nuevos cristianos son bautizados cada semana. Sorprendentemente, 80 por ciento de los nuevos convertidos vienen a Cristo como resultado de un encuentro sobrenatural. Una iglesia plantada en 1980 entre el pueblo Gamita en Gujarat, India, creció de cero a 60 mil en trece años.[366]

Quizá nos sorprenda saber cuántos cristianos hay en los países donde se los puede matar por su fe. Por ejemplo, en Indonesia, aproximadamente 20 por ciento de la población actualmente sigue a Cristo. El número de cristianos en Mongolia ha incrementado de unos pocos a mil entre 1991 y 1993. Mongolia, de la medida del Estado de Texas, no ha tenido una iglesia cristiana ¡por 700 años![367] De todas las naciones de Asia, las Filipinas ha sido la más receptiva al evangelio de Cristo. Hay más de 32 mil iglesias protestantes en las Filipinas. De estas, 27 mil fueron plantadas a fines del pasado siglo. El obispo Efraín Tendero del Concilio de las Iglesias Evangélicas de las Filipinas demostró el fervor filipino al afirmar a mediados de 1999 que ellos plantarían la iglesia número 50 mil para diciembre del 2000.[368]

A medida que cambiamos hacia la antigua Unión Soviética, que se extiende a través de Asia y Eurasia, encontramos evidencia alentadora de la expansión del reino de Dios. Las iglesias protestantes están floreciendo en la Republicas islámicas de Asia de la antigua Unión Soviética. Una iglesia plantada en Uzbekistán en 1991 creció a 3 mil miembros en solo cuatro años. En 1995, 800 personas asistían a cada uno de sus cuatro servicios y había ¡plantado otras 55 congregaciones![369]

La caída del comunismo parece que liberó a la gente para dejar atrás su ateismo, con el antiguo régimen. Según el Centro de Opción Nacional de Investigación de Chicago, 22 por ciento de los 3 mil rusos encuestados afirmaron que habían cambiado de ateos a creyentes en Dios. Treinta por ciento de los rusos menores de 25 años de edad informaron haberse convertido del ateismo.[370] Con la caída del Comunismo, el avivamiento espiritual comenzó en la antigua Unión Soviética. Según Edward E. Plowman, el avivamiento comenzó aproximadamente en 1988 y en el transcurso de los tres años siguientes muchas congregaciones doblaron y triplicaron su número, con la mayoría de convertidos menores de treinta años de edad. Un gran porcentaje de los nuevos cristianos son los maestros de las escuelas públicas.[371] Después de setenta años de opresión en la Unión Soviética, el número de cristianos suma alrededor de 100 millones, o sea el 36 por ciento de la población (incluidos los cristianos nominales). El número de personas que se identifica con el nombre de Cristo es cinco veces mayor que aquellos que se identifican con el partido comunista en el pico de su popularidad.[372]

ÁFRICA

Algunos de los informes más alentadores respecto a la expansión de la fe cristiana provienen del continente africano. Los cristianos africanos suman cinco veces más del número que sumaban veinte cinco años atrás.[373] Un superintendente de las Asambleas de Dios, de Burkina Faso, informó que una iglesia ganó 22 mil miembros a principios de su primer siglo, pero el rápido crecimiento de años recientes aumentó el número a 350 mil miembros. En todo el continente, el número de cristianos ha aumentado de 100 mil a aproximadamente 2.8 millones en un espacio de veinte y dos años desde 1970 a 1992.[374] Si se totaliza todas las denominaciones cristianas de África, el número es increíble. Había solo 10 millones de cristianos en 1990. Ochenta y cinco años después sumaba a 236 millones, y se esperaba que alcanzara los 400 millones para el año 2000.[375] Más de 20 mil personas por día aceptan a Cristo. También más sorprendente es que en 1900, África tenía solo 3 por ciento de cristianos. En la actualidad, África es cristiana entre 40 ó 50 por ciento.[376]

Y FINALMENTE… ESTACIÓN ATEA PROCLAMA EL EVANGELIO

El doctor Paúl Freed, presidente de Transmisión Mundial, informó de un evento poderoso e histórico. En 1967 Radio Tirana comenzó a transmitir, declarando que Albania era oficialmente una nación atea. En 1992, la misma estación de radio comenzó a transmitir el evangelio de Cristo cada noche por tres horas a un potencial auditorio de ¡100 millones de personas![377] Lo que una vez Satanás antes usaba, ahora Dios usa. Como si esa noticia no fuera suficiente, observadores han notado en 1993 que el crecimiento promedio anual de la iglesia protestante en Albania (anteriormente oficialmente proclamada atea) había alcanzado ¡una marca de 37 por ciento![378]

LADRILLOS RECUPERADOS

Uno de los relatos más espectaculares del plan de Dios en cumplimiento después de años de frustración ocurrió en la República de Belarús:

> Constantino Jaroshevich, un inmigrante ruso en los Estados Unidos, conoció a Jesús en Nueva York. Regresó a la Unión Soviética y Polonia donde él fundó treinta iglesias Bautistas, hasta que fue apresado por las autoridades de Stalin a principios del 1950, según la *Red de Noticias Internacionales* (26 de junio de 1992). A fines del 1991, la antigua República Soviética de Belarús dio a los Bautistas en la ciudad de Kobryn permiso para demoler unas barracas del ejército Soviético y un silo de misiles. Los Bautistas planeaban usar los ladrillos, los bloques de cemento y el hierro para construir su iglesia, [tal] congregación fue formada en 1925. Mientras desmantelaban el silo, los obreros hallaron una carta rusa sellada en el muro con 42 años de antigüedad dentro de un casco vacío de la artillería de la Segunda Guerra Mundial. La carta afirmaba que el material usado para construir el silo de misiles había sido tomado de las iglesias locales,

> demolidas años atrás por orden del dictador José Stalin. Firmaba la carta varios constructores rusos, aparentemente cristianos de convicción, que casi proféticamente pedían que si alguna vez se demoliera el silo, se usara los ladrillos para construir las iglesias. Durante todos estos años los Bautistas de Kobryn se reunían en un lugar con capacidad para 200 y que pudiera acomodar a 500 personas paradas. En la actualidad, ellos están construyendo una iglesia con asiento para mil (parados dos mil), usando los ladrillos "proféticos" ¡del silo de misiles![379]

Lo que el enemigo había robado, ¡Dios había recuperado!

EL SERVICIO DE BAUTISMO MÁS GRANDE DEL MUNDO

En 1992, el *Imvo* de África del Sur, un periódico secular con una circulación de más de 1 millón de tiras, informó que había comenzado un avivamiento, por medio del cual diez mil personas habían aceptado a Cristo. Tomó al arzobispo Mazwi Mboniswa, y veinte y un obispos de la Iglesia Apostólica San Juan, cinco horas para bautizar una fila de convertidos de cinco kilómetros de largo. Los testigos informaron que ocurrían sanidades y liberación de demonios a medida que los creyentes salían de las aguas del Río Tsomo (en la región de Transkei). El número de personas bautizadas en ese servicio de noviembre de 1992 ¡alcanzó 70 mil! Sin duda este es el mayor servicio de bautismo registrado en la historia cristiana.[380]

UNA ESTADÍSTICA INCREÍBLE

La estadística más alentadora que he oído acerca de la expansión del Evangelio la relata George Otis, Jr., ¡que afirma que el 70 por ciento de la evangelización ha tenido lugar desde 1900! Y 70 por ciento de ese incremento ha ocurrido ¡desde la Segunda Guerra Mundial! Y para demostrar el explosivo crecimiento del cristianismo en la actualidad, 70 por ciento del incremento desde la Segunda Guerra Mundial ha ocurrido en un lapso de tres años ¡entre 1990 y 1993![381] ¡Este es un rápido crecimiento!

Cuidado, todos los enemigos de la iglesia de Jesucristo. Contrario a sus deseos, la iglesia de Jesucristo está viva y sana. Nada impedirá que la iglesia de Dios cumpla la meta que Él ha trazado. A través de la obra de la iglesia de Jesucristo, la civilización será salvada.

Aliéntense, los santos de Dios. Aunque los cristianos todavía tengan que enfrentar grandes pruebas y persecuciones, aunque la iglesia parezca débil y oprimida, ella está viva y sana. La iglesia de Jesucristo está floreciente; y como Jesús mismo dijo, las puertas del infierno no prevalecerán contra su Iglesia. La iglesia sigue ¡viva, y está sana! Y ahora usted conoce la historia, la que relata cómo Dios salvó la civilización.

GUÍA DEL LECTOR

CAPÍTULO 1

1. El autor afirma, “servir a Cristo cuesta”. ¿Está de acuerdo con el autor? ¿No está de acuerdo? ¿Por qué?
2. ¿Cuáles son las principales ideas que pasan por su mente después de terminar el capítulo?
3. Alrededor del mundo la gente está perdiendo la vida por su fe en Cristo. ¿Cuál ha sido la peor persecución que usted ha experimentado por su fe en Cristo? ¿Cómo podría hacer una comparación con lo que ha leído en este capítulo?
4. Si usted hubiera vivido en esta época, ¿quién hubiera sido? ¿El que se “retracta” o el que “confiesa”? ¿Por qué?

CAPÍTULO 2

1. ¿De qué manera estamos en deuda con los apologistas?
2. ¿Por qué piensa usted que la mayoría de los cristianos en la actualidad saben poco de los apologistas?
3. ¿Necesitamos apologistas hoy? ¿Por qué? ¿Quiénes son algunos apologistas? ¿Lee usted lo que ellos escriben? Si es así, ¿Por qué? Si no, ¿por qué no?
4. ¿Qué realmente convence a una persona de seguir a Cristo? ¿Acaso es una decisión principalmente intelectual? ¿O es una respuesta emocional? ¿Acaso es resultado de una relación con alguno que conoce a Cristo? ¿Qué requiere para que una persona en una cultura secular considere seriamente volverse un seguidor de Cristo?

CAPÍTULO 3

1. Cuando lee acerca de los movimientos como el Arrianismo, Pelagianismo, y los Nestóreos, ¿cómo eso afecta el entendimiento de su fe?
2. Cuando usted considera cuántos grupos separados hay, ¿qué indica eso respecto de la iglesia? ¿Qué le indica respecto de los cristianos de la actualidad? ¿Qué le indica respecto de su iglesia local? ¿Qué le indica respecto de la naturaleza humana? ¿Y qué le indica respecto a usted?
3. ¿Cómo la historia del desarrollo del Nuevo Testamento le ha impactado? ¿Le ha ayudado a profundizar su aprecio personal por el Nuevo Testamento, luego de conocer el proceso por el cual hemos recibido la Biblia completa?

4. Basado en lo que usted comprende de este lapso de tiempo, ¿por qué piensa que tenemos la actual forma de estructura de la iglesia? ¿Por qué los cristianos primitivos sentían que necesitamos edificios para las iglesias? ¿Cuáles son las ventajas y las desventajas de esta decisión?
5. ¿Cuáles son las ventajas y las desventajas de tener clérigos profesionales, que se ha desarrollado durante este periodo?

CAPÍTULO 4

1. La mayoría de nosotros hemos crecido oyendo la frase "separación de iglesia y Estado". La Edad Media no conocía tal separación. ¿Cuáles son las ventajas de nuestro sistema actual de separación? ¿Cuáles son las desventajas? ¿Qué lecciones negativas o positivas aprendemos de los enredos de la iglesia en la vida política y del gobierno?
2. ¿Fue correcto que un Papa coronara un emperador? O, ¿debía ser lo contrario: que un emperador estableciera un Papa? ¿No es la atribución del uno ni del otro? ¿Por qué?
3. ¿Cuáles son las pautas bíblicas para la relación entre la iglesia y el Estado: comprometidos o totalmente separados?
4. En 1054 los cristianos del Este se separaron los cristianos del Oeste. ¿Por qué es tan difícil que los cristianos se lleven bien el uno con el otro? ¿Ha oído alguna vez de la división de una iglesia local? ¿Cuáles fueron las razones "verdaderas" de las razones "dadas"? ¿Alguna vez usted ha dejado su iglesia? ¿Cuáles han sido las razones "verdaderas"? ¿Cuáles son las razones válidas para dejar una iglesia? ¿Cuáles son algunas de las razones no válidas para salir de una iglesia?
5. ¿Por qué la gente quiere volverse un monástico? ¿Se siente usted atraído por ese estilo de vida? ¿Por qué? ¿Por qué no? ¿Cómo el monástico se ajusta a las Escrituras, según usted lo entiende? ¿De qué maneras el estilo de vida monástico contradice los mandamientos de las Escrituras?
6. ¿Cuál es la diferencia entre cristianos genuinos y cristianos nominales? ¿Cuáles son las características de cada grupo? ¿Conoce usted algunos cristianos "genuinos"? ¿Conoce usted algunos cristianos nominales? ¿Por qué cree usted que son "nominales"?
7. Repase las razones legítimas/no legítimas para dejar una iglesia de las que tratamos arriba. Ahora, vamos al punto, ¿por qué es tan difícil que los hijos y las hijas de Dios se lleven bien entre sí?

CAPÍTULO 5

1. La meta de hombres como Anselmo, Abelardo, y Aquino fue entender la relación entre la fe y la razón. ¿Por qué la relación entre la fe y la razón es difícil de establecer? ¿Acaso al tratar de hacerlo ayuda o daña la fe de uno? ¿Cómo?
2. ¿Acaso el empleo de la fe significa que no se pueda emplear la razón? ¿Y qué si mi fe parece contradecir la razón? ¿Acaso la fe no es razonable? ¿Es irracional? ¿o es supra-racional? ¿Qué significa supra-racional?
3. ¿De qué manera sigue ocurriendo la "batalla" entre la fe y la razón? ¿Siente usted algunas veces la tensión interna de la fe contra la razón en su propia vida? Si es así, ¿por qué?

4. Los Papas y los Concilios con frecuencia contendían por poder. ¿Qué funciona mejor: una persona "que tome las decisiones" o un grupo que tomen las decisiones conjuntamente? ¿Cuáles son los beneficios de cada método? ¿Cómo esto se aplica a su denominación, o a su iglesia?
5. Los herejes fueron torturados y asesinados. ¿Quién puede decidir qué es una "herejía"? ¿Existe tal cosa como la herejía en la actualidad? ¿Quién puede decir qué es la herejía? ¿Acaso debemos todos ser "tolerantes" de las opiniones de los demás, sin que importe? Si empleamos la Biblia para determinar que es una herejía, ¿la interpretación bíblica de quién debemos adoptar? ¿Existe acaso una "historia cristiana ortodoxa" (la básica) que la mayoría de las denominaciones puedan estar de acuerdo? ¿Puede usarse la misma como la regla? Y si es así, ¿qué debemos hacer con los herejes (suponiendo que todos estamos de acuerdo de que no se los debe torturar ni matar)?
6. ¿Qué lecciones podemos aprender de los contrastes entre Inocencio III y San Francisco de Asís? ¿Con quién de estos se identifica usted? ¿Qué aplicación puede hacer a su vida del estudio de ambos casos?

CAPÍTULO 6

1. Según su entendimiento, ¿qué es un místico? ¿Es usted uno? Si no lo es, ¿conoce a uno que usted considera un "místico"? ¿Cuáles son las características de esta persona?
2. ¿Cuáles son las fortalezas de los místicos? ¿Cuáles son sus debilidades?
3. ¿Qué significa conocer a Dios? ¿Qué significa en las Escrituras al referir tres veces que Abraham era un amigo de Dios? ¿Cuáles son las características de un amigo? ¿Cuáles son las características de un "amigo de Dios"?
4. ¿Cuáles son sus reacciones respecto de los místicos? ¿Cuál es su impresión? ¿Siente rechazo? ¿Siente convicción? ¿Siente otra cosa? Si está impresionado, ¿es necesario que usted pueda imitarlos? Si siente convicción, ¿que hará al respecto?
5. De los cuatro a continuación, ¿cual de estas afirmaciones valora más?
   Experimentar el amor de Dios
   Conocer los caminos de Dios
   Ser una buena persona
   Hacer la obra de Dios
   Es muy posible que un místico escoja el primero de la lista. ¿Por qué escogió usted eso? ¿Hay alguna manera que pueda dar "balance" a su vida a fin de que pueda representar a los cuatro de modo ecuánime?

CAPÍTULO 7

1. ¿Cuál es la característica común entre Peter Waldo, John Wycliffe, y Juan Hus?
2. ¿Cómo responde usted a la decisión de Peter Waldo de donar todas sus posesiones? ¿Se manda que todos nosotros hagamos lo mismo? Si no es así, ¿Por qué no? Si es así, ¿en qué basa su respuesta?
3. En su opinión, ¿por qué Wycliffe sufrió tanta oposición?
4. ¿Qué se puede aprender de Wycliffe (al que se estima como un hombre brillante) respecto a su decisión de usar a los Lolardos (tartamudos, analfabetos, ignorantes)? ¿Hay en esto alguna lección? Si la hay, ¿cuál es?

5. Cuando leyó el relato de las últimas horas de Juan Hus, ¿qué pensamientos venían a su mente?
6. ¿Cómo responde usted a la decisión de Hus de no huir cuando tuvo la oportunidad? ¿Obro él lo correcto? ¿Qué habría hecho usted? ¿Por qué?

CAPÍTULO 8

1. Por un momento, trate de imaginar como sería la iglesia en la actualidad si no hubiera sido por Martín Lutero y la Reforma. ¿Cuál sería la diferencia de su creencia, su estilo de adoración, y su asistencia a la iglesia?
2. ¿Qué componente de la vida de Lutero captó más su atención? ¿Por qué?
3. ¿Qué parte de sus creencias y énfasis le ha impresionado más? ¿Por qué?
4. Si tratara de explicar los principales temas de la Reforma en tres o cuatro oraciones, ¿que diría?
5. Lutero valoró las Escrituras en gran manera. ¿Valora usted las Escrituras? Si su respuesta es afirmativa, ¿Qué evidencia tiene de que usted realmente valora las Escrituras, en discrepancia con solo decir que la valora?

CAPÍTULO 9

1. ¿Por qué los principios de la Reforma se diseminaron tan rápidamente?
2. ¿Por qué la Reforma tendía a fragmentarse?
3. ¿Por qué los Reformadores no podían ponerse de acuerdo? ¿Por qué no se podían llevar bien entre sí? ¿Conoce a personas que defienden una teología similar, pero que no se llevan bien el uno con el otro? ¿Por qué ocurre eso? ¿Tiene usted la misma dificultad con algún conocido?
4. Cuando las iglesias se dividen en la actualidad, ¿cuáles son los fundamentos de la división? ¿Acaso se debe a una diferencia teológica? ¿Asuntos de metodología? ¿Asuntos de personalidad? ¿De qué manera estaban ellos equivocados? ¿De qué manera sus opiniones eran correctas?

CAPÍTULO 10

1. William Tyndale insistió que la Biblia sea traducida en el lenguaje de la gente. ¿Por qué es tan importante esto?
2. Si usted no puede leer, es un analfabeto. Si usted puede leer pero no lee es un ignorante. ¿Por qué tan pocos leen la Biblia, especialmente cuando se considera el gran precio que se ha pagado para que podamos tenerla?
3. ¿Cuál es la relación entre la oración final de Tyndale (respecto a las Biblias) y el hecho que el rey requirió solo dos años después que se provean biblias? ¿Qué nos enseña la ultima oración de Tyndale (mientras se le mataba) respecto a la oración?
4. Inglaterra pasó de católica a protestante y otra vez de católica a protestante en pocos años (1533-1558), sin embargo personas como Latimer, Ridley, y al final, Cranmer permanecieron firmes en cuanto a sus creencias (y murieron por causa de sus creencias). ¿Cómo habría usted respondido? ¿Por qué?
5. Repase el relato de la señorita Jane Grey. ¿Cómo usted hubiera obrado en tales circunstancias? ¿Ha considerado alguna vez que podría ser interrogado por su fe? ¿Está usted preparado para permanecer firme? Si es así, ¿cómo permanecerá? Si no, ¿por qué no?

6. Repase la sección titulada “encontrando la mano de Dios”. ¿Ha podido usted encontrar la mano de Dios mientras leía este capítulo? ¿Cómo usted examina la cultura contemporánea? ¿Cómo usted considera su Estado, su ciudad, su iglesia, y su vida personal? ¿Está Dios obrando en estas áreas?

CAPÍTULO 11

1. ¿De qué manera fue Wesley un “tizón arrebatado del fuego”? ¿Cómo esa fue una afirmación de su destino? ¿Acaso todos tenemos un “destino” planeado por Dios? Si es así, ¿acaso es diferente o lo mismo para cada persona? Si no, ¿por qué se siente así?
2. ¿Cómo el hábito de lectura de Wesley afectó después su creencia? ¿Qué revelan los hábitos de lectura de usted? Si alguno observara sus hábitos de lectura, ¿qué conclusión estos hábitos pueden afirmar acerca de su futuro?
3. El autor habló de las maneras “metódicas” de Wesley. ¿Cuáles son las ventajas de ser espiritualmente “metódicos”? ¿Tiene desventajas? ¿Hasta qué punto las buenas obras y los actos de misericordia tienen relación con la fe cristiana de uno? ¿Cómo es posible ser “metódicamente” ordenado espiritualmente, pero no conocer a Cristo personalmente?
4. Los primeros treinta y cinco años de la vida de Wesley fueron buenos pero de poco impacto. Los años que siguieron tuvieron un impacto profundo. ¿Por qué el cambio? ¿Qué sucedió? ¿Ha conocido a alguien que ha cambiado dramáticamente? ¿Qué altera profundamente a una persona? ¿Ha sido alguna vez dramáticamente y profundamente cambiado? Describa.
5. ¿A que se refería Wesley cuando dijo que su “corazón” sentía un “extraño calor”?
6. Wesley fue criticado severamente a principios de su ministerio. En efecto, la mayoría de los líderes cristianos han sido criticados severamente mientras vivían, pero años después se vuelven héroes. ¿Por qué?
7. El matrimonio de Wesley fue muy desafortunado. ¿Cuán importante es para un líder de la iglesia tener un buen matrimonio (suponiendo que él o ella sean solteros)? ¿Por qué?
8. ¿Qué es la “perfección cristiana”? ¿Puede un cristiano ser perfecto? ¿Cuál es la diferencia entre perfectus y telios?
9. El autor habla de “líderes de clase” que cada uno tiene una supervisión espiritual sobre otras diez personas laicas. ¿Podría este sistema funcionar en la actualidad? Si es así, ¿cómo? Si no, ¿por qué no? ¿Cuál es el valor de utilizar tal sistema de cuidado? ¿Cuáles son los peligros?

CAPÍTULO 12

1. Los historiadores “revisionistas” dicen que los primeros inmigrantes de América vinieron en busca de riqueza. Otros han argüido que estos vinieron en busca de libertad religiosa. En su opinión, ¿cuál aseveración es la correcta? ¿Qué evidencia tiene usted para sostener su posición?
2. ¿Qué los Puritanos dieron a entender por desear que Boston sea una “ciudad asentada sobre un monte”? ¿Qué querían decir al referirse al Nuevo Mundo como el “nuevo Israel”? ¿Qué ellos visionaban?
3. Los puritanos deseaban la libertad de religión, pero echaron a Roger Williams por adorar y creer de modo diferente. ¿Por qué? ¿Cómo debemos interpretar o

"juzgarles" respecto a esto? ¿Es incorrecto que "juzguemos" sus experiencias y nuestras experiencias, por ejemplo que cada persona en una comunidad pueda adorar como le plazca? ¿Tenemos el derecho de "sacarlos del grupo" por su intolerancia, o le debemos que ahora entendemos la causa de sus prácticas?

4. ¿Cómo puede usted explicar el Primer Gran Avivamiento? Si su posición es simplemente que "Dios sobrenaturalmente lo hizo", entonces ¿cómo los críticos de la posición que usted adopta lo desafían? ¿Qué podrían ellos citar como la causa del Gran Avivamiento? ¿Cómo puede usted defender su posición?
5. ¿Fue de beneficio o no el desestablecimiento? ¿Cuáles fueron las ventajas? ¿Cuáles fueron las desventajas?
6. Como protestantes, con frecuencia no tomamos en cuenta el profundo impacto de las misiones católicas establecidas por los españoles. El Evangelio llegó por primera vez a suelo Americano a través de estos misioneros católicos, algunos de los cuales dieron la vida por la causa. ¿De qué manera, como protestantes, deberíamos afirmar la actividad misionera católica? ¿En que áreas tenemos fuerte diferencias? ¿Qué tienen en común un protestante conservador y un católico conservador? ¿Qué tienen en común un protestante liberal y un católico liberal? ¿Se han vuelto a trazar los límites? Aunque antes solía ser protestante contra católicos, ¿acaso ahora es más el liberal contra el conservador? Si es así, ¿cómo? Si no, ¿por qué no?

CAPÍTULO 13

1. ¿Cómo fue el Primer Gran Avivamiento diferente del Segundo Gran Avivamiento?
2. ¿Qué estos avivamientos pueden enseñarnos respecto a los avivamientos de la actualidad? ¿Deberían todos los avivamientos ser como el Primer Gran Avivamiento? ¿O, debería ser como el Segundo? ¿Es uno mejor que el otro? ¿O son sencillamente ambos diferentes?
3. El Segundo Gran Avivamiento tuvo varios "frentes" o puntos de origen. ¿Cuáles fueron estos puntos?
4. ¿Cómo una reunión bajo carpa en Kentucky era diferente de un servicio en la capilla de la Universidad de Yale? ¿Y cómo ambos difieren de los debates de la Restauración de Campbell? ¿Y cómo los citados anteriormente se diferencian de las grandes cruzadas en las ciudades de Finney? ¿Qué aprendemos acerca de Dios luego de observar los diferentes estilos de reuniones? ¿Qué dice acerca de nosotros? ¿Qué dice acerca de la naturaleza del evangelismo?
5. Carlos Finney cambió de evangelista de avivamiento/evangelista de Reforma. ¿Cómo ambos se diferencian? ¿Cómo ambos son similares? ¿Es el concepto del evangelismo personal separado de la reforma social? ¿Tienen ambos alguna relación entre sí? Si es así, ¿cómo? Si no, ¿por qué no?

CAPÍTULO 14

1. ¿Cuál es la principal diferencia entre los cuatro movimientos mencionados en el capítulo 13 (reuniones en carpas iniciados por McGready; el movimiento de Restauración dirigido por Campbell; el avivamiento de Yale dirigido por Dwight; y las cruzadas de Finney) y los movimientos que hemos tratado en este capítulo (la abstención de alcohol; derechos de la mujer; contra la esclavitud; el movimiento de la Escuela Dominical; el avivamiento de laicos)?

2. ¿Qué provocó el movimiento de abstención o temperancia? ¿Acaso necesitamos otro movimiento de abstención de alcohol en el siglo 21? Con el alcoholismo, abuso de alcohol, muertes y daños provocados por el uso del alcohol, gastos relacionados al alcohol y pérdida de productividad, ¿por qué la iglesia en general, los pastores y los miembros de las iglesias en particular, guardan silencio respecto a este tema?
3. ¿Cuál es la diferencia entre el feminismo bíblico de los años 1800, y el feminismo radical de la actualidad? ¿Cuáles son los componentes del feminismo radical? ¿Cuáles son los componentes de un feminismo verdaderamente bíblico?
4. ¿Se debería permitir que las mujeres puedan acceder a todas las posiciones en la iglesia igual que los hombres? ¿Por qué sí y por qué no?
5. ¿Por qué algunas iglesias y denominaciones guardan silencio respecto al tema de la esclavitud? ¿Cuáles son algunos paralelos de este tema hoy? ¿Acaso algunas iglesias evitan tomar parte de los asuntos bíblicos bajo la excusa de que no quieren parecer "políticos"? ¿Cuáles son algunos ejemplos?
6. ¿Cuáles son los paralelos entre el movimiento contra la esclavitud tratados entonces en las iglesias, y el movimiento contra el aborto en algunas iglesias hoy?
7. Los líderes en contra de la esclavitud fueron castigados, maltratados y se ha dicho males contra ellos, sin embargo hoy son recordados como héroes. ¿Serían los líderes en contra el aborto (que son maltratados en la actualidad) considerados héroes en el futuro? Ahora se mira con desdén a los dueños de esclavos. ¿Serían los líderes a favor del aborto ("pro-elección") considerados con el mismo desdén cincuenta años después a partir de hoy?
8. El movimiento de la Escuela Dominical inicialmente fue controversial porque algunos aunque eran laicos no podían enseñar apropiadamente la Biblia. ¿Como estaban ellos equivocados y por que tenían la razón?
9. ¿Cuáles fueron algunas de sus impresiones después de leer acerca del avivamiento de los laicos?
10. ¿Qué lección debemos aprender respecto a la importancia de los eventos que parecían insignificantes, como la "reunión de oración en el pajar" en 1806?

CAPÍTULO 15

1. ¿Por qué fue difícil para las denominaciones que se separaron antes de la Guerra Civil volver a unirse después de la guerra?
2. ¿Cómo debemos considerar en la actualidad la Guerra Civil? ¿Cuáles fueron las causas "básicas"? ¿Fue un juicio de Dios? ¿Fue provocado por Satanás? ¿Fue simplemente algo inevitable a nivel natural, social?
3. ¿Qué es reavivamiento? ¿Por qué fueron las cruzadas de D. L. Moody tan populares y efectivas? ¿Ha asistido alguna vez a una gran cruzada como la de Billy Graham? ¿Cuáles son los beneficios de las cruzadas? ¿Y cuáles son las desventajas?
4. ¿Qué podemos aprender de Moody respecto a la quema del salón Farwell…dos veces? ¿Qué puede usted aprender de la vida de Moody en los años y meses después del incendio?
5. La Misión de Jóvenes y el Ejército de Salvación fueron intentos a fin de responder a las necesidades de las grandes ciudades a fines del 1800. ¿Cómo las iglesias en la actualidad responden a las necesidades de las grandes ciudades? ¿Qué puede usted hacer para responder a esa necesidad?

6. ¿Qué le impresionó de manera positiva del pensamiento de Rauschenbusch? ¿Qué le impresionó de manera negativa? ¿Qué motivó a Rauschenbusch a escribir las cosas que escribió?
7. ¿Es posible fusionar un énfasis del evangelismo personal a un énfasis con el "evangelio social"? Si es así, ¿cómo? Si no, ¿por qué no?

CAPÍTULO 16

1. ¿Ha tenido contacto con grupos como los mormones, la ciencia cristiana, o los testigos de Jehová? Si es así, ¿qué opina? Se ha dicho que ellos tienen una teología errónea, pero que en su metodología están correctos en algunos temas. ¿Qué significa eso? ¿Qué lecciones de "métodos" podemos aprender de los mormones y de los testigos de Jehová?
2. ¿Por qué individuos de grupos como los mormones y los testigos de Jehová resulta difícil testificarles de Cristo?
3. ¿De qué manera fue la cultura de Norteamérica alterada con la gran cantidad de inmigrantes llegados a fines del 1800? ¿Qué tensiones crea el aumento de la inmigración en una comunidad? ¿Por qué? ¿Cómo obraría usted en una situación similar? ¿Cómo se espera que los seguidores de Cristo reaccionen de manera realista?
4. Juventud Cristiana con una Misión ha cambiado sustancialmente su misión en sus 150 años de existencia. ¿Por qué? ¿Cómo puede esto suceder? ¿Conoce de organizaciones a los que les ha sucedido lo mismo? ¿Es eso correcto? ¿Qué se puede hacer para mantener a una organización sin desviarse de su meta?
5. ¿Cómo la crítica de la historia afecta la opinión de la gente respecto de la Biblia? ¿Acaso la opinión de uno respecto de la Biblia afecta la vida de uno? ¿Afecta su estilo de vida? Si es así, ¿cómo? Si no, ¿por qué no?

CAPÍTULO 17

1. ¿De qué manera América fue diferente después de la Primera Guerra Mundial? ¿Por qué los historiadores se refieren a esto como el "fin de la inocencia"? ¿Cómo los jóvenes granjeros y los jóvenes de las pequeñas ciudades que sirvieron en Europa durante la guerra fueron diferentes después de regresar? ¿De qué manera el periodo de tiempo 1912-1918 marca el final de la "América cristiana"?
2. ¿Qué era un fundamentalista? ¿Qué era un modernista? ¿Cuáles son sus diferencias? ¿En qué manera se sintieron tensiones similares en la América contemporánea?
3. Repase los "Fundamentos". ¿Cree usted en los cinco credos de la fe? Si no, ¿por qué no? Si es así, ¿por qué?
4. J. Gresham Machen es conocido como un gran intelectual defensor de un entendimiento conservador del cristianismo. ¿Cuán importante es que uno pueda defender intelectualmente la fe? ¿Puede usted defender su fe? Si es así, ¿cómo lo hace? Si no, ¿por qué no?
5. ¿Cuál es el principal énfasis del movimiento de Santidad? Las denominaciones de Santidad históricamente han enfatizado una "experiencia posterior a la conversión" con Dios, una "segunda obra". ¿Qué es esta "segunda obra"? ¿Por qué fue tan popular como un movimiento durante este tiempo? ¿Por qué tanta

gente siente la necesidad de un "andar más cercano" después de haber aceptado a Cristo? ¿Por qué algunos absolutamente no desean andar más cercanamente con Dios? ¿Desea usted acercarse más a Dios?

6. La escatología se refiere a la "doctrina de los tiempos del fin". ¿Qué causa que el interés por la escatología aumente en ciertos periodos de tiempo? ¿Por qué los libros de Hal Lindsey El gran planeta tierra (en los años 1970) y el de Tim LaHaye y Jerry Jenkins de la Serie de Dejados atrás (a fines del 1990-2004) fueran tan populares? ¿Cuánto podemos saber acerca de los tiempos del fin? ¿Podemos saber mucho o poco? ¿Cómo podemos estar preparados para el fin de los tiempos?
7. ¿Qué causa que personas como Billy Graham, Bill Bright y Martín Luther King, Jr. tengan tanta influencia? ¿Cuáles son los componentes comunes de principales "influyentes"?

CAPÍTULO 18

1. Durante los 1800, los metodistas ocupaban el primer puesto ante los bautistas en cuanto al número de iglesias. Eso cambió dramáticamente en 1900. ¿Por qué? ¿Cuáles son las características de los Bautistas que provocaron tan dramático crecimiento? ¿Qué causó que otras denominaciones, como las metodistas experimentaran una disminución?
2. Si usted es un Bautista, ¿por qué lo es? Si no lo es, ¿cuáles son algunos aspectos de la fe de los Bautistas que usted admira?
3. La gente hace bromas de las iglesias Bautistas que se dividen. ¿Es esa ilustración verdadera? ¿O se aplica igualmente a todas las denominaciones? Si usted cree que las iglesias Bautistas son más propensas a la división, ¿qué cree usted es la causa?
4. Las principales denominaciones que se dividieron sobre el tema de la esclavitud volvieron a unirse después de la Guerra Civil, excepto una: los Bautistas. ¿Por qué?
5. ¿Cómo los Bautistas pudieron usar la Escuela Dominical como un instrumento eficaz de evangelismo y crecimiento?
6. ¿Por qué Dios permite las denominaciones? ¿Se opone Dios a las denominaciones? ¿Acaso Dios simplemente las tolera? ¿Las considera Dios efectivas? ¿Por qué responde afirmativamente o negativamente a cada una de estas interrogantes?
7. Note las seis razones dadas respecto al increíble crecimiento de los Bautistas. ¿Está usted de acuerdo con esto? ¿Por qué?

CAPÍTULO 19

1. El movimiento Pentecostal, hasta ahora, es el movimiento religioso de mayor crecimiento actual en el mundo, habiendo aumentado en 100 años de cero a 449 millones. ¿Por qué los pentecostales han crecido tan rápidamente?
2. ¿Por qué el hablar en lenguas, en ciertos periodos en la historia de la iglesia, generó tanta desconfianza y divisiones entre los que hablaban en lenguas y los que no?
3. El Movimiento Pentecostal factiblemente ha crecido rápidamente entre cada grupo étnico, pero ha experimentado un crecimiento increíble entre los hispanos y la raza negra. ¿Por qué?

4. Los líderes pentecostales y carismáticos han construido grandes iglesias, escuelas, organizaciones de misiones, red de televisoras, y otros. ¿Por que los pentecostales y los carismáticos han sido tan efectivos? (Por ejemplo: las tres emisoras cristianas han sido carismáticas.) ¿Por qué?
5. Aquellos que se denominan a sí mismos carismáticos leen más que los principales cristianos. ¿Por qué?
6. ¿Cuáles son las diferencias y las similitudes entre los siguientes movimientos: Pentecostal, Carismático, y el Tercer Avivamiento?

   En un capítulo anterior se afirmó que las iglesias Bautistas mostraban una tendencia más rápida de división que las iglesias de otras denominaciones (un punto realmente para debatir). Algunos ministerios independientes, pentecostales/carismáticos han estado plagado de escándalos (por ejemplo, Jimmy Swaggart y Jim Bakker). ¿Por qué ocurre eso? ¿Son los ministerios carismáticos/pentecostales de alguna manera más susceptibles? Si no, ¿por qué no? Si es así, ¿por qué?
7. Si usted es un miembro de una iglesia Pentecostal, carismática, o del Tercer avivamiento, ¿Qué lo atrajo hacia ella? Si no es un miembro de tales iglesias, ¿cuáles son algunas de los aspectos que usted más admira acerca de estos grupos?

CAPÍTULO 20

1. Repase la "Expansión Global". ¿Qué le dice la historia de la expansión del Evangelio respecto de la fe cristiana?
2. Repase las estadísticas de este capítulo. ¿Se ha sorprendido usted de algo que ha leído? ¿Era lo que usted esperaba? ¿Qué conclusiones saca de estas estadísticas?
3. Note las tres "revoluciones" mencionadas en este capítulo. ¿Está usted de acuerdo que estas son "revoluciones"? Describa cualquiera de estos cambios dramáticos que usted ha sido testigo.
4. ¿Ha asistido alguna vez a una reunión como el Avivamiento de Asbury, o el Movimiento Jesús, o el avivamiento en las universidades del 1995, o el avivamiento de Toronto, o el avivamiento en Brownsville? Algunos de estos avivamientos fueron controversiales. ¿Por qué? ¿Qué es un avivamiento? ¿Qué tiene que suceder para que realmente sea un avivamiento?
5. Según las estadísticas que tenemos, se cree que 160 mil personas mueren cada año por su fe. Algunos creen que ¡100 millones han sido asesinados por causa de su fe en Cristo solamente en este siglo! ¿Acaso puede usted hacer algo al respecto? ¿Qué hará al respecto? Si hoy usted estuviera en la cárcel por causa de su fe, ¿qué quisiera que otros cristianos hagan al respecto?
6. En el "llamado" de las naciones, ¿cuál de las historias captó más su atención? ¿Por qué?
7. Vuelva a leer el relato del servicio de bautismo más grande del mundo. ¿Qué piensa al leer de nuevo esta historia?
8. Vuelva a leer las "increíbles estadísticas". ¿Qué saca usted en conclusión?

NOTAS

Introducción: Viendo al Dios de las edades

1. George and Karen Grant, *Just Visiting* (Nashville: Cumberland House Publishers, 1999), n.p., citado en Roy Maynard, "Travelling by the book," *World Magazine* (agosto 14, 1999), 27.

2. Bruce Shelley, *Church History in Plain Language* (Dallas: Word Publishing, 1982), 491.

3. "Reflections," *Christianity Today* (junio 14, 1999), 84.

4. Mark Shaw, *Ten Great Ideas from Church History* (Downers Grove, Ill.: Intervarsity Press, 1997), n.p.

5. Adam Clark, *Memoirs of the Wesley Family*, vol. I (1823), p. 94, citado en A. Skevington Wood, *The Burning Heart* (Minneapolis: Bethany House Publishers, 1976), 19.

6. Jane Austen, *Northanger Abbey*, 1817.

   http://www.distinguishedwomen.com (revisado en abril 2000).

7. Los siguientes fuentes son útiles para un mejor entendimiento de las fechas: Robert C. Walton, *Chronological and Background Charts of Church History* (Grand Rapids, Mich.: Zondervan Publishing House, 1986); Susan Lynn Peterson, *Timeline Charts of the Western Church* (Grand Rapids, Mich.: Zondervan Publishing House, 1999); *An Extended Wall Chart: Christian History Time Line* (Torrance, Calif.: Rose Publishing, n.d.); *Chronology of Christianity*, mayo 28, 1997. http://www.cwo.com/~pentrack/catholic/chron.html (revisado en abril 2000).

Capítulo 1: Denuedo frente a la muerte.

8. Wood, *Burning Heart*, 5.

9. Eusebius, *History of the Church*, vol. IV, p. 41, citado en Dionysius of Alexandria, "Lapsed Christians," *Letters to Fabius, Bishop of Alexandria* (n.p., n.d.), n.p.; citado también en Ken Curtis y Carsten Peter Thiede, eds., *From Christ to Constantine: The Trial and Testimony of the Early Church* (Worcester, Penn.: Christian History Institute, 1991), 70. Véase también, Franklin H. Littell, *The Atlas History of Christianity* (New York: Macmillan Publishing Co., 1976), 14.

10. J. Bruce Burke and James Wiggins, *Foundations of Christianity from the Beginnings to 1650* (New York: The Roland Press Company, 1970), 47.

11. William P. Barker, *Who's Who in Church History* (Grand Rapids, Mich.: Baker Book House, 1969), 148.

12. Elmer L. Towns, *The Christian Hall of Fame* (Grand Rapids, Mich.: Baker Book House, 1971), 12.

13. Michael A. Smith, "Ignatius of Antioch," en *Eerdmans Handbook to the History of Christianity*, ed. Tim Dowley (Grand Rapids, Mich.: Wm. B. Eerdmans Publishing Co., 1977), 80.

14. Marie Gentert King, ed., *Foxe's Book of Martyrs*, (Westwood, N.J.: Fleming H. Revell Company, 1968), 16.

15. Eusebius, *History of the Church*, vol. IV, p. 15, citado en *Eerdmans Handbook to the History of Christianity*, 81.

16. King, *Foxe's Book of Martyrs*, 18.

17. Ibid., 19f.

Capítulo 2: Los apologistas

18. B. K. Kuiper, *The Church in History* (Grand Rapids, Mich.: Wm. B. Eerdmans Publishing Co., 1979), 16.

19. Collin J. Hemmer, "Justin Martyr," en *Eerdmans Handbook to the History of Christianity*, 108.

20. King, *Foxe's Book of Martyrs*, 18.

21. Jerald C. Brauer, ed., Westminster *Dictionary of Church History* (Philadelphia: Westminster Press, 1971), 60.

22. David F. Wright, "*What the first Christians Believed,*" en *Eerdmans Handbook to the History of Christianity*, 113.

23. Barker, *Who's Who in Church History*, 272, 273.

24. Brauer, Westminster, *Dictionary of Church History*, 810.

25. Alan Richardson, ed., *Dictionary of Christian Theology* (Philadelphia: Westminster Press, 1971), 334.

26. Brauer, Westminster, *Dictionary of Church History*, 810.

27. Ibid., 811.

28. Tertullian, Apology, citado en *Eerdmans Handbook to the history Christianity*, 112.

29. Barker, Who's Who in Church History, 212.

30. A. Cabaniss, "Origen," en *Who's Who in Church History*, eds. J.D. Douglas y Philip W. Comfort (Wheaton, Ill.: Tyndale House Publishers, 1992), p 521.

Capítulo 3: Problemas que provocan cambios necesarios

31. Para una discusión interesante sobre el pensamiento gnóstico en la cultura actual véase Peter Jones, *The Gnostic Empire Strikes Back: An Old Heresy for the New Age* (Phillipsburg, N.J.: P & R Publishing Co., 1992).

32. A. Kenneth Curtis, J. Stephen Lane y Randy Peterson, eds., *Dates with Destiny* (Tarrytown, N.Y.: Fleming H. Revell Company, 1991), 23.

33. Brauer, Westminster, *Dictionary of Church History*, 441.

34. David F. Wright, "What the First Christians Believed," en *Eerdmans Handbook to the History of Christianity*, 106.

35. El credo de los Apóstoles: " Creo en Dios Padre Todopoderoso, Creador del cielo y de la tierra, y en Jesucristo, su único Hijo, Señor nuestro; que fue concebido del Espíritu Santo,

nació de la virgen María, padeció bajo el poder de Poncio Pilatos; fue crucificado, muerto, y sepultado; descendió a los infiernos; al tercer día resucitó de entre los muertos; subió al cielo, y está sentado a la diestra de Dios Padre Todopoderoso; y desde allí vendrá al fin del mundo a juzgar a los vivos y a los muertos. Creo en el Espíritu Santo, la santa Iglesia Universal, la comunión de los santos, el perdón de los pecados; la resurrección de la carne y en la vida perdurable. Amén." *Hymns for the Family of God* (Nashville: Paragon Associates, Inc., 1976), 137.

36. Jim Garlow, *Partners in Ministry* (Kansas City, M0.: Beacon Hill Publishing, 1981), n.p.

37. Para mayor diálogo de estos y otros temas relacionados, veáse Burke y Wiggings, *Foundations of Christianity*, 62-65.

38. S. L. Greenslade, *Early Latin Theology* (Philadelphia: Westminster Press, 1956), 43.

39. Brauer, Westminster *Dictionary of Church History*, 452.

40. Barker, *Who's Who in Church History*, 154.

41. Brauer, Westminster, *Dictionary of Church History*, 453.

42. Richard Todd, "The Fall of the Roman Empire," en *Eerdmans Handbook to the History of Christianity*, 179.

Capítulo 4: El gran desvío

43. Martin E. Marty, *A Short History of Christianity* (New York: Living Age Books, 1959), 97.

44. George Grant, prólogo a los *Angels in the* Architecture*: A Protestant Vision for Middle Earth*, por Douglas Jones y Douglas Wilson (Moscow, Idaho: Canon Press, 1998), 12.

45. Keneth Scott Latourette, *A History of the Expansion of Christianity: The Thousand Years of Uncertainty*, vol. 2 d.C. 500 to d.C. 1500 (Grand Rapids, Mich.: Zondervan Publishing House, 1970), 22.

46. Stephen Neill, *A History of Christian Missions* (New York: Penguin Books, 1964), 61.

47. Ibid., 61f.

48. J. D. Douglas, "Columba," en *Who's Who in Christian History* (Wheaton, Ill.: Tyndale House Publishers, 1992), p 171.

49. Brauer, Westminster *Dictionary of Church History*, p 423.

50. Bruce L. Shelley, *Church History in Plain Language* (Dallas: Word Publishing, 1982), 493.

51. Timothy Paul Jones, *Christian History Made Easy* (Torrance, Calif.: Rose Publishing, 1999), 52-56.

52. Brauer, Westminster, *Dictionary of Church History*, p 407.

53. Ibid., 408.

54. Para un informe exhaustivo, 1500-páginas, en detalles de las Cruzadas véase: Keneth M. Setton, ed., *A History of the Crusades*, 2 vols. (Philadephia: University of Pennsylvania Press, 1958, 1962).

Capítulo 5: Aumento de conflictos

55. Douglas, "Anselm," en *Who's Who in Christian History*, p 26.

56. Ibid.

57. T. O. Kay and A. F. Holmes, "Peter Abelard," en *Who's Who in Christian History*, p 2.

58. Ibid.

59. T. O. Kay, "St. Thomas Becket," en *Who's Who in Christian History*, 7.

60. Brauer, Westminster, *Dictionary of Church History*, 434f.

61. Barker, *Who's Who in Church History*, 114.

62. Brauer, Westminster, *Dictionary of Church History*, 433.

63. Ibid.

64. Ibid.

65. Barker, *Who's Who in Church History*, 114.

66. Ibid., 115.

67. Timothy Paul Jones, *Christian History Made Easy* (Torrance, Calif.: Rose Publishing, 1999), 72.

68. Ibid.

69. Allen Cabaniss, "Joan of Arc," *Who's Who in Christian History*, 370.

70. Brauer, Westminster, *Dictionary of Church History*, 708f.

71. Tan significativo fue la influencia de John Gutenberg que consistentemente se lo cita entre una de las personas más influyentes en la historia. La Red de TV por cable A&E a fines del 1999 publicó una serie titulada "Biografía del Milenio: 100 personas—1,000 años"; John Gutenberg fue seleccionado como la persona que más impactó al mundo en el milenio del 1000 al 2000. "Gutenberg, Johann," http://www.biography.com/features/millennium/topten.html (revisado en abril, 2000). El *Christian Times de California del Sur*, Nov. 1999, p. 5 informó que el "Semanario de Religión y Ética" de la serie de televisión pública escogió la diez historias más importantes del milenio; la Biblia de Gutenberg, publicada en 1455, fue una de entre las diez historias.

72. Brauer, Westminster, *Dictionary of Church History*, 881.

Capítulo 6: Intimidad con Dios

73. Brauer, Westminster, *Dictionary of Church History*, 124.

74. Burke y Wiggins, *Foundations of Christianity*, 235.

75. Barker, *Who's Who in Church History*, 269.

76. Brauer, Westminster, *Dictionary of Church History*, 731.

77. Ibid., 809.

78. Ibid.

79. Burke y Wiggins, *Foundations of Christianity*, 251.

Capítulo 7: Dispuestos a morir por un cambio

80. Ronald Finucane, "The Waldensians," en *Eerdmans Handbook of the History of Christianity*, 315.

81. Towns, *Christian Hall of Fame*, 28.

82. Poggius Bracciolini, *Huss the Heretic* (Poland, Maine: Shiloh Publications, Mayo 1977), 65-68.

83. Ibid., 64-68.

84. Ibid., 69.

85. Ibid., 70.

86. Ibid., 72.

87. Ibid.

88. Ibid., 74.

89. Ibid., 75.

90. Ibid., 76.

Capítulo 8: Explosión Espiritual

91. Dowley, *Eerdmans Handbook to the History of Christianity*, 364.

Capítulo 9: Reacción en cadena

92. William R. Estep, *Renaissance and Reformation* (Grand Rapids, Mich.: Wm. B. Eerdmans Publishing Co., 1986), 186f.

93. Brauer, Westminster, *Dictionary of Church History*, 27, 28.

94. Towns, *Christian Hall of Fame*, 52.

95. Dowley, *Eerdmans Handbook to the History of Christianity*, 381.

96. Para la revisión de un volumen de cuarenta y tres reformadores, véase Gideon y Hilda Hagstutz, *Heroes of the Reformation* (Reprint, Rapidan, Va.: Hartland Publications, 1996).

97. Barker, *Who's Who in Church History*, 107f.

98. Brauer, Westminster, *Dictionary of Church History*, 478.

99. Un ejemplo es la clase de "Ignatian Spirituality" en la Universidad Azusa Pacific de Teología, Azusa, California.

100. Brauer, Westminster, *Dictionary of Church History*, 425.

101. Curtis, et al., *Dates with Destiny*, 112.

Capítulo 10: Nunca sucederá en Bretaña

102. Edward Halle, *Chronicle*, citado en F. F. Bruce, en *History of the Bible in English* (New York: Oxford University Press, 1978), 38.

103. Estep, *Renaissance and Reformation*, 254.

104. Bruce, *History of the Bible in English*, 52.

105. King, *Foxe's Book of Martyrs*, 233.

106. Estep, *Renaissance and Reformation*, 254, nota al pie de página 6.

107. A. G. Dickens, *The English Reformation* (n.p., n.d.), citada en William Estep, *Renaissance and Reformation* (Grand Rapids, MI: Wm. B. Eerdmans Publishing Co., 1986), 256.

108. Fuente desconocida.

109. Franklin H. Littell, *Atlas of the History of Christianity*, 73.

110. King, *Foxe's Book of Martyrs*, 732.

111. Estep, *Renaissance and Reformation*, 264.

112. Ibid.

113. Lewis W. Spitz, *The Protestant Reformation* (Englewood Cliffs, N.J.: Prentice Hall, 1966), p. 170, citada en Estep, *Renaissance and Reformation*, 265.

114. Estep, Renaissance and Reformation, 265.

Capítulo 11: Fuego en Inglaterra

115. John Wesley, *The Works of John Wesley*, Journal I (1872); re -impresión, Salem, Ohio: Schmul Publishers, n.d.), 103.

116. Wesley no nombró a sus seguidores Metodistas. Ellos fueron llamados metodistas por sus críticos. Así que Wesley se refirió a ellos como "la gente llamada metodistas".

117. S. C. Carpenter, *Eighteenth Century Church and People* (London: John Murray, 1959), 216.

118. Francis J. McConnall, *John Wesley* (New York: Abingdon Press, 1938), 9.

119. Wesley, *Works of John Wesley*, Journal II, 243.

120. Albert Outler, *Evangelism in the Wesleyan Spirit* (Nashville: Tidings, 1971), 16f.

121. Ibid., 18.

122. Frank Baker, "The People Called Methodists … Polity," *Church in Great Britain*, vol. 1, eds. Rupert Davies y Gordon Rupp (London: Epworth Press, 1965), 230.

123. Maximim Piette, *John Wesley in the Evolution of Protestantism* (New York: Sheed y Ward, 1937), 375.

124. Rupert E. Davies, *Methodism* (London: Epworth Press, 1963), 230.

125. Warren A. Candler, *Wesley and His Work* (Nashville: Publishing House of the M. E. Church, South, 1912), 55.

126. Wesley, *Works of John Wesley*, Journal 5, 360f.

127. Norman W. Mumford, "The Organization of the Methodist Church in the Time of John Wesley," parte 1, *London Quarterly & Holborn Review*, vol. 171 (enero, 1946), 35-40.

128. Henry Bett, *The Early Methodist Preachers* (London: Epworth Press, 1935), 9.

129. Robert E., Wearmouth, *Methodism and Working-Class Movements of England*; 1800-1850 (London: Epworth Press, 1937), 25.

130. Franz Hildebrandt, *Christianity According to the Wesley's* (London: Epworth Press, 1956), 48; véase también Stephen Charles Neill, "Britain," *The Layman in Christian History*, eds. Stephen Neill y Hans-Ruedi Webber (Philadelphia, PA: The Westminster Press, 1963), 207.

Capítulo 12: Fuego en el nuevo mundo

131. Earl Cairns, *Christianity through the Centuries* (Grand Rapids, Mich.: Zondervan Publishing House, 1976), 391f.

132. Ibid., 398f.

133. Edwin Scott Gaustad, *Historical Atlas of Religion in America* (New York: Harper & Row Publishers, 1962), 3f.

134. Sydney E. Ahlstrom, *A Religious History of the American People* (New Haven, Conn.: Yale University Press, 1972), 162.

135. DeMoss Foundation, *The Rebirth of America*, ed. Nancy L. DeMoss (Philadelphia: Arthur DeMoss Foundation, n.d.), 55.

136. Brauer, Westminster, *Dictionary of Church History*, 291.

137. Barker, *Who's Who in Church History*, 97.

138. DeMoss Foundation, *Rebirth of America*, 54.

139. Cairns, *Christianity through the Centuries*, 401f.

140. DeMoss Foundation, *Rebirth of America*, 54.

141. Ibid., 42.

142. Ahlstrom, *A Religious History of American People*, 286.

143. H. Sheldon Smith, Robert Handy y Lefferts A. Loetscher, *American Christianity, an Historical Interpretation with Representative Documents,* vol. I, 1607-1820 (New York: Charles Scribner's Sons, 1960), 315.

144. Ibid.

145. Gaustad, *Historical Atlas of Religion in America*, 4.

146. Brauer, Westminster, *Dictionary of Church History*, 762.

147. Gaustad, *Historical Atlas of Religion in America*, 31.

148. Brauer, Westminster, *Dictionary of Church History*, 762.

149. P. M. Bassett, "Junipero Serra," en *Who's Who in Christian History*, 619.

Capítulo 13: Avivado otra vez

150. David D. Eller, "Cane Ridge Revival," en *Dictionary of Christianity in America*, ed. Daniel G. Reid (Downers Grove, IL: Intervarsity Press, 1990), 218.

151. Daniel G. Reid, "Primitivism," en *Dictionary of Christianity in America*, 940.

152. Curtis, *Dates with Destiny*, 145.

153. J. R. Fitzmier, "Lyman Beecher," *Dictionary of Christianity in America*, 123.

154. G. M. Rosell, "Charles Grandison Finney," *Dictionary of Christianity in America*, 439.

155. Donald W. Dayton, *Discovering an Evangelical Heritage* (Peabody, MA: Hendrickson Publishers, 1976), p. 18.

156. Rosell, *Dates with Destiny*, 154.

157. Towns, *Christian Hall of Fame*, 102.

158. Ibid.

Capítulo 14: Levantamiento de la persona común

159. Dayton, *Discovering an Evangelical Heritage*, 91.

160. Ibid.

161. John S. O'Malley, "Orange Scott," en *Dictionary of Christianity in America*, 1059.

162. Dayton, *Discovering an Evangelical Heritage*, 48.

163. J. Edwin Orr, "Potent Answers to Persistent Prayer," en *Rebirth of America*, 63.

Capítulo 15: Tratando con las divisiones

164. Ahlstrom, *A Religious History of the American People*, 681f.

165. Robert D. Linder, *Introduction to Dictionary of Christianity in America*, 10.

166. Ibid., 10f.

167. *Defense of Virginia* (18667), citado en William A. Clebsch, "Christian Interpretations of the Civil War," *Church History*, 30 (1961), 4, citado en Ahlstrom, *A Religious of the American People*, 684.

168. Beecher, Henry Ward, asunto tratado en Charleston el 14 de febrero, 1865, cuando la bandera de la Unión era restaurada en el Fuerte Sunter.

169. Ahlstrom, *A Religious History of the American People*, 686.

170. Robert D. Linder, *Dictionary of Christianity in America*, 11.

171. Lyle W. Dorsett, *A Passion for Souls: The Life of D. L. Moody* (Chicago, Ill.: Moody Press, 1997), 144.

172. Ibid., 147.

173. Ibid., 152.

174. Ibid., 65.

175. Ibid.

176. James F. Findley, Jr., *Dwight L. Moody: American Evangelist*, 1837-1899 (Chicago, IL: University of Chicago Press, 1969), 132f., citado en Dorsett, *A Passion for Souls*, 156.

177. T. P. Weber, "Dwight Lyman Moody," *Dictionary of Christianity in America*, 769.

Capítulo 16: Esquivando balas

178. Irving Hexham, "Jehovah's Witnesses," en *Dictionary of Christianity in America*, 591.

179. Whitney Cross, *The Burned-Over District: The Social and Intellectual History of Enthusiastic Religion in Western New York*, 1800-1850 (fuera de reimpresión).

180. Winthrop S. Hudson, *Religion in America* (New York: Charles Scribner's Sons, 1965), 207.

181. Ibid., 208f.

182. Ahlstrom, *A Religious History of American People*, 735.

183. Ibid.

184. Hudson, *Religion in America*, 207f.

185. C. V. Anderson, "Young Men's Christian Association," en *Dictionary of Christianity in America*, 1299.

186. Ibid.

187. Un ejemplo es el YMCA de San Diego, que realiza eventos con el Centro Comunitario de Lesbianas y Homosexuales. Elizabeth Wilberg, "Crowd Rallies Against Hate Crimes with Candlelight Vigil," *San Diego Union Tribune*, 23 de octubre, 1999, sec. B, 3.

188. Mark Kellner, "Salvation Army Generals Refocus on the Gospel," *Christianity Today*, 14 de junio, 1999, 30.

189. San Diego Union Tribune, 1 de noviembre, 1999, sec. A, 7.

190. Kellner, "Salvation Army Generals," 30.

191. Diane Winston, Red-Hot and Righteous (Cambridge, MA: Harvard University Press, 1999), n.p., citado en Kellner, "Salvation Army Generals," 30.

192. Kellner, "Salvation Army Generals," 30.

193. C. E. Jones, "Welsh Revival," eds. Stanley M. Burgess y Gary B. McGee, *Dictionary of Pentecostal and Charismatic Movements* (Grand Rapids, Mich.: Zondervan Publishing House, 1988), 881.

194. Collin Brown, "The Ascent of Man," en *Handbook to the History of Christianity*, 544.

195. R. D. Linder, *Introduction to the Dictionary of Christianity in America*, 15.

Capítulo 17: Líneas de batallas redefinidas

196. Robert Handy, *A Christian America* (New York: Oxford University Press, 1971), 113-116; 195-197.

197. Ahlstrom, *A Religious History of the American People*, 877.

198. G. M. Marsden and B. J. Longfield, *Dictionary of Christianity in America*, ed. Linder, 467.

199. Ibid.

200. Fueron un instrumento en la fundación del Instituto Bíblico de los Ángeles, conocido en la actualidad como la Universidad Biola.

201. Curtis, et al., *Dates with Destiny*, 181.

202. Ibid., 182.

203. Ahlstrom, *A Religious History of the American People*, 912.

204. Hudson, *Religion in America*, 366.

205. El espacio no da lugar para una discusión respecto al profundo cambio cultural y social que los grupos de santificación/evangelistas/reuniones en carpas trajo a la cultura en general. Véase Timothy Smith, Revivalism and Social Reform (Nashville: Abingdon Press, 1957).

206. Para un mayor entendimiento de las reunions en carpas, léase dos obras por Kenneth O. Brown: *Holy Ground, Too* (Hazelton, PA: Holiness Archive, 1997) e *Inskip, McDonald, Fowler*: "Wholly and Forever Thine" (Hazelton, Penn.: Holiness Archive, 1999).

207. Melvin E. Deiter, *The Holiness Revival of the Nineteenth Century* (Metuchen, N.J.: Scarecrow Press, 1980), 103-109.

208. Un ejemplo del extenso número de los que se unieron al movimiento de Santidad se demuestra con las instituciones antecedentes que formaron la Universidad Nazarena del Sur, mi alma *Mater*. Fue formada por las uniones, o más bien debo decir por la amalgama, de

las siguientes universidades a fines de los 1800 y principios del 1900: Texas Holiness University, Peniel College, Arkansas Holiness College, Central Nazarene University, Oklahoma Holiness College, Beulah Heights College, Kansas Holiness College, Southwestern Holiness College, McGee Holiness College, and Holiness Bible College. ¡Ahora todos estos forman una universidad! Véase Southern Lights (Southern Nazarene University, otoño del 1996), 5.

209. Linder, *Introduction to Dictionary of Christianity in America*, 16.

210. "Evangélicos," por definición, son "personas del Evangelio" y "personas de la Biblia" que comparten una creencia, según el historiador David Bebbington, en (1) conversión personal ("nacido de nuevo"), (2) activismo (tanto en evangelismo como en lo social), (3) autoridad bíblica, y (4) la centralidad de la cruz. Timothy George, "Si soy un Evangélico, ¿qué soy?" *Christianity Today* (9 de agosto, 1999), 62.

211. Rob Staples, "Words of Faith," Herald of Holiness (diciembre, 1998), 11. (Ligeras alteraciones de las palabras originales se hicieron con permiso del autor).

212. Bill Bright, speaking at the National Religious Broadcasters Convention, Anaheim, California, 7 de febrero, 2000.

Capítulo 18: La mayor fuerza evangelizadora de América

213. Gaustad, *Historical Atlas of Religion in America*, 43, 44, 54.

214. Littell, *Atlas of the History of Christianity*, 134.

215. "Splendors and Secrets of the Vatican," National Geographic Society advertisement.

216. Por tanto, él fue llamado un "se-bautista," que significa "auto-bautizado." M. A. Noll, "John Smyth," en *Who's Who in Christian History*, 630.

217. Brauer, Westminster, *Dictionary of Church History*, 85.

218. Curtis, et al., *Dates with Destiny*, 114.

219. Brauer, Westminster, *Dictionary of Church History*, n.p.

220. Curtis, et al., *Dates with Destiny*, n.p.

221. Baptist World Alliance. http://www.bwanet.org/fellowship/member-bodies/index.htm (revisado en abril, 2000).

222. H. Leon McBeth, *Baptist Heritage* (Nashville: Broadman Press, 1987), 22.

223. Ibid., 48f.

224. Linder, "Roger Williams," en *Dictionary of Christianity in America*, 1259.

225. McBeth, *Baptist Heritage*, 150.

226. Ibid., 200.

227. Bruce Shelley, "Baptist Churches in the U.S.A.," en *Dictionary of Christianity in America*, 111.

228. Joseph M. Dawson, *Baptists and the American Republic* (Nashville: Broadman Press, 1956), 117, citado en McBeth, *Baptist Heritage*, 283.

229. Ibid., 285.

230. Ibid., 377.

231. James L. Sullivan, *Baptist Polity As I See It* (Nashville: Broadman Press, 1983), 41.

232. McBeth, *Baptist Heritage*, 382.

233. Robert A. Baker, *Relations Between Northern and Southern Baptists* (Fort Worth, Tex.: Evan Press, 1948), 18-25.

234. Hudson, *Religion in America*, 217.

235. McBeth, *Baptist Heritage*, 392.

236. D. L. Shelley, "Baptist Churches in the U.S.A.," en *Dictionary of Christianity in America*, 113.

237. McBeth, *Baptist Heritage*, 432f.

238. Ibid., 440.

239. Ibid., 461.

240. Ibid., 563.

241. Ibid., 619.

242. Jerry M. Stubblefield, "Creative Advancements in Southern Baptist Sunday School Work," *Baptist History and Heritage* (enero, 1984), p. 52, citado en McBeth, *Baptist Heritage*, 650.

243. Título tomado de la historia del Newsweek, 20 de julio, 1970, "Billy Graham and the Surging Southern Baptist."

244. Entrevistado por Jim Garlow, por teléfono, Southern Baptist Statistical Center in Nashville, Tennessee, 1 de diciembre, 1999.

245. Junta de Misión Internacional de la Convención de Bautistas del Sur, entrevista por Jim Garlow, por teléfono, Richmond, Virginia, 1 de diciembre, 1999.

246. Arthur C. Piepkorn, *Profiles in Beliefs*, vol. II (San Francisco: Harper and Row, 1978), 401.

247. Baptist World Alliance. http://www.bwanet.org/fellowship/member-bodies/index.htm (revisado en abril, 2000).

Capítulo 19: Explosión del Espíritu

248. Edith L. Blumhofer, *The Assemblies of God*, vol. I—to 1941 (Springfield, Mass.: Gospel Publishing House, 1989), 99.

249. Vinson Synan, *The Holiness-Pentecostal Movement in the United States* (Grand Rapids, Minn.: Wm. B. Eerdmans Publishing Co., 1971), 100-109.

250. Para una más completa discusión de las raíces históricas, véase Nils Bloch-Hoell, *The Pentecostal Movement* (New York: Humanities Press, 1964).

251. Blumhofer, *Assemblies of God*, vol. I, 99.

252. Vinson Synan, "The Pentecostal 20th Century," *Ministries Today* (noviembre/ diciembre, 1999), 28.

253. Ibid.

254. Aunque hay muchas "denominaciones", pentecostales, los líderes pentecostales prefieren considerarlas como movimientos en vez de un conjunto de denominaciones.

255. Paul Chappel, decano del King's Seminary, Van Nuys, California, entrevista por Jim Garlow, octubre, 1999.

256. Vinson Synan, "The Pentecostal 20th Century," *Ministries Today* (moviembre/diciembre), 33.

257. Para un tratado sobre la conexión histórica entre los dos movimientos, véase Vinson Synan, *The Holiness-Pentecostal Movement in the United States* (Grand Rapids, Mich.: Wm. B. Eerdmans Publishing Co., 1971).

258. Blumhofer, *Assemblies of God*, vol. I, 181.

259. En algunas partes del movimiento Pentecostal, la santificación y llevar un estilo de vida santa se enfatizaba fuertemente. En algunas partes, el énfasis tendía sobre el hablar en lenguas o el poder del Espíritu Santo.

260. Presentado por Jim Garlow en Randy Clark *Power, Holiness and Evangelism* (Shippensburg, Penn.: Destiny Image Publishers, 1999).

261. "Short on personal righteousness" no se refiere a denominaciones sino a un selecto grupo de altas personalidades y ministerios independientes.

262. Blumhofer, *Assemblies of God*, vol. I, n.p.

263. Tan intense era la tensión que incluso la principal revista evangélica *Christianity Today* propuso una tregua. Al mismo tiempo, David Shibley escribió *A Charismatic Truce* (Nashville: Thomas Nelson, 1978).

264. Reverendo Henry Poteet, que oyó al Dr. David Du Plessis hablar en una reunión de Episcopales carismáticos en el hotel Sheraton, San Antonio, Texas, 1977; entrevista por Jim Garlow, abril, 2000.

265. P. D. Hocken, "Charismatic Movement," eds. Stanley M. Burgess y Gary B. McGee, *Dictionary of Pentecostal and Charismatic Movements* (Grand Rapids, Min.: Zondervan Publishing House, 1988), 143.

266. Mark McCloskey, "Nehemiah, Leader of Leaders," *Heart and Mind* (St. Paul, Min.: Bethel Seminary, primavera del 1999), 4.

267. Para un gran análisis del crecimiento carismático/Pentecostal, véase Vinson Synan, "The Pentecostal 20th Century," *Ministries Today* (noviembre/diciembre, 1991), 26-35.

Capítulo 20: Qué época para vivir

268. Bruce Shelley, Mark Galli, Gary Burge, Timothy Paul Jones y Fritz Runge, "Christian History Time Line," (Torrance, Calif.: Rose Publishing, 1998), n.p.

269. Stephen Neill, *The Expansion of Christianity* (New York: Penguin Books, 1964).

270. Steve Buris, The U.S. Center for World Mission, Pasadena, California, citado en the A.C.S.I. Christian School Comment, vol. 22, no. 7 (n.d.), n.p. Grant McClung, Jr., dice que el número es al menos 78 mil por día. Véase *Ministries Today*, (Julio/agosto, 1987), 60.

271. Ibid.

272. Nate Krupp, *Fulfilling the Great Commission* by A.D. 2000 (Salem, Ore.: Preparing The Way Publishers, n.d.), 45.

273. Ibid., 7.

274. H. B. London, Jr., *The Pastors Weekly Briefing*, vol. II, no. 39 (30 de setiembre, 1994), 1.

275. Vinson Synan, "A Vision for the Year 2000," *Charisma* (n.d.), n.p.

276. Patrick Johnstone, *Operation World* (Grand Rapids, Mich.: Zondervan Publishing House, 1993), 21.

277. Solamente los Pentecostales y carismáticos, sin el cuarto avivamiento, suma a 13 millones de estos, ó 35 mil por día. Las estadísticas fueron tomadas de *Christian History* (n.d.), citado en *Ministries Today* (noviembre/diciembre, 1998), n.p.

278. Según la Iglesia alrededor del mundo (febrero, 1993), n.p.

279. Freda Lindsay, "Christianity Tops World Religions," *Christ for the Nations Institute Newsletter* (mayo, 1993), 15.

280. *Mission Frontiers* (noviembre, 1990), citado en "Global Glimpses," *Quarterly Mission News*, ed. Helen Temple, no. 3 (enero, 1991), n.p.

281. Estos números fueron tomados del equipo de estadísticas de Lausanne. Véase "Milestone Dates in the Growth of True Christianity," *The Wesleyan Advocate* (Octubre, 1993), 5.

282. "Christianity's Growth," *The Pastor Weekly Briefing*, vol. 3, no. 7 (17 de febrero, 1995), 2.

283. Samuel Dunn, *The Futurist Magazine* (April/May, 1989), citado en John A. Knight, "This Same Jesus," *World Missions Magazine*, vol. 15, no. 6 (junio, 1989), 7.

284. World Missions Magazine, vol. 15, no. 6 (junio, 1989), 4.

285. David Bryant, "Today's Growing Prayer Movement Signals Hope for the World," *National and International Religion Report*, vol. 9, no. 6 (6 de marzo, 1995), 4.

286. David Bryant, *The Hope at Hand* (Grand Rapids, MI: Baker Book House, 1995), 130.

287. C. Peter Wagner y Pablo Derios, eds., *The Rising Revival* (Ventura, Calif.: Gospel Light, Renew Books, 1998), 8.

288. "World Prayer Center," (Colorado Springs, Colo.), brochure.

289. Larry Stockstill, *The Cell Church* (Ventura, Calif.: Regal Books), 1998, 27.

290. Integrity Incorporated. http://www.integinc.com (revisado en abril, 2000).

291. Por ejemplo, el seminario "Discover the Future of Worship", dirigido por LaMar Boschman (800-627-0923). http://www.lamarboschman.org (revisado en abril, 2000).

292. Elmer L. Towns, Putting an End to Worship Wars (Nashville: Broadman & Holman Publishers, 1997), n.p.

293. Para un tratado en detalle del crecimiento de la música cristiana, véase Charlie Peacock, At the Crossroads (Nashville: Broadman-Holman Publishers, 1999), 59ff. Para un tratado de reforma interesante respecto a este tema, véase John M. Frame, *Contemporary Worship Music: A Biblical Defense* (Phillipsburg, N. J.: P & R, Publishing, Co., 1997).

294. Michael S. Hamilton, "The Triumph of Praise Songs: How Guitars Beat out the Organ in the Worship Wars," *Christianity Today*, vol. 43, no. 8, (12 de julio, 1999), 28.

295. Fundador de la Coalición Internacional de Reconciliación (P. O. Box 3278, Ventura, CA 93006).

296. Keat y Judy Wade, "First Nations' Worship Celebration Marks New Era in the History of the Church," *Body of Christ News*, (13 de noviembre, 1999), n.p.

297. Robert Coleman, *One Divine Moment* (Old Tappan, N. J.: Revell, 1970); lea también el relato de este momento en Robert E. Coleman, *The Coming World Revival* (Wheaton, Ill: Crossway Books, a division of Good News Publishers, n.d.), 26-28.

298. Donald Miller, *Reinventing Protestantism: Christianity in the New Millennium* (Berkeley, Calif.: University of California Press, 1997), especially note 32ff.

299. Dan Wooding, "Jesus People Reunion Celebrates Hippie Revival that Began Thirty Years Ago," *Horizon International Magazine*, vol. 1, issue 3 (julio, 1999), 20f.

300. National and International Religion Report, vol. 9, no. 8 (3 de abril, 1995), 1.

301. National and International Religion Report, vol. 9, no. 9 (17 de abril, 1995), 13.

302. National and International Religion Report, vol. 9, no. 10 (1 de mayo, 1995), 3.

303. National and International Religion Report, vol. 9, no. 9 (17 de abril, 1995), 1.

304. National and International Religion Report, vol. 9, no. 15 (10 de julio, 1995), n.p.

305. Para un análisis cristiano reciente, véase el libro bien documentado por Peter Jones, *Spirit Wars: Pagan Revival in Christian America* (Mukilteo, Wash.: Winepress Publishing Co., 1997).

306. Robert H. Bork, *Slouching Toward Gomorrah* (New York: HarperCollins Publishers, Regan Books, 1996), flyleaf.

307. Insights, vol. 3, no. 6 (junio 1990), 1.

308. *World Pulse* (23 de abril, 1993), n.p.

309. San Diego Union Tribune, 23 de agosto, 1999, sec. A, 8.

*310. Mini*stries Today (setiembre/octubre, 1999), 20.

311. The Wesleyan Advocate (julio/agosto, 1999), 27.

312. Freda Lindsey, *Christ for the Nations Institute* (marzo, 1994), 14.

313. Ibid.

314. George M. Marsden, *The Soul of the American University* (New York: Oxford University Press, 1994), n.p.

315. James Tunstead Burtchaell, *The Dying of the Light: Disengagement of Colleges and Universities from Their Christian Churches* (Grand Rapids, Mich.: Wm. B. Eerdmans Publishing Co., 1998), n.p.

316. "Generation to Generation" conferencia, patrocinada por la Universidad de Indiana, Marion, Indiana, 1 de junio, 1999.

317. John Vaughn, entrevista por Jim Garlow, Megachurch Research Center, 1 de diciembre, 1999.

318. David C. Barrett, "Anual Statistical Table on Global Missions," *International Bulletin of Missionary Research* (enero, 1997), 25.

319. H. B. London, "The Persecuted Church Fact Sheet," *Pastor to Pastor* (1997), 1.

320. James and Marti Hefley, *By Their Blood* (Minneapolis, Minn.: Bethany House Publishers, 1991), n.p.

321. London, "The Persecuted Church Fact Sheet," 1.

322. David Aikman, "Persecutors, Beware," Charisma (diciembre, 1998), 110.

323. Curtis, *Dates with Destiny*, 24.

324. Richard J. Nyberg, "East German Churches Lag Behind the West," *Christianity Today* (9 de agosto, 1999), 24.

325. Odhiambo Okite, "Bishop Faces Genocide Accusation," *Christianity Today* (14 de junio, 1999), 23.

326. "Our Extended, Persecuted Family," *Christianity Today* (29 de abril, 1996), 14.

327. "News Briefs," *Charisma* (diciembre, 1998), 46.

328. "China's Stranglehold Getting Tighter," *Send*! Vol. 12, no. 5 (setiembre/octubre, 1992), 2.

329. Stephen M. Wike, *National and International Religion Report*, vol. 7, no. 6 (8 de marzo, 1993), 8.

330. "News Briefs," *Charisma* 1998), 46.

331. "Two Sudanese Christians" *Charisma* (noviembre, 1994), 105.

332. Randy Frame, "Peru, Binding the Strong Man: For Better or Worse?" *Christianity Today* (26 de octubre, 1992), 80.

333. Stephen Wike, *National and International Religion Report*, vol. 5, no. 14 (1 de Julio, 1991), 1.

334. Ibid.

335. Ibid.

336. Ibid., 2.

337. National and International Religion Report, vol. 5, no. 16 (29 de julio, 1991), 5.

338. National and International Religion Report, vol. 7, no. 16 (26 de julio, 1993), n.p.

339. Thomas S. Giles, "Forty Million and counting," *Christianity Today* (6 de abril, 1992), 32.

340. Martin T. Marty, "A Protestant Reformation in Latin American?" *Ministries Today* (setiembre/octubre, 1993), 79f.

341. "New Christendom," *The Economist* (24 de diciembre, 1988), 61.

342. Freda Lindsay, "Here and There," *World Prayer and Share Letter* (noviembre/diciembre, 1990), n.p.

343. Peter Brierley, *Future Church* (London: Christian Research, Monarch Books, 1998), 14-16.

344. Ibid., back over.

345. National and International Religion Report, vol. 8, no. 8 (4 de abril, 1994), 3.

346. "Rekindling the Fires of Faith," C*harisma* (enero, 1993), 56.

347. Ibid., 56.

348. "New Christendom," *The Economist* (24 de diciembre, 1988), 61.

349. Ibid.

350. C. Peter Wagner, Stephen Peters y Mark Wilson, eds., *Praying Through the 100 Gateways of the 10/40 Window* (Seattle: YWAM Publishing, 1995), 12.

351. Ibid., 17.

352. "Penetrating the Arab World," *Charisma* (enero, 1993), 22-23.

353. Ibid., 24.

354. *National and International Religion Report*, vol. 6, no. 22 (19 de octubre, 1992), n.p.

355. Tedd Haggard, "Celebrating in Ephesus," *Ministries today* (setiembre/octubre 1999), 27.

356. Larry Keefauver, "God's Next *Chairos*?" *Ministries Today* (noviembre/diciembre, 1999), 7.

357. *Christian School Comment*, vol. 22, no. 7, 1.

358. John Vaughn, entrevista por Jim Garlow, Megachurch Research Center, 1 de diciembre, 1999.

359. Buris, *Christian School Comment*, 1.

360. Freda Lindsey, "Revival in China and Russia," *World Prayer and Share Letter* (noviembre, 1992), 14.

361. E. Lebrun Fairbanks, "Who Really Is Our Enemy?" *World Mission Magazine* (junio, 1990), 5.

362. "In the News," *The Wesleyan Advocate* (enero, 1993), 15.

363. *National and International Religion Report*, vol. 5, no. 16 (29 de Julio, 1999), n.p.

364. "Revival Fires in the Dragon's Lair," *Charisma* (enero, 1993), 38.

365. Ibid., 35.

366. "Into the Heart of Darkness," *Charisma* (enero, 1993), 27.

367. *National and International Religion Report*, vol. 7, no. 8 (5 de abril, 1993), 1.

368. "Harvest Season," *Christianity Today* (14 de junio, 1999), 18.

369. *National and International Religion Report*, vol. 9, no. 16 (24 de julio, 1995), 1.

370. "Religion on Upswing in Russia," *Herald of Holiness* (febrero, 1994), 45.

371. Edward E. Plowman, "Reporters Notebook: The New Soviet Christians," *National and International Religion Report*, vol. 5, no. 16, (29 de julio, 1991), 1.

372. Bill y Amy Stearns, *Catch the Vision 2000* (Minneapolis, Minn.: Bethany House Publishers, 1991), n.p.

373. *National and International Religion Report*, vol. 5, no. 15 (15 de julio, 1991), n.p.

374. *National and International Religion Report*, vol. 6, no. 23 (2 de noviembre, 1992), n.p.

375. "New Christendom," *The Economist* (24 de diciembre, 1988), 61.

376. Steve Buris, Christian School Comment, 1.

377. *Insights*, vol. 2, no. 6 (diciembre, 1992), 2.

378. National and International Religion Report, vol. 7, no. 21 (4 de octubre, 1993), n.p.

379. Freda Lindsay, *Christ for the Nations Institute* (noviembre 1992), 15.

380. *National and International Religion Report*, vol. 7, no. 2 (11 de enero, 1993), 1.

381. Ibid.